César Nicolás Penson

Cosas Añejas

Tradiciones y Episodios de Santo Domingo

Prólogo y notas
Rita María Tejada

⊱- STOCKCERO -⊰

Foreword, bibliography & notes © Rita María Tejada
of this edition © Stockcero 2018
1st. Stockcero edition: 2018

ISBN: 978-1-934768-91-4

Library of Congress Control Number: 2018932329

All rights reserved.
This book may not be reproduced, stored in a retrieval system, or transmitted, in whole or in part, in any form or by any means, electronic, mechanical, photocopying, recording, or otherwise, without written permission of Stockcero, Inc.

Set in Linotype Granjon font family typeface
Printed in the United States of America on acid-free paper.

Published by Stockcero, Inc.
3785 N.W. 82nd Avenue
Doral, FL 33166
USA
stockcero@stockcero.com

www.stockcero.com

César Nicolás Penson

Cosas Añejas

*Tradiciones y Episodios de
Santo Domingo*

Índice

Prólogo a esta edición vii
El Autor
Cosas Añejas *en la Literatura Dominicana*
Cosas Añejas *y Sus Contextos*
Contexto Sociográfico
Contexto Significativo: Ideas y Conflictos
Contexto Estructural
Contexto Formal: Lenguaje, Técnica Narrativa, Personajes y Ambiente
Romanticismo y Cosas Añejas

Esta Edición xxix

Bibliografía xxxi

Abreviaturas Usadas por César Nicolás Penson en *Cosas Añejas* xxxvii

Refranes y Expresiones en *Cosas Añejas* xxxix

Prólogo a la Edición de 1891 5

Drama Horrendo o La Mancha de Sangre (Tradición) 15

Bajo Cabello o Un Rasgo Audaz (Episodio) 33

Barriga Verde (Tradición) 47

La Muerte del Padre Canales (Tradición) 67

¡Profanación! (Episodio) 91

Entre Dos Miedos (Episodio) 103

El Martirio por la Honra (Tradición) 113

Muerte por Muerte (Tradición) 141

Los Tres que Echaron a Pedro entre el Pozo (Tradición) 171

El Santo y la Colmena (Episodio) 197

Las Vírgenes de Galindo (Tradición) 203

Las Vírgenes de Galindo o La Invasión de los Haitianos sobre la Parte Española de la Isla de Santo Domingo el 9 de febrero de 1822 - Leyenda Histórica en Verso por Félix María del Monte 264

Índice Analítico 323

Prólogo a esta edición

El Autor

Cosas Añejas es una de las obras representativas de la literatura dominicana del siglo XIX y la mayor producción de César Nicolás Penson, quien nació en Santo Domingo el 22 de enero de 1855. Fueron sus padres Guillermo (William) Penson Herrera y Juana Dolores Matos.[1] Dos de sus cuatro hermanos murieron en la infancia. Su madre murió cuando Penson tenía nueve años y en 1869 su padre contrajo matrimonio nuevamente con Juana Díaz Tejera. Realizó sus primeros estudios en el Colegio San Luis Gonzaga y desde muy joven se aficionó al periodismo y a la literatura. Sus primeras colaboraciones periodísticas fueron en *El Ciudadano* y *El Porvenir* de la provincia de Puerto Plata. El 3 de julio de 1875 fundó un periódico de corta duración, *La Idea*, órgano de la sociedad de recreo «Amigos del Adelanto». En 1877 se hizo miembro de la sociedad literaria «Amigos del País» y en 1879 trabajó en el periódico de dicha sociedad, *El Estudio*. Ese mismo año fungió como redactor del periódico *El Eco de la Opinión*, cargo que ocupó en diferentes etapas de su vida.[2] En 1880 publicó *El Candil*, periódico humorístico-satírico. Penson es considerado el pionero de las publicaciones diarias en la República Dominicana con la fundación del periódico de cuatro páginas *El Telegrama*

---

[1] Según Ligia Espinal Mota, «La familia se consideraba de descendencia inglesa, "Penn and Son", y el padre de César Nicolás había desempeñado la función de intérprete del Gobierno, realizando traducciones del inglés». (69)
[2] Ramón Lugo Lovatón, en su biografía sobre César Nicolás Penson, refiere la siguiente anécdota en torno a la etapa periodística de Penson: «En el mes de Mayo de ese año, debido a unos comentarios publicados en el "Eco de la Opinión", el General Cesáreo Guillermo, a la sazón Presidente de la República, siendo las 9 de la noche, lo interrogó personalmente y al manifestarle Penson que era autor de los comentarios, ordenó el Presidente encerrarlo en un calabozo, advirtiéndole antes que "..saldría del país en el primer buque que se diera a la vela". Por intervención de la Sociedad "Amigos del País", a los 15 días se le puso en libertad, negándose a suscribir una retractación. Poco después, trabajando casi solo en el "Eco de la Opinión", pues sus colaboradores se habían retirado, temerosos por su prisión, satirizó a un predicador en tal forma, que una alta autoridad de la iglesia se querelló contra él y fué de nuevo arrestado por 24 horas». (11)

el 7 de agosto de 1882, de existencia efímera; publicó, además, los periódicos *El Diario del Ozama* (1883) y *La Lucha Activa* (1886).[3]

Colaboró también en los principales periódicos y revistas locales de la época (*Letras y Ciencias*, *El Teléfono*, *Listín Diario*) y en revistas extranjeras (*El Correo de París*, *La Unión Panamericana* y *Miniaturas*). En 1898, el periódico habanero *El Fígaro* lo nombró su corresponsal en la República Dominicana.

Durante el gobierno de Fernando Arturo de Meriño, Penson fue secretario del Tribunal de Primera Instancia y luego trabajó en el Ministerio de Correos y Telégrafos. Casó el 29 de abril de 1880 con Francisca Antonia Rodríguez Montaño, con quien procreó dieciséis hijos, ocho de los cuales murieron en la infancia. En 1882 Penson se dedica a estudiar derecho, estudios que suspende momentáneamente para convertirse en colono de un central azucarero. El 2 de diciembre de 1892 se graduó de abogado y al año siguiente pasó a formar parte del Ministerio de Justicia e Instrucción Pública, donde desempeñó diversos cargos. También se dedicó a la enseñanza y colaboró con la poeta y pedagoga Salomé Ureña de Henríquez en el «Instituto de Señoritas».

Penson mantenía una agenda muy activa en la sociedad dominicana de la época, participando en muchas de sus agrupaciones de carácter cívico y literario: «Sociedad Amigos del Adelanto» (miembro y redactor de su periódico), «Sociedad Amigos del País» (miembro, secretario general y presidente en diversos momentos de su existencia, organizador de sus veladas culturales; director de las publicaciones *Historia de Santo Domingo* de Antonio del Monte y Tejada y *Poesías* de Manuel Rodríguez Objío, patrocinadas por esta sociedad); y «Unión Iberoamericana» (en calidad de miembro de la comisión de historia, geografía y literatura).

En la literatura se distinguió como escritor y poeta. Hizo incursiones en la crítica literaria, realizó estudios filológicos[4] y folklóricos y traducciones de obras francesas, portuguesas e italianas. Su obra poética y traducciones aún se encuentran dispersas en periódicos,

---

[3] La proliferación de periódicos en esta época se debió al incentivo promulgado por el General Gregorio Luperón y los gobiernos del partido azul (1879-1899), que asignaron una subvención de cuarenta pesos «a todo periódico que se imprimiera en el suelo patrio». (Zabala, 26)

[4] En *El Mensajero, Revista de Intereses Económicos, Políticos y Sociales* del 30 de noviembre de 1898 aparece esta nota titulada «Cuestión Filológica»: «Razonado ha sido el trabajo de crítica gramatical que nuestro amigo el señor C. N. Penson ha publicado en El Eco de la Opinión con motivo de "Las observaciones de Garci Sancho". Cuanto expone respecto de la a proposicion i acerca del uso de la i latina, ya como conjuncion, ya como vocal, en diptongos i triptongos, está de acuerdo con el criterio de las mas altas autoridades filológicas».

revistas y antologías de la época. En vida publicó *Cosas Añejas, La Mujer (Consideraciones dispuestas para la primera «conferencia literaria» celebrada por la Sociedad Amigos del País), Carta que el Centro Ibero-Americano de Santo Domingo dirije a los Centros Establecidos en las Republicas Hispano-Americanas, relativas a los restos auténticos del Descubridor del Nuevo Mundo* conjuntamente con Federico Henríquez y Carvajal; y *Reseña histórico-crítica de la poesía en Santo Domingo*, esta última en colaboración con José Pantaleón Castillo y que formó parte de una colección hecha por Marcelino Menéndez y Pelayo sobre la poesía hispanoamericana. Su obra *Costumbres antiguas y modernas de Santo Domingo* fue publicada por primera vez en 1978.[5]

César Nicolás Penson murió de una hemorragia cerebral el 29 de octubre de 1901. Tenía cuarenta y seis años y al momento de su muerte se desempeñaba como presidente del Tribunal Provincial de Santo Domingo.

Cosas Añejas EN LA LITERATURA DOMINICANA

Esta obra recoge tradiciones dominicanas de finales del siglo XVIII y principios del siglo XIX. César Nicolás Penson recopiló un conjunto de acontecimientos que permanecían depositados en archivos o en la tradición oral del pueblo. Max Henríquez Ureña considera la obra de Penson el primer «volumen íntegramente formado por narraciones dominicanas en prosa». (16)

José Alcántara Almánzar, al referirse a la importancia de *Cosas Añejas*, señala:

> Su valor principal es histórico. Si nos atenemos a la rigurosidad que debe observar la historia novelada, como la de acogerse siempre a documentos y datos exactos, salta a la vista que el intento en Penson es de tono menor en este sentido. Pone énfasis fundamentalmente en ciertos acontecimientos –en su opinión importantes- y se basa casi con carácter exclusivo en la transmisión oral, al confiar en las relaciones hechas por ancianos en conversaciones directas para echar los cimientos de sus tradiciones. No obstante, el autor trata de hallar aquí y allá, elementos descriptivos (ruinas, calles, iglesias, etc.) que fortalezcan y ubiquen correctamente la acción de sus relatos. (Prólogo, II)

---

5 Vicente Llorens enumera las siguientes obras de Penson como inéditas: *Los viejos verdes* (comedia en verso), *Compendio de las partes de la oración francesa, Biografías de dominicanos ilustres* y materiales para un diccionario de americanismos y una bibliografía del folklore dominicano. Llorens también indica que «El Lic. Emilio Rodríguez Demorizi posee la mayoría de los manuscritos originales de Penson, tanto de las obras publicadas como inéditas». (176)

Y Joaquín Balaguer afirma:

> El mérito de la obra de César Nicolás Penson no consiste en haber desenterrado una multitud de sucesos anecdóticos para fijarlos en la memoria de su pueblo con el hilo de la palabra evocadora. La importancia de su labor de tradicionalista no se destaca en la parte propiamente narrativa, en la versión nítida del cuento o la conseja, sino más bien en la parte accesoria y pintoresca de la tradición, en la añoranza de todos aquellos pormenores que conservan el sabor de la época y que constituyen la poesía del pasado. (83)

En su estructura, la obra de Penson se compara a las *Tradiciones Peruanas* de Ricardo Palma y ambos textos se inscriben dentro de un tipo de escrito que surge durante el siglo XIX, cuyo objetivo era rescatar el pasado y las tradiciones de las sociedades criollas en Hispanoamérica mediante la compilación de relatos populares, leyendas y artículos de costumbres. En palabras de Ricardo Palma, «La tradición no es precisamente historia, sino relato popular, y ya se sabe que para mentiroso el pueblo. Mas las mías han caído en gracia, no porque encarnen mucha verdad, sino porque revelan el espíritu y la expresión de las multitudes».[6]

En el prólogo a su obra, Penson también ofrece su definición de tradición:

> «Tradición, pues, llamo a la que aun siendo suceso particular y de que pocos tengan quizá noticia, está revestido por el tiempo, o en fuerza de su propia importancia, de cierto prestigioso encanto de que carecen otros sucesos particulares, modernos sobre todo» (p.11).

Tanto Palma como Penson utilizaron historias recopiladas de fuentes escritas y orales a las que añadieron el toque personal que mezcla la realidad con la ficción literaria, la fantasía con la superstición popular, el lenguaje culto salpicado de expresiones populares, proverbios y refranes, el tono serio con lo satírico e irónico; y todo esto sin dejar de lado la crítica social. En este proceso, las narraciones se convirtieron en retratos hablados de los habitantes de dichas sociedades, de sus vidas, de sus costumbres, de su manera de sentir y de pensar. Esto explica la acogida que tuvieron estos textos al momento de su publicación.

Ricardo Palma empezó publicando sus tradiciones en revistas y pe-

---

[6] Carta a Alberti Larco Herrera (1907), citada por Aníbal González en su ensayo «*Las Tradiciones entre la historia y el periodismo*» (459).

riódicos de la época y terminaron difundiéndose por todos los países hispanoamericanos a través de estos medios de comunicación antes de ser recogidas en varias ediciones que reúnen un total de 453 narraciones cuyas temáticas giran en torno al período incaico, la época colonial y los inicios de la República del Perú. Aunque su sueño era emular en extensión la obra de Palma, César Nicolás Penson solo pudo publicar once narraciones, bajo el novedoso concepto emprendedor de venderlas por entrega. De estas once narraciones, cinco de ellas se refieren a acontecimientos situados cronológicamente durante la época colonial; cinco narraciones relatan acontecimientos ocurridos durante la ocupación haitiana y una narración se ubica en el período republicano.

Cosas Añejas y Sus Contextos

Contexto Sociográfico

En el periódico *El Eco de la Opinión* del 29 de noviembre de 1890 aparece esta nota sin firma:

> Cosas Añejas.
> Ha circulado en hoja impresa un prospecto que anuncia la publicación y condiciones de una obra debida á la galana pluma del ilustrado joven Don César N. Pénson que llevará por título el que encabeza estas líneas. Algunos años hace que está en nuestro conocimiento que el perseverante Pénson, luchando decidido con cuantos inconvenientes se oponían á su constante propósito, trabajaba por llevar á feliz término esa obra que será de gran mérito para el país, al fin ha triunfado, probando que casi siempre «querer es poder».
> Y no será ese el solo fruto de su inteligencia que nos haga gustar el Sr. Pénson, pues trabaja con ardor en su Folk-lore y con algunos «Episodios» de las guerras de independencia y restauración dominicana, coleccionados por él y descritos por su competente pluma. Todos estos trabajos literarios, á que está dedicado el citado autor, son de carácter puramente nacional. Nada hay más bello, nada que entusiasme tanto, nada que nos llene más de justo orgullo, que ver las primeras luminosas estrellas que principian á asomar en el limpio cielo de la literatura patria.
> Ayer Meriño, el celebrado orador sagrado; Garcia, el historiador honrado, severo é imparcial; Perez, el poeta delicado, príncipe del Parnaso Dominicano; Delmonte y Tejada, clásico historiador; la Ureña, mimada de las musas; Henriquez y Carvajal, el ilustrado periodista; Galvan, el de estilo culto y forma inimitable; Tejera, el

escritor honrado, y otros muchos dominicanos de reconocida ilustración, principiaron a llenar tan notable vacio con obras de gran mérito. Hoy les sigue Pénson.

Debemos protejer los esfuerzos de los que trabajan en bien de la República, en este sentido, para ver formada, como en otras partes, nuestra biblioteca nacional.

Poco costosa es la obra que se anuncia; su publicación se hará por entregas de a 32 pájinas con buenos grabados y un prólogo del aplaudido autor de «Enriquillo». Cada entrega vale 15 centavos.

El pago de las dos primeras entregas será por adelantado. De las demás se abonará el importe al recibo de entrega.

La obra constará de 300 pájinas más ó menos.

Está encargado de la distribución y cobro el Sr. Don Manuel de J. Blonda.

¿Nos suscribiremos todos? Es de esperarse.

Con el título de *Cosas Añejas. Tradiciones y Episodios de Santo Domingo*. Santo Domingo, Imp. Quisqueyana, 1891, X-270-LXXVII pájinas (Prólogo de Manuel de J. Galván, notas y apéndices), el 8 de marzo de 1891 sale la reseña de esta obra en el periódico *El Teléfono*. Este periódico de cuatro páginas trae ese día una portada con grandes anuncios de la ferretería «El Gran Candado», vendedora de «cemento portland en barriles y en cuñetes de un quintal»; de la compañía de «aseguros de vida del Canadá» «The Sun» y del aceite «Luz de Diamante». Se anuncian, además, ofreciendo sus servicios en pequeños recuadros, José Joaquín Pérez, notario público; Federico Hohlt, corresponsal del Banco Alemán; Alberto Gautreau, cirujano y Federico Giraudi, profesor de piano, entre otros. Se avisaba también la llegada de 12 «armoniums» al Bazar de Aybar Hermanos.

En la página dos *El Teléfono* presenta su editorial titulado «El Mensaje», donde comenta el mensaje publicado por el presidente en ese entonces, Ulises Heureaux, conmemorando el 27 de febrero, día de la independencia dominicana.

Bajo la columna de «Sueltos», sin firma, aparece textualmente esta noticia:

Publicaciones

Como ofrenda á los dias de la patria, el Sr. César N. Pénson ha publicado las primeras entregas del libro que con el título de «Cosas Añejas», comprende varios episodios y tradiciones del país. Laborioso ha sido el trabajo del ilustrado Sr. Pénson, recojiendo aquí y allá esas tradiciones que coleccionadas, vienen hoy á dar empuje á nuestra naciente literatura. Recomendamos este libro á nuestros conciudadanos; merece ayuda eficaz quien en noble empeño se esfuerza y trabaja en provecho de las letras nacionales.

En *El Teléfono* del 15 de mayo de 1891, en la página tres, se anuncia:

>Cosas Añejas
>Tradiciones y episodios
>de Santo Domingo.
>por
>César Nicolás Pénson.
>Con un prólogo de D. Manuel de J. Galván
>Esta obra, especialmente nacional, y de amena literatura, se está publicando actualmente, y se distribuye por entregas de 32 páginas en 8ª. Mayor.

De venta, casa del autor, Regina 19. A 15 cts. la entrega. ¡A suscribirse, que se agota!

Importante: EL PAGO ES AL CONTADO, Y AL PRECIO DE CADA ENTREGA. Sin este requisito no podrá continuarse la edición de la obra. No cuesta más que $1.50 en cuatro meses.

En la página 3 de *El Teléfono* del 12 de abril de 1891, se publicó este anuncio:

>Cosas Añejas.
>Tradiciones y Episodios de
>Santo Domingo.
>por
>César Nicolás Pénson.
>Se participa que estando ya agotadas las DOS PRIMERAS ENTREGAS de esta obra (700 ejemplares) por el favor que el público le ha dispensado, y reservadas las pocas que aun quedan para algunos suscritores, NO SE REPONDRAN entregas que se pierdan a ningún suscritor, por no ser posible y redundar además en perjuicio de la empresa. También se suplica á los que no hayan tomado mas que las dos primeras entregas y no quieran continuar la suscripción, que tengan la bondad de revender esas entregas, que harán falta.

Por la Agencia,

José Cruzado

Estos dos anuncios ofrecen el dato de que esta obra, en su primera edición, se vendió al público en cuatro partes y que el punto de venta era la misma casa del escritor. Se sabe que Penson se proponía publicar toda una serie de narraciones pero solo publicó las once que integran su obra, tal como ha llegado hasta nosotros.

La nota que sigue aparece en *El Lápiz* del 21 de abril de 1891:

> Háse repartido últimamente, nos dicen, la tercera entrega de «Cosas Añejas», del castizo escritor D. César Nicolás Pénson. Pénson es el único de nuestros escritores que no desmaya ante el indiferentismo, ya alarmante, de nuestro público. Bien merece, por ello, las alabanzas de los amantes de la buena literatura. Adelante, Don César, á ver si le hace las entrañas á ese público.

Cosas Añejas sale a la luz pública en plena dictadura de Ulises Heureaux (Lilís), quien había arribado a su tercer y consecutivo mandato el 27 de febrero de 1889. Durante este período, el General Heureaux se dedicó a prestar atención a las relaciones exteriores de su gobierno. En el año que nos ocupa (1891), Lilís firma un tratado comercial con los Estados Unidos. En su trasfondo se estaría gestionando el arrendamiento de la bahía de Samaná, situada al noroeste de la República Dominicana. La visita en julio de un barco de guerra norteamericano provocó una gran agitación popular contra el proyecto. Muy molesto, Heureaux publicó una declaración en la Gaceta Oficial en la que negaba la existencia de ofertas de venta o arrendamiento de la bahía. Además, el dictador se vio obligado a dejar sin efecto el tratado firmado con los norteamericanos, ya que las naciones europeas con las que el país mantenía relaciones comerciales se opusieron al mismo, alegando que lesionaba sus intereses.

Las noticias que aparecen en los periódicos de ese año constituyen una buena fuente para conocer el contexto político, económico, social, histórico y cultural de la época. Veamos algunas noticias que aparecen en *El Teléfono*:

El 4 de junio el periódico editorializa sobre la llegada, procedente de Francia, de la primera moneda nacional que Lilís había mandado a acuñar. Esta moneda de plata de baja ley (era fundamentalmente cobre), terminaría arruinando a muchos y contribuiría a desacreditar al gobierno lilisista.

GALERIA NACIONAL.

CESAR NICOLAS PENSON.

Bien merece nuestros más sinceros aplausos al autor de esas tradiciones nacionales que bajo el título de COSAS AÑEJAS ven actualmente la luz en esta Capital.

En esta tierra de tan pocos estímulos para el escritor, merece siempre bien el que, luchando y luchando hace algo por nuestra incipiente literatura.

Filólogo, en cuanto es aquí posible serlo, prosista de valer, poeta dulce, como lo prueba la la poesía que de él publicamos, i periodista talentoso, es digno de los aplausos i de los homenajes de "EL LÁPIZ."

Nota aparecida el 6 de diciembre de 1891, en el periódico *El Lápiz* junto al poema «Años más» de Penson

Bajo el lema de «Paz, Orden y Progreso», [7] el país trataba de incorporarse a los adelantos del momento. En un ejemplo de esto, *El Teléfono* del 10 de mayo, página dos, inserta un aviso en el que se exhorta a los habitantes de Santo Domingo a suscribirse al acueducto, «... un gran progreso que todos debemos apoyar». En ese mismo periódico, con fecha del 19 de julio, «De la "Cartera de Viaje" de un íntimo amigo nuestro recién llegado de las comarcas del Cibao», se reproducen apuntes relativos a los progresos que han tenido las ciudades Puerto Plata, Moca, Santiago y La Vega:

> En Santiago: «Ya la verdaderamente progresista "Progresista del Yaque" ha dotado á la ciudad con una ancha y cómoda calzada de ladrillos que de la Iglesia Mayor lleva al Cementerio... En Moca pude admirar dos mejoras: la reedificación del hermoso local de la

---

7   Peguero, Valentina y Santos, Danilo de los (26)

Sociedad "Luz del Porvenir" y el bellísimo templo "El corazón de Jesús" que bajo la acertada dirección del Pbro. J. Lis Pérez se levantó en poco tiempo como por arte de magia... En La Vega hay ya muchas casas de mampostería de sólida y airosa construcción entre ellas las de Don Uladislao Fernández, Don Hermógenes García, Don Silvestre Guzmán, Don Joaquín Gómez y la casa "Consistorial"... En Puerto Plata: Los primeros trabajos del Ferrocarril Central, cuyo primero tramo debe unir á Santiago y á Puerto Plata, como que tiene electrizados a los laboriosos habitantes del distrito que, regocijados y llenos de ardor, pugnan por demostrar que merecen que el silvido de la locomotora retiemble en sus fértiles y poéticos campos».

La vida cultural del país registra ese año la celebración de los 20 años de la «Sociedad Amigos del País» (*El Teléfono* del 18 de mayo), la selección de José Gabriel García como miembro de la Academia Venezolana de la Historia (*El Teléfono* del 11 de marzo), y la llegada de la escritora española Emilia Serrano, Baronesa de Wilson (*El Teléfono* del 7 de junio).

En noticias de carácter cívico, *El Teléfono* del 10 de octubre y sus números sucesivos hasta diciembre dan cuenta del listado de personas que forman una junta con el propósito de reparar la bóveda del templo de Santa Bárbara, destruida por un temporal. El editorial de este periódico, fechado el 11 de octubre, impele al gobierno a pagar los sueldos atrasados a los empleados públicos desde septiembre de 1890 hasta mayo de 1891. En *El Teléfono* del 15 de noviembre, página tres, se publican unas notas estadísticas sobre la relación de «defunciones habidas durante el año transcurrido del 10 de noviembre del pasado (1890) al 31 de octubre del presente, entre esta ciudad y sus ya anexidades de San Carlos, fijada á la entrada del cementerio católico por su celoso guardián, el progresista señor José María Albert», y que da cuenta de «479 defunciones, 267 varones y 212 hembras; 250 adultos y 229 niños».

En lo científico, en 1891 se funda la Asociación Médica Dominicana. La literatura mundial registra en ese año la publicación de *El retrato de Dorian Gray* de Oscar Wilde y *Las aventuras de Sherlock Holmes* de Arthur Conan Doyle. En el plano religioso, León XIII promulga la encíclica *De Rerum Novarum*.

Contexto Significativo: Ideas y Conflictos

A través del análisis de los editoriales y algunas noticias sueltas insertas en *El Teléfono*, podemos darnos cuenta del antihaitianismo de la época, actitud de la que Penson se hace eco en su obra. Según Ernesto Sagás, el antihaitianismo se define como un conjunto de prejuicios, mitos y estereotipos reproducidos socialmente y que prevalecen en la composición cultural de la República Dominicana contra Haití, país con el que comparten territorio (4, traducción nuestra). En el siglo XVI, la colonización de la isla bautizada por Cristóbal Colón con el nombre de La Española trajo consigo el cultivo de azúcar, la esclavitud africana y el prejuicio racial.[8] La negligencia de la Corona Española con esta colonia originó el abandono de la parte oeste de la isla y su ocupación, a partir del siglo XVII, por piratas, bucaneros y filibusteros franceses. Un tratado entre España y Francia formalizó la cesión del oeste de la isla a Francia que pasó a llamarse Saint-Domingue. Convertida en una próspera colonia, en Saint-Domingue tuvo lugar una histórica sublevación de su población esclava y eventualmente fue proclamada República de Haití en 1804. En 1822 Haití ocupó militarmente la parte este de la isla, ocupación que exacerbó la animosidad de los habitantes de la parte este contra los haitianos. La ocupación haitiana se mantuvo por veintidós años hasta 1844, año en que la parte este de la isla proclamó su independencia de Haití y se convirtió en República Dominicana. En 1891, el gobierno dominicano mantenía una pugna constante y en todos los órdenes (político, económico y social) con el gobierno haitiano. El 18 de mayo, en su página tres, *El Teléfono* publica un artículo titulado «Siempre los mismos», que no es más que una crítica a los haitianos, quienes – dice este periódico – «aferrados á las preocupaciones de raza, no entienden la civilización sino á su manera». En una noticia suelta, se lee: «Haití está de plácemes con sus revoluciones y sus desórdenes; á cada instante se arma la de Cristo es Dios, y la sangre corre como cerveza en matrimonio. Paso al progreso!...» Estas noticias aluden, en tono irónico, a la supuesta condición de inferioridad del pueblo haitiano, y lo presentan como pueblo inculto y violento. En la obra de Penson se percibe el sentimiento antihaitiano que en esa época se fomentaba a nivel guberna-

---

[8] Ubicada entre Cuba y Puerto Rico, La Española es la segunda isla más grande del Caribe. Colón llegó a este territorio durante su primer viaje en 1492 y estableció allí el primer asentamiento español en el Nuevo Mundo.

mental y del cual la prensa se hacía eco. César Nicolás Penson era un asiduo colaborador de *El Teléfono* y otros periódicos y su libro no escapa a esos influjos, como podemos percibir en los pasajes que aparecen a continuación, correspondientes a varias narraciones de *Cosas Añejas*:

> ...una casa solariega de antaño, tan azotada como todas por el salvajismo haitiano... («Drama horrendo» p.17)[9]

> Doña Jacinta descollaba porque iba y venía de un grupo al otro, animándolos a todos con sonrisas sacadas de sus más finos estuches y dando pareceres, que ya sobre un traje, o un tocado, que ya sobre una jugada, ora en una discusión, cuando acerca del estado del país y el desear con acompañamiento de bien condimentadas maldiciones que cargara el diablo con los *mañeses*, ...[10] («Las vírgenes de Galindo» p.204)

> Allí vicios, allí crímenes, allí escándalos y algazara aromatizados con mucho aguardiente, sobre todo prácticas supersticiosas y además la castiza brujería que entre *mañeses* es sacramental y nacional; y por complemento, ranchos nauseabundos y bailes salvajes. («Las vírgenes de Galindo» p.219)

> Ya habían recibido los dos *mañeses* en la marina la noticia que el que espiaba a D. Andrés Andújar les había venido a dar de que este se encaminaba ya hacia aquellos sitios. («Las vírgenes de Galindo» p.224)

> ... hubo al fin un *mañé* más emprendedor u osado que los otros, ... alguno que otro transeúnte se quedó parado a mirar qué diablo de empresa era aquella que entre manos traían los mañeses de Regina. («El santo y la colmena» p.200)

«¡Profanación!» y «El santo y la colmena» son dos narraciones en las que Penson enfatiza la osadía y la actitud sacrílega como características negativas atribuidas al pueblo haitiano, aspectos que el escritor vuelve a reiterar en la tradición «Las vírgenes de Galindo».

Cuando se encuentran los cadáveres de las niñas salvajemente asesinadas, Penson escribe:

> A la natural compasión uníase sorda ira reconcentrada, creídos

---

[9] Penson, César Nicolás. *Cosas Añejas. Tradiciones y episodios de Santo Domingo*. Prólogo por Manuel de Jesús Galván. Santo Domingo: Imprenta Quisqueya, 1891.

[10] *Mañé*: «m. Haitiano. Tiene el plural anómalo mañeses» (Patín Maceo, 126). Mañeses: «Haitianos. Los dominicanos de antaño les aplicaban diversos términos peyorativos: mañeses, balsinos, mombolos, manolos, cocolos, los chepes, musieses...» (Demorizi, 129). Muchos de estos términos junto con las palabras pití, pitises se utilizan con carácter peyorativo en el español coloquial dominicano.

como estaban de que los perpetradores eran haitianos, porque el instinto infalible del pueblo había señalado uno, dos o más entre ellos, ira que era fermento del odio de una raza hacia la raza enemiga eterna del nombre quisqueyano. (p.248)

«Las vírgenes de Galindo» es la tradición más trabajada de Penson, la cual basó en el poema del mismo nombre escrito por Félix María del Monte en 1860, durante su exilio en Puerto Rico. Publicado en 1885, el poema de del Monte ofrece una interpretación fictiva del suceso. La lectura de ambos textos indica que tanto del Monte como Penson manipulan la realidad histórica para exacerbar el antihaitianismo en los lectores.[11]

En contraposición a este antihaitianismo, el escritor exalta los sentimientos de filiación hacia la Madre Patria. Por ejemplo, en la narración que lleva por nombre «Barriga Verde», Maese Polanco se asombra cuando el señor escribano le propone ir a España:

> Maese Polanco se rascó la cabeza y quedó pensativo. Después de todo estaba satisfecho de que un principal caballero como aquel hubiese puesto su atención en su humilde persona, y le retozaba allá en lo más recóndito el deseo de ver aquella madre España, que tan mal nos gobernada, pero que tenían en tan felices tiempos sobre el corazón los indomables hijos de esta tierra. (pp.53-54)

En «¡Profanación!», ante los desmanes hechos por los hermanos haitianos Ponthieux y sus amigos en las ruinas del Monasterio de San Francisco, Penson expresa:

> Calaverada insigne, a modo de reto a las eminentes memorias que significaba semejante sitio, lanzado por dominadores del suelo patrio en desdoro de sus envidiables timbres, y a todo lo que era recuerdo del pasado poderío español que era el de nuestra raza en la América Latina. (p.96)

Estos ejemplos indican que Penson respondía a una concepción propia de su tiempo, por lo menos en lo referente al antihaitianismo, aunque no encontramos más referencias que lo literario para su hispanofilia. El antihaitianismo de *Cosas Añejas* ha originado juicios contradictorios entre los intelectuales dominicanos. Así, Joaquín Balaguer se identifica con la nota antihaitiana de la obra de Penson e

---

11   Un elemento histórico que no aclaran Penson ni del Monte es la edad de las tres niñas al momento del crimen, ocurrido el 29 de mayo de 1822: Ana, la hija mayor, tenía 11 años; Marcela, 6 años y Águeda, 2 años. (Guerra Sánchez, «Galindo o Barrio Mejoramiento Social»)

incluso da a entender que en el escritor opera un instinto protector de la nacionalidad y la territorialidad dominicanas.[12]

José Alcántara Almánzar se opone de manera tajante a la ideología que, según su opinión, se vierte en la obra:

> ...César Nicolás Penson traduce los esfuerzos de la burguesía por estructurar un nuevo sentimiento— paralelo a la mencionada hispanofilia destinado a refrendar una política de uso externo: el racismo antihaitiano. Hubo luchas entre Haití y República Dominicana. Todo el mundo lo sabe. Guerras, invasiones, destrucción, pillaje, muerte. Como en todas las guerras. Pero también había ocurrido con España, Inglaterra, Francia, con España de nuevo y con los Estados Unidos más de una vez en pleno siglo XX. El hecho de un enfrentamiento de pueblos en el que uno luchaba por su liberación metropolitana (Santo Domingo); el hecho de que uno expresara la opinión de sus gobernantes de que «la isla debe ser una e indivisible» (Haití) y otro luchara por la reafirmación económica, política y cultural y defendiera esa identidad de cualquier otro país (Santo Domingo), no es óbice para el fomento de un sentimiento – racista a todas luces- que ha estropeado el acercamiento de dominicanos y haitianos y su integración en la consecución de objetivos comunes. Toda esta mistificación, este prejuicio antihaitiano es creación de la clase dominante con el propósito de allanarse un terreno que facilite su dominación. Penson insiste en *Cosas Añejas* no solo en el carácter brutal de la Ocupación Haitiana, sino en el peligro que para los dominicanos representa la presencia del negro en el oriente de la Isla: por su inferioridad, por su salvajismo, por su carencia de valores humanos positivos. Penson se hace instrumento de la burguesía para desarticular la posible y futura unidad de los explotados de Haití y República Dominicana. Su obra expresa con creces su filiación europeizante. (14)[13]

Además del antihaitianismo, en *Cosas Añejas* aparece una serie de ideas y concepciones propias de la época y a las que el escritor alude directamente. «Drama horrendo» y «El martirio por la honra», por ejemplo, recogen el tema de la honra, como símbolo de una clase social

---

12 A este respecto, Balaguer escribe: «Tal vez la nota que mayor simpatía despierta en la colección de tradiciones de César Nicolás Penson es la de la sana emoción patriótica con que se exalta en ellas el nombre del país y con que se trata de excitar en el pueblo, mediante el contacto con la tradición, el sentimiento de su personalidad enervada. Con frecuencia el apóstrofe violento interrumpe la narración e ilumina la frase que se llena de púas vengadoras, cuando el tradicionalista recuerda algún acto de piratería cometido contra algunos de nuestros monumentos artísticos por el salvajismo haitiano. La labor literaria de César Nicolás Penson no se halla solo dirigida por el sentimiento de la belleza y por la pasión del anticuario. Su obra se encuentra inspirada por un propósito más alto: el de defender, contra peligrosos factores que tenían su asiento en la parte occidental de la isla, nuestra fisonomía étnica e histórica. Para eso se hizo tradicionalista y filólogo». (86-87)

13 Véase la crítica de Giovanni Di Pietro en su artículo «César Nicolás Penson, los críticos marxistas y el caso de Haití» a este análisis de Alcántara Almánzar.

que es capaz de llegar hasta el crimen con el propósito de preservar su buen nombre. En «Muerte por muerte», el tema del adulterio permite a Penson ofrecer sus digresiones al respecto: «Es rasgo característico de las adúlteras el acordarse del deber solo para ser altivas con los amantes». (p.159) En «La muerte del Padre Canales», crimen cometido por Juan Rincón, hombre al que la justicia había dejado impune de un asesinato anterior, Penson critica a los miembros de la sociedad que se valen de sus influencias para evadir la justicia. También externa sus juicios personales en torno a la política: «Se notaron muchas señales de gran movimiento y algazara en la ciudad, cosa que extrañó a todos, sin saber a qué atenerse, y temiendo un percance, dados los vuelcos y caprichos de una antojadiza señora que dizque política la llaman unos pueblos en infancia política del Nuevo Mundo, y que nos trae a mal traer va ya para medio siglo». («Bajo Cabello o un rasgo audaz» p.43). Penson, además, manifiesta abiertamente sus inclinaciones partidistas y critica a los gobiernos rojo-baecistas cuyos errores eran arreglados –afirma Penson– por los gobiernos azules: «Las papeletas habían traído la ruina y la ruina el cambalache, el cambalache... sabe Dios lo que traería. ¡Pero siempre con los azules en el gobierno había esperanzas de algo! Sé que fui muy azul, y a mucha honra». (p.106)

Contexto Estructural

Cosas Añejas está compuesto por once narraciones que Néstor Contín Aybar, en su *Historia de la literatura dominicana*, clasifica en tradiciones («Drama horrendo», «Barriga Verde», «La muerte del Padre Canales», «El martirio por la honra», «Los tres que echaron a Pedro entre el pozo», «Muerte por muerte» y «Las vírgenes de Galindo») y episodios («Bajo Cabello o un rasgo audaz», «¡Profanación!», «Entre dos miedos» y «El santo y la colmena»). Todas las tradiciones, a excepción de «Barriga Verde», se subdividen en dos o más capítulos. Al final, el libro se complementa con unas «Notas del autor», donde Penson hace explicaciones de diversa índole sobre cada una de las tradiciones y episodios de su obra: hay definiciones de vocabulario, explicación de refranes, frases hechas y costumbres, interpretación de términos zoológicos, botánicos y geográficos, comentarios genealógicos e históricos y sobre el patrimonio monumental y las calles de la ciudad de Santo Domingo; hay digresiones filosóficas, unas coplas alusivas a la tradición «Los tres que echaron a Pedro entre el pozo» y una copia de la sentencia a los supuestos asesinos de «Las vírgenes de Galindo». Las ediciones hechas por la Editora Taller contienen, bajo el título de «Abreviaturas», una interpretación de las abreviaturas con que Penson designa a las personas que le sirvieron de fuente para compilar sus narraciones.

Contexto Formal: Lenguaje, Técnica Narrativa, Personajes y Ambiente

En su libro, Penson se vale de formas del lenguaje culto e intercala frases, modismos y vocabulario populares. En las notas que añade a su obra, él realiza una labor filológica en la que explica muchos términos tales como desgaritada, tutumpote, animita, aciguatado, picúa, ñapa; frases como «pagar la jaba que el burro se comió», «esos fueron los tres que echaron a Pedro entre el pozo»; o la jerga de los jugadores de cartas («rabones», «árboles de galera», «gurupié», «mato a mi cochino», entre otros) y de apostadores a los juegos de gallos («apostar a un giro», «malatobo»).

Penson utiliza estructuras narrativas tradicionales con la presencia del narrador omnisciente y el ordenamiento cronológico de los hechos y, como dijimos antes, el autor aprovecha los sucesos narrados para insertar su opinión personal sobre cualquier asunto de la vida política, social o cultural del momento. Desde las primeras páginas del libro destacan la descripción de ambientes y la caracterización de personajes bien logrados. En breves palabras, el escritor hace una descripción física, sicológica y moral de los principales personajes de sus tradiciones. Veamos algunos ejemplos:

> Era el niño, al decir de unos deudos sobrevivientes del honrado menestral, lo que se llama un botón de rosa; muy blanco, sonrosado, de ojos azules, pelo rubio, nariz perfilada, cara redonda y lleno de carnes. Parecía inteligente. (p.50, descripción de Barriga Verde)

> Era un hombre de regular estatura, grueso, de tez extremadamente blanca, cara redonda, con el pelo canuco, y que contaba poco más o menos de cincuenta y seis a cincuenta y ocho años de edad... Era de carácter, si no díscolo, al menos bastante malo, por lo cual tenía siempre sus disputas y se granjeó no pocas dificultades. (p.73, descripción del Padre Canales)

> Doña Jacinta era vástago de buena familia. Blanca, gruesa, alta, y

aunque algo entrada en edad, quedábanle buenas señales de que había sido real moza. Señora de costumbres a la antigua, misa diaria, rezo al alba, trisagio, novena y tercios y ayuno en cuaresma además de las vigilias; era su trato ameno y de genio alegre. (p.203, descripción de doña Jacinta Cabral en «Las vírgenes de Galindo»)

El autor afirma que todos los personajes existieron, aunque la tradición, por los hechos en los que se vieron envueltos, ha tendido a exagerar en sus protagonistas algunos rasgos que Penson, a su vez, reinterpreta e idealiza. El escritor recurre al procedimiento de incorporar acontecimientos políticos que sucedieron en el momento al que alude la narración, o a mencionar figuras destacadas de la historia dominicana como una forma de recordar al lector la veracidad de lo narrado. Un ejemplo de ello lo encontramos en la tradición «La muerte del Padre Canales»:

Sabido es que en esa época, de todos los conventos existentes aquí, solo el de Dominicos y el de Jesuitas tenían magisterio, es decir, que eran aulas donde se formaba la juventud. Pero aunque San Francisco no tuviese tal privilegio, el Padre Perozo que era, como dijimos, hombre de letras, se había hecho cargo de dar por su cuenta la instrucción que era de rigor entonces a algunos jóvenes; y asistían a sus bancos, entre otros, el Dr. D. José Núñez de Cáceres, el primero en la verdadera independencia de Santo Domingo, alta gloria nuestra, el Dr. Faura, aquel Asesor general que protestó contra la entrega de Ogé y Chavanne y el Sr. José Joaquín Del Monte, padre del distinguido literato Sr. D. Félix Ma. Del Monte. (p.70)

El ambiente en que acontecieron los hechos es recreado con fidelidad, ya que el autor no escatima en mencionar calles, en describir edificios del Santo Domingo de los siglos XVIII y XIX, o en incorporar elementos característicos de la época, como esta descripción de una volanta:

Bajo el arco de la histórica puerta del Conde, hoy del 27 de Febrero, pasaba en espléndido día de primavera, una de aquellas pesadas y macizas volantas, especie de carromato, elevado, de dos ruedas y sin muelles, tirada por briosa mula, que en aquella época llamaban, como a todo carruaje, según queda dicho, y rodaba con rumor sordo por el enlodado camino de Güibia o San Jerónimo. («Drama horrendo» p.15)

O esta magnífica descripción de una casa de la época y su mobiliario:

> El interior era tosco, amplio, de enrevesada distribución con muchas puertecitas, arcos, claraboyas, ventanejos y cuartucos. Las gruesas vigas al aire, las paredes blanqueadas con cal, alto arco en la entrada de la pared maestra provisto de formidables puertas; el friso por mitad de los muros, al óleo, de color oscuro, piso ladrillesco, cantaderas en la sala con libros, y muchos palos de hamaca incrustados en las paredes. En fin, fortaleza por fuera y claustro por dentro: tales eran estas grandes casas y casi todas las de esta histórica villa... El mobiliario original y recargado, en que descollaban los tures, especie de sillones de caoba con asiento y respaldo de cordobán asegurado con tachuelas de cobre, adornaba profusamente la sala, en la cual se abrían unos balconcillos rechonchos. («El martirio por la honra» p.118)

En ocasiones, Penson recurre a sus propias vivencias para describir la atmósfera de una narración, como se observa en este pasaje, correspondiente a «Entre dos miedos»:

> ¡Cuadro temeroso aquel! Figúrate que había tiros por un lado y cólera por otro. Semejante época, por estas especialidades, merecería ser calificada así, la del cólera, el sitio y el cambalache.
>
> ... Teníamos, además, un hambre macha; y se dieron casos en que por comer yuca amarga unas mujeres, y no advertirlo, se las llevó el demonche, esto es, que se envenenaron.
>
> Era hacia 1868, en mi tiempo, y puedo contarlo sin consultar oráculos ochentañales, y una de las tantas revueltas que como decoraciones de teatro dábamos al mundo en espectáculo casi diariamente, había venido a sitiar la Capital heroica en cañonazos clásicos. (p.103)

En todas las tradiciones, sobresalen las costumbres apreciables en la sociedad de la época:

> En esa época no era cosa extraña hallarse a cada paso con personas entregadas a devoción en público, tuvieran o no motivo para ello, que frecuentaban sacramentos, que hacían del templo su habitual morada, que vestían silicio y ensayaban todo linaje de penitencias, que iban entre la multitud como seres fuera del contacto impuro de lo mundano; especie de santos escapados, a quienes el pueblo sin mala intención, apellidaba beatos. («La muerte del Padre Canales» p.67)

Su casa era el rendez-vous de la buena sociedad; y todas las primanoches allí se charlaba en regla, se jugaba a la brisca y al burro, se ponían juegos de prendas, se discurría todo género de pasatiempos, se gastaban buenos refrescos, enredábanse aventuras amorosas, se conspiraba, llovían las finezas, y el gracejo y el salero se derrochaban allí como en la tierra de María Santísima. («Las vírgenes de Galindo» p.204)

Sobre hábitos alimenticios encontramos estos pasajes:

«...entre ambos trabajaban el pan de huevo entonces muy en boga» («La muerte del Padre Canales» p.68), «...satisficieron su hambre con buenas comidas de aquellas sabrosas de la época, remojadas con suculento chocolate y jengibre de la tierra». («Barriga Verde» p.50); «Grandes postas de carne del Norte, con aditamento de patatas con profusión, galletas, arroz, queso, y los criollos y sacramentales pastelitos de harina y catibía que se oían armoniosamente chirriar en lagos de manteca» («Bajo Cabello o un rasgo audaz» p.36).

Las descripciones de las modas sobresalen por su exactitud en los detalles:

Podemos verla al venir de misa y entrar por el ancho portal, con su elegante traje de sarga negra provisto de ruedo de magnífico terciopelo, abrochado a la espalda y cerrado hasta la barbilla, de estrecha manga ajustada a la muñeca y levantada y abombada en el antebrazo por armadores de tela engomada. Cubría su pie calzado de negra seda; y era su peinado altísimo, sujeto con peineta de concha descomunal claveteada de puntitas de oro. La tradicional mantilla rebujaba no sin gracia los contornos de su espalda. («El martirio por la honra» p.117)

La siguiente descripción está hecha con gran ingenio y humor:

¡Vamos!, ¿y el sexo feo? Su vestimenta tenía que ver. Estrechos pantalones de casimir, casacas largas y puntiagudas, de altísimo talle y escasa tela por delante y ridículas si Dios manda, con cuello de pana amparando las orejas íbanse riendo unas de otras; y esto, por más que el chaleco ombliguero y cuadrado, sobre el cual descansaba la gruesa cadena de oro del reloj, pugnaba por guardar cierta gravedad y parecía decir a las piezas sus vecinas; «¡quietos, señores!» Arriba, la camisa de lino, de cuello levantado más alto que la barbilla y como un istmo que la unía al pantalón, el ampuloso, revuelto y rumboso gregorillo entre cuyos vuelos relucían como ojo de gato en la oscuridad, varios botonazos de oro como soles o algunas esmeraldas. La corbata, ancha, de olán batista, bien podía servir de pañales para un caso ocurrente; y elegantes botas crujían por dentro del pantalón, o si no eran los zapatos bajos de becerro en íntimo coloquio con medias negras de seda; y no se quedaban en zaga los pañuelos de batista bordados que aguantaban el ímpetu de las descargas de las narices atarugadas de rapé, muy bueno es verdad, como de la tierra. («Las vírgenes de Galindo» p.205)

Romanticismo y *Cosas Añejas*

Valentina Peguero y Danilo de los Santos expresan que el romanticismo dominicano es la mejor expresión cultural que se produce en el XIX, en cuanto a literatura y arte insular, y fue, como en Europa y América, una expresión genuina de amor local, de estimación histórica, de exaltación patriótica y sujeción lírica. Movimiento tardío respecto a otras latitudes, se nutre del nativismo, criollismo, indigenismo, intimismo y de una serie de postulados civilizadores y de formalidades del clasicismo academicista. (275)

José Alcántara Almánzar refiere que en la decadencia del romanticismo surgen tres subcorrientes: el nativismo, el costumbrismo y el tradicionismo. Este último él lo caracteriza en los siguientes términos: «El tradicionismo retrocede en el tiempo a fin de rescatar las formas de vida, las costumbres y los modos de pensar y sentir de los hombres del pasado para ofrecerlos, convertidos ya en legado artístico, a las generaciones del presente y del porvenir. Esta subcorriente presenta relatos, cuadros y novelas, los episodios o sucesos que permanecían depositados en documentos y archivos, cartas y relaciones, o se diluían lentamente en las mentes de testigos pretéritas.» (Prólogo, I-II)

Características del romanticismo y del tradicionismo están presentes en *Cosas Añejas*. El amor local se manifiesta en la descripción del ambiente y las costumbres del Santo Domingo colonial, a lo que se añade la evocación de cosas ya perdidas, como la descripción de la volanta que citamos antes. La estimación histórica se percibe en el hecho de que el autor no vacila en incorporar nombres de personajes históricos y fragmentos de la historia dominicana en las narraciones. Esta afirmación se puede comprobar en «La muerte del Padre Canales», «¡Profanación!», «Entre dos miedos», «Los tres que echaron a Pedro entre el pozo», «Las vírgenes de Galindo», «Muerte por muerte» y «El santo y la colmena». La exaltación patriótica la observamos cuando analizamos las ideas y conflictos que contiene la obra.

La sujeción lírica se encuentra en las imágenes románticas que emplea el autor en las narraciones «Las vírgenes de Galindo», «Muerte por muerte», «Drama horrendo» y «El martirio por la honra». De esta última tradición se extraen los siguientes pasajes:

> La joven aquella era hoja de rosa. De cutis con el color y la tersura del melocotón, de húmedos y brillantes ojos, labios de flor de granado, nariz de forma escultórica como de estatua griega, y frente de curva suave sobre la cual posaban amorosamente rizos cabellos castaños. Su talle erguíase airoso como brote de palma nueva en movimiento blando y como ésta, llena de majestad. (p.117)

> Los naranjos y granados en flor despedían perfumes sabeos por lo penetrantes y suaves, cubriendo el recién barrido suelo de un alfombrado de blanquísimo nácar los primeros. (p.114)

La precisión en la descripción de las costumbres y la manera de vivir de los habitantes de la ciudad de Santo Domingo, desde la colonia hasta el siglo XIX, convierten a *Cosas Añejas* en un documento de referencia más allá del ámbito literario. La reconstrucción del marco epocal en el que se originó esta obra literaria a través de libros de historia, revistas y periódicos de la época ayuda a entender el plano ideológico que permea el texto de César Nicolás Penson. Así, se puede afirmar que la hispanofilia de que se acusa al escritor podría asociarse a la nostalgia propia del fin de siglo, para lo que todo tiempo pasado fue mejor, ya que no encontramos un culto explícito hacia lo español, por lo menos durante el año al que se restringe esta investigación (1891). Un análisis del marco sociográfico del libro corrobora el sentimiento anti-haitiano en la obra. Este sentimiento se corresponde con la manera de pensar y de sentir de la época. Si se leen los periódicos de ese entonces, el anti-haitianismo aflora a tono con las ideas de salvaguardar la territorialidad y la dignidad del país en un momento en que la prensa se hacía eco de conflictos entre los dos países. A más de cien años de haber sido escrita, las circunstancias que influenciaron la escritura de *Cosas Añejas* aún son temas predominantes en la República Dominicana. La similitud que existe entre los discursos de la prensa y los intelectuales decimonónicos y la prensa e intelectuales del siglo XXI plantean la necesidad de mantener bajo constante análisis el anti-haitianismo y su vigencia como tema recurrente en la sociedad dominicana.

Esta Edición

Para esta edición de *Cosas Añejas* hemos optado por modernizar la puntuación, la acentuación y la ortografía a fin de hacer el texto más accesible a los lectores. Un cambio específico es la anteposición de pronombres: uníase, erguíase, quedábanle, notáronse, etc., se han cambiado por se unía, se erguía, le quedaban, se notaron... También hemos corregido la ortografía de muchas expresiones en inglés, francés y latín que Penson inserta en su obra con la finalidad de hacer más preciso su significado.

Esta edición añade notas aclaratorias a pie de página de cada historia. A estas notas sobre vocabulario, historia dominicana y los elementos intertextuales que aparecen en el texto, añadimos las notas que Penson escribió y que hasta el momento permanecían como anexo en la edición original y las reproducciones posteriores. Este cambio, además de prestar más dinamismo a la lectura y facilitar la comprensión de los textos, permite apreciar la agudeza intelectual del autor.

Rita Tejada

Bibliografía

Alcántara Almánzar, José. *Narrativa y Sociedad en Hispanoamérica*. Santo Domingo: INTEC, 1984.

Alfau Durán, Vetilio. *Reseña histórico-crítica de la poesía en Santo Domingo*. Santo Domingo: Taller, 1980.

Amiama, Manuel A. *El periodismo en la República Dominicana: notas para la Historia crítico-narrativa del periodismo nacional desde sus orígenes*. Santo Domingo: Talleres Tipográficos La Nación, 1933.

Analectas. (Santo Domingo, República Dominicana) 1934.

Balaguer, Joaquín. *Letras Dominicanas*. Santiago: El Diario, 1944.

Bazil, Darío. *Poetas y prosistas dominicanos*. Santo Domingo: Cosmos, 1978.

Bosch, Juan. *La Guerra de la Restauración*. Santo Domingo: Corripio, 1982.

Contín Aybar, Néstor. *Historia de la Literatura Dominicana*. Vol. 2. San Pedro de Macorís: UCE, 1983.

Cuervo, Rufino José. *Apuntaciones críticas sobre el lenguaje bogotano*. 4ta. Ed. Chartres: Imprenta de Durand, 1885.

Deive, Carlos Esteban. *Diccionario de dominicanismos*. 2da. Ed. Santo Domingo: Librería La Trinitaria y Editora Manatí, 2002.

Di Pietro, Giovanni. «César Nicolás Penson, los críticos marxistas y el caso de Haití». Listín Diario. 2 de marzo, 2011. Web. 11 de agosto 2015. http://www.listin.com.do/ventana/2011/3/2/179539/Cesar-Nicolas-penson-los-criticos-marxistas-y-el-caso-de-Haiti

El Día. (Santo Domingo, República Dominicana) 1891.

El Eco de la Opinión. (Santo Domingo, República Dominicana) 1883-1899.

El Lápiz. (Santo Domingo, República Dominicana) 1891.

El Mensajero. (Santo Domingo, República Dominicana) 1887-1889.

El Teléfono. (Santo Domingo, República Dominicana) 1883-1898.

Eme Eme. Estudios Dominicanos. (Santiago, República Dominicana) 1974-1988.

Espinal Mota, Ligia. *Vínculos. La rueda más hermosa. Crónica de dos familias dominicanas en los albores del siglo veinte.* Bussum, Holanda: First Hand Publications, 1997.

Gándara y Navarro, José de la. *Anexión y guerra de Santo Domingo.* T. I. Madrid: Imprenta del Correo Militar, 1884.

García Godoy, Federico. *Impresiones*. Moca: Imprenta de J. Brache, 1899.

García, José Gabriel. *Compendio de la historia de Santo Domingo.* Vol. 1. Santo Domingo: Imprenta García Hermanos, 1893.

———. *Compendio de la historia de Santo Domingo*. Vol. 2. Santo Domingo: Imprenta García Hermanos, 1894.

———. *Compendio de la historia de Santo Domingo*. Vol. 3. Santo Domingo: Imprenta García Hermanos, 1900.

Guerra Sánchez, Antonio José Ignacio. «Toponimia y genealogía: Galindo o Barrio Mejoramiento Social». Web. 12 de agosto, 2015 http://www.idg.org.do/capsulas/marzo2007/marzo200717.htm

González, Aníbal. «Las Tradiciones entre la historia y el periodismo». Ricardo Palma. *Tradiciones Peruanas*. Ed. Crítica. Eds. Julio Ortega y Flor María Rodríguez-Arenas. Madrid: CSIC, 1996. 459-77.

Henríquez Ureña, Max. *Veinte cuentos de autores dominicanos.* Santo Domingo: CEDIBIL, 1995.

Hoetink, Harry. *El pueblo dominicano*. 1850-1900. Apuntes para su sociología histórica. Santiago: UCMM, 1972.

Letras y Ciencias. (Santo Domingo, República Dominicana) 1892-1897.

Llorens, Vicente. *Antología de la poesía dominicana 1844-1944*. 2da. ed. Sociedad Dominicana de Bibliófilos. Santo Domingo: Alfa y Omega, 1984.

Lugo Lovatón, Ramón. *César Nicolás Penson*. Ciudad Trujillo: Editora Montalvo, 1952.

Jiménez Benítez, Adolfo. *Historia de las revistas literarias en las Antillas: Cuba, Puerto Rico y República Dominicana*. Estados Unidos de América: Xlibris, 2008.

Mejía, Abigaíl. *Historia de la literatura dominicana*. Santo Domingo: Editorial Caribes, 1937.

Monte, Félix María del. *Las vírgenes de Galindo, ó, La invasión de los haitianos sobre la parte española de la isla de Santo Domingo el 19 de febrero de 1822: leyenda histórica en verso*. Santo Domingo: Impr. de García Hermanos, 1885. Web. 8 de abril, 2013.

Moya Pons, Frank. *Manual de Historia Dominicana*. Santiago: UCMM, 1977.

Palma, Ricardo. *Tradiciones peruanas*. Buenos Aires: Espasa-Calpe, 1943.

Patín Maceo, Antonio. *Dominicanismos*. Ciudad Trujillo: Librería Dominicana, 1947.

Peguero, Valentina y Santos, Danilo de los. *Visión General de la Historia Dominicana*. Santiago: UCMM, 1972.

Penson, César Nicolás. *La mujer. Consideraciones dispuestas para la primera «conferencia literaria» celebrada por la Sociedad Amigos del País*. Santo Domingo: Imprenta San Luis Gonzaga, 1877.

Penson, César Nicolás y Federico Henríquez y Carvajal. *Carta que el Centro Ibero-Americano de Santo Domingo dirije a los centros establecidos en las Republicas Hispano-americanas, relativas a los restos autenticos del descubridor del nuevo mundo*. Santo Domingo: Impr. Quisqueya, 1890.

Penson, César Nicolás. *Cosas Añejas. Tradiciones y episodios de Santo Domingo*. Prólogo por Manuel de Jesús Galván. Santo Domingo: Imprenta Quisqueya, 1891. Web. 14 de enero, 2018 http://books.google.com/books/about/Cosas_a%C3%B1ejas.html?id=j5APAAAAYAAJ

_____. *Exposición*. Ciudad Antigua, Primada de las Indias, 6 de septiembre, 1892. CLHI. (Memorias. Sección primera. Filología) Centro Virtual Cervantes. Web. 13 de enero, 2017. http://cvc.cervantes.es/lengua/congreso_literario/pdf/CVC_congreso_430.pdf.

_____. *Costumbres antiguas y modernas de Santo Domingo*. Santo Domingo: Fundación García Arévalo, 1978.

Penson, Gustavo. «Licenciado César Nicolás Penson (rasgos biográficos)». La Nación (Santo Domingo, República Dominicana), 16, 19 de agosto, 1940.

Pichardo, Bernardo. *Resumen de historia patria*. Santo Domingo: América lee, 1947.

Pichardo, Esteban D. *Diccionario provincial casi razonado de vozes cubanas*. 4ta. Ed. La Habana: Imprenta El Trabajo, 1875.

Rivodó, Baldomero. *Voces nuevas en la lengua castellana*. París: Librería Española de Garnier Hermanos, 1889.

Rodríguez Demorizi, Emilio. *Del vocabulario dominicano*. Santo Domingo: Taller, 1983.

Rodríguez, Zorobabel. *Diccionario de chilenismos*. Santiago: El Independiente, 1875.

Sagás, Ernesto. *Race and Politics in the Dominican Republic*. Gainesville: University Press of Florida, 2000.

Tolentino Dipp, Hugo. *Raza e historia en Santo Domingo: Los orígenes del prejuicio Racial en América*. 2da. Ed. Santo Domingo: Fundación Cultural Dominicana, 1992.

Ugarte, María. *Textos literarios*. Janette Miller, Ed. Santo Domingo: Banco Central de la República Dominicana, 2006.

Uribe Uribe, Rafael. *Diccionario abreviado de galicismos, provincialismos y correcciones de lenguaje*. Medellín: Imprenta del Departamento, 1887.

Vallejo, Catherine. «Política y raza: La cuestión haitiana, las vírgenes de Galindo, de Félix María del Monte [1861], 1885, y de César Nicolás Penson, 1891». *Las madres de la patria y las bellas mentiras*. Miami: Universal, 1999. pp.189-204.

Voltaire. *Diccionario filosófico*. Madrid: Senén Martín, 1966.

Zabala Lorenzo, Roque. *Los gobiernos azules y la prensa*. 2da. ed. Santo Domingo: El Nuevo Diario, 2010.

Welles, Sumner. *La viña de Naboth*. Vol. I. Santo Domingo: Taller, 1975.

Abreviaturas Usadas por César Nicolás Penson en *Cosas Añejas*

(a)	Apodo, Addenda
Acad.	Academia
cap.	capítulo
Cgo.	Canónigo
D.	Don
Da.	Doña
dicc./Dicc.	Diccionario
Dr.	Doctor
E.	Este
Hist.	Historia
Imp.	Impresora
M.	Monsieur
N.	Norte
N. ep. f.	Se refiere a un sustantivo usado para designar seres animados que usan un solo nombre para ambos sexos, por ejemplo, águila.
N. ep. m.	Nombre epiceno masculino: clasificación en desuso, sustantivo masculino
N. s. f.	Nombre sustantivo femenino
N. s. m.	Nombre sustantivo masculino
O.	Oeste
ob. cit.	obra citada
Pbro.	Presbítero
Pto. Rico.	Puerto Rico
S.	San
S.	Sur
S. E.	Su Excelencia

S.E.	Sureste
S. M.	Su Majestad
S.M.B.	Su Majestad Británica
Sr.	Señor
Sra.	Señora
Sto. Dgo.	Santo Domingo
tít.	título
V.	Véase

Refranes y Expresiones en *Cosas Añejas*

(«Drama horrendo»)
    Estar a toca penoles.
    Tener pelo en pecho.
    Para su coleto.
    Dar diente con diente.
    Ser como Dios quiera.

(«Bajo cabello»)
    Meterse de oz y coz.
    Ser hombre de pelo en pecho.
    Dar (algo) un comino.

(«Barriga Verde»)
    A carta cabal.
    De marras.
    Estar clueco/a.
    Hete aquí.
    A guisa.
    De manos a boca.
    No ser (algo) una bicoca.
    Contener(se) un Perú.
    Más afortunado que Colón.

(«La muerte del Padre Canales»)
    Andar a tientas.
    No dar un ochavo por su número uno.
    Estar en capilla.
    Volar la noticia como un reguero de pólvora.

Ser hombre de pelo en pecho.

(«¡Profanación!»)
¡Como al fin la Jauja vuestra!

(«Entre dos miedos»)
Tener un hambre macha.
Cerca del capitolio, la roca Tarpeya.
De claro en claro.
De turbio en turbio.
Se lo/a llevó el demonche.
Pagar la jaba que el burro se comió.
Estar mal hipotecado.

(«El martirio por la honra»)
Haber moldeado (a alguien) en su turquesa.
Entrar de rondón.
Leal hasta la pared de enfrente.
Por sobre el pelo de la ropa.
Poner tierra por medio.

(«Muerte por muerte»)
Darse gusto.
Irse el gozo al pozo.
Una jaqueca de padre y muy señor mío.
Tener (ese) palmito.
Estar dando bordadas.
De tres al cuarto.
Averígüelo Vargas.
Hacer el plantón.
Dormir con un ojo abierto y otro cerrado.
Darle el cabo del hilo.
Hacerse el sueco.
Número uno y medio.
Cargar de paños.
Ser ciertos los toros.
Caer como una torre.

(«El santo y la colmena»)
    «No estar maduras».
    Jugar el todo por el todo.

(«Los tres que echaron a Pedro entre el pozo»)
    Ser los que echaron a Pedro entre el pozo.
    ¡La bolsa o la vida!
    La fortuna va donde están los cuartos.
    ¡Mal rayo me parta!
    ¡Diantre!
    Pan, pan, vino, vino.
    Dejarse de tontunas por un quítame allá esas pajas.
    Sin decir esta boca es mía.
    Tener muchas máculas.
    Perder el pesquis.
    Meter (algo) en baraja.
    Irse o estarse al garete.
    Revolver cielo y tierra.

(«Las vírgenes de Galindo»)
    Echar tierra al asunto.
    Ser cosa corriente y moliente.
    Soltar (alguien) la tarabilla.
    Arriar la bandera.
    Ser (alguien) de ringorrango.
    Quien a solas se aconseja, a solas se remesa.
    Lo que hace el loco a la derrería hace el sabio a la primería.
    Coger de atrás p'adelante.
    Tirar de la oreja al burro.
    ¡Válgate Dios!
    Ser un aguacero de corbata.
    Andar listo el coco macaco.
    Sentarse a la turca.
    Perder el tino.
    Responder al bulto.
    Irse al trote.
    En un dos por tres.
    Saber Dios por quién y por cuándo.

La paloma no se echa por ese lado.
Hallarse con el pie en el estribo.
Darse con el santo en el pecho
Empezar a hacer de las suyas.
Echar tierra al asunto.
Quedar o estar firme en sus trece.
El que la hace la paga.

¡Homenaje al Día de la Patria!

Cosas Añejas
Tradiciones y Episodios de Santo Domingo

por

César Nicolás Penson

Con un Prólogo de
Don Manuel de J. Galván

XXVII de Febrero de 1891

AL

BELLO SEXO QUISQUEYANO[14]

---

14 En su dedicatoria, muy propia de la época, el autor dedica su libro a las mujeres dominicanas. Quisqueyano es uno de los gentilicios para los habitantes de República Dominicana. Surge de Quisqueya, nombre taíno que significa «madre de todas las tierras» y con el que se conocía también el territorio que es hoy República Dominicana.

Prólogo[15]

Conozco del libro narraciones (tres)[16] íntegras, lo que acaso sea poco para formar juicio sobre el mérito intrínseco de la obra. Y se me ha comprometido a escribir sobre ella nada menos que un prólogo, que es, como si dijéramos, a predisponer el ánimo del lector con un juicio sintético de lo que son, o deben ser, las *Tradiciones y Episodios de Santo Domingo*, narrados por el estudioso y entusiasta dominicano Don César Nicolás Penson, que, aunque es muy joven todavía, hace años que cultiva con cariño las letras, y ha sabido conquistarse merecidos aplausos por sus esfuerzos generosos y honrados, allí donde todo concurre a enervar el ánimo, y a amortiguar bajo las nieblas de la indiferencia los más benéficos y puros destellos de la vida intelectual.

Y la verdad es que se escribe tanto, y tan a roso y velloso, en nuestros días, es tan cerrado el aluvión de impresos y libros de todo género que vomitan las prensas de todos los países civilizados, en la exigente necesidad de dar empleo incesante a la actividad de sus perfeccionamientos mecánicos, que no debemos extrañar el desvío y el hastío, producto del cansancio o de la desconfianza, con que los lectores de experiencia miran comúnmente la aparición de un nuevo libro. Ya apenas se oye hablar de bibliófilos, y los bibliómanos han desaparecido del todo, transformados en nihilistas del pensamiento escrito, si no en huéspedes de los manicomios.

Este cambio se explica: la intemperancia[17] en la lectura está sujeta a las mismas leyes que la intemperancia en el comer: hay gastralgia intelectual como hay gastralgia física: con frecuencia las dos están conjuntamente en un mismo sujeto. De aquí la perversión del apetito, y

---

15 Las notas escritas por César Nicolás Penson aparecen indicadas en esta edición como Nota del autor. Las demás notas fueron escritas por la editora Rita Tejada.
16 En la edición original a la que tuvimos acceso la palabra tres aparece escrita a mano.
17 Intemperancia: Ausencia de moderación.

la preferencia de alimentos raros, aunque nocivos, así para la inteligencia como para el estómago.

Nuestro siglo se caracteriza por una gran intemperancia en todo: en el inventar, en el innovar, en el revolver; y no digo en el comer, porque estas líneas tratan de ser un prólogo, literario en la intención, y los que viven de las letras en todas partes, con raras excepciones, darían testimonio de su forzosa parsimonia, lo que no obsta para que en nuestro siglo se coma excesivamente. Pero los que viven de las letras en su inmensa mayoría han sido intemperantes en el afán de crear, y de decir cosas nuevas y originales, o que lo parecen; y ayudados por los progresos de la imprenta, han abrumado, literalmente a la humanidad con innúmeras obras *transcendentales*, reformistas y transformistas, cuya transcendencia ha durado lo que dura una sensación, o un capricho; un día, un mes, un año a lo sumo.

Cierto que el gusto inspirador de esas obras efímeras ha trascendido a las costumbres y a las artes. Hasta el santuario de las ciencias ha penetrado con planta invasora el prurito de trillar sendas desconocidas, especie de intemperancia del espíritu de inducción. A todos nos agrada ser descubridores de mundos, como Colón, y doblar cabos tempestuorios, como Vasco de Gama, sin salir del gabinete de estudio, o de la cátedra docente, y sin arrostrar otros peligros que los de ver caer en el desdén o en el ridículo nuestras estrafalarias invenciones. Felizmente, a nadie persigue la policía por creer en sí mismo y forjar disparates. Pero hay un grandísimo escollo para estos apóstoles intemperantes del espíritu del siglo, y es la facilidad con que el mismo espíritu del siglo distingue el oropel, del oro fino: su vivacidad y su instinto investigador lo obligan a mirar con interés todo lo que sale a luz como producto del genio o de la inteligencia del hombre; se logrará deslumbrarlo a veces y aun hacerlo extraviar por momentos, dando algunos pasos precipitados en pos de un farol de forma rara, que se ofrezca al mundo como insigne manifestación de progreso; pero pronto se da cuenta de la verdad; que para eso es examinador, y analizador y razonador por excelencia; los noveleros siguen al farol de papel o al fuego fatuo hasta que se extingue; pero al espíritu del siglo le basta un somero examen para no sacrificar en aras de ninguna falsa teoría la más significante verdad de las que iluminan con luz increada e inmanente la conciencia de la humanidad.

Y la estética es una de estas verdades eternas, inmortales. En vano sobrevendrá el bizantismo, la noche de los siglos medios para el sentimiento en todas sus manifestaciones, morales, científicas, artísticas. De la oscuridad y de las ruinas surgirá un día, más o menos pronto, el renacimiento de todo lo que en sí tiene el germen y las condiciones vitales de bondad, verdad y belleza, trinidad que ha recibido el culto de los hombres superiores, donde quiera que ha existido una civilización consciente.

Me va llevando demasiado lejos el asunto de este prólogo, al cual quiero aplicar las precedentes reflexiones. Es porque Penson, buen hijo de este siglo, se muestra apasionado de la originalidad, tras de la cual corren, como en pos de nueva Atalanta[18] de pies ligeros, muchos literatos americanos y europeos en nuestros días; pero tiene Penson a la vez el buen gusto de buscar la originalidad para sus obras en donde con seguridad puede hallarla, que es vivificando la inexhausta fuente de las tradiciones, episodios, cuentos y consejas de esta bendita tierra que Dios nos dio por cuna, y que, rica en peripecias y desdichas, ofrece, como pocos países, abundante caudal de sucesos verdaderos, que han exaltado la fantasía popular, siempre inclinada a ornamentar con pintorescas exageraciones y mentiras de grueso calibre, los hechos históricos de suyo interesantes y en más de un punto sorprendentes.

Debo declarar francamente que cuando se trata de *enseñar*, prefiero la verdad por dura y mortificante que sea, a la ficción engalanada y lisonjera. Si escribimos historia, debemos ser veraces, y no vestir los hechos al antojo de nuestra propia fantasía, o guiándonos por narraciones improbables e inverosímiles. Si en Palo Hincado, verbigracia, vencieron nuestros abuelos, ayudados por dos regimientos de Puerto Rico, a los *seiscientos* soldados franceses de Ferrand, no se extravíe el patriotismo hasta pregonar que aquellos mal armados campesinos, bajo el mando de nuestro Don Juan Sánchez Ramírez, vencieron a campo raso y por sí solos a *cinco mil* veteranos de Napoleón (*).[19] Esto es simplemente falso, y el patriotismo, virtud santa y excelsa, jamás debe nutrirse de cosas tan baja y fea como es la mentira.

Pero Don César escribe tradiciones y episodios nacionales y habrá que estudiar su valor literario en las galas de su estilo, en las descripciones, en lo castizo del lenguaje. Por lo demás, hay que prepararse a leer cosas estupendas: no sé si hablará del milagro de *los cangrejitos*,

---

18 *Atalanta*: Personaje de la mitología griega que se caracteriza por sus dotes atléticos.
19 Nota de Manuel de Jesús Galván. Hasta que Don José G. García publicó su veraz *Compendio histórico*, corría válida tamaña exageración.

que con el escarceo de sus patas en la hojarasca seca de Najayo, al decir de la venerable tradición, pusieron en fuga al ejército inglés de Venables; cuando lo cierto es que Venables se estrelló en la bravura de los capitanes Torra y Castillo, con las milicias dominicanas; y, si tuvo que ver con los cangrejos de Najayo, sería para comérselos como buen inglés cada vez que su cocinero se los guisara. Pero la tradición no se detiene ante el absurdo, y cómplice muchas veces de la envidia, por negar las causas reales de las cosas, magnifica pequeñeces; a la manera que Don Quijote veía convertirse en cabezas de gigantes los pellejos de vino: todo lo arregla del modo que más satisface a la imaginación ingenua del vulgo, y al fin del cuento, siempre se casa el príncipe con la princesa.

Por eso mismo la tradición, que es la más descosida, la más superficial, la más extravagante de las formas literarias creadas o aceptadas en cada pueblo, sobrevive y reaparece, siempre renovada y siempre fresca, en todas partes, como porción integrante de la literatura de cada país, que en su edad adulta la guarda con interés y cariño, porque es grata reminiscencia de su infancia, y busca en ella asuntos que, como los romances del Cid, o las leyendas del Rin, o las sagas escandinavas, dan materia a los grandes inspirados para cautivar la admiración de los hombres con el encanto de sus creaciones inmortales.

De todos los libros que han salido a la luz en este siglo con pretensiones de originalidad revolucionaria, ninguno tan nuevo, tan original y revolucionario como el que Goethe escribió tomando por asunto la vieja leyenda de *Fausto*.

Toda resurrección consuela y agrada al espíritu del pobre mortal. Después de haberse proscrito en nuestro siglo los asuntos sagrados que divinizaron el pincel de Rafael y el de Murillo; después de proclamado el imperio del materialismo en el arte, creándose la escuela naturalista, que ha repleto los museos de carnazas y de orgías, ¿quién hubiera pensado que Munkácsy[20] conquistara el primer puesto de gran pintor en nuestros días, pintando al CRISTO, ni que el mayor precio que ha alcanzado una obra de arte, en estos tiempos de prosaico descreimiento, lo obtuviera un cuadro de asunto religioso, el *Ángelus*[21] de Millet?

La civilización moderna tiene veleidades, y hace su bagaje de todo lo bueno, como de todo lo malo; pero aunque tantas veces ha renegado

---

20 Mihály Munkácsy (1844-1900) fue un pintor húngaro, famoso por sus pinturas de grandes dimensiones sobre temas bíblicos.
21 *Ángelus*: Cuadro del pintor realista francés Jean F. Millet (1814-1875).

del cristianismo, como cosa vieja, se la ve de continuo volver al Cristo, de donde procede, y sin el cual experimenta la vertiginosa sensación del vacío.

Tal vez esa sea la verdadera causa del misterioso placer con que oímos hablar de las preocupaciones y de las supersticiones de nuestros abuelos La falta de creencias propias nos hace estimar las creencias, y aun la ciega credulidad de las generaciones pasadas, como signo de una fe cuya ausencia sentimos, por cuya posesión acaso suspiramos secretamente. De aquí que la tradición encante y atraiga el interés de toda persona que no tenga el corazón empedernido.

Esta es la clase de estética que debe buscar el lector en el libro de Don César N. Penson: su mérito literario, según dejamos dicho, lo hallará el crítico en el esmerado pulimento del lenguaje, que denota desde luego un amigo de las musas, enamorado de los primores del materno idioma. Penson sueña con una literatura *nacional* dominicana, pero procura contribuir a su creación por buenos medios; esto es, no sacrificando a formas novísimas y extravagantes las únicas formas posibles del habla castellana, con la absurda pretensión de crear una literatura *original*; hipo de que ya, gracias al Cielo, se han curado todos los buenos escritores y poetas de la América Latina independiente, desde que pasó la moda de buscar los éxitos literarios tomando por tema el odio a España. La reacción, que se acentúa en contrario sentido, no puede menos de favorecer el feliz desenvolvimiento de la literatura hispanoamericana.

Que así inspirado, lleve Don César a buen término su simpática labor; y de las caseras, supersticiosas y triviales tradiciones de nuestras abuelas, logre hacer un libro interesante, en cuyo criterio se refleje el criterio de los buenos pensadores de nuestros días, exento de exageraciones sectarias, como de los partidarismos e ideas sistemáticas que suelen afear la moderna crítica; y de ese modo, ganando con justicia el puesto honroso que le deseo en la república de las letras, habrá merecido bien de cuantos saben apreciar las saludables manifestaciones del ingenio humano.

Santo Domingo, Noviembre de 1890

Manuel de J. Galván

No es afán inmoderado de ser autor lo que nos mueve hoy a dar al juicio público, en forma de libro, una serie de los curiosos apuntes que por afición laudable y por amor a las cosas de la Patria hemos venido reuniendo con vario objeto desde hace algunos años: las tradiciones y los episodios que hemos arreglado bajo la denominación de *Cosas Añejas*.

Corren de boca en boca las tradiciones y todos pueden oírlas referir, pero desfiguradas luego por la fantasía popular, y de ahí las mil versiones sobre cada una que hemos tratado de armonizar, poniendo en claro la que resultaba más verosímil; y aun así, nunca habrán de quedar completas estas leyendas por falta de datos y documentos.

Preciso es distinguir entre tradiciones y episodios, si bien pueden confundirse en una misma denominación según ha hecho en el Perú el diligente tradicionista Sr. Ricardo Palma. Tradición, pues, llamo a la que aun siendo suceso particular y de que pocos tengan quizá noticia, está revestido por el tiempo, o en fuerza de su propia importancia, de cierto prestigioso encanto de que carecen otros sucesos particulares, modernos sobre todo; y episodio a estos últimos, por ser recuerdos personales de actores o testigos de vista, que acaso no merecerían conservarse en la memoria de las gentes como las tradiciones propiamente dichas; aunque unos y otros son fugaces reminiscencias que con el tiempo en su mayor parte podrían o desfigurarse grandemente o perderse sin remedio, a no darles humilde hospedaje en estas mal compuestas páginas.

La fatiga que ha ocasionado el rebuscamiento acucioso de noticias sobre cada narración solo es comparable al deseo de ofrecer a la pública curiosidad el conjunto de las tradiciones nacionales a la par de ciertos episodios notables del mejor modo posible. Mediante la adquisición de nuevos datos, se tratará de perfeccionarlos, y será obra meritoria de quien los allegue[22] para hacerlo.

Tienen las cosas pasadas, acaso por mirarse a la distancia, un es-

---

22 *Allegar*: Reunir o agrupar.

pecial encanto con que se complace el espíritu reflexivo; y una vez oídas, ya no se quisiera que dejasen de formar parte de la íntima vida del sentimiento. Con esto queda dicho el principal motivo de esta colección.

Otro motivo, y para nosotros, el más poderoso y decisivo, es que las letras nacionales claman ya por caudal propio, y hemos de procurárselo a retazos, mal zurcidos y todo, como son estas muestras, pero en que pongamos algo y aun algo de nuestra existencia e íntimo ser con el colorido, el sabor y la fisonomía que nos sean característicos. Entendemos que así hay que ir disponiendo los materiales para nuestra particular literatura; que no porque encauce en la que es común a los pueblos de habla española, dejará jamás de tener en el nuestro ni en ningún otro ese fondo, de originalidad propia que hace su literatura antes que todo y eminentemente nacional.

Sirva pues esta obra de ensayo a un alto propósito, para acometido, no hay duda por singularísimos ingenios, nunca por quien, como nosotros, está siempre en la sombra aunque sintiendo, pensando y queriendo con demasiado empeño y aguijado por un doloroso optimismo.

A formar este libro han contribuido ya de un modo, ya de otro, los que en su memoria conservaban muchos de esos hechos, o bien los han buscado solícitamente y arrancado del olvido en que yacían, por lo cual se les debe gratitud: a nosotros nos ha tocado en suerte recogerlos y darles forma, aunque modesta, para que continúen viviendo más gratamente en las historias populares.

En nada se ha alterado la verdad en que descansan tradiciones y episodios, aunque no podemos responder de la certeza de algunos de estos últimos, que damos como se nos han dado, y al romancearlos, han debido crearse situaciones indispensables para la armonía del conjunto. En cuanto a nuestro procedimiento, ha consistido y consistirá en lo que dice de Daudet su hermano Ernesto:[23] «En no escribir sino lo que ha visto, en no contar sino lo que ha sucedido, en tomarlo todo del natural, fábula, descripciones y personajes».

No pido indulgencia, pues siempre deseo que se me juzgue con inflexible y sana crítica; si no, advierto que la presente colección aunque ha sido retocada en parte, lo ha sido de prisa y con el empeño exclusivo de completar las narraciones que la constituyen y de atender al más

---

23 Se refiere al escritor francés Alphonse Daudet (1840-1897) y a su hermano, el periodista Ernest Daudet (1834-1921).

insignificante pormenor; por lo que pueden abundar en ella los errores y descuidos, sobre todo en la forma.

Agradezco el concurso eficaz de la persona a quien se debe en gran parte la publicación de este trabajo, y el muy valioso del Sr. D. José Gabriel García, historiógrafo nacional, de D. Manuel de Jesús Galván y de D. Carlos Nouel, como asimismo el inmerecido favor que se ha dispensado a mi primera obra literaria, lo que ha de servir de estímulo para disponer otras esencialmente nacionales; y cuento con que se acojan las COSAS AÑEJAS como lo que son, modesta ofrenda a las letras patrias.

Santo Domingo, Enero de 1891

El Autor

Drama Horrendo
o
La Mancha de Sangre
(Tradición)[24]

I

Bajo el arco de la histórica Puerta del Conde, hoy del 27 de Febrero,[25] pasaba en espléndido día de primavera una de aquellas pesadas y macizas volantas, especie de carromato, elevado de dos ruedas y sin muelles, tirada por briosa mula que en aquella época llamaban, como a todo carruaje según queda dicho, y rodaba con rumor sordo por el enlodado camino de Güibia o San Jerónimo.[26]

El coche iba bien cubierto y el personaje que conducía no iba menos recatado de las indiscretas miradas

Se paró en la rústica entrada de una de las quintas[27] que de lado y lado del camino se extienden hasta más de dos leguas[28] en dirección del celebrado Haina.[29]

Cuatro palos y costeando la linde[30] exterior, filas de erizadas *mayas*[31] eran puerta y cerca de tales posesiones; y de la puerta a la en-

---

24 *Nota del autor.* Suministraron los datos de esta tradición los señores D. A. L. (Don Antonio Lebrón) y D. J. A. B. (Don José Antonio Bonilla). La señora madre del primero la oyó referir a la suya, y esta a la misma protagonista; y [en] cuanto al segundo, fue a su señor padre a quien lo dijo la partera con todos sus pormenores, que omitió al comunicarlo a otras mujeres. Nota de la editora: los nombres entre paréntesis provienen de las investigaciones del historiador dominicano Vertilio Alfáu Durán, quien pudo determinar los nombres completos de muchos de los informantes de Penson, según aparece en la sección «Abreviaturas» de la edición de *Cosas Añejas* editada por José Alcántara Almánzar (Santo Domingo: Taller, 1974, 331-332).
25 *Puerta del Conde,* hoy 27 de Febrero: Estructura militar de la época colonial, formaba parte de la muralla que rodeaba la ciudad de Santo Domingo y era una de sus entradas. En ella se proclamó la independencia de la República Dominicana el 27 de febrero de 1844.
26 *Camino de Güibia o San Jerónimo*: Lugares ubicados al oeste de la ciudad de Santo Domingo. Güibia es una playa y San Gerónimo en ese entonces albergaba las estancias de las familias adineradas.
27 *Quintas*: Casas de recreo en el campo.
28 *Leguas*: Medida de longitud.
29 *Haina*: Municipio al este de la ciudad de Santo Domingo.
30 *Linde*: Línea divisoria.
31 *Nota del autor. Mayas*: D. Esteban Pichardo y Tapia, dominicano nacido en Santiago de los Caballeros el 26 de diciembre de 1799, emigrado a Cuba de edad de año y medio, fue abogado, filólogo y geógrafo. Escribió poesías, poéticas, novelas, informes, memorias, una obra sobre caminos de la isla de Cuba, un plano topográfico de la misma, notas cronológicas, un itinerario general de la isla, una geografía

tonces rarísima casa de madera a la europea o norteamericana, o al bohío, [32] que era lo común, partía una alameda de altísimos y jorobados cocos que desfiguraban la perspectiva saliendo acá un codo retorcido, allá el tronco recto y sesgado hacia arriba disparado contra el follaje de los de enfrente.

Ese rumor de flecos de palma, chirridos de chicharras, modulaciones y gritos de aves, olor de lirios y *piñales* en formación delante de la casa, junto con el fresquecillo de la mañana, formaban un ambiente que huele a vida y a poesía meridional y es el propio de nuestras estancias.[33]

Por la alameda echó la volanta que, al pasar con dificultad bajo el marco de leños en estado natural por poco no lo derriba y fue a parar de un tirón a la casaquinta de forma indiana.

Se apeó el auriga, [34] no el señor, y fue allá con una al parecer orden terminante; porque a poco salió una joven agraciada a la puerta bizca del bohío, y tras ella la familia habitante de la estancia, en traje aligerado todos y la joven suelto el rubio cabello que el aire sutil y suavísimo de las selvas antillanas impregnado de su acre perfume hacía flotar con galano error.

---

de la misma, una gran carta geo-topográfica de Cuba, aprobada por todas las entidades científicas y motivo de honrosas manifestaciones del gobierno, unos autos acordados de la Audiencia de Puerto Príncipe, artículos de historia natural y trazó los planos de la bahía y ciudad de Matanzas. Desempeñó comisiones técnicas, fue secretario de la Comisión provincial del censo, y mereció un premio de la Academia de Ciencias de La Habana. En el año 36 dio a luz la primera edición del *Diccionario provincial casi razonado de voces cubanas* del cual se hizo 2da. Edición en 1849, 3ra. En 1860 y 4ta. en 1875; obra que tiene el mérito de haber sido la primera de su género escrita en América y utilísima. Nos ha parecido conveniente dar estos apuntes sobre tan célebre dominicano por no ser bien conocido como escogida gloria nuestra y haber sido el precursor de los Cuervo, Zorobabel Rodríguez, Pedro Paz Soldán y Unanue (Juan de Arona), B. Rivodó, José D. Medrano, Rafael Uribe U. y otros en materia de americanismos y citado por todos. El referido autor (*Diccionario*, 4ta. edición, La Habana, 1875, 250), dice lo siguiente: «Planta perenne comunísima... y en Baracoa, piñuela; por el estilo del maguey o de la sábila, desde el suelo despide en macolla sus pencas u hojas correosas, largas como espadas de una a dos varas y anchas de tres pulgadas, más o menos, desde su base angostando insensiblemente hasta terminar en punta, con espinas corvas en sus dos bordes a manera de sierras de dientes muy separados; cada mata echa del centro un racimo erecto, cónico, de frutos apiñados, tamaño del huevo de paloma, que tienen la cáscara áspera y amarilla cuando maduros y dentro la médula blanca, agridulce, sumamente ácida, que sirve para las lombrices. Se llama *piña de ratón*;... efectivamente es preferida de ese animalillo que se guarece y cunde en las mayas. Donde quiera que se arroja una, prende y se propaga, cerrando tanto y tan pronto, que por esta razón y por sus cenizas se emplea para cercas o vallados. (Bomelia Pinguin). Sauvalle distingue la *piñuela* (*Nidularium karatas*, Lem). Hay otra, *Morinda royoc*, L., que Descourtilz describe con el nombre *Roic rhubarbe*».

32 *Bohío* (República Dominicana): palabra del idioma taíno que designaba la vivienda de los indígenas. Choza.

33 *Nota del autor. Estancias*: llamamos estancia a nuestras quintas de recreo y sitios que por lo regular dan a un camino, cerca de poblado, y en que se cultivan frutales, frutos menores y hortalizas, se crían aves, se tienen algunas vacas de leche y las hay valiosas y de mucho tono entre la capital y San Jerónimo, camino real. También en Cuba se da este nombre a haciendas pequeñas por el estilo de las nuestras. (V. Pichardo, ob. cit., 143)

34 *Auriga*: Término usado en la antigüedad clásica para referirse al que conduce los caballos.

—¡Papá!, –dijo alegremente la joven.

El personaje sacó la cabeza por un segundo y casi gruñó un «buenos días, hija», «salve, señores», que fue contestado de expresivo modo por toda aquella gente, que acaso eran parientes suyos o amigos, y no rústica y campesina, como pudiera parecerlo.

—¿Qué es eso? Viene Ud. ya por la niña, Don N., –se atrevió a decir uno de ellos.

—Sí tal, Paquita, ya es tiempo, –contestó secamente el *mantuano*.[35]

Movimiento y arreglo de líos y maletas adentro; y de allí a poco la interesante joven, de frente limpia y ojos brillantes con reflejos de inocencia, pisaba el casquijo[36] de la entrada de la habitación. En seguida, dichos los adioses efusivos, la pesada volanta arrancó penosamente de donde había echado raíces y, desandando el corto trayecto, repasó el arco del baluarte inmortal, tomó calle Separación abajo, deteniéndose en la de Las Damas o de Colón,[37] ante una casa solariega de antaño, tan azotada como todas por el salvajismo haitiano, con aspecto señorial y de las que por ahí respalda el río.

La joven subió la escalera y se entró a su alcoba.

Veámosla de más cerca.

Un tinte de melancolía bañaba sus facciones delicadas y cierta pesadez moral empezó a abatir aquel espíritu bien como, al acercarse la noche, va doblándose sobre sí misma el tallo de una flor gallarda. Sin

---

35 *Nota del autor*. Mantuano: el mantuanismo era, como si dijéramos, nuestra antigua nobleza; y lo constituían las familias distinguidas y linajudas. Hoy podría decirse de las familias principales, sobre todo aquellas cuyos ascendientes son de buen origen. A tal grado de importancia llegó que, como dice D. Antonio del Monte y Tejada, nuestro historiador (*Hist. de Sto. Dgo.*, II, cap. IV, 75-76), orgullosos los mantuanos con el simple título de *Señor Don*, desdeñaban los títulos de Castilla, de que solo hubo uno, D. José Guzmán, Barón de la Atalaya, natural de la isla, y que a consecuencia de la cesión de esta, de riquísimo propietario que era fue a Cuba a cortar leña para subsistir. A propósito de este vocablo, dice D. Arístides Rojas, citado por D. Baldomero Rivodó (*Voces nuevas de la lengua castellana*, París 1889, parte sexta, 253-54): «El vocablo *mantuano* (y de este, *mantuanismo*), trae su origen de los mantos que acostumbraban llevar los caciques indígenas y las hijas de estos... Hay otro origen y viene de que las señoras de Caracas que pertenecían al mantuanismo, se cubrían la cabeza con la doble falda del camisón trayéndola de atrás hacia delante. Hasta ahora cuarenta o cincuenta años se veía en las calles de Caracas una que otra señora así cubierta».

36 *Casquijo*: Piedras pequeñas que se usan para rellenar puertas y portales antes de entrar a la casa.

37 *Nota del autor. Las Damas o de Colón* trae su nombre esta calle del Almirante Virrey Don Diego Colón, quien llegó aquí recién casado con Doña María de Toledo, con una numerosa escuadra y gran boato. Le acompañaba un cuerpo de alabarderos para su guardia y un sinnúmero de hidalgos y ricashembras de las principales casas de Castilla. Estas últimas esperaban encontrar matrimonio ventajoso en la floreciente colonia Primada de las Indias y cuna de América. El lujo y la pompa desplegados, las maneras aristocráticas y el ceremonial de corte hicieron que se apellidase al gobierno de D. Diego la *Pequeña Corte*. Como el Virrey Almirante vivía con su casi regia consorte (la poderosa casa de Toledo estaba emparentada con los Reyes Católicos) en la Torre del Homenaje y la nobleza en esa calle, por lo cual todas esas casas-palacios tenían escudos de armas que destruyó el salvajismo haitiano, tomó de ahí el nombre de Las Damas, hasta el 21 de marzo de 1859 en que el Primer Ayuntamiento le dio el nombre de Colón en honor del Almirante viejo. Sin embargo, se la conoce con ambos nombres indistintamente.

saber por qué estaba agitada y sin saber por qué fue a arrodillarse delante de una imagen que estaba en su reclinatorio, asaz[38] empolvado por la ausencia de meses de la dueña.

La pobre joven estaba encinta.

Crujió entonces el maderamen de la escalera y figura sombría de Comendador o de rey Hamlet atravesó la sala a grandes pasos, volvió sobre ellos, la midió muchas veces, miró con tristeza a su hija reclinada en el mueble y con la frente entre las manos como presa de un cruel presentimiento, avanzó fieramente hasta la puerta.

—Hija, –dijo turbada la voz.

Se volvió esta con ojos espantados, y aún mayor espanto debió de infundirle la faz contraída y surcada de tempestades de su padre.

—Sabe, hija, y no te apenes –continuó sin dejar sus paseos– que...

El seno de la pobre niña se alzó hirviendo en angustias, como al pie del patio de la casa violentas olas hinchaban las aguas del Ozama[39] y las del mar, que reventaba en los vecinos peñascos del Homenaje y de la costa que ciñe la ciudad por el Sur.[40]

—Pues aquel... malvado... tu seductor... ha huido, embarcándose ayer, –concluyó entre rugidos el *mantuano*.

La joven miró al cielo, brotaron lágrimas reprimidas de sus ojos y volvió a bajar la cabeza.

—Sea como Dios quiera, –murmuró.

—¡Como Dios quiera!, –gruñó el personaje con un tono y un gesto de espantosa rabia–. Sí, hija, continuó; ya no hay remedio: pero lo que te suplico es que no te abatas[41] ¡por quién soy!

Y miró a su hija de un modo firme.

La joven dio un suspiro.

El *mantuano* apretó los puños sin moverse de su sitio y continuó:

---

38 *Asaz*: Bastante, muy.
39 *Río Ozama*: Río que nace en el norte de la ciudad de Santo Domingo y desemboca en el Mar Caribe (Véase nota 574).
40 *Nota del autor. La costa que ciñe la ciudad por el Sur*: las casas avecindadas a la orilla del río, cerca de su embocadura, parten desde la que era, según se presume y es más que probable, mansión de Ovando [gobernador de la isla durante la época colonial], por él edificada como otras muchas y famosas en esa calle, casa que hoy ocupa la Gobernación y donde estuvo hasta julio de este año de 91 la Comandancia de Armas. La margen del río en esa parte, hasta la Capillita de Los Remedios, propiedad de la familia Coca, emparentada con la de Rocha, que están en esa línea, es muy escarpada y casi cortada a pico, no habiendo más parte de playa que el lugar que llaman El Tanque (corruptela de estanque) el cual queda al bajarse el terraplén que es la salida al río de la antigua casa o palacio del Comendador de Alcántara. Como esas casas están a toca penoles [cerca] con *La Fuerza*, en una misma paralela, se domina desde algunas de ellas parte del mar o sea *El Placer de los Estudios*, ensenada anchurosa que entre las puntas de Caucedo y Nizao forma la ría o puerto de la capital y el Ozama hasta el ángulo que hacen las altas rocas cubiertas de vegetación de la derecha.
41 *Abatirse*: Desanimarse, afligirse.

—Ese miserable se ha burlado de ti; está bien: la justicia algún día se encargará de arreglarle las cuentas... yo haré lo que me competa.[42] Solamente espero que seas fuerte, y me ayudes a encubrir nuestra honra...

No pudo continuar. Un rugido parecido a un sollozo rodó por su garganta y se alejó.

Una como atmósfera de sangre y de horror se extendió sobre aquellos lugares.

La joven se dominó, trató de serenarse y quiso ser más fuerte que su desgracia, como le había insinuado su padre, pues harto lo conocía.

II

En la calle que parte de una capillita, la de Los Remedios, y va a terminar, pasando por el antiguo edificio que ocupó el hospital militar, antes morada particular y hoy *Casa de Salud*, al nuevo mercado «XXVII de Febrero», sitio en donde se alzaba aquel sólido arsenal abovedado y de estrecha cúpula conocido por *El Polvorín*, hacia el extremo Oeste y distante tres cuadras de este último punto, se levanta majestuosamente el templo de Nuestra Señora de Las Mercedes, con su altísima torre cuadrangular. Esta iglesia es de las más vistosas y sólidas y, como casi todas, no pertenece a ningún orden: es uno de los bellos edificios de la *Ciudad Antigua*.

Corría el año de 1823 o 24.

Noche oscurísima envolvía aquellas siempre desiertas calles que la imaginación popular poblaba de errantes ánimas en pena y de malhechores.

El silencio de la media[43] era, con todos esos medrosos[44] atavíos,[45] profundo, solemne, pavoroso.

Quien por acaso despertaba entonces a esas horas o a la primera del siguiente día, la una, creía escuchar ayes y ver luces fosfóricas y misteriosas rebrillar por debajo de las puertas o reflejarse en las paredes, con lo que sepultaba la cabeza en las sábanas y almohadas transido de

---

42 *Competer*: Concernir, corresponder.
43 *La media*: La medianoche.
44 *Medrosos*: Que causan miedo.
45 *Atavíos*: Ornamentos.

inevitable pavor. Era necesario tener pelo en pecho[46] o estar muy bien confesado para no temblar a tal hora, trancado a piedra y lodo, o aventurarse por esas calles con esgrima de cinco cuartas y capa.

Frente al templo dicho vivía en una pobre casa de vetusto[47] aspecto, como son todavía las más de la villa, una mujer del pueblo, comadrona, con títulos profesionales y condecorada, la cual era conocida bajo el nombre de *Señá*[48] Petronila *la partera*. Esta señora y las de su oficio eran los únicos seres que compartían con los guapos el privilegio de desafiar las tinieblas, los muertos y los fantasmas de las históricas calles, obligadas por su profesión.

Y aunque acostumbrados ella, su familia y convecinos a las llamadas nocturnas, esto no obstante, no oían golpes a esa puerta sin que temblasen de espanto los pacíficos moradores; porque antes que seres vivientes por precisión y lógica consecuencia se les antojaban los señores difuntos que a manadas se holgaban por esas calles y a montones debían salir del vecino templo, por supuesto con sudarios y otros

---

46 *Pelo en pecho*: Ser valiente.
47 *Vetusto*: Muy viejo, anticuado.
48 *Nota del autor. Seña*: término que no se hallará en los diccionarios. Lo usamos porque, en primer lugar, es voz de nuestra habla vulgar, popular, provincial o jurisdiccional, según quiere B. Rivodó que se diga; usada por el vulgo ínfimo y sobre todo por los campesinos (que son en su mayoría descendientes de los antiguos esclavos), pero acentuado en la primera sílaba; y en segundo lugar, porque D. Pedro de Alarcón, escritor autorizado, en su novela *El niño de la bola* dice *Señá*, la *Señá* y *Ña* fulana. ¿Por qué no también *Señó*, refiriéndose a hombres, cuando una y otra voz son como abreviaciones de la gente vulgar para dar un tratamiento a las personas de igual clase y sobre todo de edad? Van a hablar autoridades de nuestra América, que son las que deciden en esta materia.
«En Chile, y probablemente en toda la América, *señor* es tratamiento que se da a las personas de respeto por su posición social, sean o no de avanzada edad, y *ño* o *ñor* y *ña* se anteponen por lo común al nombre de aquellas personas que, siendo pobres o plebeyas, merezcan por sus años o estado algo más que el insolente *tú* de quien les dirige la palabra». «*Ño, ña*, tratamiento que el vulgo ínfimo, la gente de color y algunos muchachos dan como síncopa de *señor, ra*, o quizá porque apócope de *Ñoño* a las personas de la misma ralea, por razón de su mayor edad o superioridad relativa u otro respecto, v.g.: *Ño Juan, Ña Bernarda*. También dicen *señó* y *señá* ... elevándose algo más la consideración hasta servir de vocativo a las personas visibles». (E. Pichardo, ob. cit., 269). En cuanto al *ño*, dice Z. Rodríguez (*Diccionario de chilenismos*, ed. Imp. de El Independiente, 1875, 331), que tiene gran semejanza con el *tío* de los españoles, y cita este lugar de Ricardo Palma: «*Ño* Ambrosio el inglés llamaban las limeñas al mercachifle». «Una abreviatura criadil de *señora* es *señá*: al ama dicen *mi señá* y a una mujer que no les es muy superior, *señá* lisamente: este de ordinario no aparece mutilado de su primera sílaba: *ña* Micaela». (Rufino J. Cuervo, *Apuntaciones críticas sobre el lenguaje bogotano*, 4ta. ed., Chartres, 1885, 459). «*Señá*, señora. *Seo, sor, seora*; síncopa de señor y señora». (Rafael Uribe U., *Dicc. abrev. de galic., prov. y correcciones de lenguaje*, 256).- Aquí, y parece que en Cuba también, no criados sino también la gente del vulgo, por edad o estado, me ha dicho siempre, en los casos que cita Z. Rodríguez de *ñor* y *ña*, *Seño* fulano, *Seña* zutana (con el acento en la e), por no tratar a sus iguales de *señor* ni de *tú*. Naturalmente, la gente de superior clase y educación, para hablar con esas personas y aun de ellas, por lo regular sigue el tratamiento debido a no poder llamar o no quererlo, a una de esas humildes personas de *señor* y *don*. He aquí por qué, siguiendo el ejemplo de Alarcón, hemos usado y podríamos poner *señó* y *señá*, o *seño* y *seña* a nuestra usanza, en boca de personajes, si a cuento nos viene, superiores en clase a quienes se da este título; y que no hay para que conste en diccionarios de la lengua, como ha sido desacierto notorio incluir en ellos voces americanas, mal traídas, peor definidas y disparatadamente explicadas y hasta corruptelas.

arreos mortuorios ¡y eso quién osaba ponerlo en duda! y aun nada tenía de extraño que fuera el mismísimo *Perro patojo*[49] en persona provisto de una medianilla cantidad de azufre. Por ende, el miedo era insuperable oído que fuera el menor ruido del otro lado de la puerta de la calle.

Aconteció que una noche, entre doce y una, fuertes golpes resonaron en el barrio, que aplicaba a la puerta de Ña Petronila una mano de hierro, tan vigorosa era, y parece que aquel cuya era la tal mano tenía prisa porque los golpes menudeaban.

Espanto, chillidos, temblor de mandíbulas, rezos entrecortados, de todo eso habría en las moradas de los dignos ciudadanos a semejante estruendosa llamada, que no era la de costumbre.

La Señá Petronila se levantó apresuradamente, no sin los recelos de siempre y, entre desnuda y vestida, sin encender luz, se acercó a la puerta con precaución porque ella también había temido que la llamada proviniese de falanges y falangetas[50] despojadas de carne, en fin, que no fuese cosa de este mundo, según las creencias de entonces y así, en vez de preguntar «¿Quién va?», dijo como luego se solía en casos espeluznantes para tales conjuros, con voz de sochantre[51] semi-solemne:

—Si eres alma en pena, te conjuro...

—¡Qué alma de Cristo!, –refunfuñó una voz bronca–. Abra usted, Ña Petronila: que la vengo a solicitar para una señora.

La comadrona respiró y vestida ya, abrigada en una manta negra muy ancha de grandes flecos y de aquella seda magnífica que no ha vuelto a aparecer por acá, abrió y se puso a disposición del desconocido que venía en busca de los auxilios de su ciencia y de su arte.

Mujer al fin, Seña Petronila trató de ver con quién se las había y escudriñó a su hombre.

Pero el hombre estaba perfectamente embozado[52] y solo pudo distinguir, a la vacilante luz de las estrellas, que tenía la tez blanca y era cerrado de barbas. Única señal que ha quedado del horrendo drama de esa noche.

—Vamos, –murmuró el desconocido, echando a andar mientras la comadrona acababa de cerrar su puerta.

Y reuniéndosele esta, el desconocido se colocó a su lado con cierta obsequiosa cortesanía que se veía era hábito en él y empezaron a atra-

---

49 *Nota del autor. Perro patojo*: Satanás.
50 *Falangetas*: Huesos de los dedos.
51 *Sochantre*: Director del coro en los oficios divinos.
52 *Embozado*: Con el rostro cubierto.

vesar las densas sombras de la noche, tropezando con los guijarros y pedruscos de las incultas calles nuestras.

Tomaron por la de Regina derecho y embocaron por la estrechísima plazuela del templo de ese nombre, convertida al presente en pequeño y bonito parque merced a los cuidados del finado Pbro. Don Francisco Xavier Billini y que está a la derecha saliendo de él.

En el fondo de la plazuela y pegado a los estribos y parte posterior de la esbelta capilla corre, paralelo a las tapias[53] del ex convento del mismo nombre, un angosto y tortuoso callejón que ni siquiera estaba enteramente poblado como ahora sino con dos o tres ranchos que hacían frente a las tapias del aludido patio.

La hora, el embozado personaje, el templo que entre la espesa sombra destacaba su mole confusa, envuelta en los miedos con que aquellos tiempos circundaban las iglesias y los lugares sombríos o ruinosos, la estrecha plazuela que solo mide algunos pasos de largo y ancho, semejante al vestíbulo de un sepulcro cuadrado y el torvo[54] callejón, largo, negro, horrible en que parecían fulgurar luces siniestras y oírse crujidos de dientes, al monótono chirrido de los sonoros élitros[55] de los grillos y al cruzar de las opacas *animitas*[56] o sea luciérnagas; todo contribuía a infundir un temor espantoso en cualquier bien templado espíritu.

Señá Petronila avanzó con resolución no acostumbrada en ella, hasta la misma entrada de la plazuela; pero una vez allí comenzó a extrañar el que se la llevase por aquellos sitios casi deshabitados y su valor concluyó por decaer súbitamente, le flaquearon las piernas y luchando contra la rectitud de la disciplina que le imponía el deber de la profesión, al fin no pudo más y se detuvo.

Estaban casi entre los estribos de la puerta lateral de la iglesia.

—Pero, –dijo tímidamente a su misterioso acompañante–, ¿por estos lugares, señor?

---

53 *Tapias*: Muros, paredes.
54 *Torvo*: Siniestro.
55 *Élitros*: Alas endurecidas de ciertos insectos que cubren las alas que les sirven para volar.
56 *Nota del autor. Animitas*: de la voz *animita* envía Pichardo a la *aguacero* (ob. cit., 6) y dice: «N. ep. m. Insecto de dos luces fosfóricas traseras y una dividida por una línea sutil, a manera de luciérnaga mucho más pequeñas y débiles que las del *cocuyo*; su tamaño poco mayor que una mosca; sus alitas y cuerpo tan tiernos que parece un gusanillo volante; aunque por lo regular se ve inmóvil. En la Vuelta abajo le llaman *animita* por alma en pena. El Dr. Gundlach dice que hay muchas especies mayores y menores con luz amarilla o rojiza, constante e intermitente. (*Lampyris Lin.*, vel. *Photuris, Photinus*, etc.)».- Aquí no lo llamamos más que *animita* por alma en pena y abunda en los cementerios y lugares húmedos; así es que entre el vulgo hay la superstición de que su presencia es representación de cosa del otro mundo y la temen, sobre todo a puerta cerrada y en la alcoba, espantando o matando el insectillo, aunque algunos se eximen de extirparlos.

—¿Y qué?, –replicó a media voz el guía–, ¿tiene Ud. miedo? No tenga cuidado, señora: se pagará bien; adelante.

Dio la Señá Petronila unos cuantos pasos más, pero el negrísimo callejón le hizo una guiñada tal que la pobre se negó resueltamente a continuar.

—¡Hola!, señora, ¿pero qué demonios tiene Ud.?, – exclamó impaciente el desconocido.

Seña Petronila meneó desoladamente la cabeza.

—No doy un paso más, –murmuró con desaliento.

Entre aquellas dos personas y a la entrada del callejón tenebroso se entabló una verdadera lucha en la que tenía que sucumbir el más débil.

—¿Que no da un paso más?, –recalcó enfadado el desconocido. ¡Vive Dios!, señora, que ha de ir Ud. a donde la conduzco, quiera o no quiera.

A tales palabras, el desconocido puso a un lado toda cortesanía y se plantó, temblándole la espesa barba delante de la consternada Señá Petronila, como disponiéndose a hacer uso de cualquier violento argumento para convencerla de que debía decidirse a navegar por aquel callejón y por el enmarañado y espeso bosque lleno de alimañas y duendes que detrás de él quedaba sobre la misma ribera del mar.

—Pero señor... –se atrevió a implorar la comadrona, dando diente con diente[57] no tanto por temor a los fantasmas, sino por inspirarle ya suma desconfianza el desconocido.

—¡Nada!, –gruñó este–: o sigue Ud., o...

Y lo dijo con tal apretura de mandíbulas y con ademán de buscar un arma debajo de la capa que Señá Petronila, sola, a medianoche en aquellos abandonados parajes, no tuvo más remedio que encomendarse a todos los santos del cielo y echar adelante, como quien camina al patíbulo por aquel maldito callejón que helaba la sangre de cualquier Tenorio.[58]

Además, por vía de precaución, el desconocido, advirtiéndole a la buena mujer que iba a vendarla para que ignorase adónde se la conducía, lo hizo así echando un nudo bien apretado, sin que la paciente protestase.

---

57 *Dar diente con diente*: Temblar.
58 *Tenorio*: Alude a la costumbre de don Juan Tenorio, personaje teatral que aprovechaba la noche para seducir a sus amantes.

Estaba, pues, a merced de aquel diablo.

Horrible era, efectivamente, el aspecto de semejantes lugares.

Pasados los dos o tres ranchos que daban frente a las tapias de la iglesia, el terreno que seguía estaba cubierto de raquítica y enmarañada vegetación que se abría en dos dejando un estrecho paso, lo que es hoy el callejón, hasta concluir frente a una casa de mampostería[59] que se ve en su fondo; y al remate de dicho callejón pasaba por delante de la casa de mampostería un camino, formando el callejón con él una perpendicular, extendiéndose de Oeste a Este; es decir, como bajando del vetusto *Cuartel de Milicias* que está sobre la misma orilla del mar y yendo a concluir por la vecindad de *La Fuerza* y *Santa Clara*. A la derecha, viniendo del Poniente, y edificados sobre las escarpadas rocas de la abrupta ribera, quedaban los fuertes de *San Gil*, *Santa Catalina*, *San José*, donde hoy se levanta la farola, y *San Fernando*. Desde el Matadero, que queda un poco más acá de *San Gil*, parte la extensa línea de almenas[60] bajas conocidas por *Los Guatiportes*, que son dos baterías, de *San Carlos* y *San Fernando*, las cuales llegan hasta el fuerte de *Santa Catalina*. Dichas baterías forman dos ángulos, recto el uno cuyo vértice mira al mar, y el otro lo mismo, solo que es entrante y haciendo frente a estos, uno obtuso entrante también.

Entre el camino que había que seguir y el mar, o sea, la cadena de baluartes y almenas que defienden esa parte, el terreno estaba cubierto de guayabales, guanábanos, cardos, *bruscales*, cadillos, *piñones*, *tunales* (cactus), entretejidos por enredaderas de *cundeamor*,[61] que formaban

---

59 *Mampostería*: Construcción con materiales unidos generalmente por barro o argamasa.
60 *Almenas*: Elementos arquitectónicos consistentes en pilares rectangulares que se colocan en la parte superior de un muro.
61 *Nota del autor. Bruscales, cadillos, piñones, tunales (cactus), entretejidos por enredaderas de cundeamor*: nuestro Pichardo (ob. cit., 378) describe así la brusca: «Yerba *hedionda*. Planta silvestre, comunísima, leguminosa, de raíz amarga, tallo herbáceo de tres a cuatro pies, gris- verdoso, con varias ramillas; hojuelas pareadas, puntiagudas, verde-renegridas por su haz, pálidas por el dorso, de gusto y olor desagradables y nauseabundo; flores amarillas de figura clitórica; vaina de cinco a seis pulgadas de largo, algún tanto encorvadas, brunas [de color negro oscuro], que contienen unas semillas, las cuales tostadas y preparadas suelen tomarse como el café; sus hojas se pliegan al ocultarse el sol y reviven al nacer el astro. Es purgante y remedio eficacísimo para la disentería de sangre, bebiéndose el zumo de las hojas; pero ... eficaz untado en las quemaduras... En Santo Domingo, Caracas y otros parajes de esta misma isla (Cuba) la llaman *brusca* (*Cassia occidentalis*, L.)».- Acerca del *piñón*, tenemos del mismo autor (296): «N. s. m. Se distinguen varias especies... *Piñón-botija*, arbusto a semejanza de la higuera europea, que llega a cinco o seis varas de altura y un pie de grueso en todo terreno: contiene en abundancia un jugo blanco, acre, lechoso, astringente, de olor nauseabundo; el tallo agrisado, cilíndrico, que termina en ramas con hojas a su extremidad solamente; lo demás se ve marcado con cicatrices de las antiguas: son cordiformes, apuntadas, hendidas, verde amarillosas por encima, de cinco pulgadas, sobre largos peciolos; muchas flores agrupadas, chicas, de cinco pétalos blancos; el fruto en racimos, casi del tamaño y forma de la nuez, verde, luego amarillo y después negruzco, que contiene tres piñones o almendras

grutas bajas para albergue de insectos y lagartos, lo que completaba la selva en miniatura, raquítica y revuelta que cubría toda aquella extensa zona que ocupan hoy las calles de La Misericordia y San Pedro.[62]

De este lado, igual ornamentación.

El camino se hundía entre aquellas plantas mezquinas y rastreras.

Preciso es completar, para cualquier lector semi romántico, la descripción de estos sitios que aun de día eran huraños y desagradables, con la escasa luz de las estrellas.

En toda aquella área de terreno no había más edificios que el sólido *Cuartel de Milicias*, extenso cuadrado de muros gruesísimos, como hechos a prueba de bala, que data de la antigua España (la colonial), y dos de mampostería construidos para casaquintas o de recreo en aquellas soledades amorosamente acariciadas por el rugido del mar y refrescadas por sus cálidas brisas. Una es la que sirve de fondo al callejón, ya mencionada, y la otra, la colindante, habitaciones levantadas por familias pudientes para pasar temporadas, seducidas por lo fresco e higiénico de esos sitios.

Más moradas no existían por allí que tres o cuatro bohíos o ranchones aislados provistos de extensos patios.

Avanzaron Señá Petronila y su misterioso acompañante hasta el extremo del callejón, y entrando en el camino de travesía, siguieron

---

blancas y tan oleosas que con la... presión de los dedos proporciona aceite... cura la hidropesía untado en el vientre, emético y purgante muy activo... siendo fatal cualquier exceso por los vómitos violentos que ocasiona y que cesan bebiendo agua fría: con la resina curan el sapillo y el escorbuto... El Sr. Michelena dice que el *piñón-botija*, de la familia de las *euforbiáceas*, es el *Crotontiglium* de Cuba y fue analizado en 1818 por Pelletier y Cabenton bajo el nombre *Jatropha curcas*, etc.».–Y por último, de *cundeamor* (Dicc., 113): «N. s. m. Bejuco o enredadera apreciada por las propiedades vulnerarias de su fruto; que ha merecido también el nombre de balsamina; tiene este un palmo... corteza averrugada, color amarillo-naranjado precioso y por dentro rosado viscoso, con... granos blandos muy dulces... Las hojas se parecen a las de la parra, de siete lóbulos, y las flores amarillas de azufre. Hay otra variedad más fina y balsámica. Aquella, *Momórdiga charantia*, L. Esta, *Mom. Balsamina*, L».

62 *Nota del autor. La Misericordia y San Pedro*: en su acuerdo del 26 de mayo de 1859, el Primer Ayuntamiento determinó, en vista de que muchas calles no tenían nombre y a otras se daban distintos, establecer «los nombres de las calles de la ciudad, aprovechando esta ocasión para conservar ciertos recuerdos históricos...». De esa época data la mayor parte de los nombres con que son aquellas conocidas, y una es la de la Misericordia, que corre de Santa Clara a la puerta Grande cerrada por los franceses y acabada de abrir para comunicar con calle de la llamada *Ciudad Nueva*. Hay que advertir que calles llamaba el acuerdo a grandes espacios abiertos que si acaso tenían por uno de sus lados una hilera de casas y al opuesto la muralla como la que se denominó entonces de Palo Hincado, o el mar y las fortificaciones como la de la Misericordia. Esta calle tenía por este lado las ruinas del célebre convento dominico que hasta ahí llegaban, casi al medio de ella, y convertidas luego en casas, y por el lado opuesto (el del mar) las dos de mampostería que eran antiguas casas de recreo. Por cierto que una de ellas, la perteneciente a la familia Logroño está invertida, teniendo vuelto su frente al mar. No existía para entonces la calle de S. Pedro, parte de la extensa área cubierta de malezas a que aquí aludimos, y que solo en 1859 empezó a desmontarse y poblarse, llamándose así en honor del General Santana; pero solo hubo casas con frente al mar desde la *Cueva de las golondrinas*, donde desemboca el callejón del Convento hasta la batería de San Carlos, entre ellas algunas muy salteadas. En tiempo de la anexión a España aumentó la población y llegó hasta la vecindad del Matadero.

en dirección de la desembocadura del Ozama, dejando atrás los fuertes de *San José* y *Catalina*: así se internaron poco después por una *trilla*[63] practicada entre la maleza y llegaron al pie del baluarte de *San Fernando*. Esta fortaleza, que es la primera comenzando por el Este de esta línea de ya inútiles fortificaciones, está a diferencia de las demás ceñida, por el lado que mira a la ciudad, de altas almenas.

El mar roncaba lúgubremente entre las negras rocas de la alta ribera y de vez en cuando bufaba y silbaba el agua al escaparse acompañada de viento, por debajo de las grietas abiertas en algunas planas más próximas. Saltaba en vaporosas nubes la espuma a cada recia acometida del oleaje y caía luego sobre la dura grama[64] de la ribera y por sobre los fuertes una como lluvia finísima.

El temor de la pobre Ña Petronila redoblaba. ¿Adónde se la conducía?[65]

Pasado este último fuerte y costeando el parapeto[66] que lo une al extremo del costado de la histórica *Fuerza* por el lado del septentrión, desembocaron ahí mismo en la calle de Las Damas o Colón a cuyo largo se extiende por espacio de tres cuadras aquel sólido edificio que tiene cubierto el respaldo (hoy fachada principal) de ventanas con rejas.

Así llegaron al fin, conduciendo el desconocido a la comadrona, a la casa indicada en la primera parte.

En ese momento, un hombre embozado también asomó en la entrada del zaguán[67] con una linterna en la mano. Parecía ser de inferior condición al desconocido y hombre de su confianza.

Guió delante.

El desconocido, que no era otro que el *mantuano* de marras, empezó a subir la escalera, diciendo a la espantada Seña Petronila:

---

63 Trilla: Trillo, sendero.
64 *Nota del autor. Grama*: a esta grama de la ribera del mar que brota en puntas durísimas llaman vinagrillo.
65 *Nota del autor. ¿Adónde se la conducía?*: la primera versión, sobre la cual escribimos esta leyenda cuando se publicó no es la genuina. La comadrona Señá Petronila la refirió así a unas amigas de su confianza, mas no quiso ser indiscreta y señaló el fuerte de San Fernando como teatro de ella; lo que es improbable, disponiendo el que cometió el hecho de sitio a propósito en su casa y porque en esos tiempos los fuertes podían ser visitados por rondas o patrullas o pasar muy cerca. La protagonista tuvo lugar de contarlo tal como era a un señor distinguido que fue en su busca una noche, cuyos descendientes nos lo comunicaron. En cuanto a la mancha de sangre, es incidente que se refiere como efecto de otra aventura de la comadrona, y aun señalando la llamada *casa de los tres altos*, entonces ya en ruinas, según dicen, pero está averiguado que corresponde a este relato; y en atención a todo esto lo hemos ampliado con ese y otros pormenores verídicos, omitiendo todavía algo.
66 *Parapeto*: Pared o baranda que se pone para evitar caídas en puentes, escaleras, etc.
67 *Zaguán*: Entrada.

—Aquí es: suba Ud., señora. Y le ofreció nuevamente una mano aristocrática para encaminarla.

Ña Petronila se santiguó, no sin murmurar para su coleto[68] o para su manta:

—Este hombre debe ser el mismito Belcebú.[69]

Atravesó, guiada de la mano, corredores y pasadizos y llegó a un patio que se comunicaba con la casa por una puerta pequeña, patio que caía al *Camino de ronda*,[70] o era el mismo camino de ronda, comunicación que pocas casas tenían.

Desde allí se dominaba el río, a tiro de pistola de su desembocadura, y del mismo modo se descubría el sesgo curso del Ozama que doblaba el ángulo rocalloso más próximo de la opuesta margen y los manglares de esta; así como los dos fuertes que desde aquel sitio corren hasta cerca de la puerta de San Diego, las naves en el puerto, la Ceiba añosa[71] y el astillero.

Una ráfaga de aire frío dio en el rostro a la comadrona, que le causó mala impresión, al mismo tiempo que una mano le arrancaba la venda.

Miró a todos lados y la profunda oscuridad, aquella altura, el monte enfrente, el río culebreando y rebrillando en lo hondo, le hicieron darse cuenta de su situación.

Allí, a la luz de las estrellas, vio rígidos y sombríos dos hombres y cerca de ella a su parturienta: era una mujer completamente embozada.

—Ahí tiene Ud. a esa señora, —le dijo el desconocido con tono seco e imperiosa voz—: cumpla Ud. con su deber.

Y con su *adlátere*[72] se retiró al rincón más oscuro, haciendo que este pusiese su linterna a disposición de la partera.

Señá Petronila creía que soñaba.

---

68 *Para su coleto*: Para sus adentros.
69 Belcebú: Demonio, diablo.
70 *Nota del autor. Camino de la ronda*: Desde *La Fuerza* partía un camino o callejón que tenía por el lado del río un parapeto, y que pasando por detrás de todas las casas de ese vecindario, al nivel de ellas y por un fuerte pequeño llamado el Invencible, hoy conuco y patio de casa particular, a unos cuantos metros más abajo, iba a terminar a espaldas de la capilla de Coca, hoy de los Remedios. La salida, que queda del lado de *La Fuerza*, tiene doble puerta, de las cuales la exterior se ve mirando al norte, mientras la fortaleza está al E. Entonces no tenían salida todas esas casas por sus patios al *camino de ronda* o *callejuela sin salida*.
71 *La Ceiba añosa*: La tradición dice que Cristóbal Colón amarró sus carabelas a este árbol cuando llegó a la isla.
72 *Adlátere*: Subordinado.

Aquella sucesión de escenas violentas, los sitios agrestes[73] y solitarios que habían atravesado, el lugar aquel cerrado a la espalda por los altos paredones de la casa, las ceñudas y negras rocas cubiertas de ondulante vegetación y los abismos que se abrían bajo el parapeto del dicho pasadizo, enfrente la masa confusa de árboles y rocas de la orilla derecha, el todo envuelto en la lobreguez de la noche: las ráfagas que zumbaban por sobre los frentes y tejados de la casa, entre sus ángulos y estribos y por sus ventanas abiertas, los grillos que chirriaban entre las yerbas del declive empinado y profundo sobre el río, debajo este, que sonaba blandamente al abrazar las olas amargas de la embocadura las arenas, y más allá el mar sordo y rugiente; el mismo cielo que empezaba a encapotarse y la pesada atmósfera; todo iba apoderándose de los sentidos de la atribulada comadrona, y sentía pesada la cabeza, torpes las frías manos, y correr en ritmo apresurado su sangre que abandonaba las extremidades.

Ni siquiera osó[74] preguntar el porqué de la elección de tal sitio y hasta temió no fuera ella misma esa noche a ser pasto de los peces.

Una nube pasó por su vista.

¿Qué significaba aquello? ¿A qué bueno el misterio de que se rodeaba a esa mujer embozada y quiénes eran aquellos hombres mudos, rígidos y amenazadores?

¿Qué iba a suceder allí?

Y después pensaba con esa reserva y ese convencimiento egoísta de todo ser sociable, ¿qué clase de responsabilidad sería la suya, caso que el pastel llegara a descubrirse? Por último, ese otro ¿era un simple criado o servidor, instrumento pasivo o cómplice del que la había arrastrado hasta aquel sitio?

Pero en fin, sea lo que fuere, la triste necesidad de cumplir con su deber acalló sus recelos.

El mismo temor que ni articular palabra le permitía, hizo a la comadrona desempeñar su oficio con destreza y habilidad.

Pasado un buen rato, durante el cual fúnebre silencio envolvía a los extraños actores de tan singular escena, quedó cumplido el delicado y penoso encargo, y tan feliz alumbramiento dio ánimo a la pobre Señá Petronila, que creyó con esta muestra de su incontes-

---

73 *Agrestes*: Rústicos, salvajes.
74 *Osar*: Atreverse, decidir.

table habilidad, hacerse propicia[75] al temible y para ella desconocido personaje.

Pero ¡horror!

Toma a la criaturita, que lloraba débilmente, y la entrega sonriendo a aquel hombre, esperando que esto fuese de su agrado y....¡la pluma se resiste a relatarlo!... el monstruo arrebata al recién nacido por los pies y antes que nadie se dé cuenta de su acción, sin proferir una sílaba, sin mirarle, le hace girar sobre su cabeza y lo arroja al río.

El niño exhaló en el aire al caer un gemido y las olas se abrieron con estruendo, tornando a cerrarse sobre la líquida tumba del inocente.

¡Dios! Píntese escena igual. Pónganse de repente a la vista en noche de horrible insomnio los horrores del circo romano, los ojos llameantes de las fieras, sus zarpas agudas hendiendo el pecho y escarbando furiosas las entrañas, la sangre saltando en chorros como de surtidores de una fuente y cayendo hirvientes en la arena, la muerte pálida y fría corriendo amarillos velos sobre las gracias juveniles de los mártires cristianos... ¡y no será tan espantablemente horrible como ese monstruo lanzando al seno de las aguas tenebrosas a una criatura que, salida apenas del maternal, espera los acariciadores brazos, el beso delirante del amor de los amores, la ablución de las lágrimas regocijadas de la madre que le dio vida...!

Y esa madre no tuvo ni una protesta ni un grito ni una voz ni una súplica para su hijo asesinado a su vista y que le acababa de rasgar las entrañas.

A dejarse llevar por la indignación, cualquiera exclamaría: ¡hiena! ¡La naturaleza inventó para ti inútilmente los dolores de la maternidad que preparan a la inefable fruición del amor de madre!....

¿No es de presumir que la infeliz joven estuviese bajo la presión del indómito carácter de aquel hombre y de ahí su resignación inconcebible o imbécil conformidad? ¿Acaso le comunicó a ella el crimen que meditaba y la obligó a consumarlo y pasivamente tendría que sujetarse a lo que quisiera su padre? ¡Como que se trataba de casos de honra, de negra honrilla, de míseros respetos humanos! O tal vez sería su cómplice infame.

---

75 *Propicia*: Favorable.

Todo es suponer en estos relatos.

Sin embargo de lo dicho, la naturaleza se resiste; aunque ha habido madres capaces de ahogar con sus propias manos y enterrar a sus hijos recién nacidos. Si el padre había cumplido fríamente su propósito de encubrir la desgracia de su hija con hecho tan insólito y ella se vio compelida a secundarle, ¿cómo no consintió esa madre morir antes que su hijo o junto a él a manos de su airada fortuna? ¿Cómo tuvo límites tanta resignación imposible de concebir? Una madre en tales extremos muere con su honra y su hijo en un punto; pero no ve en silencio perecer al inocente.

La pobre comadrona se sintió desfallecer y un aro de hierro oprimió sus sienes: creyó volverse loca la infeliz.

Ella sola era persona humana en medio de aquella caterva de demonios.

Se apretó la frente entre las manos y giró como ebria sobre sí misma, poseída de todo el horror de la salvaje tragedia. Quiso gritar, trató de huir...

El hombre sacó del gabán[76] un largo bolsón de dinero que dejó en las manos de la Señá Petronila, quien no sabía lo que le pasaba.

—Oiga Ud., buena mujer, –le dijo en voz baja, sombría y amenazadora, mirándola con ojos feroces en que brillaban los reflejos de infierno de su inicuo[77] espíritu–, cuidado con revelar nada de lo que ha visto. Yo la alcanzaré donde quiera que Ud. se meta y ¡ay de Ud., entonces!... ¡Vaya Ud. con Dios! –dijo, y conduciendo, o mas bien, cargando en peso a la tapada,[78] se perdió en la oscuridad del interior de la casa, no sin antes hacer una seña de inteligencia al servidor, quien vendó de nuevo a la comadrona.

Todo esto pasó en menos tiempo del que se cuenta.

Acto continuo, el servidor arrebató a Señá Petronila y la condujo por los corredores y escaleras.

¿Por qué no lo haría siguiendo el Camino de ronda para salir por detrás de La Capilla a la misma calle de Mercedes? Acaso temía que viniese una ronda en ese momento y los atrapase, o algún indiscreto que es lo más seguro estuviese por allí, viese de donde salía la partera y husmease el busilis.[79]

---

76 *Gabán*: Abrigo.
77 *Inicuo*: Malvado.
78 *Tapada*: Mujer cubierta con un manto para no ser reconocida.
79 *Husmearse el busilis*: Investigar lo que pasaba. *Busilis* es una palabra en desuso que significa la esencia de una situación.

Al llegar a la puerta, lo que advirtió Ña Petronila por el frío relente de la noche, una idea luminosa atravesó el caos de las tristes y espantosas que se revolvían en su cabeza calenturienta, al sentirse húmeda aun la mano de la sangre proveniente de la operación practicada.

Hizo como que tropezaba y tanteó la maciza hoja de caoba del portal, fingiendo apoyarse en ella, e imprimió allí con fuerza su mano.

La mancha de sangre quedó allí fija, como marca infame que la honradez estampaba en la casa maldita.

El sabueso que la acompañaba le hizo dar vueltas y más vueltas en esa calle y por fin la puso en camino, sin abandonarla durante un largo trecho; quitándole entonces la venda.

La pobre Ña Petronila se fue dando tumbos como ebria por esas calles, guiada por el instinto y, cuando llegó a su casa, cayó al abrir la puerta cuan larga era, como si un superior aliento la hubiese sostenido hasta entonces sobre sus pies y el oro que le habían dado se desparramó por la estancia, haciéndola estremecer el para ella lúgubre sonido que despedía.

El horror de la espantable escena se le paraba delante, la ensordecía y trastornaba su mente.

Seña Petronila no durmió esa noche.

Pesaba sobre su espíritu la sombra de tan increíble crimen y estaba resuelta a denunciarlo, sin hacer caso de amenazas.

Las del misterio continuaron envolviendo el drama de la calle de Las Damas.

Al siguiente día muy temprano, Seña Petronila, sin decir palabra a nadie, se puso en marcha, anhelosa por descubrir en dónde se ocultaba tan horrendo suceso.

Tejió la ciudad toda en un momento y yendo por la misma calle distinguió confusamente a lo lejos una mancha extraña que marcaba los cinco dedos de una mano.

Era la mancha de sangre.

Experimentó un escalofrío agudo y se acercó, quedándose parada delante de la cerrada puerta, transida de pavor.

La puerta estaba denunciando el crimen. Y asombro imposible de describir paralizó los movimientos de su corazón.

¡Aquel *mantuano* había sido el autor de tamaña iniquidad!

Cabizbaja y triste volvió a su casa.

A nadie reveló el secreto ni menos denunció el crimen como se proponía.

Mas cobró tal temor a las tinieblas, que no volvió a salir de noche, sino cuando la iba a solicitar gente de ella conocida y esto previa inspección, lanza en mano, que hacía un su deudo anciano con quien desde entonces se acompañaba, y también dicen que un *gendarme*[80] (recuérdese que era época haitiana) la escoltaba y el cual había de llevar un farol para alumbrar el camino.

Febrero de 1889

---

[80] *Gendarme*: Policía.

Bajo Cabello
o
Un Rasgo Audaz
(Episodio) [81]

Era el año de gracia de 1844, época en que hervía la guerra contra Haití y estaba de plácemes el patriotismo por gustar de peleas, que eran siempre triunfos y humillaciones para el intruso invasor de ultra-fronteras.

Finalizaba el mes de diciembre.

Las revueltas olas del ancho y obstruido puerto de la ciudad que se asienta a las faldas de Isabel de Torre[82] sonaban por sobre la arena de la playa o ya era el ruido del oleaje el que se oía estrellándose contra las negras rocas de la punta peñascosa de barlovento en que estriba la sombría fortaleza y prisión de «San Felipe».[83]

En su rada,[84] se veía un bergantín-goleta de más que mediano porte y de vetusto aspecto y harto maltrecho que, a juzgar por el largo gallardete tricolor que ondeaba arrogantemente en uno de sus encorvados masteleros, la vieja y raída bandera de cruz y cuarteles en la cangreja de popa, durmiendo con indolencia entre sus pliegues, la boca de sus carronadas de babor y estribor que asomaban ceñudamente por las portas y una larga y pesada colisa[85] tendida perezosamente sobre el puente, envuelta en su abrigo de lona curtida y que apenas dejaba ver la convexidad de su lomo por sobre la obra muerta, se venía en cuenta de que aquel era un buque de guerra nacional que formaba parte de la flota[86] organizada con tanto primor por el almirante Cambiaso.[87]

---

81 *Nota del autor*. Los datos son del Sr. D. A. B. (Alejandro Bonilla), uno de los pasajeros de El San José.
82 *Isabel de Torre*: Montaña Isabel de Torres está localizada al sur de Puerto Plata, localizada en la costa norte de la República Dominicana.
83 «*San Felipe*»: Fortaleza construida en el siglo XVI para proteger la ciudad de Puerto Plata y que también se utilizó como prisión.
84 *Rada*: Bahía.
85 *Colisa*: Plataforma giratoria en la cubierta de un barco sobre la que se coloca un cañón.
86 *Flota*: Grupo de barcos.
87 *Juan Bautista Cambiaso* (1820-1886) fue el fundador de la marina de guerra dominicana. De origen italiano, dirigió las expediciones marítimas dominicanas durante las guerras independentistas.

Se mantenía a la vista del puerto, bordeando a veces y en expectativa de los acontecimientos del Cibao que quería proclamar al grande y noble Duarte presidente de la república, por efecto de los trabajos revolucionarios del prócer Ramón Mella. La flota había estado allí por lo que pudiera suceder y, en su ausencia, el bergantín había permanecido vigilando.

Pero llegó un día en que se levantó al cabo sobre las rizadas ondas del puerto, viró lentamente y puso no sin cierta gallardía la proa al norte.

A par que las órdenes se multiplicaban, los ágiles marineros trepaban a las jarcias[88] a soltar velas, crujía el ancla con pausado son y un ligerísimo terral[89] iba impeliendo la nave.

Se llamaba el bergantín *El San José*,[90] recuerdo de la batalla del *19 de marzo*, de *Azua* y *San José*,[91] la primera librada y ganada al invasor con soldados improvisados y que es, como se ve, una trinidad de apelativos, sin duda porque fuese más gloriosa.

Montaba dos cañones por banda y una colisa con ochenta y cinco hombres de dotación por aquellos días, pues nuestras tripulaciones no eran fijas sino las que las circunstancias requerían; y en cuanto a los jefes y oficiales eran una heterogeneidad de nacionalidades reunidas bajo el uniforme y el pabellón de la última recién creada.

El comandante era portugués y tenía por nombre Ramón González, diciéndosele *el Portugués*: hombre como de cuarenta años, moreno y además requemado por el sol, de regular estatura y que usaba bigotes.

El segundo comandante se llamaba Cayetano Bárbaro, italiano; rechoncho, bajetón, poblado el rostro de barbas. El oficial que seguía se llamaba José Echavarría (a) *el Encantador*,[92] vizcaíno, de regular es-

---

88 *Jarcias*: Del vocabulario marítimo, aparejos y cabos de un barco.
89 *Terral*: Viento que viene de la tierra.
90 Nota del autor. *El San José*: este buque es célebre en nuestros anales por ser el primero que enarboló nuestro pabellón [bandera] y lo enseñó al mundo y por relacionarse con algunos hechos notables de la historia de la Separación o Fundación de la República. Se llamó primeramente Leonor. En alguna parte hablaremos en su oportunidad largamente de ese buque.
91 *Batalla del 19 de marzo, Azua y San Juan*: Batalla a favor de la independencia dominicana librada el 19 de marzo de 1844 contra las tropas haitianas.
92 Nota del autor. *José Echavarría (a) El Encantador*: se cuenta un caso curioso y largo de este individuo. Había una mujer por la calle del Estudio de quien estaba enamorado y a quien cierto día dizque [al parecer] miró sabe Dios cómo; y de resultas se quedó esta inmóvil y embobada, al grado de no comer ni dormir en varios días y fue caso público y notorio. Aseguran que el fenómeno se repetía siempre que el vizcaíno la miraba. Le pusieron pues a ella *La Encantada* y a él *el Encantador*. Lo que había en plata era que la mujer, natural de Azua, padecía de catalepsia o cosa así; y tan serio se tomó el encantamiento *¡oh, tempora!* [¡oh tiempos aquellos] que fue juzgado por un tribunal en el edificio llamado El Cabildo. Por cierto que durante la vista ocurrió un incidente muy cuco [divertido] que

tatura, rechoncho, que unas veces usaba barbas y otras bigotes, y por no nombrar a otros, el jefe de infantería de marina Matías Osorio.

Vestían el uniforme que usaban los oficiales superiores de marina, consistente en casaca[93] con cuello, vueltas y vivos azules, áncora[94] bordada de hilo de oro en el cuello, las faldillas y en la pala de la charretera, botón de áncora dorado y calzón blanco.

Después de varios días de navegación lenta y enfadosa, llegó la noche del 24 de diciembre.

Noche de diciembre y fría, aunque hermosa, como que a las doce debía cantar el gallo de pascuas, lo que quiere decir que era Nochebuena.

Clarísima luna tendía sus suaves rayos sobre las crestas blancas de las olas azuladas y aún tibias con el sol de los trópicos.

Calma, esa calma llena de rumores extraños de la naturaleza cerca de la medianoche, calma meditativa, diremos, ni siquiera dejaba a la brisa cálida del mar holgazanear[95] silbando entre las vergas [96] viejísimas del carcomido navío.

Era la hora en que había ruido y algazara[97] en las ciudades en donde se preparaban para la fiesta tradicional expansiva de esa noche de universal regocijo y francachela, fiesta de hogares, y la había también, ¿y por qué no?, a bordo de *El San José*.

Cuatro pasajeros hacían la travesía hasta la capital y como el comandante, su oficialidad y tripulación no querían ser menos que nadie, se preparaban a celebrar dignamente la Nochebuena, tan dignamente como era de esperarse sobre el puente de un navío de la República y de tan dignos comensales.

Con que decir que el comandante era portugués, el otro italiano y el otro natural de Vizcaya, ya se supondrá si resolvería tan latina gente celebrar la Nochebuena con resolución heroica.

---

pasó de castaño oscuro. Al rectificar un testigo su declaración, lo hizo en verde lenguaje porque el abogado que promovió el incidente empleó el mismo verde lenguaje y se mandó, por ende, desalojar a los niños, uno de los cuales refiere esto. Salió absuelto. Don José Echavarría, cuya esposa aún vive, prestó útiles servicios al país y después a la revolución que combatía al gobierno de Báez en 69 y 72, época en que mandaba un balandro que le confió el General Luperón en Samaná cuando este andaba en el vapor *Telégrafo* y no se sabe dónde murió. Tiene el mérito de que, siendo segundo de Fagalde en la primera expedición a las costas de Haití, fue el único oficial de *El Veintisiete de Febrero* que protestó contra el inicuo fusilamiento en Barahona del marino Alejandro Calisat.

93 *Casaca*: Vestidura masculina pegada al cuerpo, con mangas largas y que llega hasta las rodillas.
94 *Áncora*: Del latín, ancla.
95 *Holgazanear*: Reposar, descansar.
96 *Vergas*: Palos que sirven para desplegar velas..
97 *Algazara*: Ruido de muchas voces juntas.

Los preparativos del zafarrancho de combate[98] para semejante empresa habían principiado a bordo desde muy temprano. Grandes postas de carne del norte con aditamento de patatas con profusión, galletas, arroz, queso y los criollos y sacramentales pastelitos de harina y catibía[99] que se oían armoniosamente chirriar en lagos de manteca estaban pasando por las manos de grumetes y cocineros para ser remojado todo con mucho aguardiente; sin que por eso faltaran los vinos generosos que mal podían faltar donde estuviesen reunidos un portugués, un español y un hijo de los Alpes.

El tambor, repicado incesantemente, no dejaba al fin y al cabo de ser música grata, a falta de otra mejor, para aquellos hombres; mientras que en larga mesa cubierta de tosco y grueso mantel de lino iban tomando puesto los manjares, la añeja ginebra, el oporto, el burdeos, el Pedro Jiménez, el Jerez de la Frontera y otros añejos licores.

Con la sosegada[100] marcha del buque parece que aumentaba la alegría de sus tripulantes y también el apetito, estimulado por las copas que comenzaban a paladearse en calidad de preludio de la opípara cena; sin acordarse para nada, atentos solo a meterse de hoz y de coz[101] como decía Cervantes, en su orgía de Navidad, de los dos elementos de destrucción que tenían delante: el mar, al que no bastarían las viejas tablas del bergantín que comenzó a hacer agua desde la salida del puerto, tanto que se veía cómo entraba en la sentina[102] y había que estar mudando guardias en las bombas, y las velas haitianas para las que sobraban cañones y valor.

¡Así es el hombre!

Con luna hermosísima, con prematura borrachera[103] de franca alegría, mediante la cual se las prometían felices, los que tripulaban *El San José* no esperaban más que una Nochebuena rumbosa. Ni era parte a que se mezclase ninguna importuna pena a tanta satisfacción,

---

98 *Zafarrancho de combate*: Limpieza y preparación de una parte del barco para realizar alguna actividad.

99 *Nota del autor. Catibía*: la yuca, guayada o rayada y exprimida el agua en que se lava, sirve para preparar la pasta de que se hacen pasteles redondos muy sabrosos, de mucho mejor gusto que los de harina de trigo. Voz indígena, dice Pichardo (ob. cit., 82) y que exprimida la *naiboa* o jugo sale el almidón o harina; siendo el residuo de la yuca rayada la catibía de que en Cuba se hacen las *rosquitas* y *matahambres*, etc. El diccionario de Nemesio Fernández Cuesta llama *manioc* al almidón o fécula de yuca.

100 *Sosegada*: Pacífica, tranquila.

101 *Meterse de hoz y de coz*: Con fuerza e interés.

102 *Sentina*: En este contexto, parte inferior del barco.

103 *Borrachera*: Consumo excesivo de alcohol.

el monótono ruido de las bombas extrayendo el agua que caía lúgubremente al mar.

Un centinela a proa vigilaba el horizonte y a su pesado paso quebraba la luna sus rayos sobre la bayoneta de su carabina.

El bergantín, como si un nuevo hálito de vida hubiese corrido por su vieja arboladura, parecía animarse al influjo del regocijo de los tripulantes.

El tambor seguía tocando alegremente, agotado ya el repertorio de sus dianas[104] melancólicas.

La mesa estaba llamando: se destapaban las botellas, se alineaban banquetas; el comandante invitaba con su ejemplo a sentarse y esgrimir tenedores; y los convidados se relamían de gusto, habiendo ya quien empezara a atacar, como en más felices noches buenas pasadas al calor del hogar, los olorosos incitantes pastelitos; cuando un grito vigoroso, estridente, alarmante, pero firme y varonil, como salido al fin de pecho que el deber anima, hirió los oídos, suspendió el aliento de todos y heló de espanto a no pocos.

El centinela había lanzado aquel grito:

—¡Tierra a proa!

¿Pero quién podía entender bien en aquel momento esa voz de alarma?

Todo el mundo creyó que cuando menos una nota haitiana estaba a la vista.

Instantáneamente los artilleros corrieron a las piezas y brillaron las mechas de azufre y los oficiales acudieron a ocupar sus puestos de combate.

—¡Tierra a babor!, –gritó otra vez el centinela.

—¡Tierra a estribor!, –volvió a gritar, como si no le diese tregua aquello que parecía una visión del infierno o un encanto de Circe.[105]

Aquellos tres destemplados gritos fueron coronados por otros más terribles aun salidos de todos los pechos consternados:

—*¡Bajo Cabello! ¡Bajo Cabello!...*[106]

---

104 *Dianas:* Toques militares de llamado a atención..
105 *Circe*: Diosa menor de la mitología griega, transformaba en animales a los hombres que se acercaban a su isla.
106 *Nota del autor. ¡Bajo cabello!*: «Al O. de la punta S.E. de la Isla Saona, enfrente de una playa de arena llamada bahía Cabello hay un buen fondeadero; pero de una y tres cuartas a dos millas al S. de la bahía, en donde acaba la playa de arena y principian las peñas hay un bajío [elevación] muy peligroso sobre el cual se han perdido varios buques... y en agosto de 1850 la barca inglesa Alert. En la parte más baja solo tiene cuatro pies de agua, sobre la cual revienta la mar cuando hay marejada». (Sir. Robert H. Schomburgk, *Reseña de los principales puertos y puntos de anclaje de la Rep. Dom.*, ed. oficial, Sto. Dgo., 1881, 15). «He llamado la atención sobre las fuertes corrientes que existen al S. de Pto.

Semejante exclamación hizo el efecto de un «¡sálvese el que pueda!»

Decir *Bajo Cabello* era decir el *Maelstrom*.[107]

La confusión fue espantosa.

En un instante brillaron cien puñales y pistolas en las manos de oficiales, soldados, marineros y pasajeros dispuestos a disputar los botes y con ellos la vida; porque como en un naufragio inminente o como en un incendio a bordo, la salvación parecía imposible.

El brutal pero consiguiente instinto de conservación iba a convertir el antes alegre y tranquilo puente de *El San José* en un teatro de trágicas luchas...

Pero, ¿qué era aquello?

El mar seguía en calma, la luna rielaba[108] más clara que nunca. ¡Ah! Es que al frente, alrededor, a popa, por todas partes hervía el oleaje sobre las pérfidas rompientes a veinte o treinta varas unas de otras y parecían querer asomar sus negras cabezas a flor de agua horribles escollos, semejantes por el terror que inspiraban a los peñascos de la isla en que la encantadora Circe tenía encadenados a incautos navegantes atraídos allí con su magia y por ella convertidos en fieras montaraces.

En efecto, descuidado el buque, había entrado en aquel laberinto de arrecifes en que las olas irritadas estrellan las embarcaciones y de donde no se tenía noticia que hubiese escapado nave alguna. El terror debió, por consiguiente, ser a bordo de *El San José* muy parecido al que experimenta el marino arrastrado lentamente a segura muerte por el remolino hirviente del vórtice tremendo de las islas de Loffoden en las costas de Noruega.

Rico y de Sto. Dgo. ... He propuesto que el bajío sea llamado en las futuras cartas *bajío Alert*». (Ibídem, nota). A este peligroso lugar, situado hacia el S. de la Saona, o sea casi en la mitad de la costa que mira al N. de nuestra Antilla, es al que llaman nuestros marinos *Bajo Cabello* y al que nos hemos referido. Se debería, según opinión de nuestros marinos más autorizados, rectificar lo de bahía Cabello, que no es tal, sino una especie de pequeñísima ensenada [parte de mar que entra a tierra] o más bien, un calefón. La fuerza de las corrientes, cuando hay calma, va impeliendo insensiblemente al buque en dirección de la Saona y puede verse o estrellado contra la isleta Catalinita que está entre el litoral y la costa de aquella o arrojado a la ensenada o calefón en que se halla el bajío o sea Bajo Cabello o *Bajos de Cabello*, según otros, en donde naufraga sobre las rompientes. Sin embargo, buques de poco calado, como son los norteamericanos, pueden arriesgarse a pasar, sonda en mano, por delante del bajío temible, por un canal de seis brazas que se abre entre unos arrecifes en forma de herradura a que dicen nuestros marinos *La media luna* y se extiende de La Caleta a la Saona. Así es que, habiendo calma y estando descuidado un buque, se explica, como ocurrió a *El San José*, que sea arrojado al bajío cuando menos lo espere. Para la buena inteligencia de este episodio, ha sido necesario entrar en todas estas explicaciones que acaso para algo sirvan.

107 *Maelstrom*: Vórtice, turbulencia.
108 *Rielar*: Verbo usado en lenguaje poético para indicar que algo brilla.

Una voz de mando enérgica y amenazadora dominó la confusión y el espanto que reinaban sobre cubierta.

Silencio de muerte siguió.

Los ánimos se sintieron avasallados por la energía de aquella voz.

Era la del comandante del bergantín quien, por un rasgo audaz poco común, acudió a conjurar primero la tempestad humana próxima a desatarse en olas de sangre, para después, si se podía, conjurar las sirtes.[109]

Trepó ágilmente por el palo de trinquete hasta la cofa[110] y apuntó dos pistolas sobre las cabezas agitadas por la fiebre del miedo y del delirio que ondulaban sobre el puente, más amenazadoras que los escollos mismos, aferradas las manos a las bordas con la crispación de la agonía.

—¡Quieto todo el mundo!, –gritó el audaz comandante–, o abro la cabeza de un tiro al primero que se mueva!...

La voz que caía de lo alto, como del cielo, contuvo e intimidó a todos.

—¡Yo respondo del buque!, –gritó de nuevo–. ¡Muchachos, a la maniobra! ¡Firme al timón!, –seguía mandando desde la cofa–:¡orza!.... ¡deriva!... ¡orza!... ¡deriva!...[111]

Esto diez, veinte veces repetido por la enérgica voz de mando, vibraba en los atribulados espíritus como un clarín de guerra que alentase su valor y quizás también si como el eco de la trompeta del juicio final que al último *¡deriva!* sería para ir derecho a abrirse el inseguro navío sobre la roca más próxima.

El buque, metido literalmente en un tejido de temibles rocas y combatido por las olas, haciendo más agua, mucha más que de ordinario, amenazaba con dejar en aquel lugar sus tablas a la primera caricia de los escollos.[112]

La muerte estaba allí divagando, muda y fría.

¿Quién podía arrebatar ya su presa a las sirtes?

Y, mientras tanto, la luna iluminaba tranquilamente las aguas que espumeaban sobre los arrecifes y tranquilo, suave y perfumado terral bañaba los rostros fríos de angustia y sudorosos como con las últimas ansias de la agonía.

---

109 *Sirtes*: Bancos de arena.
110 *Cofa*: Plataforma redonda en lo alto de los palos de un barco.
111 *¡Deriva!...¡orza¡*: Mandatos para maniobrar el barco. *Orzar*: enfilar la embarcación hacia donde viene el viento. *Derivar*: maniobrar el barco alejando la proa del viento.
112 *Escollos*: Obstáculos, barreras.

Mas como si algo estuviese empeñado en arrancar aquellas tablas podridas a la común suerte de cuanta embarcación había sido arrojada allí por las corrientes impetuosas que corren por esas costas, un chubasco *de adentro* (como dicen nuestros marinos para significar que viene de tierra) se desató en ese instante, lo cual favorecía la atrevida maniobra que se estaba ejecutando.

El bergantín, vigorosamente impulsado y dirigido por serenidad de héroe, obedecía a su pesar, como si le pluguiese[113] acabar allí de una vez y hasta las sirtes parecían respetar la indomable fuerza de voluntad del que les arrancaba tan fácil presa.

Destejiendo pues rocas, esquivando unas, enderezando recto sobre otras y ladeándolas rápidamente en aquella incesante maniobra de orza y deriva, salió *El San José* de aquel *devoradero* ileso, gracias en primer lugar a la claridad de la luna, sin la cual la ruina era inevitable y luego a la firmeza del comandante; aunque las bombas se agitaban vivamente y arrojaban, furiosas, gruesos chorros de agua por el mal estado de las tablas bajo la línea de flotación.

Un grito de alegría resonó sobre cubierta.

—¡Nos hemos salvado!... ¡Viva la Virgen![114]

Volvió a renacer la calma, tornó la confianza, pero nadie pensó ya en comer.

La Nochebuena había terminado, sin comenzar, harto tristemente para los antes alegres tripulantes del navío de la República *El San José*.

Hay cierta complacencia en considerar el peligro del que se ha librado bien; y así fue que, al intenso brillo de la luna, gracias al cual, según ya dijimos, logró salir por un prodigio sano y salvo el buque del temible *Bajo Cabello*, pudieron sus tripulantes mirar a su sabor aquel sitio, tumba de tantos navegadores.

¿Cómo habían sido arrojados allí tan sin sentido? Por la fuerza extraordinaria de las corrientes que hay al Sur de nuestra Antilla y Puerto Rico y que toman mayor impulso al doblar a Cabo Engaño. Así es que una embarcación que venga del norte, por ejemplo, como *El San José*, tiene que bajar hasta *El Desecheo*, llamado por algunos geógrafos *Zaqueo*, islote próximo a Puerto Rico, y derivar en dirección

---

113 *Pluguir*: Verbo en desuso que significa sentir placer por algo.
114 *Nota del autor. ¡Viva la virgen!*: este era el grito más entusiasta de nuestros soldados durante los combates con el haitiano. La virgen no era cualquiera, sino la de las Mercedes, patrona de la República, según decreto del gobierno colonial o del Primer Regimiento de la ciudad y por la cual se tenía entonces gran devoción.

de Cabo Engaño[115] que no en balde llevará tal nombre, con la precaución necesaria para no ser arrastrado por las corrientes e ir a dar derecho sobre los arrecifes del bajío temible; todo lo cual, a la verdad, semeja en pequeño el *Maelstrom*, aunque parezca atrevida comparación, hasta por la circunstancia de que ningún buque, o rarísimo, al decir de las gentes, como *El San José*, ha escapado de aquel peligro. Tal es la razón porque no hay en la isla costas más de temer que las vecinas a la Saona y las de esta misma.

Al día siguiente (estaba escrito que no habían de gozar de un momento de reposo, ni en día de fiesta clásico, los tripulantes de *El San José*), se pescó a bordo una hermosísima *picúa*, [116] con cuyas tiernas carnes pensaban resarcirse[117] de la malograda cena de la pasada noche mala.

Pero el diablo tenía dispuestas las cosas a su modo.

Vio el pescado un pasajero prudente y notó que vertía demasiada sangre al cortársele la cabeza.

—¡Verá Ud.!, –decía a este alegremente el comandante y frotándose las manos–, ¡qué opípara comida vamos a tener hoy!

—¡Humm!, –respondió el prudente pasajero torciendo el gesto y meneando la cabeza–, ese pez está malo, hará daño. Yo no cato[118] de

---

[115] *Nota del autor. Cabo Engaño*: acerca de Cabo Engaño hay que tener en cuenta lo que observa Sir Robert H. Schomburgk (ob. cit., 12). Que los pilotos confunden a cabo o punta Engaño con punta Espada, y lo mismo hace la generalidad, tomando esta última por la primera. Punta Espada «está situada cerca de diez millas de la punta E. de la Saona», lo que quiere decir que es la más próxima a esta isla; mientras que Cabo Engaño, «la verdadera punta E. de la isla de Santo Domingo, es una punta baja que se extiende muy puntiaguda al E.» y, por consiguiente, la más distante de la Saona. Ilustra más este punto lo que asevera el Sr. D. José R. Abad (*La Rep. Dom. res. gen. geográfico-estadística. Redactada de orden del Señor Ministro de Fomento y Obras Públicas C. Pedro T. Garrido*, Sto. Dgo., 1889, 9). «El territorio de la República tiene una figura irregular que ocupa algo más de los dos tercios de la total superficie de la isla y es como un triángulo cuya base descansa sobre la línea divisoria de Haití y el ápice lo forma la extremidad oriental que termina en el Cabo Engaño». Y en otra ahí mismo: «En algunos mapas, entre ellos el de Gabb, se hallan equivocadamente sustituidos los puntos que corresponden al Cabo Engaño y al Cabo Espada. Este último es el que se encuentra en el extremo S. E. de la isla, próximo a la desembocadura del río Yuma y Cabo Engaño es el que sobresale algo más al N., formando un extremo más oriental. La verdadera situación es: Latitud 18° 35' Longitud 68° 20' O. del meridiano de Greenwich. La longitud por el meridiano de París es: 70° 39'».
[116] *Nota del autor. Picúa*: Pichardo (ob. cit., 292), dice: «N. ep. f. Pez abdominal (sistema de Cuvier) perteneciente a la familia de las agujas, abundante en estos mares; el cuerno torneado y muy aguzado por ambos extremos; su longitud común más de media vara; la mandíbula inferior sobresaliente a la superior, ambas con fuertes dientes, plateado; escamas chicas; cola ahorquillada; dos aletas dorsales, una al medio del cuerpo y otra entre esta y la antecoja; las dos ventrales y la anal en la misma posición; ojos grandes negros con cerco plateado (*Sphyraena picudilla Poey*). La *picuda*, así llamada por el pico u hocico largo y agudo, es más grande y propensa a la *ciguatera* (*Sph. Picuda Bl.*). Esta *picuda* de Parra no es la *becuna* de Cuvier, dice Poey, después de distinguir las tres especies de este género, conocidas vulgarmente en La Habana con los nombres de *picuda*, *picudilla* y *guaguanche*».
[117] *Resarcirse*: Satisfacerse, compensar.
[118] *Catar*: Probar una comida o bebida para determinar su sabor.

él.

—¡Qué, hombre!

—¿Qué?, picúa que echa tanta sangre, no puede menos que estar aciguatada.[119]

Se arregló admirablemente el pescado y se sentaron a comerlo con tanto mayor gusto cuanto grande había sido el desagrado de la noche pasada.

Todos, menos el precavido pasajero que pronosticara el daño que el pescado haría, sufrieron las consecuencias de su imprudencia. Yacían tendidos aquí y allá, quejándose del malestar que experimentaban.

Y se omite lo demás, como aquello de disputarse cierto puesto y tener que arrojarse fuera de la borda, agarrados a los obenques[120] o a

---

[119] *Nota del autor. Aciguatada*: *aciguatado* llaman al pez, cualquiera que sea su especie, que por cualquier motivo, verbigracia, por haber comido animales envenenados o flor de *manzanillo* u otras cosas dañinas, aseguran por revolverse las aguas del río en que viven algunas especies, dicen, o bien por enfermedad se hace impropio para la mesa y su carne dañada indispone o envenena al que la come. Vayan ahora noticias curiosas. «*Aciguatarse*, voz mejicana, admitida en el diccionario, es contraer ictericia por comer de un pescado llamado *ciguato* cuanto no está fresco y sano» (Monlau. Dicc. etimol.,145), de modo que, según esto, *aciguatado* será el que está enfermo de resultas de comer el *ciguato* no sano. «Ciguatera es la enfermedad que contraen los que comen el pescado que está ciguato» (Picatoste, *Dicc. de la leng. castell.*, Barcelona, 241). «Ciguatera es enfermedad que contraen los que comen el pescado ciguato o aciguatado» (Campano, *Dicc.*, París, 177). Un diccionario de la Academia que envía de aquí para allí sin concierto, dice que *ciguatera* es enfermedad que contraen los que comen el pescado que está *ciguato* o *aciguatado* y por toda explicación de este adjetivo pone: «Lo que está pálido o amarillo a semejanza de los que padecen la enfermedad de ciguatera». Domínguez (*Comp. del Dicc. Nacional,* Madrid, 43) estampa que *aciguatarse* es ponerse ictérico por comer el pescado aciguatado. De forma que, en general, nuestro término conviene con esas definiciones, esto es, que el pez *aciguatado* no está sano, sean cuales fueren las causas, que es en lo que difiere de ellas; y en vista de esto, parece que nuestro vocablo ciguato o aciguatado vendría de México, si hemos de creer a Monlau, y se aplicaría sin hacer diferencias a toda clase de peces que por estar en malas condiciones no son buenos de comer. Con esto nos quedábamos casi en ayunas a no venir tiempo después de escrito lo que antecede a mis manos el diccionario de Pichardo, donde encuentro (voc. *Ciguatera* con s, 334): «N. s. f. Voz indígena. Enfermedad que contraen algunos peces y cangrejos, por haber comido cosas venenosas para su especie como las hojas del *manzanillo,* caídas al agua, según opiniones: la del cangrejo se conoce por el color demasiado azuloso y carencia de pelo; el *colorado* siempre está *ciguato*; pero el cerdo le come impunemente: la de los peces propensos a ella, como la *picuda*, el *jocú*, etc., se conoce en las agallas. La *ciguatera* en el hombre es un verdadero envenenamiento que se contrae por haber comido pez o cangrejo *ciguatos*: en el primer caso además de los vómitos y evacuaciones, el cuerpo se cubre de manchas rojizas, cuando es de cangrejo, también se hincha el vientre. En uno y otro caso regularmente una muerte violenta pone fin a los padecimientos»... El vocablo es pues americano puro; y a la verdad, no alcanzamos qué han querido significar los diccionarios al hablar de la ictericia cuando explican a *ciguato, ciguatera* y *aciguatarse*; y hasta peregrina es la definición de la ictericia que dan la Academia y Domínguez y a no verse, no se creería que en léxicos de la lengua pudieran estamparse disparates semejantes. La una define: «Enfermedad que causa una amarillez extraña, ocasionada de derramarse la *cólera* por el cuerpo»; y el otro: ¡«Amarillez del rostro»! Yo creo, en resolución que, desde un principio, y de aquí que algunos de los diccionarios citados y quizás otros muchos desbarren, según mi humilde entender. Acaso la voz mejicana designe no un pez, sino cualquier pez que contrae la enfermedad o ciguatera; y esto se ve confirmado por el uso de tales voces en Cuba y Santo Domingo y puede que en otros países de América, aunque hasta ahora nada hemos encontrado en los tratados de americanismos.

[120] *Obenques:* Cables que sostienen lateralmente el mástil.

un caritativo cabo que mantenía sujeto algún pacienzudo marinero.

No faltó tampoco alguna broma pesada que viniera a dar al traste con la salud de algún miedoso.

Conocido por algunos oficiales que uno de los pasajeros... S., no era un hombre de pelo en pecho, hicieron correr la voz de que un aburrido había colocado por maligno gusto un paquete de fósforos, de aquellos fósforos que eran todo azufre, en la mismísima santabárbara[121] que estaba repleta de municiones. Como el miedoso pasajero dormía junto con los demás en la cámara sobre la dicha santabárbara, se espantó de modo tal que, refugiado en proa y trémulo como un azogado,[122] decía a otro:

—Compañero, volamos, volamos sin remedio... ¡Si ya me da el olor a pólvora!... Los fósforos deben estar encendiéndose...¿No sientes?...

Y de resultas, cayó el pobre hombre enfermo con fuertes calenturas.

Por fin, se avistó la *Ciudad Antigua* y, tras de tantos malos días y peores noches, no faltaron más sustos a los desventurados viajeros.

Hacía el condenado *San José* agua a más andar y el entusiasmo repentino del comandante por poco da con sus huesos en el fondo a vistas del puerto.

Se notaron muchas señales de gran movimiento y algazara en la ciudad, cosa que extrañó a todos, sin saber a qué atenerse y temiendo un percance, dados los vuelcos y caprichos de una antojadiza señora que dizque[123] política llaman unos pueblos en infancia política del Nuevo Mundo, y que nos trae a mal traer va ya para medio siglo.

—¿Qué diablos ocurre en la capital?, –preguntaron al práctico[124] que acababa de subir a bordo.

—Que hay fiestas por la proclamación del General Santana, –respondió indiferentemente el curtido práctico, cual si se le diese un comino[125] de todo lo que no fuese cosas de mar.

El entusiasmo del lusitano[126] comandante no reconoció límites.

—¡Cartuchos[127] sobre cubierta!, –ordenó con voz estentórea.[128]

---

121 *Santabárbara*: Lugar en un barco en el que se guardan las municiones. Se le da este nombre porque en él se coloca una imagen de la Virgen Santa Bárbara, patrona de los explosivos.
122 *Azogado*: Persona que tiembla porque absorbió vapores de azogue (mercurio).
123 *Dizque*: Adverbio que significa al parecer, presuntamente.
124 *Práctico*: Técnico que dirige el rumbo de la embarcación cuando llega a puerto.
125 *Darse un comino* o *«no importarle un comino»*: No dar importancia a algo.
126 *Lusitano*: Originario de Portugal.
127 *Cartuchos*: Armas de fuego.

Inmediatamente los servidores de las piezas pusieron estas en batería, los oficiales del arma desenvainaron sus sables, mientras los grumetes arrojaban de mano en mano desde la santabárbara una nube de *garbusos*.[129]

Las cuatro carronadas enviaron al espacio alternativas andanadas y la colisa asomó por sobre la borda su largo cuello y aulló alegremente en obsequio de la proclamación del *Napoleón Dominicano*, como llegó a llamarse a Santana.

El pobre *San José* se estremecía como hombre atacado de paroxismo, bajo el formidable retemblido de sus cinco cañones y a cada detonación, esperaban los tripulantes ver abrirse aquellas mal seguras tablas y bajar el buque con el peso de su artillería y armamentos al profundo abismo.

Caro hubiera podido costar a los viajeros el entusiasmo del comandante, a fuer de buen parcial, cerrado e intransigente, de aquel caudillo.

Entró pues el buque en la rada[130] disparando andanadas sobre andanadas y el último cañonazo más acá de la embocadura del río, fondeando a eso de las diez y media de la mañana en medio de él.

No bien había caído el ancla, llegó un ayudante del Presidente de la República al muelle.

—Que ningún pasajero desembarque, —dijo—. Es la orden que traigo.

Se miraron asombrados los cuatro que allí venían con el temor consiguiente de haber incurrido en el enojo del *Supremo*.

Serían las tres de la tarde, cuando los consternados viajeros vieron aparecer por la escultural puerta de San Diego, uno de los recuerdos históricos que dejó D. Diego, el primogénito de Colón, al mismo oficial ayudante, irreprochablemente uniformado, muy tieso y contoneándose, como todo el que gusta de remirarse: se llamaba el capitán Polito.

Hizo bajar a los cuatro pasajeros y los condujo por la cuesta de San Diego hasta la extensa plaza de la Catedral o de Armas, al palacio de gobierno en ella situado. Llegaron por la escalera principal hasta la reducida antesala y se sentaron allí en un escaño que había, a esperar

---

128 *Estentórea*: Fuerte, retumbante.
129 *Nota del autor. Garbusos:* el cartucho del cañón. Lo damos por quisqueyanismo, [dominicanismo] o sea voz propia nuestra, puesto que es corruptela que hemos hecho de la voz francesa *garbousse*, que puede provenir o del tiempo de los franceses o del de Haití.
130 *Rada*: Bahía o ensenada donde anclan las embarcaciones.

que se dignasen echarlos en una mazmorra, víctimas al fin propiciatorias de la política banderiza y despótica de entonces.

Tres de ellos desfilaron para la negra y cuadrada *Bastilla* que se levanta a orillas del mar, sobre la embocadura del río y es el celebérrimo torreón del Homenaje, entre un destacamento que había venido a buscarlos.

Este fue, pues, el viaje de aventuras del bergantín de guerra *El San José*, que a pesar de su mal estado, continuó haciendo útiles servicios.

Noviembre de 1888

Barriga Verde
(Tradición)[131]

A fines del siglo pasado vagaba por la calles de esta histórica y «muy noble» ciudad de Santo Domingo un pobre muchacho que parecía ser peninsular, sin paradero fijo y sin alma cristiana que por él fuese.

No se sabía cuándo ni cómo ni de dónde había arribado a estas hospitalarias playas. Solamente se aseguraba que había sido robado en España y traído aquí, no se sabe por qué motivos, en algún buque de los que por rareza se aparecían por estos puertos.

Su edad dicen que no pasaría de cinco o seis años, aunque acaso llegaría a diez. El inclemente clima de la isla había hecho fácil presa en el abandonado niño y las fuertes calenturas que le consumían, relajando su organismo, le habían proporcionado protuberante vientre y mortal color a su fisonomía.

Y, o porque estaba cubierto con camisa hecha girones que dejaban ver sus venas azuladas verdeando sobre el blanquísimo cutis de su vientre, según opiniones, o, lo que es más corriente, porque vestía un viejo y raído chaleco de paño verde, el caso es que los ociosos muchachos de la época, con su habitual malignidad de *gamins*[132] bautizaron a su indigno colega con el ridículo y expresivo mote de *Barriga Verde* y con el calificativo de *barriga de tamborí*, [133] nombres por los cuales era generalmente conocido.[134]

---

[131] *Nota del autor*. Suministraron estos datos los señores D. J. P. S. (Don José Pantaleón Soler), D. P. V. y L. (Don Pedro Valverde y Lara), D. C. N. (Don Carlos Nouel) y las señoras Dª M. F. de C. D. (Margarita Dávila Fernández de Castro), Dª V. G., Dª S. C. y Dª D. Z. (Dolores Zapata).

[132] *Gamins*: En francés, niños sin hogar que deambulan por las calles.

[133] *Nota del autor. Tamborí*: «pez de estos mares, de un palmo de longitud... Cuando le cogen se avienta mucho en términos de merecer este nombre comparativo». (Pichardo, ob. cit., 344). En nuestro lenguaje popular o provincial dicen *tamborí* al mismo pez, y de ahí *barriga de tamborí* o *de mero* al que tiene vientre protuberante.

[134] *Nota del autor*. Esta tradición pocos la saben como es y las versiones abundan, algunas muy exageradas en cuanto a pormenores, precisamente las suministradas por deudos del protagonista.

Registraremos todas esas versiones en este lugar. Conste que ha quedado patente que el nombre de dicho protagonista no fue Manso Guante, como generalmente se supone, y por el mismo apellido se echa de ver porque el de la familia era Polanco, dicha también Campuzano; y además una nieta de Manso Guante niega aquella circunstancia. O tal vez sea que hubo dos individuos del mismo nombre. El verdadero del protagonista no se sabe y ha habido que contentarse con el de *taita Polanco* y ni siquiera de ese está seguro. Asevera uno de sus descendientes que se llamaba Silvestre Maldonado; pero los más de los deudos no reconocen semejante apellido en su familia. Por lo que hace a nosotros, ninguna leyenda de las del presente volumen ha costado más fatigosa investigación, dudas y vacilaciones. La primera forma (van tres con esta) en que se escribió fue según se publicó en *El Teléfono* de esta ciudad N° 325, junio de 1889 y reproducida en *La Familia* de México; y en cuanto a la que damos creémosla la más verosímil y aceptable, aunque pueda quedar incompleta porque es el resumen de las versiones que están más de acuerdo, y cada punto de ella se halla confirmado por la mayor parte de los datos recibidos. Uno solo de los deudos de esa familia está conteste con esta versión y dice que así le fue referida por ancianos verídicos de su tiempo. Nada se puede aquí afirmar y hasta que no se practiquen diligencias para buscar datos y documentos en Madrid (lo que se hará muy en breve), no será posible perfeccionar este relato. Las versiones aludidas arriba son: 1ro. Que el buque que trajo al niño lo dejó aquí y fue recogido por la familia Campuzano hasta que el chico, ya grande, se embarcó para España con el viejo Campuzano o Polanco, regresando este solo y desde entonces le pusieron el apodo de Guante, por lo que se verá más adelante. 2do. Que una fragata de guerra que se perdió cerca de la barra del Ozama trajo al niño, el cual fue robado en España, que tenía siete años, que estuvo durmiendo tres días a la intemperie, que vestía una camisa hecha girones y estaba descalzo y por ser tan blanco y vérsele azulear las venas le llamaron *Barriga Verde*, lo que no parece probable: que bajó el viejo Polanco una mañana al río a comprar unos puercos [cerdos] y viendo a ese muchacho abandonado le preguntó: «¿De qué familia eres?» «Yo soy de la Corte». «¿De qué Corte?» «De España; el capitán de la fragata me robó»; que estaba muy abatido y le dijo que tenía hambre y entonces le propuso llevárselo a su casa y él aceptó; le dieron buena cena y le pusieron forro a un catre para él; que al saber la familia que el viejo Polanco había encontrado a un niño perteneciente a la Corte, allegándose allí le preguntaron lo mismo que el viejo y entonces comenzó a *despepitar* cuanto sabía; que lo trataron bien, le enseñó el viejo algo, lo llevaba a misa y a las fiestas de barrio; que no le dijeron nada a nadie; que al cabo de un año resolvió comunicarlo al Gobernador General y este ofició la Corte; que el viejo llevó al niño al palacio y el Gobernador le dijo: «quédese Ud. con él», yendo a verle frecuentemente funcionario; que vino una fragata con dos «decanos» (agentes reales) y oficialidad a buscarlo, yendo a casa del viejo Polanco a quien trajeron cartas, invitándole a ir a España, quien no aceptó; que al cabo de algunos años, vino D. Francisco Javier Caro y entre sus encargos trajo el de llevarse al viejo Polanco; y aunque se resistía a ello, siempre se marchó con él; que determinó usar guantes estando en la Corte, para dar la mano, por el color de su piel; que al desembarcar hubo salvas [cañonazos] y fiestas, recibiéndosele regiamente; que duró la navegación tres meses; que le condujeron a palacio y el mozo estaba en el cortejo que le esperaba; que le llamó ¡papá! y el viejo no lo conoció, dejándose abrazar por su antiguo protegido y diciéndole el mozo: «¡Oh! ¿Ud. no conoce a su hijo, a *Barriga Verde*?». 3ro. La más aventurada, y asevera que taita Polanco halló al chico al salir de misa una mañana, en San Francisco. Que le pidió limosna, dándole él un ochavo podrido (parece que sería moneda de aquel tiempo) y que por fin le dijo que quería irse con él a su casa; lo cual consultó con la señora y esta se opuso, pero que en resolución cargó con el chico. Que un escribano ordinario de esta ciudad de apellido Caro y hermano de D. Francisco Javier Caro, por cierto acto ilícito que cometió fue destituido y para rehabilitarse en su empleo se le ocurrió hacer que el protagonista le acompañase a Puerto Rico y después fue mañosamente llevándoselo de colonia en colonia hasta España, con el fin de transportar a la corte al misterioso niño junto con su viejo bienhechor, suponiendo que el que por requisitorias se pedía de España era hijo de algún grande, a fin de prevalerse de la ocasión y hacer que el viejo, al ser recompensado, pudiera obtener para él dicha rehabilitación. Que el niño resultó ser nada menos que un infante. Que al arribar a un puerto o a Sevilla se presentaron comisionados reales y por un lunar que el niño tenía en la espalda fue reconocido, haciéndole salvas, disponiéndose regocijos públicos y conduciéndose en triunfo a la Corte a taita Polanco y compañeros. Que al llegar a palacio envió el rey una bandeja de plata para recibir el sombrero y el bastón del escribano; lo cual es absurdo a todas luces. Que este recomendó al viejo que lo primero que pidiese fuera su rehabilitación; que así lo hizo taita Polanco y el rey accedió. Que el niño no quería separarse de su bienhechor en palacio y hubo que ponerle mesa aparte a uno y otro y acompañar el viejo al chico a dormir en su real cámara. Todo este tejido no pasa de ser una buena fábula que la tradición no confirma. 4to. Dase por seguro, y es lo que corre más válido, que fue D. Francisco Javier Caro, dominicano, Consejero de Indias, albacea testamentario del rey Fernando VII y nombrado por el mismo para consejero de la reina viuda, quien se llevó al viejo Po-

Un día un pacífico habitante de la *Ciudad Antigua*, hombre de color y de los que para entonces llevaban holgada[135] vida aun estando en concepto de pobre, pero de los sanos y piadosos ejemplos de hombría de bien tradicional que en esos tiempos no escaseaban, trabajaba activamente en su taller de zapatería en que se hacían aquellas chanclas de cordobán[136] que usaban ricos y pobres como el mejor calzado, los últimos singularmente. Otros dicen que era sastre.

Junto al taller tenía un tenducho o pulpería y hay quien diga que era hombre acomodado. Moraba por el hoy llamado callejón de la Esperanza, en una de esas casitas terreras vetustas que aún forman la mayor parte del caserío de la capital y que se ve todavía pasadas dos casas de una esquina en la calle del Comercio, a la entrada del dicho callejón y a mano izquierda.

Un día, decimos, en que estaba entregado a sus ordinarios quehaceres el artesano, su mujer, que había salido por casualidad a la puerta de la calle, entró muy compungida[137] y llena de esa caritativa conmiseración que inspiraba el prójimo en tiempos en que el prójimo era aún persona humana.

Entró pues la buena mujer y suspendiendo el viejo su ruda tarea, oyó que esta le decía:

—¡Ay! *Taita Polanco*, –que así le denominaban, y como llamaban entonces a padres y abuelos–, mira que ahí, en la calzada, está un pobre muchacho blanco, enfermito, enfermito, ¡el pobre! Está tiritando de calentura.

Era el dicho habitante del temperamento que aquí somos todos, es decir, generoso y hospitalario a carta cabal.[138] Así fue que dejando sus herramientas se llegó al muchacho compasivamente y, reconociéndole, le movió con suavidad y le dijo:

—Eh, *Barriga Verde*, ¿qué tienes?, ¿estás malo?

El niño apenas respondió con un débil gemido y continuó temblando de frío.

—¡Pobre muchacho!, –murmuró el taita Polanco.

---

lanco; y si esto ocurrió después de 1809, época en que vino aquel señor de comisario regio, pudo ser cierto. En lo que sí está conteste la tradición es en que fue un escribano, señor principal y amigo del viejo Polanco quien, teniendo precisión de ir a España, dicen que a arreglar asuntos de su profesión, convidó a aquel para que le acompañase. No se sabe si fue un Caro el de esto, aunque la tradición mienta [menciona] siempre un Caro.

135 *Holgada*: Con bienestar, comodidad.
136 *Cordobán*: Piel de cabra.
137 *Compungida*: Triste.
138 *A carta cabal*: Al máximo, por completo.

Y ayudado de su mujer, tomó por debajo de los brazos al abandonado muchacho y lo entraron en su morada, en que ya le había hecho preparar en un aposento cómoda cama con una estera de juncos y pieles.

Allí se rebujó[139] en una vieja frazada el chicuelo dando diente con diente.

—¡Pobre muchacho!, –repetía el honrado taita Polanco a quien hacía coro en su compasiva exclamación toda su digna familia, mientras mandaba disponer ciertas pócimas caseras con que se proponía medicinar a su protegido.

Y tal fue la virtud de las pócimas y tales los cuidados que con el pobre chico se tuvieron en aquella humilde y bendita casa, que en breve *Barriga Verde* se restableció y se quedó a vivir bajo tan hospitalario techo, prodigando su afecto a toda la familia y apellidando *papá* al buen hombre.

Dicen que la señora se encariñó con él y que desde el primer momento mandó hacerle a una vecina de unas polleras[140] suyas, un sayón[141] como de muerto, cuenta uno de los que refieren esta verídica historia, a fin de trocarle por el pronto al chico sus harapos y callejero traje por algo más decente. Le lavaron y le peinaron esmeradamente, y como tenía perdida la cabeza de piojos y en vano habían probado a meter el peine en lo que fueron guedejas de rubio cabello, optó el honrado taita Polanco por llevarle a la barbería de enfrente en la cual le rasuraron.

Luego satisficieron su hambre con buenas comidas de aquellas sabrosas de la época, remojadas con suculento chocolate y jengibre de la tierra.

Era el niño, al decir de unos de los sobrevivientes del honrado menestral, lo que se llama un botón de rosa: muy blanco, sonrosado, de ojos azules, pelo rubio, nariz perfilada, cara redonda y lleno de carnes. Parecía inteligente.

Razón de más eran tales prendas para acrecentar el afecto de la familia y singularmente del digno viejo hacia la abandonada criatura.

¿Quién era esta?

Ni él contó nada de su vida porque ni siquiera sabía cómo lo habían traído de España ni qué tierra era esta ni menos persona alguna podía

---

139 *Rebujarse*: Del verbo rebujarse, cubrirse.
140 *Polleras*: Faldas.
141 *Sayón*: Vestido largo.

dar informes de él.

La familia le rodeaba de atenciones y cuidados, tratándole como a un príncipe.

El viejo taita Polanco se hacía acompañar de su niño para ir al mercado, le puso a la escuela y mañana y tarde le llevaba y le traía, como temeroso de que le arrebataran su prenda,[142] educándole él por su parte en los rígidos principios de buena moral conforme a las costumbres de aquellos venturosos tiempos. No se apartaba ni un instante de su protegido, pero ni su protegido de su bienhechor, siendo el uno la sombra del otro; y así se les veía ir a misa, asistir a las fiestas religiosas de barrio y en todas partes.

No hay que decir que la anciana señora estaba clueca[143] y que en las veladas se lo ponía junto a sí mientras ella hilaba o repasaba el rosario, enseñándole a mascullar larguísimos rezos.

La gente se había acostumbrado a ver al honrado menestral[144] taita Polanco y su postizo hijo y admiraba también el aspecto distinguido del último y su preciosa carita.

Falta hacer notar que tiempo después de estar aquí el desamparado niño, llegaron unos *papeles*, como dicen los antiguos, que sin duda eran reales provisiones o requisitorias para que se buscase a un niño muy principal que había desaparecido de la Corte de España; requisitorias que dicen se dirigieron a todos los dominios españoles, perdida ya parece, la esperanza de encontrársele en la península.

¿Pero se fijarían los sencillos habitantes de Santo Domingo y muy singularmente los postizos padres del niño en tal coincidencia?

No es probable.

Y aquí entra nuevamente el misterio.

Llegado era el momento de la cruel separación en que debía restituirse al niño a su hogar y su patria.

El cómo sucedió, nadie lo sabe. Quién conjetura que, naturalmente, las autoridades reclamarían al chico, y es lo más seguro, o clandestinamente lo arrebatarían al calor del pobre techo que le daba abrigo, cuál dice que desapareció tan misteriosamente como había aparecido: el caso es que, cuando ya estaba hecho un mocito y cuando más encariñados vivían uno con otro, él y su generoso protector, el mejor día aquel hogar feliz todo fue confusión y llanto.

---

142 *Prenda*: Tesoro.
143 *Estar clueca*: Expresión coloquial que significa estar satisfecha por haber hecho una buena acción o por haber sucedido algo agradable.
144 *Menestral*: Artesano, obrero.

Como quiera que sea, el pájaro había volado, ¡tal vez para siempre!¹⁴⁵

Y así hemos de hallar al buen menestral y a su digna compañera, olvidados del vivir, tirados sobre sus butacas de cuero, llorando a lágrima viva y con unos gemidos capaces de partir los *callaos*, ¹⁴⁶ como si se les acabase de morir un hijo único.

Así las cosas, ocurrió un incidente que vino a ligarse por extraño modo a este que parece cuento de *Las mil y una noches*, ¹⁴⁷ y no es sino historia pura.

Habían pasado ya muchos años.

Vivía en la *Ciudad Antigua* un señor respetable que era escribano y de cuyo nombre nadie se acuerda, aunque mientan¹⁴⁸ el noble apellido Caro al hablarse de él. Tenía entre manos un asunto que había de resolverse en la metrópoli y parece que no era muy bueno o en él estaba harto comprometido el escribano.

El hecho es que el tal escribano debía pasar a España forzosamente debido a esta circunstancia.

Y meditando en ello, sintió la necesidad que tenía de una persona de su confianza que le acompañase en tan largo viaje.

Se fijó naturalmente en el hombre más honrado de la ciudad, en el viejo menestral taita Polanco.

Lo maduró bastante porque era difícil que un hombre como aquel se resolviese a dejar su país arriesgándose a las molestias de semejante viaje, y al fin se decidió a hablarle del asunto.

Estimaba mucho al buen viejo y era de él respetado y querido.

Señó Polanco era muy apreciado y los más encopetados señores se complacían en visitar su casa.

Dicen que obispos y gobernadores, entre ellos, tenían placer en

---

145 *Nota del autor*. Unos dicen que las autoridades reclamaron al niño, otros que desapareció como había aparecido y son los más. ¿Cómo explicar esto? ¿Podría arrebatarse al niño a taita Polanco cuando no se separaba de él? ¿Acaso sedujeron al chico para que huyese de aquella casa? Lo más probable es que fuese entregado. Refería una señora a una joven que conoció a una Caridad, octogenaria y mujer de un Guante (acaso del mismo protagonista), quien ya decrépita solía irse a los peñascos de la ribera del mar, por la Farola, y gritaba allí diciendo que le devolvieran a su hijo o a su niño; y esto no una vez sola. Esta circunstancia probará también la verdad de esta leyenda.

146 *Nota del autor. Callao*, que solo en un diccionario hemos visto (Domínguez, *Compendio*) con la significación de zahorra o lastre, llamamos acá a toda piedra de pedernal redondeada y lisa, de color blancuzco que se halla en el cauce de los ríos, siendo algunas enormes y otras pequeñitas, las cuales en este caso vendrán a ser lo que en castellano se llama china o chinita. Estos *callaos* sirven para lastrar como lo más a propósito que encuentran las embarcaciones en los ríos y playas; y en nuestras calles abundan, por cuanto las hay adoquinadas con ellos y no ha muchos años que se construían aceras de ese modo. Pichardo habla de *chinas* en el sentido de peladillas y no menciona *el callao*.

147 *Las mil y una noches*: Recopilación de cuentos árabes de la tradición oral.

148 *Mentar*: Mencionar.

formar su tertulia en la puerta de la modesta casa todas las tardes: ¡tan sencillas eran las costumbres entonces! Naturalmente, el escribano no podía faltar.[149]

Una tarde dijo al digno artesano, tomándole aparte:

—Tengo un grandísimo empeño contigo, mi querido taita Polanco, pero no me has de decir que no.

—Mande su merced, señor Escribano, lo que guste; que en todo lo que pueda ser servido, y en no siendo con dinero porque no lo tengo, le serviré de buena gana.

—Has de saber que no tengo persona de más confianza que tú y...

El digno menestral hizo una mueca expresiva como hombre que está confuso e impaciente.

—Gracias sean dadas a su merced, que tanto honra a «este negro», –dijo con humildad, conforme al buen natural de aquella gente y al fraseo que gastaba.

—Sabrás, pues, que debo irme a España a asunto urgente y necesito una persona de confianza y de bien que haga conmigo el viaje. He pensado en ti porque creo que eres el hombre más honrado que tiene Santo Domingo.

Taita Polanco dio un brinco de puro asombrado.

—Señor, ¿«este pobre negro» ir a España? ¿Habla Su Señoría de veras?[150]

—Como lo oyes.

—Me confunde Su Señoría, –balbuceó el digno anciano haciendo una humilde reverencia–. ¿Yo ir a España, señor? Piense su merced que eso es... imposible, –añadió confundiendo y menudeando tratamientos.

—¿De qué te asombras, buen taita Polanco? ¡Vamos! ¿Te decides o no? Te advierto que me harías un gran servicio.

Maese[151] Polanco se rascó la cabeza y quedó pensativo.

Después de todo, estaba satisfecho de que un principal caballero como aquel hubiese puesto su atención en su humilde persona y le retozaba allá en lo más recóndito el deseo de ver aquella madre España,

---

149 *Nota del autor*. Esto aseguran y la verdad es que en aquellos tiempos había ciertos hombres de color y de la clase media que gozaban de grande estimación por parte de los magnates. Guante era, dicen, uno de ellos, y nada extraño tenía que tertuliaran en su casa como lo hacían en la del maestro Firpo o Filpo, un negro viejo, zapatero según creemos.
150 *Nota del autor*. ¿Habla Su Señoría de veras?: esta frase que emplea taita Polanco dizque es textual y las que van entre comillas eran de las que usaba aquella clase de gente como demostración de su humildad y de su buen natural, por lo sinceras.
151 *Maese*: Tratamiento en desuso y que equivale a la palabra maestro.

que tan mal nos gobernada, pero que tenían en tan felices tiempos sobre el corazón los indomables hijos de esta heroica tierra.

—Mire, Su Señoría, –dijo al cabo de un rato de reflexión–, esto de viajes es asunto muy grave y, con perdón de Su Señoría, a mi edad no deja de ser una locura. No debiera su merced contar con este viejo para cosas así...

—Piénsalo bien, mi querido taita Polanco, –replicó bondadosamente el escribano, poniendo una mano sobre el fornido hombro del menestral–. Sentiría que no me pudieras acompañar, por quien soy.

—Pues bien. Si Su Señoría se empeña...–dijo aquel con visible turbación y encogiéndose de hombros como resignado y temiendo, si insistía en sus vacilaciones, dar qué sentir a su amigo–. Yo lo consultaré con mi mujer, si le parece a Su Señoría...

Hay que entender que el honrado viejo era hombre que debía consultarlo todo con su cara mitad y sabido es que antaño las mujeres tenían de verdad el gobierno de su casa y cualquier marido no hacía lo que le daba la gana.

—Perfectamente, –contestó el señor Escribano–. Conque queda con Dios, –añadió tomando su sombrero y su bastón y estrechando la mano al buen viejo.

—Él sea con su merced, caballero, –dijo maese Polanco, acompañándole hasta la calle.

Y traspuesto que hubo el escribano el umbral, el buen taita Polanco se persignó[152] como cien veces en el colmo del asombro, con no poca satisfacción, sin embargo.

La excelente señora era discreta y, en honor a la verdad, no le pareció nada buena la ocurrencia de Su Señoría el Escribano; aunque para ella era tan principal caballero y consecuente amigo y todo.

Así fue que dijo a su marido con mucha calma:

—Bueno está que honre el caballero N. a su merced tomándole por hombre de toda su confianza; pero su merced debe entender que su merced no está para viajes ni nada de eso. ¡Jesús, Ave María purísima!, –añadió persignándose –¡un viaje a la Corte!, y luego dejándome solita...

—¡Bah!, –replicaba taita Polanco, a quien no faltaban buenas ganas de ver eso, con que ni siquiera se había permitido soñar por más de un motivo–; verdad es que estoy algo viejo, pero aún no chocheo,

---

152 *Persignarse*: Hacer la señal de la cruz.

mujer. Sentiría sí que su merced sufriese alguna desazón[153] por mi ausencia. ¿Pero qué digo al caballero?

—Que no puede su merced arriesgarse a pasar la mar a su edad ¿no le parece a su merced?, –dijo con cierta tristeza y disgusto la buena mujer.

Maese Polanco se encogió de hombros; juntó y abultó los labios y abrió los ojos como quien se halla cogido[154] y no sabe qué replicar.

El señor Escribano volvió a los pocos días y departió con los dos esposos.

La buena mujer insistía en que no estaba en el orden que el viejo se metiese en semejantes aventuras; aunque mucha pudiera ser la honra que se le siguiese.

—Mire, Su Señoría, –exclamaba con filosófica resignación dirigiéndose al escribano–. ¿Y qué papel irá a hacer su merced Señó Polanco entre esa *realeza*? Sería mejor que se quedara en su casa quietecito, ¿no?

Por fin, vencidos los escrúpulos de la excelente señora, ¿qué iba a oponer a aquel buen amigo siendo tan principal persona? Se resolvió el viaje.

—Señor caballero de mi alma, –dijo suspirando aquella–, que vaya enhorabuena con Su Señoría mi marido, pero le ruego que me lo deje volver pronto.

Llegó el día de la partida, que en aquellos tiempos se temían los que viajaban que fuese eterna, pues hacían testamento y confesaban y comulgaban antes de embarcarse; y hubo pucheros[155] de parte de la pobre anciana que se resolvía a igual sacrificio, a su edad.

El escribano y taita Polanco salieron de aquella casa para irse a embarcar, con las lágrimas en los ojos y doblaron la esquina de la calleja; no sin que el último se volviese a mirar con tristeza el hogar que dejaba.

Tras de muchos meses de navegación, tocó al fin el buque en la clásica tierra de Sagunto y Numancia, [156] acaeciendo esto acaso a principios del presente siglo.

En aquel bullicioso Madrid, en medio del que no se reconocería sin duda el pacífico ciudadano de la muy noble Ciudad Primada de las Indias, vivía este tranquilamente en la misma casa en que se hos-

---

153 *Desazón*: Preocupación.
154 *Hallarse cogido*: Estar sorprendido.
155 *Pucheros*: Expresiones faciales de tristeza.
156 *Sagunto y Numancia*: Antiguas ciudades ubicadas en la Península Ibérica.

pedaba el señor Escribano; cuando hete aquí[157] que el día menos pensado, yendo distraídamente por una calle adelante, bien rebujado en una vieja capa verde con la cual había tenido la atención de obsequiarle aquel, se encontró de manos a boca[158] con un coche ricamente enjaezado y con las armas de una gran casa.

Tal vez el cochero iría a atropellar brutalmente a aquel *americano*, que juzgaría algún esclavo manumitido[159] o escapado, cuando del coche se arroja un personaje, joven de distinción y vestido con suma elegancia quien al verle, y sin poderse contener, lanzó esta exclamación:

—¡*Papá*!...

—¡*Papá*!, –tornó a exclamar el desconocido bajando del carruaje y precipitándose en sus brazos–, mi querido *papá* ¿qué ya no me conoce su merced? Yo soy ¡*Barriga Verde*![160]

El pobre taita Polanco creía que soñaba y no podía darse cuenta de lo que estaba viendo y oyendo.

Separó un poco a su extraño *hijo*, que le caía como del cielo, y con profunda emoción reconoce a su protegido, el muchacho abandonado y enfermo de las calles de Santo Domingo, a aquel *Barriga Verde* mentado, a quien una casualidad afortunada había puesto en su camino, llevándole a él como de la mano a la misma Corte.

Correspondió pues, a los abrazos y caricias que este le prodigaba, pero aún absorto y confuso, cuan humilde y respetuosamente podía; hasta que el reconocido personaje le conduce a su coche, esforzándose en vano para que se decida el digno menestral a acompañarle.

Se cree el viejo Polanco bajo el influjo de una pesadilla y no se

---

157 *Hete aquí*: Expresión que significa «aquí tienes».
158 *De manos a boca*: De repente, inesperadamente.
159 *Manumitido*: Libre.
160 *Nota del autor*. Se duda, a pesar de que muchas versiones lo dan por cierto, que el niño abandonado fuese realmente un príncipe de la sangre y mucho menos hijo del soberano reinante, que no podía ser otro que Carlos IV, si taita Polanco llegó a España antes de 1808. No pocos sostienen, entre los cuales personas muy sesudas y competentes, que sería acaso hijo de un grande de España de 1ra. clase, muy allegado al trono, como otras tantas versiones aseguran; porque según nos dice nuestro ilustrado amigo el Sr. D. Manuel de J. Galván en carta confidencial, «es tan fácil averiguar que Carlos IV no tuvo hijo alguno que fuera desaparecido y recobrado en su infancia, que esa hipótesis mataría el grano de sal en su preciosa leyendita». Y desde luego que tampoco pudo ser hijo de Fernando VII. Cualquiera saldría diciendo que ¿cómo se podrían explicar tantos honores y privilegios concedidos a un pobre artesano como debidos a quien da albergue y salva a un miembro de cualquier ilustre familia de segura muerte? Que solo tratándose de un príncipe de la sangre es que un rey da títulos nobiliarios a un plebeyo para sí y sus descendientes. Porque a ser hijo de Grande de España habría bastado dar al protector cualquier cosa, el título de *Don*, por ejemplo, atributo entonces de nobleza y era mucho; pero ennoblecerlo, condecorarlo, otorgarle todo lo que pedía, igualarlo al mismo Gobernador de la colonia en día de Jueves Santo, lo que tal vez no se registra en anales de ninguna otra colonia y por el estilo se le hubiera hecho par, duque o marqués si se le hubiese antojado al viejo artesano, o dado un mando superior en la colonia; todo esto es demasiado no tratándose de un infante. Misterios serán. Ni siquiera hijo bastardo de un rey es probable que pueda ser sustraído ni fácilmente escaparse.

atreve a aceptar semejante honra al comprender, por las armas del carruaje, la librea[161] del lacayo que iba en la trasera y el aspecto distinguido del joven que este debía ser un gran personaje.

Por fin, entre este y el lacayo le persuaden, le empujan y dan con él sobre los cojines del lujoso carruaje.

El coche arrancó y taita Polanco se quedó lelo.[162]

Aquel pobre muchacho de marras[163] amenazaba por lo visto con resultar ser cuando menos un grande de España.

Abrumaba al buen viejo a preguntas acerca de *ma* fulana (la mujer de este), y los demás miembros de la familia, así como de Santo Domingo y de cuanto constituía los recuerdos dichosos de su infancia allí transcurrida.

Con las manos del taita Polanco, gruesas y callosas, entre las suyas, finas y aristocráticas, le decía:

—¡Qué inesperado suceso!, ¿verdad, papá? ¡Cuándo iba ni yo ni nadie a figurarse que debía tener hoy tan feliz encuentro! ¿Y cómo ha venido su merced a la Corte?, vaya, cuéntemelo.

El viejo Polanco, que no volvía de su asombro, se restregó los ojos como quien despierta de un sueño y contestó:

—Sabrá Vuestra Excelencia que esto ha sido obra de la casualidad, de la pura casualidad. Yo me estaba muy tranquilo en mi *rancho*,[164] y Su Señoría el Escribano D. N. se empeñó tanto con mi mujer y conmigo, que aquí, con el favor de Dios y la Virgen, tiene Vuecelencia a este negro a los pies de Vuecelencia como su más humilde esclavo.

El generoso joven abrazó nuevamente a su bienhechor.

—No, mi querido papá, entienda su merced que para su merced no soy ningún Excelencia ni nada, sino el mismo *Barriga Verde* de otro tiempo, el niño abandonado y recogido por su merced; ni su merced es para mí más que un padre, un verdadero padre. No vuelva su merced a hablarme en esos términos... si no quiere que me enoje.

---

161 *Librea*: Ropa que usan los hombres al servicio de la nobleza.
162 *Lelo*: Asombrado.
163 *De marras*: Expresión usada para indicar que el sustantivo al que acompaña es conocido ampliamente.
164 *Nota del autor. Rancho*: rancho por chacra o choza es perfectamente castellano: lo usaron, entre otros, Cervantes y Valbuena... «Parece, dice Z. Rodríguez (ob. cit., 407) que en lengua gitanesca rancho equivalía a barraca, choza o habitación rústica, que es lo mismo que significa entre nosotros». Pichardo lo trae como cubanismo, por la forma de ranchos que allí usan, entre los cuales el más miserable es como las vertientes de un techo puesto a raíz del suelo. La forma no creo que haga al caso ni la cobija ni el uso: ranchos son todos y es voz castiza. Nosotros sí tenemos una acepción propia, que el uso vulgar ha establecido, y es esta: cuando una persona del vulgo o que quiere imitar su lenguaje alude a su casa, así sea un bohío de tablas y yaguas o de paredes, situado en la ciudad o en una casa que parece una fortaleza, como son todas las de la capital, por ejemplo, dice mi rancho como si hablase en tono humildoso o despectivo y por extensión de una cabaña o chacra. Conocemos a quien llama a un su verdadero palacio *mi rancho*. Nuestros indígenas llamaban al rancho o choza en su dulcísimo idioma *eracra*.

El viejo se enjugó un lagrimón con la punta de su capa, de lo conmovido que lo tenían tales sorpresas.

—Ea, pues que así lo quieres, –dijo de allí a un rato–, aquí me tienes sano y salvo, mi querido hijo, alegrándome el corazón con tu presencia y llenándome los ojos con tanta cosa nunca vista como hay en la *realeza*.

—Bien, así me gusta, papá; que sea su merced conmigo francote[165] y quiero que en lo adelante se halle su merced más satisfecho de haber venido a la Corte y así pueda yo pagarle lo mucho que le debo.

—¿A mí, hijo?, ¡a mí no me debes nada!, –replicó el viejo con sencillez–. Cumplí con los mandamientos y sanseacabó.

Y para mejor ocultar su emoción echó un rapé[166] enorme.

—No diga su merced eso, pues que la vida le debo; y va su merced a ver cómo sabrá agradecérselo mi familia y la nobleza de España y...

—¡Jesús, muchacho!, –exclamó espantado el viejo, llevándose las manos a la cabeza envuelta en anchuroso pañuelo de madrás.[167] Y después, como avergonzado de haber llegado a tal extremo de familiaridad, aunque en un arrebato, corrigió:

—Perdone, Vuestra Excelencia, caballero...

—Vuelta a los títulos...

—Se me olvidaba, se me olvidaba, –replicó turbado[168] el pobre viejo Polanco–. Pero... sin que eso sea contrariarte, mi querido hijo, yo creo que no es bueno mezclar a la augusta persona del rey nuestro señor –y al decir esto se quitó el casco del pañuelo a guisa[169] de sombrero, porque el sombrero lo tenía inadvertidamente pisado– en estos asuntos. Si te empeñas tú en agradecerme lo que por ley cristiana hice, no te lo impido; pero no hables de munificencias[170] reales, hijo, por Dios; que ni soy un héroe ni valgo nada, ea...

Y en estos y otros interesantes coloquios se recorrió el trayecto.

Llegados al palacio que ocupaba el agradecido joven y su familia, la numerosa servidumbre cuajada de bordados y galones se agolpó al sitio en que paraba el carruaje y se abrió respetuosamente en dos alas.

Por el tratamiento que le dieron al amo de Excelentísimo señor, el honrado taita Polanco vino en cuenta de que no se había equivocado,

---

165 *Francote*: Ser abierto y sincero.
166 *Echar un rapé*: Inhalar tabaco en polvo.
167 *Madrás*: Tela de algodón muy fina.
168 *Turbado*: Desconcertado.
169 *A guisa*: Modo, manera o semejanza de algo.
170 *Munificencias*: Liberalidades, regalos.

que se trataba de grandezas tamañas[171] y quiso caerse del carruaje abajo, sofocado por tantas emociones.

El joven noble dio el brazo cariñosamente a su bienhechor y entraron así en el palacio con estupefacción de cuantos presenciaban tan singular escena.

En efecto, el pobre muchacho abandonado de las calles de Santo Domingo, el recogido por caridad, era nada menos que el heredero de una de las casas más encopetadas de grandes de España de primera clase y tal vez muy allegada a la real familia; y esto explica por qué, escapado o robado del hogar paterno sabe Dios por cuáles circunstancias, se le había buscado por todas partes del mundo, interviniendo en ello reales recomendaciones o mandatos.

El joven era, como se ha dicho, grande de España de primera clase, caballero cubierto y del Toisón de Oro, [172] añaden.

Era, además, según dicen, casado y jefe de una familia encumbradísima.

Le presentó luego con orgullo a su esposa y amigos y pasó a ser el humilde menestral desde aquel momento el señor de la casa y el ídolo de la familia, a pesar de su color y de su modestia.

Al ruido de semejante acontecimiento, que se dilató por toda la Corte despertando el interés y la admiración, acudió Su Señoría el Escribano al palacio del joven noble, lleno ya de curiosos, dando el parabién a su buen amigo taita Polanco y se unió al regocijo de aquel.

A su vez, informado el joven del objetivo del viaje del Escribano por él mismo, y de que era asunto grave y que difícilmente se podría arreglar satisfactoriamente sin algún valimiento, dijo a su bienhechor:

—Papá –porque no quería ni podía llamarle de otra manera–, he aquí que su merced vino a España bajo el patrocinio de ese señor Escribano; y ahora va a tener que agradecerle a su merced lo que desea obtener y que solo que su merced influya, podrá lograrlo, porque es negocio difícil de arreglar.

El buen viejo sonrió afablemente.

—¿Lo cree así Vuecelencia?, –dijo.

—Papá, –repuso mal enojado el caballero–, ya he dicho a su merced que aquí no hay Señor ni Excelentísimo. Su merced es mi padre y debe tratarme como tal: le prohíbo toda ceremonia, –añadió, dándole palmaditas en el hombro.

---

171 *Grandezas tamañas*: Concesiones muy grandes concedidas por el rey.
172 *Toisón de Oro*: Orden de caballería española fundada en 1429 y a la que solo pertenecen los miembros de la realeza.

—Bueno, hijo, si te parece; pero...

—¿Pero qué?

—Que yo debo guardar las distancias y ¡qué dirán estos señorones si me oyen tutear a Vuese.... ¿tutearte, hijo, tutearte?

—¿Pero es que ya su merced no me quiere?

—¡Cómo dices eso, mi querido hijo!, –replicaba taita Polanco enternecido–, del mismo modo que allá, lo mismo.

Esta escena se repetía a cada rato porque al honrado menestral lo abrumaba su propia humildad.

Informado el Soberano de su noble proceder y merced a la significación que para el trono tenía la linajuda casa de que era jefe el antiguo protegido de taita Polanco, resolvió ser con él tan soberanamente espléndido cuanto generoso se había mostrado el digno habitante de la privilegiada *Ciudad Antigua,* y como poquísimas veces había sido recompensado benefactor alguno en este pícaro planeta.

Podía pues alcanzar del trono cuanto quisiese.

Según parece, se dispuso una recepción o audiencia para presentar al favorecido.

Vestía este un magnífico traje con el cual no sabía qué hacer y le había dado el joven noble; y lleno de encontrados pensamientos, confuso y mohíno,[173] hubiera deseado estar a cien leguas de allí.

Brillaba el palacio con la multitud de elegantes damas y apuestos caballeros: bordados y uniformes, cintas y flores, ostentación y riqueza llenaban los ojos y causaban no poca admiración al sencillo taita Polanco.

Tantos como allí había llenos de cascabeles y colorines que con sus picudas narices le querían sacar los ojos a puros cumplidos, le mareaban y trastornaban.

El honrado menestral con noble y reposado continente se acercó temblando al verse ante la real persona.

Silencio profundo, atención viva, ansiedad general.

Se iba a recompensar la virtud como tal vez nunca lo había sido. Además se suponía que todo sería pedir el negro viejo y concedérsele, lo que excitaba la curiosidad en alto grado.

Se dice que, ante todo, el rey le hizo Caballero Gran Cruz de una Orden.[174]

---

173 *Mohíno*: Enojado.
174 *Nota del autor. Caballero Gran Cruz de una Orden*: afirma uno de los deudos que se condecoró al pro-

—Don N. Polanco, –dijo el monarca con grave acento– te hacemos noble a ti y a tus descendientes, quienes gozarán de hoy en adelante del privilegio de ser oficiales de nuestros ejércitos, desde su nacimiento, y a ti te hacemos capitán de las milicias de Santo Domingo. Tienes por tanto el derecho de ceñir espada, calzar espuelas y usar guantes, así como tus sucesores. Además, se ha solicitado para ti una gracia especial, ¿qué deseas, pues?, –le preguntó el monarca.

Todos abrieron desmesuradamente los ojos.

El dignísimo habitante de la Primada no sabía qué hacerse ni responder, abrumado con tantas mercedes;[175] aunque imaginó, sin embargo, que podría satisfacer cierto vanidosillo deseo, que no sería cosa de provecho, pero que de otro modo hubiera sido locura ambicionar.

Hubo una breve pausa.

—Si S. M. me permite, –balbuceó el nuevo caballero.

—Habla, habla, buen taita Polanco, y pide lo que quieras, –le dijo el monarca con afable sonrisa.

—Pues bien... pero parecerá excesiva mi demanda, –tartamudeó otra vez.

Su antiguo protegido estaba presente y le animó con una mirada.

—Nada temas, papá, –le dijo.

El buen viejo no podía ya con sus nuevos títulos y con la emoción que tales escenas le producían; pero el gesto y el dulce nombre que le daba el joven noble y que en su humildad el honrado ciudadano de la Primada no creía ya merecer, le dieron aliento. Así fue que exclamó:

—En primer lugar, deseo tener el privilegio de asistir con espada ceñida a comulgar el Jueves Santo en compañía del Gobernador de Santo Domingo.[176]

—Concedido, –dijo el monarca.

---

tector de *Barriga Verde* con la Gran Cruz de San Fernando y como es persona, aunque anciana, que no está al cabo de estas cosas, debe de haber algo de ello cuando mienta [menciona] la más valiosa condecoración española. Sí asegura haber visto la gola de oro que formaba parte del uniforme del caballero Guante, que heredaban sus descendientes y haber oído hablar a su madre y tías del traje y la espada. [En] Cuanto a los documentos del flamante capitán de ejército, los guardaba el Sr. Juan E. Salazar, padre de los actuales miembros de esa familia que aún existen (D. Manuel y D. José María), y descendiente de esa familia, los cuales papeles perecieron dentro de un baúl cuando la tormenta *grande*, o del Padre Ruiz, en octubre de 1834. Por lo que hace al privilegio de ceñir espada y calzar espuelas, hay quien hoy asegure *haber visto* a todos los *sanjuaneros* usar una y otras; pero como todos estos no eran de la familia, parece improbable. *Nota de la editora*: El párroco de la Iglesia de Santa Bárbara, José Ruiz, fue sepultado el 21 de septiembre de 1834; horas más tarde se desató una tormenta a la que se le llamó tormenta del Padre Ruiz (Bernardo Pichardo, *Resumen de historia patria*, 68).

175 *Mercedes*: Beneficios.
176 *Nota del autor*. Unos dicen que pidió esta gracia, lo que no parece; otros que se la otorgaron. Todo puede ser, pero es incompatible la modestia del viejo Polanco con tamaña solicitud.

—Asimismo quiero que se me otorgue una gracia quizás muy grande...

—¿Cuál?

—Que se le conceda a la «Hermandad de San Juan», en mi país, el derecho de usar el pendón de la Cruz Blanca de Malta.

—Concedido.

—Ídem. Yo pido ciertas preeminencias[177] para mí y mis sucesores en las cofradías de San Juan, Jesús en la Columna y la Santa Reliquia, también de allá de mi país.[178]

—Concedido. ¿Y nada más?, –preguntó el rey, admirado de la simplicidad de aquel excelente sujeto que se conformaba con tan poco y honras sin provecho a cambio de haber salvado de segura muerte a un elevado personaje del reino y cuando podía alcanzar señaladas mercedes; sin embargo, de que lo primero que pedía no era una bicoca,[179] y lo de usar el pendón de la Cruz Blanca de Malta era tamaña distinción en aquellos tiempos porque solo la nobleza podía gozar de semejante privilegio.

—Nada más, señor.

¡Lo que era la sencillez de nuestras costumbres en aquellos nuestros tiempos!

—Concedido, pues, cuanto pide, –dijo el monarca–. Extiéndansele sus pergaminos y ríndase pleito homenaje como quien es al caballero Don N. Polanco, capitán de nuestros ejércitos.[180]

Los cortesanos se apresuraron a rodearle y a hacerle sus cumplidos con grandes reverencias.

Y por lo que hace a su protegido, cargó con él y se lo llevó como en triunfo, seguido de brillante séquito de su servidumbre y de algunos caballeros sus amigos.

El tiempo que allí pasó, tres meses, según versiones, fue de fiestas y expansiva alegría. Mucho se holgaba[181] el joven noble, el antiguo *Barriga Verde*, en retribuir de algún modo al buen anciano el servicio inapreciable que le había hecho y se enorgullecía de dar delante de todos el nombre de padre a aquel hombre de color y humilde artesano.

---

177 *Preeminencias*: Privilegios.
178 *Nota del autor*. No se ha podido averiguar esto: hay quien diga que solamente pidió privilegios sobre la Reliquia.
179 *Bicoca*: Algo de poco valor.
180 *Nota del autor*. Se hace clara memoria de que se vio desembarcar al viejo menestral uniformado espléndidamente y con las charreteras de capitán y de los baúles de buenos vestidos y objetos de valor que trajo.
181 *Holgarse*: Alegrarse.

Demás está decir que la despedida, eterna, como tenía que resultar, fue tiernísima y dolorosa, no acertando el joven noble a desprenderse de los brazos del viejo.

Lloraban los dos abrazados y confundidos en uno. ¡Y qué pruebas las de la generosidad del caballero!

Trajes magníficos, uniforme muy rico dedicó para el nuevo capitán y vestidos y alhajas de gran valor para la esposa de este, así como otros regalos primorosos para los demás miembros de la familia. Y de recuerdos para todos, un mundo.

El caso es que la tradición afirma que el flamante Don N. Polanco, antes taita Polanco, capitán de los ejércitos de S. M. el Rey de España, Caballero Gran Cruz y ennoblecido hasta la médula de los huesos, desembarcó ostentando un magnífico uniforme, ceñida rica espada, calzadas espuelas de labrada plata, con empolvada cabellera luciendo gregorillo de finísimo encaje en la camisa, casaca grana de ancho galón de oro, medias de seda relucientes, botas de ante, al cuello espléndida gola de oro labrada, cubierta la cabeza con el elegante tricornio y puesta al pecho nobilísima placa.

También aseveran que fue grande el equipaje que trajo y en que se contenía un Perú[182] de los espléndidos regalos del antiguo *Barriga Verde*.[183]

Desde entonces, se vio al antiguo y humilde maestro zapatero de la capital de la Primada, condecorado con el noble título de *Don*, asistir, resplandeciente de oro y pedrería, ceñida espada, calzadas sus espuelas de caballero y cubiertas las toscas manos con los guantes, distintivo de gente principal, a la ceremonia de Jueves Santo en la Catedral y comulgar ese día con S. E. el señor Gobernador; siendo el único en la colonia que compartía con el representante del monarca honra tan grande.

Y desde entonces también la «Hermandad de San Juan» o de los *Sanjuaneros* ostentaba en sus bulliciosas festividades el rico pendón de

---

182 *Contenerse un Perú* o *valer un Perú* es algo que tiene un gran valor, en alusión a las riquezas encontradas por los españoles cuando llegaron al Perú.

183 *Nota del autor.* Fue hecho capitán del regimiento de *Morenos libres* en que militaron [Georges] Biassou, Jean François, Toussaint L'Ouverture y otros, y de que fue coronel aquel [Pablo] Alí de célebre recordación. Esto consta, porque muchos están bien seguros de ello. Una señora que aún vive dice que conoció a Manso y Félix Guante, hermanos y sobrinos (si es que no tuvo hijos como dicen) del viejo Polanco, quienes eran capitanes del dicho regimiento, que hace suponer que la capitanía dada por el rey al protagonista era para sus descendientes también; y dice, además, esa señora que los jefes de este regimiento tenían el título de *Don* y eran personas de mucho mérito. Ya se sabe lo que era este regimiento para el rey de España y el ingreso en él del viejo Polanco, mísero artesano y el grado de capitán nada menos que tenían en él sus descendientes, prueban que realmente se le ennobleció a aquel con tal título y que es ciertísima la historia de *Barriga Verde*.

la Cruz Blanca de Malta, estandarte de raso blanco con cruz de galón de oro en el centro, insignia que, como se ha dicho, solo podía usar la nobleza, y raro privilegio con el cual se adornaba y enorgullecía la «Hermandad», cosa que dio motivo a aquella coplilla que, entre otras, cantaban los *Sanjuaneros* durante sus fiestas y procesiones:

> El pisar de los *Malteses*
> nadie lo puede imitar;
> porque pisan menudito,
> menudito y al compás.[184]

De entonces, finalmente, la familia de Señó Polanco o taita Polanco, se realzó con los títulos concedidos a su jefe, siendo conocida únicamente y hasta hoy por el nombre que le dieron de *Guante* derivado del uso de guantes que constituía una dignidad para él.

Y en virtud de los privilegios que sobre las tres comunidades religiosas tenía, las mujeres de la familia, sobre todo una sobrina llamada Altagracia Guante, ejercían actos de soberano en ciertas festividades religiosas relativas a la Reliquia, San Juan y la Columna, y singularmente hacían y deshacían en la Catedral en cuanto a los pasos que se ponían de dichos símbolos.

Pero lo raro es que gran señor y todo, continuó el honrado menestral taita Polanco viviendo donde le hemos conocido, con su mismo oficio y en el mismo estado. Sí fue más afortunado que Colón porque le cumplieron cuanto le habían ofrecido.[185]

Por más señas, la sobrina del Don N. Guante, capitán de los ejércitos de S. M. el Rey de España y Caballero Gran Cruz, era la *Capitana* de la «Hermandad de San Juan» y la única que tenía la honra de llevar el nobilísimo pendón de la Cruz Blanca de Malta.[186]

---

184 *Nota del autor. Marqueses* terminó por decir el vulgo, corrompiendo el apelativo. Estas coplas parece que eran largas. Dicen que a las casas que iban llevaban su estandarte los *sanjuaneros*.

185 *Más afortunado que Colón porque le cumplieron todo lo que le habían ofrecido*: Esta oración alude a Cristóbal Colón, quien murió sin recibir los beneficios que demandaba por haber llegado a América.

186 *Nota del autor.* En esta tradición todo es conjeturas. Acerca del apellido *Guante*, hay igual incertidumbre y daremos las versiones recogidas. 1ra. Según los supervivientes de la familia ennoblecida que se llamó siempre Polanco y Campuzano, entre cuales se cuenta la Sra. Valentina Guante de más de 70 años y biznieta, dice, del protagonista, fue este nombre la primera distinción que le acordó el monarca. Esta señora avanza que al irse a quitar los guantes de invierno, el rey se lo impidió diciendo: «No se quite los guantes el caballero maltés Guante de Girones», aunque de esta aserción no se saca nada limpio. 2da. Otros parientes afirman que debido al color de su piel se puso unos guantes para dar la mano cuando estuviese en la Corte. 3ra. Otros, también parientes, dicen que al llegar el viejo Polanco ante la real persona, se quitó esta un guante y lo arrojó a los pies del artesano diciéndole: «Desde hoy ese será tu nombre»; todo lo cual parece pura fantasía. 4ta. Una señora octogenaria explica que el viejo Polanco, que acompañó al niño a España, regresó él solo y desde entonces le pusieron aquí el mote de Guante porque como estuvo en la Corte y andaba entre nobles

Diciembre de 1888

«siendo sastre de la nobleza, le autorizaron para que usase guantes», lo que en esa época era un honor grande concedérselo a plebeyos. Que desembarcó aquí con sus guantes puestos y esto dio margen al apellido que hoy lleva la familia, excepto algunos de sus miembros (los de la rama colateral, sin duda), que han seguido llamándose Polanco; y esta sí parece la versión más verosímil por tratarse de un apodo. La familia Guante, primeramente Polanco y Campuzano, es hoy numerosa y mezclada con otras. Es difícil fijar su genealogía y el que más directamente puede representar el tronco primitivo, o sea al protagonista de esta leyenda, es el llamado Manso Guante, hijo, nieto o sobrino de aquel. Gracias a la simplicidad del caballero Guante, capitán de milicias que no pidió nada de valor, esta familia no es hoy opulenta y titulada. Por su sencillez y modestia, siempre ha vivido en la oscuridad y la pobreza, aunque la tradición de honradez que la caracterizó en un principio no se ha desmentido. Refiere uno de los parientes que la Reina Da. Isabel II, en la época de la anexión, preguntaba por tres familias de aquí, Guantes, Osunas y Plutones. Que una señora, Da. Dolores, hija de D. Felipe Fernández de Castro Dávila, mayorazgo, casado con Da. Anastasia del Real, nativa de Salamanca, camarera de la reina, hermana del Gobernador D. Pascual Real y parienta de la noble familia Coca y Rocha, de aquí vino a Sto. Domingo por última vez «a comer el *sancocho* de su tierra y ver las cosas de ella», y le decía a la familia Guante que debían irse a España, que ellos no sabían lo que tenían y que su nombre estaba escrito en letras de oro en el Palacio Real. Lo mismo le decía un comandante, el Sr. Billares, que vino cuando la anexión, que en la Corte se registraba el nombre de los Guantes en letras de oro en el Real Palacio y que se fuesen a España. Pero ellos no hacían caso de tales insinuaciones: su tradicional humildad se lo impedía. Una vez llegó a Aguadilla (Puerto Rico), una parienta, dicen que nieta del protagonista, emigrada, y le dijo a una señora dominicana que allí residía que hiciese valer con el Capitán General de aquella isla sus títulos, que ellos no sabían lo que poseían. Le contestó aquella: «No, soy emigrada como los demás y en mi rincón quiero quedarme». -Durante el período de la ocupación española, la última de los descendientes directos del protagonista, (acaso Da. Altagracia Guante) como una especie de alarde bizarro, reunió los restos de los *sanjuaneros* o de los que habían sido tales y fue con el estandarte que usaban al palacio del Capitán General y bailando al son de sus panderetas, cantó unas coplas.

La Muerte del Padre Canales
(Tradición)[187]

I
Pedro el Santo

¿Quién era *Pedro el Santo*?

Por esas calles iba, hacia los años de 1836, un hombre de regular estatura, más bien bajo y entrado en edad, cuyo aspecto revelaba uno de esos tipos raros que luego se dan; y lejos de ser este un ente ridículo, le señalaban todos como digno del mayor respeto. En esa época no era cosa extraña hallarse a cada paso con personas entregadas a devoción en público, tuvieran o no motivo para ello, que frecuentaban sacramentos, que hacían del templo su habitual morada, que vestían cilicio[188] y ensayaban todo linaje de penitencias, que iban entre la multitud como seres fuera del contacto impuro de lo mundano; especie de santos escapados, a quienes el pueblo sin mala intención, apellidaba *beatos*. Con rarísima excepción, eran devotos realmente, aunque en ello entrase algo de monomanía[189] respecto de alguno.

Pedro el Santo era entonces el prototipo de estas buenas almas.

Era tal su aspecto humilde y de veras beatífico y tal el tinte de profunda tristeza que en él se advertía que inspiraba, además de respeto,

---

187 *Nota del autor*. Los infinitos datos de esta tradición se deben a las señoras C. T. (Concepción Troncoso), M. F. de C. (Margarita Dávila Fernández de Castro) y D. Z. (Dolores Zapata) y a los señores D. C. N. (Don Carlos Nouel), D. F. Ma. D. (Don Félix María del Monte) y D. M. de J. G. (Don Manuel de Jesús Galván). Las últimas son octogenarias, personas muy verídicas y de excelente memoria; y la primera, además de ser verídica, posee una memoria clarísima. La señora madre de esta tenía entonces siete años y presenció muchas escenas de tan sangriento drama, la ejecución del homicida con todos sus pormenores y fue de las primeras que, con sus padres, asistió a la casa del Padre Canales. Se complacía en contarlo a sus hijas repetidas veces para si algún día querían referir la trágica historia a jóvenes que pudiesen conservar la tradición de tal suceso y transmitirla a la posteridad, lo hiciesen de un modo satisfactorio; deseo que ha venido a cumplirse al fin. Podemos, pues, decir que esta, con ser la más complicada y extensa, es una de las más completas y exactas.
188 *Cilicio*: Vestidura áspera usada para penitencia. También, especie de cinturón con puntas de hierro que tocaban el cuerpo y se usaba para hacer penitencia.
189 *Monomanía*: Obsesión con una sola idea.

gran interés. Delgado en extremo, color blanco mate, sin duda por la fuerza de las duras penitencias y ayunos, imberbe, [190] rostro ovalado y alargado, nariz perfilada, labios finos y fisonomía bonachona, cuya expresión era como de quien está resignado y sometido a dura expiación. Se conocía que no era hombre vulgar ni tonto.

Su verdadero nombre era Pedro Aybar.

Vestía de blanco, con la honrada y tradicional chaqueta; andaba con la cabeza inclinada hacia el diestro lado y recogía sus escasos cabellos grises con la coleta, tocado aristocrático del siglo pasado. Se sabía que llevaba sobre su cuerpo duro cilicio; no hablaba con persona nacida, oía misa diariamente, se arrodillaba en el templo con los brazos en cruz y no hay que decir que en todos los actos religiosos públicos, especialmente en estaciones, había de encontrársele en primera línea. Tal era su paciencia que luego, cuando los muchachos le importunaban en las procesiones, se volvía diciéndoles dulcemente:

—Por Dios, hijos...

Pedro el Santo era lo que podía llamarse con toda propiedad un asceta, [191] aunque anduviese entre la gente y no habitase un desierto. De ahí lo raro de su modo de vivir y la especie de respetuosa conmiseración y aún veneración que inspiraba.

Pero aún no se ha dicho lo más notable de su vida.

Había sido maestro de escuela por el barrio de Santa Bárbara y vivía por el retirado y miserable de San Antón, que enantes[192] sería espantosa soledad, digna de tal eremita. Su comercio estaba reducido a una panadería y toda su familia era un antiguo y fiel esclavo, a quien habría manumitido él o los suyos y jamás quiso desampararlo, y entre ambos trabajaban el pan de huevo entonces muy en boga, chocolate y otras fruslerías; todo lo cual daba largamente de limosnas y tan caritativo, que era el primero en socorrer a todo el mundo en cualquier accidente que ocurriese.

Un rasgo solo pinta virtud tan extremada.

Dejaba la puerta de su casa constantemente abierta de noche, por si cualquier peregrino, como entonces decían de viajeros y gente sin albergue (y aun hoy dicen los viejos), tuviese necesidad de un hogar.

Pedro el Santo descendía de las más encopetadas familias de esta capital y como unas con otras estas familias, que podríamos llamar

---

190 *Imberbe*: Que no tiene barba.
191 *Asceta*: Persona que se dedica a una vida de perfección espiritual y sacrificios.
192 *Enantes*: Antes, con anterioridad.

nobiliarias (*mantuanas* se decían) porque en esos tiempos tenían mayorazgos y disfrutaban de riquezas y de los cargos principales de la colonia, estaban ligadas y emparentadas, el andante anacoreta[193] de marras venía a ser deudo de las casas más distinguidas: el asunto es que la mayor parte de los individuos de aquellas familias no tenían a menos titularle de pariente y como tal solicitarle. Pero él, empeñado en ser humilde hasta no poder más, y en rebajarse a sus propios ojos, no por otro motivo, declinaba la honra de ser pariente de sus parientes; o acaso sería por figurarse ente despreciable debido a la desdichada circunstancia de ser sobrino del protagonista de esta verídica historia o sea del tristemente célebre en las crónicas locales de la *Ciudad Antigua*, el asesino del Padre Canales, Don Juan Rincón.

—Yo no tengo parientes, –solía decir cuando por tal le llamaban.

Avivada la pública curiosidad con el extraño género de vida que se había impuesto, no desperdiciaban ocasión para preguntarle por qué causa se había sometido a semejantes mortificaciones y respondía:

—Mi vida es expiatoria por el crimen cometido por mi tío Juan Rincón.

En efecto, Pedro el Santo expiaba algo.[194]

Tan singular era su vida y tan ejemplar su penitencia, que el andante anacoreta acabó por ser llamado así, Pedro el Santo.

II
Profecía

Acaso más de una vez habremos de llevar al lector curioso a la cumbre de ese cerrito que en lo alto de la calle de San Francisco se levanta y que domina la cuesta de San Diego, al extremo de la calle y desde cuya altura se descubre la escarpada y montuosa orilla derecha del Ozama, el cual se adivina, pues no se puede ver por sobre la derruida muralla que ciñe por ese lado sus márgenes.

Subida la cuesta, está la puerta de la iglesia conventual, oblicuamente inclinada por la posición del monasterio.

---

193 *Anacoreta*: Eremita, persona que rechaza los bienes materiales y vive aislado de la comunidad.
194 *Nota del autor*. El Cónsul de S. M. B., el ilustrado Sir Robert H. Schomburk hizo sacar su retrato y se lo llevó. El que damos ahora está comprobado por cuantos le conocieron. Hay que agregar estos datos que se omitieron en el texto. Era de mediana estatura, encorvado hacia delante, nariz perfilada, boca fina y ojos negros y mirada mortecina, sin duda efecto de las maceraciones [castigo físico del cuerpo].

Figurémoslo reconstruido y penetremos en él.

En las postrimerías del siglo pasado, los venerables franciscanos concedieron libre entrada a un fraile que venía de la metrópoli o que aquí tomó el hábito.

El tal fraile era un ente singular.

Revelaba en su aspecto varonil, el desenfado de un hombre de mundo que cubre con el sayal algún pecado grande de que, sin embargo, no da muestras de estar arrepentido. De aire desembarazado, de gesto duro, de despejada frente, hombre de respetabilidad y mucha instrucción, el recién llegado fraile se halló muy bien desde luego en el convento histórico.

Se llamaba el Padre Perozo.[195]

Era peninsular y antiguo capitán de los tercios de Flandes y de familia aristocrática.

En su país hubo de tener reyertas[196] con su coronel, a quien regaló buenas estocadas porque era excelente espadachín y de resultas y apesarado, según dicen, se metió a fraile y vino a América.

Sabido es que en esa época, de todos los conventos existentes aquí, solo el de Dominicos y el de Jesuitas tenían magisterio, es decir, que eran aulas donde se formaba la juventud. Pero aunque San Francisco no tuviese tal privilegio, el Padre Perozo que era, como dijimos, hombre de letras, se había hecho cargo de dar por su cuenta la instrucción que era de rigor entonces a algunos jóvenes; y asistían a sus bancos, entre otros, el Dr. D. José Núñez de Cáceres,[197] el primero en la verdadera independencia de Santo Domingo, alta gloria nuestra, el Dr. Faura, aquel asesor general que protestó contra la entrega de Ogé y Chavannes,[198] y el Sr. José Joaquín del Monte, padre del distinguido literato Sr. D. Félix Ma. del Monte.[199]

Hay que saber que el último de estos dos alumnos era para el Padre Perozo más que eso, casi un hijo, pues que le había sido entregado

---

195 *Nota del autor. Se llamaba el Padre Perozo*: no se ha podido averiguar el nombre del Padre Perozo. El Sr. Bonilla y España, en su bonito artículo de fantasía titulado *Profecía* le dio el convencional nombre de Fray Fulgencio.

196 *Reyerta*: Confrontación física.

197 *José Núñez de Cáceres* (1772-1850), abogado y político dominicano que proclamó la primera independencia del país.

198 *Ogé y Chavannes*: Mulatos que instigaron una revolución en la colonia de Saint-Domingue. Al fracasar, se refugiaron en la parte española de la isla, de donde fueron entregados y murieron tras ser sometidos a terribles torturas.

199 *Félix María del Monte* (1819-1899), abogado, político y escritor dominicano. Entre sus obras figura *Las vírgenes de Galindo o la invasión de los haitianos sobre la parte española de la isla de Santo Domingo el 9 de febrero de 1822* (1885), poema que narra el asesinato de los miembros de la familia Andújar y que sirvió de fuente a Penson para la tradición que aparece en este texto.

como tal y él hacía su oficio de padre muy digna y decorosamente. De él son los datos de esta segunda parte.

El niño dormía en la misma celda del fraile.

La tradición señala como tal una que queda frente a una capilla que conserva parte de su techumbre y está hacia el fondo.

El discípulo no quería menos a su mentor y un día hubo de probárselo asistiéndole de un súbito accidente producido por el ahoguío,[200] que postró al reverendo y con tanto amor y celo lo efectuó, que el mutuo afecto que se profesaban se acrecentó con tal motivo. Y como grande era el cariño del fraile, se había propuesto sacar de él un hombre y trataba de infundirle valor, desterrando de él la pusilanimidad[201] propia del niño por el temor que tienen a la oscuridad y a los fantasmas, flaqueza que precisamente aumentan las criadas indiscretas con cuentos de brujas y aparecidos.

El Padre Perozo ponía a prueba al valiente niño del Monte de un modo terrible.

Que se ofrecía un entierro. El Padre Perozo aparentaba haberse dejado olvidados los anteojos nada menos que sobre el mismísimo túmulo, en el centro de la iglesia, mueble aún *caliente* con el féretro que había descansado allí no hacía media hora. Exclamaba pues, haciéndose que buscaba algo:

—Adiós, mis espejuelos ¿si los habré botado? Pepito, hijo, –que así le llamaba–, mira a ver si los dejé sobre el túmulo.

El muchacho sentía un frío de muerte.

Con el Padre Perozo no había vacilaciones. Cuando semejante antojo sobrevenía al reverendo, y era casi a diario, al muchacho no le quedaba más recurso que bajar la cabeza y lanzarse a la misteriosa oscuridad de la iglesia, como el soldado bisoño que se mete en el fuego y arrostra[202] la metralla porque así lo manda la disciplina y lo quiere el jefe, y andar a tientas[203] buscando las malditas gafas y tropezando su mano con calaveras y canillas que caían al suelo, produciendo un sonido hueco y lúgubre sobre las losas del pavimento.

Nada más de lo dicho se sabía del fraile.

Lo que sí se sabía bien era que no había olvidado sus aficiones militares y así era que su habilidad y su amor extremado por la esgrima estaban fuera de discusión; y para que así constase a la Orden y a la

---

200 *Ahoguío*: Ahogo, asfixia.
201 *Pusilanimidad*: Cobardía, miedo.
202 *Arrostrar*: Hacer frente, resistir sin dar muestras de flaqueza.
203 *Andar a tientas*: Usar el tacto para reconocer las cosas en la oscuridad.

posteridad, se había compinchado[204] con un señor D. Tomás de la O., maestro si los había en el arte de los tajos y reveses, con el cual maestro pasaba los fastidiosos ratos del domingo y días feriados, florete en mano, en lugar de coger la camándula[205] y el breviario.[206] Tiraba admirablemente el reverendo, y D. Tomás de la O. estaba muy satisfecho de habérselas con tal émulo.[207]

Vamos a nuestra historia.

Tenía el Padre Perozo un carbunclo,[208] no se sabe dónde, que esto no lo ha llegado a registrar la diligente crónica, y venía diariamente al convento a curarle el divieso un individuo del Hospital militar, que dicen era practicante o cuando menos aficionado y otros que ropero, el cual era el héroe de esta leyenda en persona, Juan Rincón.

El niño del Monte disponía en la estrecha celda del fraile todo lo necesario para la cura: ponchera, toalla, hilas, bálsamos y demás adminículos, antes de llegar el practicante o lo que fuera; pero no bien asomaba, el niño se retiraba inmediatamente, no sin cierto disgusto y repugnancia instintiva.

Hubo de notarlo el reverendo y por lo mismo que le tenía educado a su manera, es decir, varonilmente, creyó sin duda que el chico tenía miedo de ver atenazar carnes enfermas y meter mechas de hilas, y le preguntó el mejor día que por qué razón no le acompañaba como en todas ocasiones.

Hostigado el buen discípulo, contestó:

—Padre, temo la presencia de Rincón, porque me tiene cara de ahorcado....[209]

Corrió el tiempo y sucedió lo que se verá. Estaba el Padre Perozo en la isla de Puerto Rico o en España y, al saber el desdichado fin de Rincón, escribió a su querido discípulo, entre otras cosas, estas palabras:

—«¡Pepito, hijo, Dios me libre de tu boca!»[210]

---

204 *Haberse compinchado*: Haber hecho amistad.
205 *Camándula*: Rosario.
206 *Breviario*: Libro de oraciones.
207 *Émulo*: Enemigo, contrario a alguna persona o cosa que procura aventajar o destruir.
208 *Carbunclo* o *carbunco* es una enfermedad altamente contagiosa. Penson describe en el texto un forúnculo o divieso: inflamación causada por infección de un folículo.
209 *Nota del autor.* Estas palabras aseguran que son textuales.
210 *Nota del autor.* «¡Pepito, hijo, Dios me libre de tu boca!»: histórico. Así lo refiere el Sr. D. Félix Ma. del Monte, quien dice que poseía esa carta.

III
La Catástrofe

A veinticinco de mayo,
víspera de la Ascensión,
mataron al Padre Canales
el pícaro de Rincón.

Estrofas que compuso la indignación popular y que así, faltas de sintaxis y todo, son el sangriento epitafio de aquel inaudito acontecimiento.

Proceso célebre convertido en tradición conmovedora, en la cual resulta un asesino y no vulgar, con una celebridad originalísima por su condición, hechos y dichos ante los jueces que le condenaron. Todavía recoge el oído con espanto aquellas palabras audaces y aquella terrible acusación y a la par protesta que contra sí mismo dirige el victimario con tal de enrostrarlas a la venalidad[211] y culpable condescendencia de la justicia humana, que no es igual para todos; tremendo dicho que anales jurídicos ningunos registran ni es posible que registren jamás.

Era el tiempo de la antigua España, como llamaban aquí a la colonial, y el año de gracia de 1785 o 1786, época de *dolce far niente*[212] y de beatífico quietismo, en que era costumbre patriarcal echarse a dormir todo el mundo, hasta que las campanas de la Catedral anunciaban la hora de la *merienda*, las tres, al grado que la solitaria ciudad parecía un cabal cementerio y no se veía ni un perro siquiera por la calle, famosos tiempos de monjíos y aventuras de capa y espada.

Se distinguían entonces los hombres de iglesia por su saber y fama y, entre otros, había uno que por sus virtudes y grandes conocimientos era querido y generalmente estimado.

Le conoce la tradición con el nombre del Padre Canales, pero su nombre era el Dr. D. Juan José Canales.

Era un hombre de regular estatura, grueso, de tez extremadamente blanca, cara redonda, con el pelo canuco y que contaba poco más o menos de cincuenta y seis a cincuenta y ocho años de edad.

Son todas las señales que han quedado de él.

Además, sabemos que era cumanés,[213] y vino aquí a estudiar para graduarse. Así lo hizo y se quedó en el país.

Era de carácter, si no díscolo,[214] al menos bastante malo, por lo cual tenía siempre sus disputas y se granjeó no pocas dificultades.

---
211 *Venalidad*: Capacidad del que se deja sobornar.
212 *Dolce far niente*: Expresión italiana que significa inactividad placentera, relajarse.
213 *Cumanés*: De la ciudad de Cumaná en el Estado de Sucre, Venezuela.

Una circunstancia notable le singulariza. Y fue que en 1782 se instruyó contra él un expediente a causa de haber desagradado a los señores del Real Acuerdo algunas frases del sermón que predicó en celebración de la victoria obtenida contra los ingleses por las armas españolas en 1655.[215]

Parece que la carencia o escasez de personas entendidas en materia legal, para ser defensores, ponía en el caso a los hombres de letras de postular a favor de algún cliente y en una ocasión el Padre Canales, que dicen había sido abogado antes de ordenarse, ejerció de tal en un asunto contrario a los intereses de Don Juan Rincón, usando de cierta virulencia de lenguaje. Sea de ello lo que fuere, no hay rastro de otros motivos que dieran lugar a un suceso asaz increíble como el que es objeto de este relato.

Don Juan Rincón era un ente raro.

Arrancaba su origen de familias distinguidas, las primeras de esta capital, del mismo tronco que el de Pedro el Santo, su sobrino.[216]

Era también un *beato* y, como tal, hombre de austeras costumbres, de esa religiosidad aparente más bien que real (lo de real en el mundo es *rara avis*)[217] y que casi siempre oculta malignidad congénita y perversión moral. Dicen que se hacía notar por su religiosidad y por ser no mal parecido y de no común educación.

No hay noticias para hacer su retrato.

Era un gran espadachín. Refieren que un caballero Carmona jugaba al florete con él y todas las tardes iba a la universidad a dar lecciones de esgrima a los estudiantes.

---

214 *Díscolo*: Desobediente.
215 *Nota del autor.* Véase *Compendio de la historia de Santo Domingo,* 2da. ed. por D. José Gabriel García, I, Lib. III, cap. III, 154.
216 *Nota del autor.* Los ascendientes de D. Juan Rincón remontan a los primeros tiempos de la colonia y es tronco de que han derivado las más principales familias de esta capital, en que se han improvisado aristocracias muy peregrinas. Tomamos estos ascendientes desde mayo de 1667, época en que casó el Alférez D. Jerónimo Núñez de Cáceres con Da. María Rincón, hermana de Fray Francisco Rincón, Arzobispo de esta Diócesis. De este D. Jerónimo descendía D. Diego Núñez de Cáceres, quien casó con Da. María Simona de Villanueva, parienta suya en 2do. o 3er. grado. Los hijos de estos fueron D. Diego Núñez de Cáceres de Villanueva y el que fue Deán D. Joseph, el mismo que dio testimonio acerca de la tumba del Descubridor del Nuevo Mundo. Nuestro Núñez de Cáceres, el proclamador de la independencia de España en 1821, la verdadera, «el tristemente célebre», como dice apasionadamente La Gándara, era hijo de este D. Diego. Los Aybar y Núñez, los Correa Cruzado, los Bonilla, Echavarría, Vilaseca, etc., son ramas de este tronco distinguido. D. Juan Rincón y su sobrino Pedro Aybar o el Santo eran deudos [parientes] de aquellos. La fe de matrimonio de Da. María Rincón y D. Jerónimo Núñez Cáceres, que hemos tenido a la vista, y de la cual se han sacado estos datos, dice que esta era natural de esta ciudad y hermana de Fray Francisco Rincón; lo cual demuestra evidentemente que él pudo muy bien ser el primer prelado dominicano, puesto que si Da. María era de aquí debió serlo también Fray Francisco.
217 *Rara avis*: Expresión latina que significa persona o cosa poco común.

Entregado a la más completa reserva, no frecuentaba el trato de los hombres, no obstante contar con buenas amistades.

Difícilmente se veía el rostro de D. Juan animado por uno de esos destellos de íntima satisfacción que de vez en cuando iluminan las tenebrosidades del alma más endurecida. Se cree, y así se asegura, que evitaba el contacto de sus amigos porque sentía sed de sangre y temía matar a aquellos de sus compañeros que más quisiese. No sería temerario este juicio si se tiene en cuenta la instintiva repulsa que hacia él experimentaba el discípulo del Padre Perozo y su extraña profecía.

Acaso padeció lo que se llama la manía de sangre.

En resumidas cuentas, D. Juan Rincón era un monstruo en quien el sentimiento humano y la razón habían estado librando sus últimas batallas, bajo la capa de beatitud y los paternóster;[218] y que ya dejado de la mano de Dios, habíase manifestado lo que era, un gran criminal si no por hábito, por instinto, con el asesinato de su primera esposa encinta.

Esta primera hazaña, que ejecutó fría y deliberadamente, llevándose a la infeliz a una quinta cercana, situada en *Arroyo Hondo* y propiedad suya, porque antes nadie vivía en fincas alquiladas, quedó impune, merced acaso a lo distinguido de su familia y a las influencias que hizo o no hizo valer en su favor su tío el Deán.[219] Ya antes dizque había metido a una hija suya en un sótano.

El caso es que pudo pasar libremente a Puerto Rico y casó allí en segundas nupcias.

Trabó una noche un altercado con la mujer y la amenazó con hacerle lo que a la otra, diciéndole:

—¡Uhm! y te hago lo que a mi primera mujer...[220]

—¿Qué le hiciste a tu primera mujer?, –le preguntó ella azorada.[221]

—¡Oh! que la maté, –respondió Juan Rincón.

El tal dormía con un cuchillo bajo la almohada.

La esposa se escamó.[222] Tenía por compañero a un bebedor de sangre,

---

218 *Paternóster*: Oración del padrenuestro.
219 *Deán*: Sacerdote que preside sobre la comunidad de religiosos en una catedral.
220 *Nota del autor*. Textual. Hay versiones de que lo enviaron a Puerto Rico, a las bóvedas, por 10 años, pero están contradichas por la especie comprobada de que le dejaron libre por respetos de su tío el Deán quien aseguran que no interpuso su valimiento para salvarlo y cuando acaeció lo del Padre Canales significó a las autoridades que «por él no se detuvieran». También hay otra versión respecto de su segunda mujer, y es que dicen que tuvo la debilidad de contarle lo que había hecho con la primera. Más probable es que por el altercado entre ambos saliera aquello a luz. Llegado aquí dicen que lo dejaron otra vez libre y entonces fue que se asiló.
221 *Azorada*: Desconcertada, asustada.
222 *Escamarse*: Resentirse de alguno de quien se ha recibido daño, y huir de su trato y confianza.

ainda mais,[223] prebendado[224] por la señora justicia y autorizado por ella para continuar despachando a su sabor indefensas mujeres; y naturalmente, no daba desde ese momento un ochavo por su *número uno*,[225] como acá decimos. Quiso pues probar si la justicia de Borinquen[226] tendría también fueros y privilegios en sus códigos para los asesinos y corrió a denunciar el lobo, cuando el lobo salió a dar tranquilamente su paseo.

Dejaron a la mujer en palacio, se movieron los corchetes[227] en busca del bebedor de sangre; y bajo partida de registro le despacharon para aquí. Entonces aquí le dejaron libre ¿cómo no?, por respetos de su tío el Deán.

Tuvo por conveniente aislarse en San Nicolás, que gozaba en esa época del privilegio de ser *iglesia caliente*[228] y como ahí quedaba el Hospital, se empleó en él.

---

223 *Ainda mais*: En portugués, todavía más.
224 *Prebendado*: Beneficiado.
225 *No dar un ochavo por su número uno*: Expresión que indica poco aprecio por una cosa.
226 *Borinquen*: Nombre en taíno de la isla de Puerto Rico.
227 *Corchetes*: En este contexto, un corchete era un empleado de la justicia, de rango inferior, encargado de capturar a los delincuentes.
228 *Nota del autor*. En términos canónicos [religiosos] se llama *iglesia caliente* la que tiene privilegio para amparar al que se refugia en ella estando perseguido. El proceso histórico del derecho de asilo concedido a San Nicolás es digno de conocerse. Siempre las iglesias pudieron amparar a los delincuentes, aunque meramente para poder librarse estos de la última pena, siendo después entregados. Naturalmente se abusaba de ese amparo. D. Carlos I y luego D. Felipe IV dirigieron cartas suplicatorias a los prelados y priores de los monasterios a los que tuvieran derecho a él. (*Leyes de Indias*. Recop. II, tít. 5to. Lib. I). No bastando, D. Carlos III suplicó a la Santidad de Clemente XIV que decretase la reducción de ese derecho; y este expidió un breve por el cual reducía a una y a lo sumo a dos iglesias en cada población el asilo eclesiástico. Se comunicó con real cédula a los prelados del reino en 2 de noviembre de 1773 y se recibió aquí en enero de 1774. El Arzobispo estaba en Santiago de los Caballeros y desde allí dio un edicto fechado en 12 de agosto del siguiente año, en el cual se leía lo que aquí se copia: «Y por cuanto en nuestra capital de Santo Domingo, de las dos parroquiales, la una, que es la de la Catedral, está inmediata a la Real Cárcel; la otra que es la de Santa Bárbara tan retirada del comercio de la ciudad que linda con las murallas: por tanto en dicha capital de Santo Domingo señalamos por Iglesia Única de Refugio la del Real Hospital de San Nicolás por hallarse más en el centro de la ciudad. Y declaramos que, desde el día de la publicación de este nuestro Edicto, ninguna otra Iglesia, Convento, Ermita u Oratorio, lugar pío o sagrado, ya sea en población o en campo, goza de inmunidad para lo que es refugio o asilo de malhechores... Mandamos que este nuestro Edicto se publique y fije en nuestra Santa Iglesia Metropolitana...: que en las puertas de la iglesia del sobre dicho Real Hospital de San Nicolás en Santo Domingo y en las de las parroquiales de los otros pueblos se ponga de modo que permanezca esta inscripción: Iglesia de Refugio Sola , etc.» (*Boletín Eclesiástico*, núm. 70 del 15 de junio de 1889. Santo Domingo). Documento sacado del archivo de la Catedral. Libro de Acuerdos. El Hospital, fundación de Ovando, conjuntamente con la iglesia de San Nicolás en 1503, quedaba dentro del recinto de esta, arriba, en grandes salones correspondientes a las tres naves del templo. De la iglesia, a mano derecha, hacia el N., seguían las dependencias del hospital: almacén, guardarropía, cocinas (hasta este año en escombros y reedificadas hoy por los cuidados del Sr. D. Santiago Ponce de León) y la esquina que forma la capillita de la Altagracia era, en lo alto, salón de oficiales y en lo bajo (hoy agregado a la capilla como extensión de su nave) la botica. Al lado de San Nicolás, en esas dependencias dichas, estaba el cuerpo de guardia. Desde la misma capilla, hacia la parte del santuario, seguían piezas bajas que eran la sala de caridad (hoy transformadas, de tapias toscas y ventanitas con rejas empotradas en elegante construcción, por el mismo Dr. mencionado). La gran casa que hasta el año 82 u 83 constituía el principal edificio del hospital, era casa solariega perteneciente al Sr. D. Felipe Dávila Fernández de Castro, Tesorero Real que fue en la época colonial y que el haitiano General Desgrotte se apropió (o se la dieron), pasando en 1844 a poder del Estado. Hoy está restituida a su primitivo uso de morada particular y en los bajos hay varios establecimientos y residen familias. Hay versiones de que Rincón

Su sed de sangre le impulsaba a buscar víctimas.

Según después se vio o supo, hizo una larga lista de ellas, poniendo a su cabeza al Padre Canales, parece que agraviado por haber cumplido su deber profesional. Otros dicen que se proponía empezar la degollina por un sacerdote de nombre el Padre Palomino y parece ser cierto cuando hay quien asevere que de público se dijo entonces y lo contaba este. Sin duda sus antojos santurrones le habían aficionado a la inocente sangre de los siervos de Dios y se preparaba a derramarla en grande.

El ensayo empezó por otros menos notables. Según dice la tradición tres eran los que debían desfilar en primera línea. Una familia acomodada que vivía en la esquina de la plaza de la Catedral y calle de Plateros o Consistorial, frente al palacio del Ayuntamiento o *Vivac*[229] como aún le dicen, y de nombre Ortiz (a) las *Cocó* por poco sufre la pérdida de su jefe. Juan Rincón, al anochecer, buscó a este para matarle, sin motivo, y afortunadamente no le encontró.

La misma noche, y horas antes de la catástrofe que conmovió tanto esta culta ciudad, un embozado se introdujo en el zaguán de la casa del Padre Palomino al oscurecer. Esta es una casa que se ve aún en la calle de la Separación, al lado de la que forma esquina con la calle del Estudio y es hoy propiedad del Sr. Francisco Bona. Era y es alta con dos balcones y en la meseta tenía un fresco muy bueno que representaba la muerte de San José, pinturas que se hallaban en la morada de casi todos los sacerdotes y en algunas casas de familia por especial privilegio.

El sacerdote había ido esa tarde, como acostumbraba, a jugar él solo a casa de los señores D. Manuel de Peralta y D. José Garay y volvía tranquilamente para su hogar. Por fortuna para él, disgustado con tan lóbrega oscuridad como reinaba en el zaguán, llamó desde la puerta a su esclavo.

—Vicente, hombre, trae una luz que este zaguán está muy oscuro y a cualquiera le dan una puñalada.

Lo hizo así el esclavo a toda prisa y un bulto que se escurría hacia

---

no estuvo asilado en San Nicolás. Como es probable que nada le hiciesen al mandársele de Puerto Rico, no se concibe que se asilara; y si tal hizo, ¿podía ser indefinidamente, cuando estaban recientes las disposiciones del Arzobispo de la Diócesis? Acaso pudo estarlo por breve tiempo al cometer su primer hecho; mas como seguidamente lo prebendaron como asesino impune, ya no tendría para qué buscar más refugios. Sin embargo, así lo dejamos asentado y juzgue cada quien.

229 *Nota del autor. Vivac*: de la época haitiana data el llamarle así al Palacio Consistorial porque había en él una guardia, del mismo modo que se llamó hasta ayer, y aún llaman a la Capitanía del puerto *Buró* (biró pronuncian). Son de las rarísimas corruptelas *mañesas* [haitianas] que nos quedan.

la puerta pasó rozando el traje del sacerdote. Este no pudo contener una exclamación al reconocerle.

—¡Oh!, ¿eres tú, Juan Rincón? ¿Tú estás aquí?

—¿Qué es, mi amo?, –preguntó asustado el servidor.

—Ese que me ha pasado por delante al traer tú la luz, es Juan Rincón.

—¡Juan Rincón!, –repitió con espanto el esclavo.

—¡El mismo Juan Rincón![230]

Hombre ya temible por el doble carácter de asesino y asesino impune, el susto que se llevaron sacerdote y esclavo fue tremendo. En cuanto al primero, tomó tanto horror a la casa debido a esta circunstancia y a la muerte del Padre Canales, ocurrida horas después, que se mudó al día siguiente.

Caía la noche.

En la calle del Estudio, frente a una que allí termina y se conoce con el nombre de Callejón de la Cruz, hay una casa de las de un piso, espaciosa y fresca. Goza de un distintivo particular que pocas tienen aquí, privilegio que le dejó la anexión española por haberse establecido en ella un fondín: *El café de la reina*, nombre que hasta 1888 era visible bajo el revoque de almagre.[231]

Las siete o las ocho de la noche serían del 24 de mayo de 1785 u 86.

Un hombre que acababa de salir poco después del toque de oraciones de rezar el rosario en San Nicolás, la iglesia edificada por Ovando a dos pasos de allí, rebujado en su capa de las que entonces se usaban, cubierta la cabeza con un gorro de seda y puesta bajo el brazo la tradicional espada de cinco cuartas, rondaba el frente de la casa.

Hallábase el que la habitaba, el buen Padre Canales, estudiando un sermón para la fiesta del siguiente día.

Un viejo esclavo que le servía y desempeñaba oficios de portero había recibido esa noche orden de no dejar pasar a nadie.

El Padre estaba solo y sentado en una butaca de cuero de las de orejas, en la sala y a la salida de la escalera, envuelto en su ancha *barruesa*.[232]

---

230 *Nota del autor*. Diálogo textual, afirman; y ni una palabra se le ha añadido. Una versión da por seguro que D. Juan Rincón entró allí y se escondió detrás de la puerta, pero disgustado con tanta lobreguez dijo: «¡Jesús, qué oscuro!» y salió. Si la casa es la que se indica, tiene en efecto un zaguán bien oscuro aun de día y es, además, muy estrecho.

231 *Revoque de almagre*: Pintura hecha de óxido rojo y reaplicada a un edificio.

232 *Barruesa* (República Dominicana): Tipo de vestido largo y ancho usado para dormir.

La butaca estaba junto a la pared medianera.²³³

Don Juan Rincón, que era el que rondaba la casa como si tomase una súbita resolución, se lanza cual si al oído le soplase un hálito infernal, franquea la puerta, dice al portero que va a ver al Padre Canales o a confesarse con él y sube rápidamente la escalera.

Aunque nada sospecha, el esclavo se opone pero al fin le cuesta dejarlo pasar.

Se arrojó con verdadero vértigo de sangre sobre su víctima con la espada desnuda.

Ni tiempo tuvo de reparar el Padre Canales en su intempestiva presencia.

Se halló de pronto con aquel demonio y vio brillar ante sus atónitos ojos la punta de la espada que le amagaba. Quiso reparar el golpe y con las manos asió el arma, pero sus dedos cayeron al suelo trozados como mieses²³⁴ por la segur²³⁵ cortante.

Cada estocada encontraba las manos mutiladas del sacerdote que trataba inútilmente de defender su pecho.

—¡Que me matan!, –gritó.

Luego dobló con desfallecimiento la cabeza y D. Juan Rincón, que se ensañaba en su víctima, le dio tajos mortales en ella, deshaciéndole casi el cráneo.

La sangre que saltó de las heridas manchó la pared y fue marca que se enseñó durante algún tiempo.

Es fama que era hombre de bríos el Padre Canales y se hubiera defendido a no habérsele sorprendido cobardemente.

Lanzó algunos lamentos en su dolorosa agonía.

Semejante escena, a la escasa y vacilante luz de una vela de cera en su guardabrisa²³⁶ que envolvía en dudosa claridad la sala, era de un efecto singularmente horrible.

El sacerdote, tendido en su butaca, con más de medio cuerpo fuera de ella, las piernas estiradas, en desorden el traje, bañado en sangre, mutiladas sus manos, la cabeza hecha añicos tirada hacia atrás y el asesino delante de él, azorado, descompuesto el rostro, hinchadas las narices como el tigre al olor de la sangre, revolviendo los cárdenos ojos a todos lados.

Como vuelto en sí, limpió la espada en la bata de la víctima y se precipitó por las escaleras abajo cual si fuese perseguido por las furias.

---

233 *Medianera*: Pared común entre dos casas.
234 *Mieses*: Cereales listos para ser cortados.
235 *Segur*: Instrumento utilizado para cortar.
236 *Guardabrisa*: Campana de cristal que evita que el aire apague la luz de una vela.

Se le cayó el gorro que dejó olvidado.

El fiel esclavo había oído los gritos de su amo y subía corriendo cuando el asesino bajaba.

Don Juan Rincón lo echó a un lado de un empujón.

Pero por su mal, un viejecito que habitaba un cuarto bajo en la casa de nombre Javier Sterling, salió, alborotó al barrio, gritó que lo cogieran y echó a correr tras él.

No fue esto solo. Al lado vivía otro señor de apellido del Monte, hermano de una Doña Carmen del Monte y, al primer grito del Padre Canales parece, o al del viejo Sterling, sospechando algo siniestro, salta de su hamaca, empuña su fuerte tizona[237] y se lanza también escaleras abajo en el momento en que lo hacía el asesino en la otra casa; porque justamente cuando trasponía el umbral de su puerta, salía Rincón de la del sacerdote con la espada en alto.

Don Juan Rincón corrió en dirección del Hospital militar en que era ropero o practicante y donde estaba asilado porque el establecimiento quedaba en la parte alta de la iglesia de San Nicolás, a fin de ampararse en ella.

Del Monte, adivinando el sangriento drama que acaba de verificarse, echó también a correr con brío tras el alevoso matador.

—¡Favor al Rey! ¡Date a la justicia! ¡Al asesino! ¡Al asesino!, –gritaba del Monte con furia.

Don Juan Rincón trasponía ya la esquina frontera a las tapias del patio de San Nicolás e iba ya tal vez a quedar impune aquel otro crimen, por lo cual del Monte redobló sus esfuerzos por alcanzarle con un vigoroso cintarazo.[238] El viejo Sterling corría a la par de del Monte.

A los gritos, la guardia del hospital acudió así como otros soldados, sin duda de la guardia de un coronel Cabrera que vivía en la casa conocida por la *Joven República*, en la callejuela de la Esperanza y la cual desemboca en la calle del Estudio. La casa está a dos pasos de esta última.

Entre ellos había un joven que no hacía cuatro días que había sentado plaza para sostener a su abuela y por consejo que a esta dieron buenas almas.

Se precipitaron al paso del asesino y le opusieron sus bayonetas cuando iba ya a ganar el asilo.

Pero Rincón, esgrimidor consumado, y como el jabalí que acosa

---

237 *Tizona*: Espada o arma blanca.
238 *Cintarazo*: Golpe dado con una espada o cinturón.

una traílla, [239] no hizo caso de los que venían tras él y cruzó su acero con las puntas que amenazaban su pecho, defendiéndose en retirada con admirable serenidad. Y se hubiera salido con la suya a no templarle el joven soldado dicho un tremendo culatazo en la cabeza que le hizo caer de bruces cuan largo era, y volviendo luego el arma, le puso la bayoneta al pecho. Esta acción le valió ser ascendido a sargento primero.[240]

Entonces se echaron sobre él los soldados y ayudados por del Monte le ataron.

Esto pasó en un santiamén porque la distancia de la casa a la iglesia es de una cuadra y media y como todas las de la ciudad solo medirá la cuadra dicha unos diez metros.

Mientras tanto, el esclavo del Padre Canales, viéndole nadando en su sangre, salió despavorido, diciendo:

—¡Han matado a mi amo!, ¡han matado a mi amo!

En un instante voló la noticia como un reguero de pólvora[241] por toda la ciudad y el pueblo en masa acudió al lugar de la catástrofe, dando muestras de dolor inmenso y aturdidos todos con el gravísimo escándalo.

¡Cosa nunca vista en la *Ciudad Antigua!* Primera catástrofe en

---

239 *Traílla*: Perros atados con una cuerda o correa para soltarlos durante la cacería.
240 *Nota del autor*. Hay la versión de que un coronel Cabrera, de la familia Coca y Rocha, vivía en la casa mencionada y mandó a su guardia que cogieran vivo o muerto a Rincón. Lo que avanzamos acerca del joven soldado es creíble por la circunstancia de que el abuelo de la señora Da. Margarita Dávila Fernández de Castro lo trató y él sin duda se lo referiría, quedando la especie así en la familia de esa señora. Hay mil versiones relativas al acto de la muerte del Padre Canales. Son estas, que registramos para que el lector juzgue: 1ª Que esa misma tarde, al caer la noche, estando el Padre Canales confesando en San Nicolás, quiso matarlo allí mismo y no lo hizo por una anciana que estaba próxima; 2ª que Rincón se confesaba con el P. Canales y eso fue lo que hizo valer con el esclavo para que le franquease el paso: lo que es inadmisible si tenía, como asegura la mayoría, contra él viejos enconos [resentimientos]; 3ª unos dicen que rezaba el rosario la víctima, otros que dormitaba y otros que tomaba chocolate; lo creíble es que estudiaba el sermón, pues era víspera de gran solemnidad y los datos de dos señoras octogenarias lo aseveran así, aunque es verdad que de nada de eso pudo haber indicios, salvo que se encontrase el papel en el momento de la catástrofe; 4ª corre válida la especie de que en su desesperación levantó una mano y la apoyó contra la pared, quedando allí la mancha de los cinco dedos. Pudo ser, pero no es presumible por razón de que él atendió a defenderse, aunque tenía mutiladas las manos, hasta desfallecer, porque no se concibe esfuerzo semejante, aun cuando estuviese pegada la butaca a la pared, para apoyar la palma o el dorso de la mano en ella al grado que se imprimiese allí la marca de los dedos y porque tal absurda versión debe de confundir la huella que dejó el alquitrán en la hoja de la puerta (V. en nota más adelante) con esa otra imaginaria; 5ª que Rincón dio puñaladas consta, y está fuera de duda, que usó de su magnífica espada toledana; 6ª que cometido el hecho se ocultó en la covacha y que el esclavo, encaramado en la puerta de la calle, decía a los soldados: «¡En la covacha está, en la covacha está!» Esto no se halla comprobado y en cambio varios testimonios hay que aseguren que le corrieron. Añaden que soldados del Hospital y de *La Fuerza* lo capturaron; y no es posible que Rincón diera tiempo a que ni llegasen los primeros a la casa, cuanto menos los otros, pues tendría ya pensado asilarse; salvo que así lo hiciese primero y luego rompiese por entre sus perseguidores, lo que tampoco es factible que sucediese.
241 *Regarse la noticia como un reguero de pólvora*: Propagarse rápidamente.

Santo Domingo, como dicen los ancianos, en que era además raro y que causaba verdadera consternación un homicidio cualquiera.

¡Figuraos el efecto de semejante ocurrencia!

En tanto que la multitud se amontonaba en la casa y en las calles y contemplaba con asombro imposible de describir a la mutilada víctima y todo era gemir y lamentar por tanto inaudito acontecimiento que deshonraba la histórica villa, puso el colmo al espanto que embargaba los ánimos el repentino toque lúgubre, solemne y pavoroso de la campana mayor de la Catedral y de la de los otros templos, toque de excomunión, casi nunca oído.

Serían en ese momento las ocho y media de la noche.

En efecto, el Arzobispo D. Isidoro Rodríguez se dirigió con el cabildo a la iglesia metropolitana desde que supo tan funesta nueva y hacía excomulgar al miserable asesino. Las ceremonias de tal acto tuvieron lugar al día siguiente por la mañana en que se encendieron velas verdes y se hizo todo lo demás que se estila en iguales casos.

Inmediatamente acudieron facultativos al lugar del suceso, aunque inútilmente. De tal modo quedó la desdichada víctima, que al tiempo de vestirla tuvieron que sujetarle el dedo índice con un faja, pues lo tenía desprendido y con una cinta atarle el cáliz. En cuanto a los gorros de matador y víctima, el del Padre Canales fue recogido y puesto con respeto sobre una cómoda por los primeros que allí llegaron y con el de Rincón jugaban a la pelota los muchachos al día siguiente, diciendo:

—Miren el gorro de Rincón, el que mató al Padre Canales.[242]

La confusión fue espantosa: no lo habría sido menos si uno de aquellos terribles terremotos que ya nos eran familiares hubiera sacudido convulsivamente la tierra.

Condujeron al malvado a las anexidades del hospital y allí se constituyó el juez del crimen con sus ministriles[243] a fin de sustanciar la sumaria.[244]

En ese momento era que tocaban la excomunión.

Aquí es que se ve la índole perversa de aquel hombre.

El juez del crimen, con voz grave y solemne pregunta al prevenido, después de las formalidades de ley:

---

242 *Nota del autor*. Sobre este particular hay la versión de que el asesino tomó equivocadamente el gorro del P. Canales por el suyo y por esta circunstancia lo reconocieron al prenderle. Pero esto, sobre improbable, es trivial y lo más seguro acerca del particular es lo que se ha referido por ser testimonio de quien vio cuanto pasó en la casa de la víctima esa noche.

243 *Ministriles*: Guardias.

244 *Sumaria*: Acusación.

—Diga Ud., ¿quién mató al Padre Canales?[245]
—¡La justicia de Santo Domingo!, –respondió D. Juan Rincón impasible y con tono fiero.
Se miraron todos atónitos y el magistrado se quedó turulato.[246]
—Conteste Ud. con respeto a la justicia, –replicó este con voz severa–. ¿Quién mató al Padre Canales?
—He dicho, –insistió el asesino–, que la justicia de Santo Domingo. Porque si cuando yo, –agregó con tono sentencioso e insolente–, maté a mi primera mujer embarazada, me hubieran quitado la vida, no habría podido matar al Padre Canales.

Jamás inculpación más grave ni más sangrienta se arrojó a la faz de los hombres de la ley. Era un cargo que contra sí Rincón hacía, pero con el fin de apostrofar[247] a la justicia humana por su culpable lenidad, [248] dejando impune un crimen atroz por atender a mezquinas consideraciones sociales y a influencias malsanas de valedores poderosos que lograron hacer irrisoriamente nula la acción de la ley. ¡Lección tremenda para quienes pierden el respeto a esta y a la sociedad, vulnerando los fueros de la una y burlando a la otra para burlar a entrambas, haciéndose realmente con semejante lenidad más criminales que el criminal que pretenden sustraer a la acción reparadora de la justicia!

Don Juan Rincón, con aquellas espantosas palabras que se han hecho célebres entre nosotros, vengó a la sociedad y a la ley.

Por ello solo merecía la absolución.

Allí se vino en conocimiento de que tan premeditado fue el hecho, que el asesino confesó y comulgó antes para alejar toda sospecha. Y dicen que se le encontró en el bolsillo una lista de treinta personas a quienes debía matar, en la que figuraba aquel Padre Palomino y la cual estaba encabezada con el nombre del Padre Canales.

IV
La ejecución

Indudablemente, D. Juan Rincón sería juzgado en el tribunal del

---

245 *Nota del autor*. ¿Quién mató al Padre Canales?: desde la primera pregunta del interrogatorio hasta la última son textuales. Así se oye todos los día en boca de todo el mundo y a propósito de algo.
246 *Turulato*: Atónito, sorprendido, asombrado.
247 *Apostrofar*: Denunciar.
248 *Lenidad*: Benevolencia, flexibilidad.

Alcalde Mayor cuando consta que apeló la sentencia. Dicen que en aquella vista repitió sus audaces palabras y no negó que quisiera matar al Padre Palomino.

En el extremo de la calle de Las Damas o Colón, contiguo al que fue gran palacio de los gobernadores y es hoy de gobierno, aunque medio en ruinas, se ve formando esquina el que es hoy palacio de la Suprema Corte de Justicia y en los bajos, Administración General de Correos. Es pequeño y de construcción tosca. Tiene un regular patio embaldosado al medio, arriba una galería de arcada que forman columnas dobles de piedra y se comunica por el patio y por los altos con el antiguo palacio de los gobernadores. La sala es estrecha. Tiene al frente y a espaldas de esta dos pequeñas habitaciones y detrás de la segunda, un saloncito. Se llamaba también palacio de los Contadores.[249]

Condujeron, pues, al reo ante la Real Audiencia reunida en ese edificio.

Muy de mañana, la gente se agolpó en la puerta de la cárcel para verle salir y luego todo el trayecto por la calle dicha.

El reo se mantenía fieramente sereno porque es sabido que era el tal D. Juan Rincón, hombre de pelo en pecho, y así arrostró las furiosas miradas de la multitud que deseaba su sangre.

Cuando desapareció bajo el dintel de la puerta, se llenó de gente el palacio.

¡La Real Audiencia! ¿En quién no despierta eco ese nombre cuando es su creación una gloria de nuestra tierra? Por rivalidad con el Almirante D. Diego, el suspicaz rey Fernando quiso quitarle esa parte de sus preeminencias cual era administrar justicia, bien como le disputó siempre los títulos ganados por su padre y para ello eligió personas hábiles a fin de intervenir además en los asuntos de la colonia; de modo que hasta cierto punto representaba ese cuerpo así formado que se llamó *Real Audiencia* la persona del monarca, y de ahí el uso del Real Sello que tenía. Fue la primera establecida en América porque hasta entonces no las hubo en ella y sirvió de modelo para todas las que se crearon, y por su excelente organización, aun a las co-

---

[249] *Nota del autor. Palacio de los Contadores*: contestes [en acuerdo] están todos en que este edificio es parte del palacio viejo o de los gobernadores. Dicen que se llamaba esa parte de los *Contadores* porque ahí residían o se reunirían los Contadores mayores que intervenían en la Real Hacienda. Pero acerca de todo lo que se llama palacio viejo ocurre la objeción de si sería tal desde su principio porque se sabe que Francisco de Garay [conquistador español] edificó por esos sitios y muy probablemente ahí mismo (en esa zona tienen sus descendientes restos de su mayorazgo) su magnífica casa solariega que dio hospedaje a D. Diego Colón cuando fue poco menos que lanzado de la Fortaleza, y por lo cual acometió la construcción de su famoso alcázar en el fuerte del Almirante y que es conocido con el nombre de *Casa de Colón*.

lonias americanas de otras naciones. Además, el recuerdo de la de Santo Domingo está ligado con las grandes conquistas y descubrimientos en el continente colombiano.[250]

Severo y majestuoso era el aspecto de aquel tribunal augusto que, como hemos dicho, representaba la persona del monarca y su justicia. Cubría a los ancianos magistrados la toga y el birrete, los maceros con sus dalmáticas rojas galoneadas de oro, [251] detrás de los sillones de aquellos, al hombro las barreadas mazas de plata; el alguacil mayor vestido de negro, con calzón corto, ferreruelo[252] y golilla a lo Felipe III, zapatos bajos con hebillas y estoque de Toledo al cinto, colocado debajo del estrado, a la derecha; el otro alguacil, que anuncia a los magistrados y abogados, junto a la puerta, con pantalón corto, zapatos con hebillas, frac azul galoneado de oro y botones de lo mismo, tricornio y espada.

Se veía al promotor fiscal en su tribuna de la derecha, al abogado enfrente, al relator por bajo del sitial del promotor y al escribano de cámara en su mesa, frente al relator.

La fatal espada estaba allí sobre un mueble despidiendo brillo siniestro. Era una magnífica pieza de Toledo con gavilanes y adornos de plata.

El reo entró con desenfado y ocupó el banquillo, mientras las escaleras y las puertas se custodiaban por ujieres.

Comenzó el juicio.

¿Qué sabemos de eso? Hasta ahí no ha podido llegar la investigación curiosa porque faltan archivos, aunque hubiéramos querido dar a esta tradición el carácter de un proceso célebre. Sí sabemos que la sumaria se instruyó en pocos días.

Baste saber que el relator dio lectura de los autos, se hizo la inquisitiva al reo, se oyeron testigos, de los cuales seguramente no hubo uno a descargo, acusó el promotor fiscal, defendió el abogado, replicaron y contra replicaron y aquí, fin del juicio.

Solamente la tradición llegó a recoger unos cuantos datos, entre ellos el que conocemos, lo que era ya como fórmula en este acontecimiento.

—Acusado Rincón, –le interrogó el presidente–, ¿quién mató al Padre Canales?

---

250 *Nota del autor*. Véase *Historia de Santo Domingo* por D. Antonio del Monte y Tejada, I, cap. VII, 126 y siguientes.
251 *Los maceros con sus dalmáticas rojas galoneadas de oro*: Hombres portadores de las masas, insignias que identificaban a los miembros de este tribunal. Usaban una dalmática o vestidura especial.
252 *Ferreruelo*: Especie de capa o blusa.

—¡La justicia de Santo Domingo!, –repitió Rincón por la centésima vez, imperturbable y con voz segura como si fuesen sus palabras tremendo fallo de la historia, eco lúgubre de acusación terrible aunque justiciera del criminal contra la sociedad que ahora le castigaba tardíamente.

¿Qué obcecación o terquedad era esta? ¿Acaso había cedido a una idea fija? Es fama que en los interrogatorios declaraba que una voz interior le decía: ¡mata!, ¡mata!²⁵³

Por fin aparecieron nuevamente los oidores después de breve deliberación y el escribano de cámara leyó la terrible sentencia.

Esta fue la que podía esperarse a pesar de los valimientos que antes tuvo. D. Juan Rincón fue condenado a pena de horca, a ser descuartizado y frito en alquitrán, conforme a la usanza de la época.

Gran satisfacción en el público.

En la cárcel, D. Juan Rincón dio muestras de arrepentimiento y confesó y comulgó devotamente, esta vez no para desorientar a la justicia como en días anteriores, por lo cual se le levantó la excomunión.

Pero en capilla, ²⁵⁴ en que estuvo tres eternos días, solía declamar con profunda convicción y gesto trágico su tema favorito:

—*¡Padre Canales! ¿Quién te mató?.... ¡La justicia de Santo Domingo porque si desde que yo maté a mi mujer me hubieran dado mi merecido, yo no habría vuelto a tener la tentación de matar!*²⁵⁵

El pueblo estaba agitado e impaciente.

Llegó por fin el día de la salvaje expiación de aquel y todos sus crímenes.

Las tropas formaban y muchedumbre inmensa aguardaba al reo, ocupando la calle de las Damas o Colón, frente al vasto edificio antes coronado, dicen, por una estatua de Marte y construido por Ovando de orden expresa de los reyes para ser ciudadela o castillo en cuyo recinto se halla el famoso torreón del Homenaje, o sea la que en las historias se llama *fortaleza*.²⁵⁶

---

253 *Nota del autor. ¡Mata!, ¡Mata!*: textual. A lo menos así lo refiere la señora Da. Concepción Troncoso.

254 *En capilla:* Período en que a un criminal se le comunica su sentencia hasta el momento en que esta se ejecuta.

255 *Nota del autor.* Rigurosamente histórico. Está comprobado por todo el mundo aquí.

256 *Nota del autor.* De la fortaleza del Homenaje fue primer Alcaide Cristóbal de Tapia, quien no llegó a tomar posesión porque Ovando había nombrado a su sobrino Diego López de Salcedo que por cierto no estaba en la fortaleza cuando llegó D. Diego Colón a la colonia y pudo este así hacerse dueño de aquella, mortificando al Comendador no poco la ausencia del sobrino, por lo que pidió excusas a D. Diego. Fue luego Alcaide el mismo Almirante Virrey y después el historiador de Indias Oviedo, émulo acérrimo del Descubridor y por cierto que murió en ella, según el documento auténtico que acaba de darse a luz y trae la *Historia de Santo Domingo* por del Monte y Tejada. Albergaron torre y ciudadela

Redobló lúgubremente el tambor y el infeliz D. Juan Rincón apareció a la entrada de la alta puerta de estrecho arco y arquitectura rígida y sobria, como siniestra evocación de genios maléficos. Sobre el rostro llevaba encajado un capuz o caperuza negra salpicada de calaveras y canillas y llamas rojas, sin abertura para los ojos, que terminaba en cucurucho, y le acompañaban dos sacerdotes con sendos crucifijos.

La costumbre pedía que el reo fuese montado en burro como signo de oprobio acaso, y llegaron las consideraciones por su familia ¡siempre el favor indigno!, hasta omitir tan sacramental requisito. D. Juan Rincón emprendió pues, a pie la vía crucis, el para un reo largo trayecto de la fuerza a la plaza del Matadero.

El clarín iba repitiendo modulaciones estridentes.

Don Juan Rincón marchó al suplicio con valor, dicen las crónicas, y repitiendo aquellas sangrientas palabras:

—¡Padre Canales! ¿Quién te mató? ¡La justicia de Santo Domingo!

La horca se levantaba en el lugar nombrado la plaza del Matadero, cerca del fuerte de San Gil, a la orilla del mar por el sur.[257]

Allí llegó la fúnebre procesión. Las tropas formaron el cuadro.

Los brazos del ominoso instrumento se levantaban sombríos y rígidos en el espacio.

Junto a la horca, dos negras y grandes pailas colmadas de alquitrán, las cuales se traían del cuartel de *La Fuerza* para el caso, estaban preparadas ya y hervían con sordo rumor despidiendo nubes de espesísimo humo para la última brutal operación que exigían las ideas absurdas que sobre las penas y sus efectos se tenían entonces en el mundo y de las que realmente difieren poco las de hoy.

Don Juan Rincón subió al tablado que para las ejecuciones se levantaban.

---

a D. Diego Colón, a su interesante esposa y a su escogido séquito. Puede darse por seguro que la cárcel civil quedaba en la fortaleza en el siglo pasado. Primero, porque no se ha oído decir que la hubiera entonces en otra parte; aun cuando señalan el recién restaurado edificio de estilo griego puro que existe en la plaza de la Catedral llamado *Cárcel Vieja*, pero consta que se construyó en 1812, dirigiendo la fábrica el abuelo del sentido Sr. D. José de Jesús Castro, D. Domingo Álvarez. Segundo, porque en la torre hay una capilla que tiene nicho para disponer allí altar. Tercero, porque se sabe que la prisión de los oficiales quedaba arriba y la de los reos ordinarios, abajo. Cuarto, porque en esa planta baja, que tiene un patio interior, quedan los calabozos llamados *El Mulato* y *El Indio*, calificativos de dos desalmados y temibles forajidos que allí estuvieron, el uno mestizo y el otro indígena, dizque. Y cuando no hubiera otros indicios bastaría el dato del Edicto del Arzobispo. (Véase nota 37).

257 *Nota del autor*. El lugar de ejecuciones era este, sabana o plaza del *Matadero*. Allí estaba permanentemente la horca. En 1842 cuando el gran terremoto, se levantó una ermita rústica donde mismo se alzaba aquella, y allí se depositó el Sacramento a causa de la resquebradura (única) que sufrió la Catedral. Se llamó por esta circunstancia barrio de la Misericordia, de que ha tomado nombre la calle. El Sr. D. Manuel del Monte compuso un soneto sobre esto. Se dice que en ese mismo lugar se estableció una guillotina que no se estrenó, salvo con un corderito para probar sus efectos.

Sonó el clarín, anunciando que el momento era llegado.

Los sacerdotes le exhortaron por última vez, dándole a besar el crucifijo y se despidió de él quien quiso. ¿Habló? Si habló en el patíbulo, sería sin duda para hacer oír sus fatídicas palabras, protesta del mal contra el orden social desquiciado por sí mismo; o también pudieron ser palabras de arrepentimiento y contrición porque es positivo que se arrepintió.

Los verdugos echaron el dogal al cuello de la víctima y le hicieron subir al banquillo.

A poco, el cuerpo del matador del Padre Canales era lanzado al espacio donde oscilaba siniestramente y un ayudante del verdugo, encaramado en sus hombros, le aligeraba la muerte.

Clamor inmenso saludó aquel triste espectáculo.

¿Estaba satisfecha la vindicta pública?[258]

¿Serviría la muerte infame de un hombre inicuo para escarmiento de los demás?

Como la calentura no está en la sábana, los malos instintos, faltos de toda otra educación que esa del patíbulo, campantes y sueltos se encojen de hombros y dicen:

—Que haya un ahorcado más, ¿qué importa al mundo?[259]

Sin duda D. Juan Rincón, que empezó por ser medio asceta y allá en sus adentros querría refrenarse acaso con ayunos, rezos y mortificaciones, tenía, según hemos dicho, la monomanía sangrienta; y si hubiera encontrado dentro de sí otras fuerzas más eficaces como por ejemplo las de la educación, o sea, saludable inspiración que deben dar el hogar y la sociedad, puede que hubiera salido victorioso de la lucha que contra sí había emprendido.

Muchos Rincones habrá mientras no haya en el mundo suficiente educación moral y pasen estas digresiones en gracia de la oportunidad.

Que esto y más sintetiza la célebre frase justiciera, cortante como un cuchillo, de Rincón:

—¡Padre Canales! ¿Quién te mató? ¡La justicia de Santo Domingo!

Ejecutado el reo, los ayudantes del verdugo lo descendieron palpitante del suplicio y le tendieron en el suelo.

---

258 *Vindicta pública*: Persecución de los delitos por la sola razón de la justicia, en nombre de la sociedad y de las leyes.

259 Penson parafrasea el verso final del poema «Canto a Teresa» del español José de Espronceda (1808-1842): «Que haya un cadáver más ¿qué importa al mundo?»

Entonces empezó el verdugo la cruel operación de descuartizar el cadáver.

Auxiliado de sus mozos y valido de grandes cuchillos, dividió la cabeza, destrozó los ligamentos y rompió articulaciones, oyéndose entre el pavoroso silencio de la multitud estallar los huesos y chirriar las carnes.

Una vez separados los miembros del tronco, los echaban en las negrísimas pailas.

El pueblo presenciaba esto con curiosa tristeza. Los niños, bien en alto; los ancianos, en primera fila.

Mientras tanto, el maestro herrero que forjaba los garfios para casos como aquel, esperaba, provisto de una bonita colección de ellos y de cadenillas.

Se trajo un pequeño ataúd que el Estado suministraba, y el verdugo recogió con sus manazas las humeantes entrañas de la víctima que se habían derramado en parte y las metió en el féretro, así como la espina dorsal y costillas, lo que restaba de aquel cuerpo que la ley tajaba y mutilaba sin piedad. Cargaron luego unos hombres con el ataúd y fueron a depositarlo en los bajos del Cabildo, plaza de la Catedral.

Ya estaban prevenidos los «Hermanos de la Misericordia» y tomando aquellos despojos sangrientos y formándole lúgubre cortejo, emprendieron su acostumbrada triste procesión por la calle de Plateros hacia Santa Bárbara, en el patio de cuya iglesia les dieron sepultura, pues era el cementerio de los ajusticiados. Entonces todos los patios y naves de las iglesias eran cementerio general.[260]

Maese el forjador se acercó e hizo sonar sus herrajes mortuorios. En un garfio clavaron la cabeza medio ennegrecida y quemada del reo, en otro las piernas y en otros dos cada brazo y mano.

Para el acto final, el pueblo se puso en marcha, siguiendo al verdugo y sus ayudantes, para ir a dejar cumplida la justicia del rey. Era lo más espantable del mundo mirar tanto miembro humano pendiente de negros garfios pasear las calles, asidos por los arremangados brazos de los ejecutores para clavarlos en los lugares designados.

Se colocó la cabeza, según una de las versiones, en la puerta de la Atarazana; las piernas, en el Conde; una mano, en la puerta de la cárcel; y la derecha, con que cometió el homicidio, en la misma casa

---

260 *Nota del autor*. Los «Hermanos de la Misericordia» era una cofradía que radicaba en San Nicolás y que se había impuesto estos tristes deberes.

del Padre Canales, sobre la hoja de la puerta, pendientes todos los miembros de cadenillas.[261]

El alquitrán que destilaba la mano cubrió la acera y quedó allí para recuerdo. A los cuarenta días justos descolgaron los expuestos miembros y les dieron sepultura.

Así acabó el drama sangriento.

Todavía se repite, a guisa de adagio por sentencioso estilo, el elocuente y tremendo apóstrofe:

¿Quién Mató Al Padre Canales? ¡La Justicia De Santo Domingo!

Mayo de 1890

---

[261] *Nota del autor*. Un señor asevera que en el año de 48 vio la mancha del alquitrán, ya muy debilitada por los años, que la mano de Rincón había dejado impresa y consta que la casa no se alteró hasta que en tiempos de la anexión a España fue restaurada o arreglada para *El café de la reina*.

¡Profanación!
(Episodio)[262]

Las once de una noche de luna daban en el palacio del Consejo de Notables, como se denominaba entonces el Ilustre Cabildo y Regimiento de la *Ciudad Antigua*.
Era el mes de febrero de 1840.
Cuatro hombres, a lento paso, cogidos del brazo y tarareando *La Marsellesa*, turbaban el silencio de la solitaria ciudad.
Iban por una calle surcada de zanjones, esmaltada de charquitos, empolvada a trechos y provista de pedruscos de todos tamaños.
Claridad diáfana dibujaba los negros contornos de las casas vetustas[263] y de cuando en cuando un airecillo frío venía corriendo del norte y barría la voluminosa capa del cernido polvo que ordinariamente cubre nuestras calles en tiempo de seca.
Los susodichos marchaban al compás de las estrofas arrogantes y sublimes de Rouget de Lisle.[264]
Los cuatro eran jóvenes. Dos de ellos, haitianos; el otro, francés.
Se llamaban por orden de edad y jerarquía: Alcius Ponthieux, Altidor Ponthieux, *Monsieur* C. y Joseph Salvador.
Alcious Ponthieux era apuesto mozo, mestizo de color claro, de rostro ovalado, de escasa barba, ojos verdes y vivos y de estatura mediana. Era hombre de indisputable talento y medio poeta.
Altidor era su hermano. Altidor, bello joven, «oriundo de las costas africanas», como dijo un poeta quisqueyano en parecido retrato de mujer, bello cuanto puede serlo un hombre y magnífico ejemplar de

---

262 *Nota del autor.* El Sr. D. F. Ma. D. (Don Félix María del Monte) facilitó estos datos al Sr. J. A. B. y E. (José Antonio Bonilla y España) aficionado a tradiciones, quien escribió este episodio bajo el título *Profecía*, dándole una forma caprichosa con un fin patriótico. Él mismo nos autorizó a escribirlo tal como es.
263 *Vetustas*: Viejas.
264 *Claude Joseph Rouget de Lisle* (1760-1836) fue un militar francés que compuso «La Marsellesa».

su raza. Tinte de ébano puro y cutis suave, de perfecto óvalo, nariz perfilada, ojos expresivos, bozo naciente y talla igual a la de su hermano; tal era la interesante figura del menor de los Ponthieux.

Ambos, muy simpáticos y populares, inteligentes e instruidos, educados como todo haitiano de recursos en Francia y, por más señas, poseían una excelente biblioteca que dejaron al ausentarse de la libre tierra dominicana.

El padre de estos jóvenes haitianos era en aquella época señor de vara alta, un *tutumpote*, [265] como donosamente califica nuestro vulgo. Era el Administrador General y habitaba, para mengua de los Joaquín García, los Kindelán y los Urrutia, el mismísimo palacio de los antiguos gobernadores de La Española. Los bajos estaban destinados a oficinas públicas como la Administración de Hacienda y otras.

El francés era un joven elegante y también tipo de varonil belleza caucásica. De cara tirando a redonda, ojos negros y decidores, nariz aguileña, boca regular, bigote y cabellos negros, sonrosado cutis y buena estatura.

Había tenido el raro privilegio de dar su nombre a una moda que introdujo en el país: los pantalones estrechos y aflautados que era necesario ajustar mediante papelillos y bregas y sudores dignos de mejor causa , y de los cuales solían reírse en plena iglesia o calle de la extravagancia de sus dueños. En honra de su inventor se decían *a la...tal*.

El cuarto y más humilde era un artesano, zapatero, individuo de color que nada de particular ofrecería, sino acaso que, por el contraste, debía ser un *gringo demasiadamente de feo*.[266]

---

265 *Nota del autor*. Es un *tutumpote*, decimos acá, al magnate que la riqueza o el poder elevan: un señor de campanitas, un alto funcionario y también, por extensión, a quien alcanza valimiento o influencia con gobernantes. Naturalmente, es aplicable también a los caciques de provincia. Corruptela sin duda de una voz latina, expresa perfectamente el *poderoso,* el señorote, *el que hace lo que quiere*, etc. Es voz que no existe en los vocabularios de americanismos y que nos parece haber visto en autor español.

266 *Nota del autor. Gringo* es lenguaje ininteligible, hablar en griego, y en Chile se da esta significación a los ingleses vulgarmente. Así esta copla:

Bernardo se llama el tren,
Dizque corre muy ligero
Y que mató a un caballero
Que no se supo hacer
A un ladito del camino,
Porque lo llevaba el *gringo*
Con mucha velocidad;
Y el autor de esta deidad
Señor *Matidas Cousiño.*
(Z. Rodríguez, ob. cit., 233)

Como me va pareciendo que nuestro vocabulario provincial o jurisdiccional es el más rico de

Los Ponthieux eran jóvenes presumidos y elegantes, los *dandys*[267] de aquella época. Por tanto vestían irreprochablemente, de casaca según el corte parisiense, pantalón de lanilla ajustado y con estriberas[268] (Alcius los usaba de goma siendo el primero que los introdujo aquí), camisa de cuello alto y gregorillo y corbatín de color con un lacito al medio; cubriendo su cabeza con un *water-proof*, sombrero alto que tenía la honra de ser así llamado y el cual iba angostando hacia arriba. Calzaban magníficas botas por dentro del pantalón y en cuanto al artesano, vestía de dril blanco. [269]

Llegaron a la mitad de la calle de Plateros y donde desemboca la calle de San Francisco, es decir, que la suave cuesta del mismo nombre se abría ante ellos.

—*Allons enfants de la Patrie..e..e..e*

Lanzaron en coro, con voz vibrante, y el eco alegre rodó hasta el extremo del barrio y de la villa hasta el río cercano, y se estrelló en la mole grave y sombría del monasterio que en lo alto de la cuesta se alza.

—¡Eh!, interrumpió Alcius, dirigiéndose a una especie de chimpancé que venía detrás de ellos, cargado con un pesado canasto–, eh, Planchet![270]

Maldito si merecía el cuadrumano aquel el honroso nombre de guerra del criado de d'Artagnan, pero había sido rasgo humorístico de Alcius el dárselo.

El criado no, el plantón[271] o especie de asistente, porque como en tiempos de la Revolución Francesa, ningún *mañé* podía ser criado de otro *mañé*, el plantón subió el declive y entró en las ruinas de la iglesia del monasterio con su canasto en la cabeza.

Sobre la lometa o cuesta, según la denominan, de San Francisco, las majestuosas ruinas del monasterio de su nombre, primero que se edificó en América, se yerguen como un venerable símbolo de grandezas pasadas, tajado a trechos, que no derruido por el tiempo, como

---

América y si no, lo hemos de ver cuando Dios nos ayude a terminar cierto ensayo que hacemos, habíamos de tener esta voz como acepción distinta de las que le dan en los demás países de América; y por tanto, declarémosla quisqueyanismo. Prueba al canto. Se aplica a las personas de color, feas y rústicas sobre todo: así se dice un *gringo*, una *gringa, ito, ita*. En cuanto al *«demasiadamente de feo»*, es expresión vulgar en que la preposición es de uso expletivo y se compone con cualesquiera palabras.

267 *Dandy*: Del inglés, hombre elegante y presuntuoso.
268 *Pantalones de lanilla con estriberas*: No hemos encontrado el significado de la palabra estribera en este contexto. La única acepción referente a pieza de ropa es media sin pie sujeta con una trabilla.
269 *Dril*: Tela fuerte de algodón.
270 *Planchet*: Sirviente de d'Artagnan, personaje de la novela *Los tres mosqueteros* del francés Alexandre Dumas.
271 *Plantón*: Soldado al que no se releva de su puesto y se le mantiene trabajando como castigo.

gigante de viva piedra que desafiara sus iras, ennegrecido, ceñudo, con revueltas raíces legendarias de *copeyes*[272] *e higos*, arraigadas y entrelazadas entre sus poderosas masas como arterias o músculos de seculares leños y enseñando aun con cierto desdeñoso gesto el arco solidísimo de su puerta de severa arquitectura, intacto.

Parece, al mirársele por el lado oriental, o sea, desde el pie de la cuesta, un coloso a quien se hubiesen sacado los ojos y dividido los hombros con los espacios vacíos de su campanario y con la parte superior de sus estribos rígidos y cual hechos de una sola pieza.

Ese edificio, semejante a un castillo señorial como nido de águila suspendido en la pequeña loma, tiene razón de ser orgullosamente majestuoso en su misma decrépita vejez.

Creería uno oír voces que dicen que en su seno se encierran los recuerdos de aquel Fray Antonio del Espinar, Prior de los Franciscanos, los primeros venidos al Nuevo Mundo y célebre no por sí mismo, sino a causa de las disputas suscitadas en la colonia por el indómito Padre Montesinos; de aquel hermano del rey de Escocia, hecho franciscano sabe Dios por qué misterios y quien dice la historia que bajo el tosco sayal conservaba sus maneras aristocráticas; de los Padres Jerónimos que allí se hospedaron al venir a gobernar la isla, enviados por el Cardenal Jiménez de Cisneros hasta que fueron a ocupar la Casa de la Moneda o de Contratación, a dos pasos de aquel lugar,[273] y de un fraile, el Padre Perozo, maestro de nuestro Núñez de Cáceres, del Dr. Faura y otros. También encierra la tumba, ya desconocida, del Adelantado de las Indias D. Bartolomé Colón y probablemente de Francisco de Garay, explorador con Miguel Díaz de esta comarca para fundar la ciudad capital, quien disfrutaba el patronato del monasterio cuya iglesia tiene puesto el pie sobre las cenizas del soberbio Alonso de Ojeda, el osado aventurero y aprisionador de Caonabo.[274]

A la izquierda del templo, entrando, quedan los vastos edificios del monasterio, celdas, crujías,[275] pasadizos y galerías, la pequeña ca-

---

272 *Copeyes*: Del taíno, árbol que crece en la región del Caribe y norte de Sudamérica.
273 *Nota del autor*. De que hubo aquí casa de moneda, la hubo: testifícalo el Monte y Tejada (ob. cit., II, cap. IX, 162) y allí se alojaron los Padres Jerónimos cuando salieron de San Francisco hasta que se embarcaron. Está en la calle de Plateros (hoy Consistorial), en medio de la tercera cuadra a partir de la Catedral y a unos treinta o más pasos de la cuesta del monasterio. Su construcción estaba indicando (acaba de convertirse en casa particular este año) que a algún uso especial se había dedicado ese edificio, el cual hasta hace pocos meses era dos en uno, con vastas y sólidas bóvedas bajas en lo que formaba el corredor o segundas piezas. ¡Lástima que ese otro monumento desaparezca, ya que tales recuerdos históricos tiene!
274 *Caonabo*: Uno de los caciques taínos de La Española.
275 *Crujías*: Espacios largos y cerrados con barandillas.

pilla llamada de la Tercera Orden y los grandes patios. Las profanaciones de los hombres en tiempos de Haití sobre todo, hicieron allí destrozos; y es constante que las columnas de piedra del palacio de Gobierno pertenecían a las galerías del monasterio, que utilizó el gobernador haitiano Borgella,[276] constructor de ese palacio. En el patio principal existen las paredes de un gran cuadrado que servía para bañadero de los frailes.

Cantaron de nuevo al atravesar el arco de la puerta, pisando en los umbrales sus plantas de extraños profanadores la tumba del tremendo espadón de la conquista:

—*Allons enfants de la Patrie..e..e..e*

Al ruido que hicieron, los murciélagos y lechuzas que poblaban las desiertas ruinas de la iglesia conventual, chillando y rebotando en vuelo torpe por los ojos de las claraboyas y los rotos arquitrabes, hicieron coro a los ecos insolentes de las marciales voces que retumbaron por aquellos muros.

¡Venerable San Francisco!

¡Quién a tu aspecto no siente sobre el espíritu el peso de tus moles rebosantes de históricas reminiscencias! ¡Cómo no perderse la mente en lo que traes a la memoria! ¡Grandezas legítimas, glorias muy altas son que publicas las conmovedoras páginas de la conquista y del nacimiento pasmoso de la primera ciudad del Nuevo Mundo, surgiendo de una vez tallada en gigantesca piedra, con majestuosas cúpulas y fachadas, con palacios vastísimos, con mansiones orientales, con templos magníficos!

El aspecto de las ruinas era solemne e imponente.

Confusa oscuridad, medio desvanecida por la naciente luna, daba a muros y capillas un tinte de soñolienta poesía y romántico arrobamiento.[277]

Se tropezaba, al andar, con las altas yerbas en que chirriaban los grillos y los revueltos trozos de la bóveda, completamente desplomada. En el ábside, sin restos de techumbre, hay un gran enterramiento oculto en que la tradición dice que yacen los despojos de Don Bartolomé Colón, los cuales, sin ninguna duda, no han sido removidos de allí.

A esta mano, entrando, y entre muros perpendiculares a los cos-

---

276 *Jérome Maximilien Borgella* (1773-1844) gobernó la parte española de la isla durante la invasión haitiana y reconstruyó este edificio que hoy se conoce como Palacio de Borgella.
277 *Arrobamiento*: Éxtasis.

tados se abren dos capillas bajas de hendida bóveda y cuyos aristones amenazan caerse hechos pedazos, ostentándose en la más próxima al presbiterio un escudo de armas con casco de caballero. Ciertas pinturas al temple se conservan todavía y aún se ve en uno de los muros una puerta que parece dar paso a algún subterráneo.

La pared interior de la fachada con dos huecos como dos ojos en lo alto, y sobre el borde de la misma, la desgreñada cabellera, entre verde y seca, de los *copeyes*, en que el viento registraba tonos extraños y silbantes notas.

El *compère*[278] había improvisado una mesa, con una gran piedra desprendida de la bóveda, y en ella brillaban, merced a la luna que había empezado a invadir aquel recinto sobre el fondo blanco del mantel, las latas abiertas y perfumadas de las conservas alimenticias, las ostras y langostas en ríos de pimentado caldo sobre fuentes de porcelana, pasteles incitadores, pollos fiambres, el jamón con su trinchante clavado y panes blanquísimos. Reservados quedaban en el canasto milagroso las compotas y demás caprichosas confituras aparejadas para el caso.

Como columnas entre destrozados frontispicios y corintios chapiteles rotos de templo olímpico, alzaban arrogantemente el erguido cuello las botellas acá y acullá, entre los manjares multiformes.

Aún hervía en ellas rabioso por salir el generoso líquido bajo su cubierta de corcho y los cerrojos de alambre retorcido.

¿Qué era aquello?

Orgía singular y provocadora en medio de unas ruinas sagradas por la historia y el arte.

Calaverada insigne,[279] a modo de reto a las eminentes memorias que significaba semejante sitio, lanzado por dominadores del suelo patrio en desdoro de sus envidiables timbres y a todo lo que era recuerdo del pasado poderío español que era el de nuestra raza en la América Latina.

Y esto, entre dos monumentos, las tumbas célebres de Alonso de Ojeda y Don Bartolomé Colón.

Los jóvenes recorrieron el recinto del templo y apoderándose de unos envoltorios que habían venido a guisa de tapa sobre el canasto de víveres y licores, procedieron rápidamente a la más extraña de las operaciones.

---

278 *Compère*: En francés, cómplice. Se refiere al criado que acompaña a los jóvenes.
279 *Calaverada insigne*: Travesura notable, famosa.

Se encajaron largas vestes[280] azules por la cabeza y cubrieron esta de amplio capuchón.

Los cuatro se habían transformado en un instante en otros tantos frailes franciscanos.

Sin esta toma de hábitos parece que no podía quedar completo el festín misterioso.

Era de ver el efecto tremebundo de esta escena peregrina. Sobre el fondo oscuro de las ruinosas celdas que quedaban a la izquierda y medio difuminados en la penumbra que producía la luz de la luna bajando desde la cresta áspera de los muros cenicientos, los frailes redivivos aparecían como verdaderas evocaciones de los franciscanos.

Cualquiera que los hubiera visto, habría jurado que eran recién salidos de sus sepulcros.

El mismo *compère* no dejó de mirarlos con ojos en que se confundían la curiosidad y una regular dosis de miedo.

Se sentaron bulliciosamente en el suelo sobre la grama amarillenta que aún brotaba y las duras *escobitas*,[281] después de probar Alcius Ponthieux si las dos magníficas pistolas compradas por él en París estaban bien cebadas.

Salieron a relucir bruñidos cubiertos y empezó un ataque en forma de los esponjados pasteles y las conservas.

Y mientras comían y charlaban, el *compère* hacía saltar el corcho de los añejos vinos de Francia, las ardientes costas de Sicilia y las vegas españolas, y a cada estallido seguía un ¡hurra! frenético de los comensales.

Borbotaba el espumante aljófar[282] líquido con amoroso ruido en las henchidas copas, incitando.

Los sentidos, entre vapores de vino y voluptuosidad báquica, se iban a pique a ojos vistas.

Los opalinos néctares de tierras latinas se escanciaban abundantemente.

---

280 *Vestes*: En francés, chaquetas. En este contexto, se usa con el significado de túnicas.
281 *Nota del autor. Escobitas*: yerba de hojas menuditas y florecillas pequeñísimas, color blanco sucio que cubre nuestras calles y plazas y abunda en patios y lugares ruinosos: la comen los animales. Estoy seguro de que es la *artemisilla* de Cuba, que Pichardo define así (ob. cit., 24): «Planta silvestre, abundantísima y amarga en extremo, especie de artemisa algo más pequeña; flor de un blanco sucio, chica, que parece un confitillo; por lo cual la denominan así en Cuba; en Holguín, *artemisilla* o *altamisilla*, y en La Habana, escoba amarga. Es, en efecto, sumamente amarga, excelente resolutivo en cataplasma, remedio exterior para la sarna, etc. (Argyroheta bipinnatifida). Sauvalle trae para la escoba amarga, *Pathernium hyoterophorus*».
282 *Aljófar*: Perla pequeña e irregular.

Risas y frases beodas[283] revoloteaban sobre aquel que fue trozo escultural de bóveda rellena de ecos de salmodias y teñida del humo del incienso, ahora transformada en mesa de imprudente orgía.

El silencio de las ruinas de la iglesia conventual, roto por los alegres cantares, era escándalo al mundo.

Cuando se caían los manjares de la boca, el cuchillo de las manos y los párpados en fuerza del magnetismo alcohólico, agotado ya más que el licor, chispeante repertorio de amorosas aventuras con salsa de risas de sátiro, Alcius Ponthieux rompió:

—Y bien, compañeros, ¿no tenéis miedo a los muertos?

Una carcajada acogió estas palabras.

—Ved ahí sus tumbas cómo blanquean a los rayos de la luna, –dijo señalando con su inseguro tenedor las losas sepulcrales de agrietado mármol a medio cubrir por la yerba y ennegrecidas a trechos que esmaltaban aquellos sitios–. ¡Vedlas bien!, –añadió con gesto elocuente y animándose por grados, accionando con viveza sin soltar su tenedor, cetro orgiástico–: esas son las últimas grandezas de los orgullosos nobles que dominaban esta tierra nuestra...

—Sí, sí, sí, –aclamaron los otros cabeceando de puro borrachos.

—Esta tierra *nuestra*, –recalcó Alcius–. Llegó por fin el día en que viniera nuestra raza a dominar la isla, reina del Mar Caribe, echando por delante las jerarquías monárquicas de Europa. ¡Señores!, –agregó Alcius con la exaltación política de los neo-republicanos de Occidente, mezclada a su habitual fatuidad y con un tanto de acento profético–, Haití, *uno e indivisible*, dueño de la gran isla, dominará siempre en ella, ¡os lo aseguro!

¡Como al fin la Jauja vuestra!, [284] hubiera podido comentar cualquiera.

—¡Por Haití *uno e indivisible*!, –gritaron los postizos frailes, llenando sus copas y levantándolas con temblorosa mano.

—Dormid, pues, grandezas pasadas del orgulloso conquistador, –concluyó Alcius, alzando a su vez con nervioso impulso su brazo armado de la copa y dirigiéndose a las tumbas visibles e invisibles donde reposaba tanto magnate y celebridades tantas.

Choque de vasos y nueva algazara.

El *compère* estaba tendido entre las yerbas más altas y dos piedras

---

283 *Beodas:* Personas que han bebido demasiado.
284 *¡Como al fin la Jauja vuestra!*: Expresión coloquial que indica algo inapropiado o inoportuno.

que le servían de panteón, muerto ya por el vino para las efusiones de la borrachera.

—Pero, en fin, –dijo otra vez Alcius, poniéndose de pie–. Hemos venido a la mansión de los frailes franciscanos a presentarles nuestros cumplimientos y aún no los hemos saludado, –añadió con tono solemne–. Voy a leer los versos que he compuesto *ex profeso*.[285]

—¡Bien! *C'est vraie, c'est vraie, mon cher. ¡Commencez donc!*, [286] – contestaron en coro los compañeros.

Era motivo de semejante orgía, además de las naturales ganas de divertirse de aquella guisa original, profanar el eterno reposo de los franciscanos, y ya hemos visto el preludio hecho por el impetuoso haitiano con el lenguaje exagerado que es propio de los franceses de ultra-montes. Al efecto, al medio poeta Alcius habían encargado que escribiese una flamante invocación o apóstrofe en buenos y acicalados versos *racinienses*.[287]

Se llenaron las copas y, como escasease el vino, Alcius dio un puntapié al *compère* que se levantó despavorido de un salto, imaginándose que algún muerto le hacía tal caricia.

—*Du vin, du vin,* [288] animal, –le vociferaron a dúo Altidor Ponthieux y el francés.

Corrió el *compère* al canasto, destapó las últimas botellas y espumearon las hirvientes copas con legítimo *Veuve Clicquot*.[289]

Todos se pusieron también de pie, tambaleando y empuñando las copas.

Alcius, con aire de inspirado alzó la suya, chispeantes los verdes ojos, firme y sonora la robusta voz. Recitó:

> Pour un instant sortez de la poussière
> Moines qui dormez en ces lieux,
> La nuit pleine sur le vieux monastère
> Venez vous mêler à nos jeux.
> Ces murs bruns, ces arcades gothiques,
> Ils virent les plaisirs les plus doux;
> Sortez, sortez de caveaux antiques,
> Franciscains, nous buvons á vous.
> Ah! Dites nous que des fois ces cellules

---

285 *Ex profeso*: En latín, con intención, de propósito.
286 *C'est vraie, c'est vraie, mon cher. ¡Commencez donc!*: En francés, ¡Bien!, cierto, cierto, querido. ¡Empezad!
287 *Racinienses*: Al estilo de Jean Racine (1639-1699), dramaturgo francés.
288 *Du vin, du vin*: En francés, vino, vino.
289 *Veuve Clicquot*: Famoso champán francés.

Ont elles caché vos amours:
Que des beautés candides et crédules
De vos loisirs charmaient le cours.
Ah oui, sans doute, et le choc de vos vases,
De cent flacons dans harmonieux *glu glu*.
Répondu charmant l'écho de ces lieux solitaires;
Franciscains, à votre santé !²⁹⁰

—*Franciscains, à votre santé !*, –repitieron al choque y retintín estrepitoso de sus vasos los calaveras.²⁹¹

Vibrante, el eco del audaz apóstrofe retumbó sordamente por los agrietados muros de la iglesia y se fue rodando por las antiguas celdas, las crujías y los ruinosos restos del monasterio de un modo satánicamente lúgubre.

Los compañeros de Alcius sintieron, allá en el fondo del espíritu, algo extraño que parecía como reprobarles aquello mas aplaudieron a rabiar al digno poeta.

La luna vaciaba toda su luz en la ruinosa nave del templo.

Los gruesos muros renegridos semejaban tener en lo alto de su caballete una faja de nieve.

No se movía una hoja: el viento había cesado de gemir entre las piedras musgosas y el ropaje raquítico de los *copeyes* e *higos*.

En momento así en que el silencio había seguido a la alborozada orgía, hubiera podido fingir la mente toque de ánimas, voces lejanas que salmodiaban el *Dies irae*,²⁹² humo de incienso e inciertos resplandores de cirios y esqueletos que se levantaban en sus viejos sarcófagos a curiosear.

Algo inexplicable e invencible tenían en el hondo de su alma aquellos cuatro calaveras que, después de los aplausos descoyuntados que habían prodigado al poeta apostrofador, quedaban con los labios pegados y los ojos fijos.

O sería la fuerza del vino que embotaba sus facultades.

---

290 *Nota del autor.*[Traducción casi literal]: «Salid del polvo por un instante –Monjes que dormís en estos sitios. –La noche envuelve el antiguo monasterio. –Venid a tomar parte en el festín. – Estos ceniciontos muros y góticas arquerías –Testigos fueron de vuestros dulces placeres. –Salid, salid de vuestros vetustos sarcófagos. –¡Franciscanos, a vuestra salud! –Decidnos cuántas veces estas celdas –Velaron vuestros amores. –Cuántas bellas cándidas –Os agradaron en esos deliciosos ratos. –¡Oh! que sin duda al choque de vuestros vasos –Y de cien botellas al armonioso *glu glu*. –Respondió lisonjero el eco de estos sitios abandonados. –¡Franciscanos, a vuestra salud!»

291 *Los calaveras*: Hombres juerguistas y libertinos.

292 *Dies irae*: «Día de la ira», himno en latín del Siglo XIII que describe el día del juicio final.

Sin embargo, por última vez, los cuatro, apurando las copas, exclamaron en coro:

—*Franciscains, à votre santé!*

Y arrojando desdeñosamente aquellas que se rompieron en escalas de chasquidos argentinos[293] contra el muro interior de la fachada, a modo de caballeresca despedida, cayeron al suelo sus largos hábitos frailescos.

Luego, cogidos nuevamente del brazo y entonando otra vez *La Marsellesa*, traspusieron los umbrales del antiguo monasterio, perdiéndose a poco su voz a lo lejos.

Así acabó la sarcástica orgía en las ruinas de San Francisco.

Diciembre de 1890

---

293 *Chasquidos argentinos*: Ruidos secos y claros.

Entre Dos Miedos
(Episodio)[294]

¡Cuadro temeroso aquel!

Figúrate que había tiros por un lado y cólera por otro.

Semejante época, por estas especialidades, merecería ser calificada así: la del cólera, el sitio[295] y el cambalache.[296]

Porque de todo eso había, con el favor de Dios.

Teníamos, además, un hambre macha y se dieron casos en que por comer *yuca amarga*[297] unas mujeres, y no advertirlo, se las llevó el demonche, esto es, que se envenenaron.

Era hacia 1868, en mi tiempo, y puedo contarlo sin consultar oráculos ochentañales y una de las tantas revueltas que, como decoraciones de teatro dábamos al mundo en espectáculo casi diariamente, había venido a sitiar la capital heroica en cañonazos clásicos.

---

294 *Nota del autor.* Los datos de este episodio son de D. F. Ma. D. M. (Don Félix María del Monte).
295 *Sitio*: Aislamiento o bloqueo de un lugar.
296 *Cambalache:* Desorden, trueque o intercambio de cosas de poco valor.
297 *Nota del autor. Yuca amarga*: es bastante conocida la yuca y no habrá para qué describirla. Pichardo (ob. cit., 380) dice:...«Se distinguen la *yuca dulce* o *blanca*, la *agria*, la *cartagena* y la *amarilla*: parece que las dos últimas son exóticas: la hoja de la *agria* es más grande y moraduzca con el *cangre* (el tallo de la yuca) ligeramente veteado de oscuro; su raíz horizontal o *yuca* suele tener una longitud excesiva; pero lo regular es menos de una vara y por estas ventajas de rendimiento y precocidad es que se prefiera para sacar la harina o *almidón*, *catibía*, y hacer el casabe; aunque también puedan emplearse las otras para los mismos objetos; pero es sorprendente que el agua del almidón, cuando se decanta, sea venenosa en términos de morir las aves y otros animales que la beben, mientras que el *casabe* y otros manjares que se hacen de la *catibía* y *naiboa de la yuca agria* son tan sanos como el mismo almidón con otra agua y el bagazo o *yuca* que comen los cerdos, curándoles y precaviéndolos del *ahogo*... El dictado *dulce* se aplica a todas para distinguirlas de la *agria*». A esta llamamos aquí *yuca amarga*, con más propiedad acaso y del residuo, exprimida el agua, que es un veneno activo, se saca el *casabe* y tal vez la *catibía* para hacer pastellillos. El peligro de esta yuca consiste en confundirla con la *dulce* y salcocharla con otras raíces y víveres para hacer nuestro castizo *sancocho*, por lo que han resultado ya en esta capital casos de envenenamiento de familias enteras. En circunstancias especiales como en la época del sitio a que nos referimos, se ha querido utilizar dicha yuca sin el cuidado necesario para extraerle toda la parte líquida y de ahí la ocurrencia funesta del envenenamiento y muerte de esas mujeres durante el sitio.

Corre que te cogen. Limpia que te limpia los fuertes de yerbajos y otras menudencias no muy bien olientes y levanta que te levanta rancherías, y a la carrera rueda que rueda cañones de todos tamaños, calibres, metales, épocas y nacionalidades para apuntar en las almenas a los *guayabos*[298] de Galindo, a los bohíos de San Carlos y a las montuosas rocas de Pajarito, enemigos obligados de la artillería de la muralla desde que había moros en la corte y no otros que ellos *pagaban la jaba que el burro se comió*.[299]

Naturalmente, los adversarios del desgobierno reinante estaban *mal hipotecados*[300] y tenían que recatarse[301] mucho o meterse en un consulado (asilarse) o estar bien ocultos cerca de las paredes de algún patio, que fueran domables, para volar.

Uno de estos, connotado *rojo baecista*, [302] estaba en peligro de ser

---

298 *Guayabos*: Árboles originarios de América y cuyo fruto comestible es la guayaba.
299 *Nota del autor. Pagaban la jaba que el burro se comió*: expresión vulgar que significa lo que es pagar justos por pecadores, lo que otro hace sin tener en ello culpa. Es quisqueyanismo.
300 *Nota del autor. Estaban mal hipotecados*: quisqueyanismo Expresión familiar y vulgar que da a entender que uno está mal visto, amenazado, con motivo o sin él y, por consiguiente, *expuesto* a un peligro, a un atropello, en un eminente riesgo; y se aplica aun al reo [acusado]. También se dice de una persona que hace un daño o debe responder de algo en justicia o ante alguna autoridad, y de donde puede seguírsele pago de costas o multas de apremio; o bien que ha hecho algo y está expuesto a la venganza de alguno, etc. En una palabra, el sentido de la frase es siempre el de *estar uno en inminente riesgo*, por cualquiera causa, aunque sea inocente, aunque haya renegado del politiqueo y viva como marmota sin quitar ni poner rey. Ejemplos: «Ese individuo engañó a una doncella y *está mal hipotecado*». «El acusado o el reo está *mal hipotecado*»; esto es, en peligro de ser severamente castigado o condenado a la última barbaridad y, si a esto, de ser asesinado legalmente con todas las formalidades de estilo.
301 *Recatarse*: Esconderse.
302 *Nota del autor. Rojo baecista*: antes de la Separación principiaron a dividirse los dominicanos en partidos o banderías. Primero fueron los *haitianos* y *separatistas* o *febreristas*, más un grupo de *afrancesados*. Desapareciendo con la expulsión de la Junta Central Gubernativa de la escena política los separatistas que representaban la Patria libre e inmaculada (que no ha vuelto a levantarse desde entonces), las instituciones y el régimen de democracia representativa, surgieron en su lugar el personalismo y el despotismo cifrados en el soldado de fortuna, Santana, instrumento ciego y brutal de una camarilla sin conciencia ni aun vergüenza. Después del 12 de julio hubo ya *santanistas* y *filorios* entre los primeros mezclados con los *afrancesados*, enemigos netos de la República autonómica y, por tanto, anexionistas y traidores. Lo de *filorio* lo inventaron ellos para aplicárselo a los *febreristas* en sentido despectivo. Hubo luego un mandatario simpático y popular, D. Manuel Jiménez que tuvo pocos parciales, llamados *jimenistas*. Hechura D. Buenaventura Báez de Santana y, enfrentado aquel a este, vino el *baecismo* y el *santanismo* añejo, más la fracción *jimenista* refundida en la última denominación por odio a Santana. Llegó la anexión y naturalmente hubo, desde luego, *españoles* o *españolizados* y *restauradores*. Después del triunfo de la República y del abandono se creó un *partido nacional* para que cuantos estimasen la restaurada Patria cupiesen en él, única agrupación a la verdad que ha tenido condiciones de partido político hasta ayer, que proclamaba el reinado de las instituciones y era enemigo de todo caudillaje o personalismo: él dio origen al *partido azul*, o mejor, se transformó así. El 1 de mayo de 1866 se creó en Santiago la dictadura de los tres generales Pimentel, Luperón y Federico García titulada el *triunvirato* y ellos, *triunviros*, denominación esta última que pasó a todos los *nacionalistas* o del *partido nacional* y así, por algún tiempo los *azules* se llamaron *triunviros*. Cuantos habían sido restauradores o estaban identificados con esa causa santa fueron llamados despreciativamente *capotilleros*; inspiración de un pobre hombre que creyó ser siempre político notable y fue anexionista aguijado por anexionistas. ¡A mucha honra! Con el gobierno del Protector General D. José Ma. Cabral, los del *partido nacional, restauradores, triunviros* o *capotilleros* tomaron la denominación (o mejor se la dieron, porque no eran personalistas) de *cabralistas* o *azules*. También se les dijo *luperonistas* y *pimentelistas*; pero impropiamente, sin duda, para significar a los jefes del partido o distinguir

cogido, aunque no hacía mucho que acababan de soltarle de la cárcel y de aliviarle de los grillos. ¡Vaya! ¿Quería salir mejor librado un facineroso político?

Le aconsejaron que por las noches prudentemente se arrimase a cierta casa en que había un largo palo de bandera y un escudo de armas, esto es, un consulado, el norteamericano, por más señas.

Y así lo hacía. ¡Ehem!, ¡pues no!

El cólera causaba estragos, la carretas de muertos cruzaban la ciudad y los gritos de los dolientes se confundían con las balas de fusil (por dicha que eran de fusil) que silbaban ya como una serpiente, ya como un moscardón.[303]

A esta música hacía coro el cañoneo de los fuertes y la miseria que se comía a la gente.

Esa administración, la del General Cabral, había sido señalada por dos mil calamidades, y de ahí que los agüeristas[304] creyesen fatales los gobiernos en que ocurrían ellas y, por desgracia, porque en el mundo ha de andar todo al revés, eran siempre los *azules* los que tales loterías se sacaban, parece que por burlas de la suerte o sabe Dios qué; pues eran ellos los que en el tejemaneje de la politiquilla esta representaban nada menos que los principios, como liberales y progresistas, lo que no les impedía inventar sabrosas *ruedas de presos*, siempre opuestos al personalismo y banderías que de antaño nos venían con las rotulatas de *santanismo, baecismo, jimenismo, et sic de caeteris*.[305]

---

mejor, según las circunstancias, de los *baecistas* que eran personalistas netos, los cuales empezaron desde esa época a llamarse *rojos*. Sin duda, los *azules* tomaron ese calificativo por oposición a los rojos o viceversa. Los *azules*, aunque siguiesen la bandera de un caudillo, por necesidad eran siempre los patriotas liberales y hombres de principios, opuestos a todo personalismo. *Azul* era *ipso facto* todo el que se sentía capaz de combatir este y a los enemigos de la Patria por amor a ella y de querer el reinado de los principios; por lo cual, aunque en embrión, los *azules* eran levadura de verdadero partido político y no pasó de ahí por falta de progreso en las ideas. Esto no quitaba que, aunque en menor escala, devolvieran a los *baecistas* crueldad por crueldad, pues ambos *partidos* se perseguían a muerte. El movimiento del 25 de noviembre de 1873 produjo una escisión en la bandería *roja* que fue la que promovió la saludable reacción contra Báez. Confraternizaron con los reaccionarios los *azules* que estuvieron seis años combatiendo el personalismo en las fronteras; y como el caudillo, Sr. D. Ignacio Ma. González fue elevado al poder, los reaccionarios y una fracción *azul* constituyeron lo que se llamó partido *verde* o *verdes*, que no prosperó. A los *azules* tránsfugas se les colgó el anatema de *azules desteñidos* y los demás se dijeron *genuinos*, esto es, castizos, rigoristas, intransigentes; y siguieron combatiendo por igual al Sr. Báez y al Sr. González. Apareció luego el General Sr. Cesáreo Guillermo y los *azules* se dividieron otra vez llamándose contados *cesaristas*; lo mismo se dijeron algunos *rojos*. La revolución de octubre de 1878 provocó otra escisión, esta vez entre *azules* para combatir la administración del General Guillermo; lo que remató a los dos caracterizados *partidos*, de los cuales el *rojo* había ya perseguido y casi anulado el General Cesáreo Guillermo. Ya no hay *azules* ni *rojos* ni *verdes* (desde 1879) que han pasado a la historia, lo mismo que pasaron el *santanismo* (que aún vive en el corazón de muchos), el *baecismo* puro, los *triunviros* y el partido nacional.

303 *Moscardón*: Especie de mosca zumbadora.
304 *Agüeristas*: Los que hacían predicciones.
305 *Et sic de caeteris*: Expresión en latín que significa «y así de los demás».

En la colección nada faltaba: el sitio, el hambre, una tormenta mayúscula, el cólera ¡hasta el cólera, señor!, y... el cambalache.

Las papeletas habían traído la ruina y la ruina, el cambalache, el cambalache...sabe Dios lo que traería. ¡Pero siempre con los *azules* en el gobierno había esperanzas de algo! Sé que fui muy *azul* y a mucha honra.

Antes del sitio había empezado el cambalache.

Traían los campesinos sus vituallas y pedían por ellas plata o cambalache, como quien dice oro o su equivalente.

Tan escasa andaba la carne, que no se permitía vender más que una libra por cabeza; y había quien con esta ración tuviese en su casa, demás de larga familia, unos dieciocho (dieciocho contados, sin exageración), dieciocho gatitos que una joven de la casa tenía la humorada de alimentar en pleno sitio. Y que no había medio de disuadirla de tan costosa afición.

—«Que mira que la carne está tasada,[306] que es una desconsideración de tu parte, que esos gatos importunan demasiado, que esto, que el otro».

Nada.

Venía un *campuno* con gallinas para trocarlas por gatos, buen comercio que se ha hecho siempre aquí, pues la gente del campo busca esos animalitos para limpiar de ratones las heredades, o sea conucos;[307] y la dama gatesca decía con aire desdeñoso que ¡cuándo iba ella a cambiar sus gatos por gallinas!, que sus gatos eran de muy buena estirpe, con otras gallardías por el estilo. Y cata ahí al amo de casa hipando tras los bofes y las asaduras que conseguía en la *plaza* para que comieran los señores felinos; y dice él con mucha gracia que se nublaba el corredor de los susodichos con una música wagneriana.

Al toque de oraciones, nuestro hombre, candidato del *Indio* o del *Cuarto del pañuelo*,[308] se separaba con pena de su familia temiendo a la epidemia, a las balas y a un atropello, y se dirigía a casa del señor Cónsul.

El señor Cónsul se llamaba *Mister* Smith.

Era un viejecito de elevada talla, de faz coloradota y arrugada,

---

306 *Tasada*: Restringida.
307 *Conuco*: Del taíno, palabra que designa una pequeña porción de tierra usada para cultivo.
308 *Nota del autor. El Cuarto del pañuelo* es un calabozo de la planta baja de la Torre del Homenaje, en el patio interior: afecta la forma de un pañuelo doblado al través o sea de un ángulo rectángulo. Por lo demás, ver nota 256 de «La muerte del Padre Canales».

poblado lo que quedaba de cráneo cubierto de largos cabellos blancos; risueño, amable, conversador y algo cariñoso con la botella.

Vivía en los altos de una casa grande, calle de Las Mercedes, cerca de la capilla de Los Remedios, a la izquierda viniendo de ella, o sea del Este.

Le acompañaba un hijo de nombre Jaime.

¡El pobre Jaime! Era mi amigote cuando yo niño. Por el estilo de su padre, su bondadoso carácter, algo bonachón, se hacía querer de cualquiera.

Cara redonda, ojitos vivos, pelo entre rubio, nariz roja, bajo de talle y regordete: tal era Jim.

Pereció en el mar, por efecto de un golpe de viento que impulsó a un lado la botavara[309] la cual le alcanzó, arrojándole magullado al agua.

Nuestro político en salmuera,[310] como dizque han sido los de por acá, salía con recelo de su casa; inspirándole miedo la pesada atmósfera que al decir de él podía partirse con cuchillo, el cruce de las carretas llenas de muertos del cólera, los gritos, los tiros y las patrullas.

Iba, pues, con espantados ojos esquivándolo todo, hasta su sombra, y llegaba al consulado a cumplir su penitencia, poniéndose *en salvito*.[311]

Mister Smith, que siempre reía mucho y bonachonamente, salía al pie de la escalera a recibir, frotándose las manos, a su amigo el asilado nocturno y, contra la formalidad sajona, le echaba el brazo por el cuello para conducirle a la sala.

Cerca del Capitolio, la roca Tarpeya.[312]

Cerca de la escalera, la botella, habría que decir en prosa rimada y mala, como son los más de los versos latinoamericanos.

Esto era lo común: lo extraordinario ahora vendrá.

---

309 *Botavara*: Palo en el barco que sostiene las velas por su borde inferior.
310 *En salmuera*: En problemas.
311 *Nota del autor. En salvito*: equivale a la expresión o frase prepositiva, dicha de modo adverbial *a salvo*, que es en seguridad. Parece quisqueyanismo y es término de juego de muchachos que cuando juegan al toro, escogen un sitio para librarse de las cabezadas del que hace de tal, que es lo que el *burladero* en los circos, y dicen *en salvito*, estoy en salvito. De aquí ha pasado a la seudo-política que es de toda Hispanoamérica y, al ocultarse o huir alguno de persecuciones, se dice que está *en salvito* o se pone *en salvito*. No consta en vocabularios de americanismos.
312 *Cerca del capitolio, la roca Tarpeya*: «Capitolio, templo dedicado a Júpiter... donde se coronaba a los triunfadores. Cerca del Capitolio se hallaba la roca Tarpeya, desde donde se despeñaba a los traidores. De aquí viene la locución: «La roca Tarpeya está cerca del Capitolio», que se emplea para indicar que la derrota sigue siempre de cerca al triunfo y la ignominia a la gloria». (Voltaire, *Diccionario Filosófico*, 666).

Se sentaba en la sala, cerca de una de las puertas del largo balcón que tanto afean nuestras casas, y allí empezaba la retahíla.[313]

Entre mascullar frases, porque a Mr. Smith le faltaban los dientes, y mascar la cola del tabaco, podían impunemente transcurrir para el buen viejo Cónsul las noches de claro en claro[314] y aun los días de turbio en turbio.[315]

Pero *Mister* Smith no conversaba solamente con el interlocutor que tuviera.

A lo mejor llamaba a Jim, le decía algo, le interpelaba y le despedía luego. Y Jim se iba otra vez a leer las sábanas del *Herald*, el *World* o el *Sun* al cuarto frontero a la escalera que servía de refectorio, santuario del alcohol.

En semejantes pavorosas circunstancias, *Mister* Smith estaba fuera de su centro.

No se reconocía.

Había perdido la mitad de su alegría, su boca estaba algo contraída y sobre su calva posaba una a modo de mancha, cual importuna mosca, que era constante preocupación y pesadilla.

Por el espíritu del viejo Cónsul, siempre bonancible[316] e igual, pasaba una cosa extraña.

El miedo, un miedo cerval acongojaba a *Mister* Smith.

—*A great dread*,[317] –habría podido responder a quien le preguntase con interés qué tenía.

El demonio del cólera y aquellas malditas balas no dejaban un instante de tranquilidad a *Mister* Smith.

Y era una lástima.

Porque *Mister* Smith comía bien, sobre todo los *plantains* (guineos)[318] a que es aficionada la gente del Norte, como al azúcar las moscas, y no pocos apuros les han causado en estas latitudes. Antes falta el pan en mesa de un hijo de Uncle Sam que los guineos, y por las calles de sus enjambradas ciudades los comen corriendo, floreando de cáscaras las aceras para que se despatarre el que ande mirando las nubes.

---

313 *Retahíla*: Lista o serie de cosas.
314 *De claro en claro*: Sin poder dormir.
315 *De turbio en turbio*: Alterado por preocupaciones.
316 *Bonancible*: Tranquilo, sereno.
317 *A great dread*: En inglés, un gran temor.
318 *Plantain*: Penson ofrece una traducción incorrecta. *Guineo* en la República Dominicana es el nombre de la fruta que en inglés es *banana*, la variedad de plátano que se come crudo y a la que quiere referirse el escritor en esta historia.

Los *plantains*, pues, que Mr. Smith saboreaba con delicia hubieron al fin de acarrearle en casa del mismo Presidente de la República, Sr. D. B. Báez, un incidente muy chusco[319] que no se puede referir aquí.

Y desde que se le ocurrió haber sitio y cólera, adiós apetito y adiós *plantains*, los cuales se pudrían colgados en sus racimos que el refectorio ornaban.

Entonces lo que menudeaba era el aguardiente, *a vasos*, no a tragos, porque dizque era contra la epidemia, y por el uso y el abuso, que rara vez tiran por opuestos caminos, hasta panacea universal era.

Y con esto no hay que decir, que los alambiques andantes se habían ellos solos convertido por sí y ante sí en boticas bien provistas de tal remedio de patente.

Que llegaba nuestro asilado.

Se sentaban tempranito a departir sabrosamente en inglés porque *Mister* Smith chapurraba el español, olvidados por un momento de lo que los rodeaba; sin embargo, de que la primera pregunta del viejo Cónsul era:

—Muchos muertos, ¿eh?

—Muchos muertos, —contestaba el otro.

Pero daban por ejemplo las ocho y empezaba el tiroteo.

De Pajarito rociaban balas como habichuelas.

¡Díganme! La casa que estaba allí pegadita a veinte pasos justos de la orilla del río...

Pin, pun, *shis, shis, fleen*... Y refrendaba acto continuo un cañonazo de a folio como para ti que soltaba la pieza de a veinticuatro del fuerte del Almirante, en que se alza el alcázar de D. Diego Colón y el obús de San Diego. Ambos baluartes quedaban sobre esta margen del Ozama.

A eso se unían los gritos de la familia de un colérico, allá, en lontananza.[320]

Mister Smith temblaba.

Interrumpía la conversación y agachaba la cabeza y aun se agazapaba cuando un proyectil pasaba por la calle, que a él le parecía venir recto por entre los hierros del balcón; y cuando el susto iba decreciendo, gritaba:

—¡Jim! Trae dos vasos de aguardiente: uno para *Mister* D. ..., otro

---

319 *Chusco*: Divertido, chistoso.
320 *En lontananza*: A lo lejos.

para mí... y otro *for you too*, ³²¹ –añadía el cabo de una pausa y por vía de apéndice.

Pedía el aguardiente como antídoto contra el miedo a las balas y a la vez contra el cólera y así es que al tomarlo él, recomendaba a su hijo que también lo tomase, dándole para ello su permiso; aunque esto sería por la presencia de un extraño, pues bien debían refocilarse padre e hijo a solas y a dúo en el solemne silencio del comedor de la espaciosa casa, y esto medio que nos consta.

Y naturalmente, debía considerar que el pobre Jim se estaría muriendo con aquellos silbidos y aquellos gritos de muerte que formaban una música extraordinariamente lúgubre. Con todo, no debía ser así por cuanto el muchacho era guapo, ³²² como lo probó una vez que se iba a invadir el consulado y *Mister* Smith armó de rifles a un centenar de asilados porque tenía sus aficiones por los *cabralistas*, y Jim tendió la bandera en el suelo y alzó las greñas a su rifle retando a los asaltantes.

Traía Jim el aguardiente.

Dos vasos llenos en una bandeja. ¡Pero qué aguardiente! Mosto puro, lo cual constituía un verdadero brebaje, como para el caso.

Trasegaba³²³ *Mister* Smith el suyo con mano trémula, chasqueaba la lengua, se limpiaba la boca con la manga de la camisa, pues siempre recibía al fresco en mangas de ídem y hacía esfuerzos por serenarse.

Daba luego dos o tres fumadas, mas apenas reanudaba la conversación cuando

Pin, pun, bum, bum, shis, shis....

¿Para qué te quiero, cabeza? *Mister* Smith tocaba con la frente al suelo y se agazapaba como maese Pedro cuando Don Quijote descargaba tajos y reveses sobre el retablo de los títeres.

El otro se quedaba entre pensativo y burlón.

—¡Jim!, –gritaba de nuevo *Mister* Smith.

Aparecía Jim sonreído y sereno.

—Jim, –decía *Mister* Smith con voz angustiada–, trae dos vasos de aguardiente: uno para *Mister* D. ..., otro para mí... y otro *for you too*.

Y decía esto último con desaliento.

Tornaba la bandeja y tornaba a apurar *Mister* Smith con precipitación su vaso, mientras el otro se lo echaba al coleto con ascos y re-

---

321 *Nota del autor. For you too*: ...para ti también. Se ha conservado esa frase así porque tiene mucha gracia y así lo cuenta el visitante forzado de Mister Smith.
322 *Guapo*: Valiente.
323 *Trasegaba*: Bebía alcohol en gran cantidad.

pugnancias y haciendo visajes como un condenado porque era aquel aguardiente un purgante peor que el aceite de higuereta.

Entonces sonaban gritos desgarradores que en el silencio de la noche y en tales circunstancias tenían allá a lo lejos no sé qué de fantásticamente pavoroso. Era el cólera que había asomado la nariz por algún barrio pobre.

Los oía *Mister* Smith con espanto, levantaba la mano en que tenía el vaso y con tamaños ojos abiertos decía a su compañero:

—*Hear, hear!*[324]

—Ya oigo, –respondía este con flema y a la par con disgusto, pensando en su familia abandonada.

Seguía la conversación, y parece que al compás del miedo de *Mister* Smith, los fuertes y los perversos tiradores de Pajarito pactaban una tregüita de algunos minutos durante la cual cruzaban el río los denuestos más chocarreros y las más peregrinas vulgaridades; y cuando ya, agotado el repertorio de las personalidades dirigidas contra uno y otro caudillo, el Presidente de la plaza sitiada y el aspirante a presidente de la bandería que sitiaba, se les fatigaba el gaznate a puro gritar indecencias y se enfurecían, mano otra vez a las carabinas y al cañón, sin tocarse naturalmente al pelo de la ropa y fastidiando la paciencia a los hambrientos moradores, atacados de cólera por partida doble: la epidemia y la ira.

Vuelta a silbar balas por esas calles, vuelta a cruzar carretas de muertos y vuelta a los gritos.

Vuelta, por ende, a agazaparse *Mister* Smith, y vuelta al aguardiente enmostado.

Una bala atrevida pasó tan cerca del balcón que *Mister* Smith se dio por muerto.

Estuvo diez minutos agachado y con los ojos cerrados.

El compañero *Mister* D. ... no pudo menos que reírse a carcajada tendida.

Mister Smith lo miró estupefacto. Parecía preguntarle:

—¡Qué!, ¿y tú también no te has muerto?

—¡Jim! Un vaso de aguardiente para *Mister* D. ..., otro para mí... y otro *for you too.*

—No, gracias, –dijo el huésped con voz desfallecida de los ascos

---

324 *Nota del autor. Hear, hear!*: ¡Oiga, oiga! No es pedantismo tanto inglesear, sino que así se ha referido el cuento (que es la pura verdad, según el referente).

que sentía–; ya no más. Amigo Jaime... *excuse me*, [325] –añadió angustiado por el mosto que había tenido que trasegar y temeroso de la décima edición.

Así pasaron la noche, entre sus dos miedos el pobre *Mister* Smith.

Acaso más fatídico que los gritos de los dolientes por la muerte de un colérico y que el silbar de las balas era ya el cuasi lamento de *Mister* Smith:

—¡Jim! Un vaso de aguardiente para *Mister* D. ..., otro para mí... y otro *for you too*.

Diciembre de 1890

---

[325] *Nota del autor. Excuse me*: dispénseme. Nota de la editora: Discúlpeme, perdóneme.

El Martirio por la Honra
(Tradición)[326]

I
Seña Simona

La anciana aquella era un tipo que llamaba la atención: lo que se llama un buen tipo y aun dicen que tenía algo de israelita.

Lo que sí es verdad es que por sobre el pelo de la ropa se conocía que era vástago de familia distinguida y que en sus mocedades había sido bella.

Blanquísimo el color de su tez, óvalo perfecto el de su rostro, ojos negros e insinuantes, nariz perfilada y con el cabello que probablemente sería «el oro fino» que celebraron tanto y acerca de lo que tanto donoso disparate ensartaron los poetas del siglo de oro de la literatura castellana, ya blanco en la época que aquí abrimos ahora.

Tendría entonces unos setenta años.

Daba la desgracia que era coja y así tenía que sostenerse entre muletas.

Muy aseada en su persona, usaba las clásicas *polleras* humildes como cualquier mujer del pueblo y un mantón blanco cubría su cabeza y hombros.

Había sido expósita.[327]

Vivía en casa de la señora Altagracia Guante, morena pobre y nieta acaso del protagonista de nuestra historia de *Barriga Verde*, siendo contemporánea de ella, lo que hace suponer que su madre fuese quien la recogiera.

Transcurría su existencia tranquilamente porque el carácter de aquella mujer era muy apacible y la desgracia la había, por decirlo así, moldeado en su turquesa.[328]

---

326 *Nota del autor*. Única persona que sabía ya de esta tradición conmovedora es el Sr. D. J. Ma. B. (Don José María Bonetti).
327 *Expósita*: Recién nacida abandonada.
328 *La desgracia la había moldeado en su turquesa*: La había hecho más fuerte.

No era su condición la de mendiga vergonzante, sino que solo recurría a la caridad, nunca desmentida, de nuestras familias; y se cuidaba mucho de no pedir más que a una que otra de su confianza y eso contadas veces.

Su mansedumbre la hacía querer de todos.

Un día, un caballero invitó a su hija primogénita, niña de seis a ocho años, a que diese la limosna a la buena señora a la sazón que llegaba a su casa.

Tomó desde entonces gran cariño a la chiquitina y con este motivo, y por el gran interés que inspiraba a los de la casa, la instó el dueño a que se quedase a comer con ellos una que otra vez, a lo cual accedió con gusto.

Mayor era el de aquellas caritativas personas en recibirla y pasaba las muertas horas entretenida con la niña, a quien prodigaba sus cariños.

Alzados los manteles, una hermosa tarde de primavera tomaban el fresco en la galería del patio y la pobre anciana se mostraba más afable que nunca con la vivaracha chicuela que, sentada en sus rodillas, acariciaba sus bucles de nieve y respondía a sus frases cariñosas con mucho mimo y genial travesura.

Los naranjos y granados en flor despedían perfumes sabeos[329] por lo penetrantes y suaves, cubriendo el recién barrido suelo de un alfombrado de blanquísimo nácar los primeros.

Era la hora de la tranquila calma y la poesía meridional con que se regala nuestra oriental naturaleza y con lo que aduerme sentidos y despierta el espíritu.

Renuevos de árboles que se vestían otra vez a toda prisa para esperar a que el abrazo del calor del trópico desarrollara sus flores y engendrara sus frutos; sarmientos amarillos que se iban retorciendo como hilos de oro según salían de la cepa de la vid, agarrándose tímidamente a los fustes de los pilares de la galería; píos de polluelos escapados del cascarón, revoloteo de *zumbadores*[330] y canto de algún

---

329 *Sabeos*: Perteneciente a la región de Saba, Arabia Saudita. Caracteriza un olor exótico.

330 *Nota del autor*. En materia de fauna y flora, ya se sabe que hay que explicarlo todo porque triste es confesar que ni por afición siquiera haya quien atiborrado y todo de historia natural, quisiera describir un pajarillo ni una florecica y, por tanto, hay que emprestar a Pichardo las definiciones de plantas y animales comunes a Cuba y nuestra Antilla. Allí sí que han estudiado bien todo eso. El referido autor (ob. cit., 386, voc.*zum zum*) dice: «N. ep. m. Pajarito especie de colibrí, el más chico y precioso de toda la isla que a no ser por su cola y piquito apenas tendría dos pulgadas de longitud: no es posible describir ni retratar con exactitud los contornos de su exiguo y aguzado cuerpo, la belleza y brillo metálico de sus colores cambiantes en sus finísimas plumas, sus alitas infatigables, sus rápidos y continuos movimientos, su graciosa volubilidad; nuestros mismos ojos no tienen

antes prisionero ruiseñor; el todo sazonado y embellecido con cambiantes de luz vivos y moderado calórico por el sol de tierras antillanas, era dulce solaz y escena grata para ojos y almas de los que gozaban de eso que se encuentra en todas las estaciones en los más de nuestros patios, especie de parques a la inglesa, pero que tienen luego la rustiquez maravillosa, exuberante, de las selvas del Nuevo Mundo.

La luz se detenía a una vara de la solana[331] y permitía una ancha faja de sombra refrescante, la cual determinaba una temperatura agradable. La niña jugaba allí y de allí, vuelta a importunar a la anciana y vuelta a bailar su muñequilla sobre el terrazo bruñido a escoba.

El dueño de la casa así como los demás, ardían en deseos de preguntar a la buena mujer algo de su vida, que barruntaban[332] envuelta en misterios.

Así fue que a lo mejor le preguntó:

—Dígame, seña Simona, ¿hace mucho tiempo que vive Ud. con seña Altagracia?

—Muchos, desde que sé acordarme.

—¿Y no sabe Ud. nada de su familia?

—No, señor caballero, –respondió con sonrisa bondadosa la anciana–, nunca he sabido quiénes fueron mis padres.

—¿Pero no tuvo Ud. algún indicio? ¿No ha oído Ud. decir a seña Altagracia que a Ud. la expusieron en su casa o la madre de ella u otra

---

bastante perspicacia para admirarle porque jamás se fija: siempre en el aire, expresando un silbido tenue como cuando se desprende la punta de la lengua de los dientes cerrados, entreabierta la boca, ya atraviesa con la rapidez del rayo, ya se cierne sin percibirse casi su veloz aleteo (cuyo zumbido originó su nombre) libando miel de los *aguinaldos*, de los *dictamos* o de las rosas, sin dignarse posar en parte alguna; tan silvestre, libre y fugaz no puede existir dos días en jaula sin morir; yo he tenido una vez la fortuna de mirarle tranquilo, inmóvil en una ramita a distancia de tres varas por pocos minutos. Así su color verde dorado que tornasola de rojizo; las alas más oscuras como la cola, que es larguita, ahorquillada, con reflejos violados; piquito delgado, prolongado, rosado en la mandíbula inferior y negro en el superior, como la punta toda. La hembra tiene las tintas más sombrías; garganta y bajo vientre agrisados y una mancha blanca detrás de cada ojo... Algunas veces cuando riñen, chillan o dan un gruñido como las ratas (*Orthorynchus ricordi*)... Otra especie aún más pequeña explica una obra con la garganta cubierta de plumas color rojo de fuego, la cual viene de la América Septentrional a pasar los fríos (*Orthorhynchus colubris*). El Dr. Gundlach me dice: "la especie más chica de la isla es la que yo descubrí en Cárdenas y además observé en Santiago de Cuba (en estos dos lugares exclusivos). La nombré *Orthorhynchus helene*... La especie intermedia es el *Orthorhyncus colubris*. El tamaño de la especie mayor desde la punta del pico a la de su larga cola es cuatro y media pulgadas (midiendo el pico ocho líneas y la cola, una pulgada ocho líneas); la especie menor tiene el total de dos pulgadas diez líneas (midiendo el pico cinco y cuarto líneas y la cola, diez y media)..." En el departamento occidental se llama *zum zum*; en el central, *zumbador*, y en el oriental, *zumbete* o *zumbador*. ¿Mas por qué valerse de nombres todos derivados del verbo zumbar, poco significante y feo, y del de *colibrí*, genérico y exótico, cuando tiene el suyo propio indígena, *guaní*, tan suave y alegórico al brillante y más precioso de los metales?»

331 *Solana*: Lugar de la casa que se usa para tomar el sol.
332 *Barruntar*: Conjeturar, suponer.

persona la recogiera con alguna prenda, señales, algún papel o algo así que denunciara su nacimiento?

—Nada, señor caballero, nada, –replicaba riendo cándidamente la buena mujer.

El interlocutor bajaba la cabeza y se rascaba la nariz como queriendo hallar un rayo de luz para indagar, con ayuda de Simona, su misterioso origen.

—Siempre viví con la familia Guante, –respondía a las reiteradas elucubraciones[333] de aquel señor.

Varias veces hubo de repetirse igual interrogatorio, después de comer, en el mismo sitio, y por delante de la miniatura de bosque americano.

Entonces, curioso por demás, y dado a averiguar antiguallas, como dirán de nosotros los que le hacemos este servicio a la arqueología y a la historia, el señor dicho empezó a indagar.

Y en la tertulia de una señora anciana muy locuaz, discreta y sabedora de infinitas cosas, tuvo al fin noticias del origen de la buena Simona conjuntamente con la tristísima historia de su nacimiento.[334]

II
Alba

Ruinas eran de casa solariega y rica que se veían por uno de esos barrios cercanos a la marina, mansión de familia muy principal, acaso de doble alcurnia.

Finalizaba el siglo pasado.

Se reducía la familia moradora de la gran casa a una señora de edad regular, fresca aún, de maneras aristocráticas, cuyas facciones conservaban rasgos de notable hermosura, y de una su hija, encantadora joven de quince, delicada como flor nacida en tiesto bajo cuidadosa mano y cuya belleza, no bien caracterizada todavía, era extremada, como al fin retoño de familia en quien se reunían hermosura, teneres y modales escogidos.

---

333 *Elucubraciones*: Reflexiones.
334 *Nota del autor.* Doña Dionisia Rodríguez era una señora inteligente y, aunque del pueblo, era culta por su roce con personas distinguidas. Disponía de excelente memoria y hablaba bien, así que en sus tertulias, a [la] que asistían algunos caballeros, contaba maravillas, tradiciones, casos curiosos, ocurrencias, sucesos históricos, etc. A ella oyó el Sr. dicho esta leyenda y ella le comunicó que la anciana Simona era la expósita. Dice que lamenta no haber preguntado algo a seña Altagracia Guante que hubiera podido hacer luz sobre el caso de la exposición de la niña.

La joven aquella era hoja de rosa. De cutis con el color y la tersura del melocotón, de húmedos y brillantes ojos, labios de flor de granado, nariz de forma escultórica como de estatua griega y frente de curva suave sobre la cual posaban amorosamente rizos cabellos castaños. Su talle se erguía airoso como brote de palma nueva en movimiento blanco y como esta, llena de majestad.[335]

La niña no necesitaba, para adobar sus gracias, de más que de un sencillo flotante túnico de muselina[336] que, con la prusiana,[337] hacía las veces del mejor gro[338] y la mejor seda.

¡Venturosos tiempos de riqueza sólida y no vana ostentación! Corto el vestido, dejaba asomar los redondos tobillos, opreso el pie pequeñuelo y provocativo en delicada zapatilla de seda color amarillo *mamey*,[339] y velada la bien torneada pierna por la media calada y sedeña,[340] se envolvían en ella delgadas cintas de colores del mismo género.

Tal traje, como de zagala, y sueltas las trenzas de los cabellos a la espalda en que el sol de la mañana quebraba fugitivas vislumbres haciendo resaltar los tonos pálidos del color castaño, daba a la joven una apariencia de heroína de idilio, envuelta como en espiritual ambiente.

Una sortija *bella alianza* de manecillas brillaba en sus dedos.

Tampoco había olvidado la señora sus gustos y con esmero se cuidaba y vestía.

Podemos verla al venir de misa y entrar por el ancho portal con su elegante traje de sarga[341] negra provisto de ruedo de magnífico terciopelo, abrochado a la espalda y cerrado hasta la barbilla, de estrecha manga ajustada a la muñeca y levantada y abombada en el antebrazo por armadores de tela engomada. Cubría su pie calzado de negra seda y era su peinado altísimo, sujeto con peineta de concha descomunal claveteada de puntitas de oro. La tradicional mantilla rebujaba no sin gracia los contornos de su espalda.

---

335 *Nota del autor*. Nadie, parece, excepto esa señora Rodríguez sabía de esta tradición. Y excusando ella el dar señas acaso por discreción, pues no ignoraba quiénes eran los personajes, resulta que ha sido necesario apelar a esta pintura arbitraria, pero verosímil, pues la seña Simona, como dijimos, debió ser muy bella en sus mocedades y así sería su infortunada. Del mismo modo, los nombres de María y Gabriel son supuestos porque era necesario disponer de nombres propios para la acción.
336 *Muselina*: Tela fina.
337 *Prusiana*: Tipo de chaqueta inspirada en una pieza de vestir del ejército de Prusia, antiguo reino alemán.
338 *Gro*: Tipo de tela.
339 *Mamey* o *zapote*: Fruta comestible de pulpa anaranjada.
340 *Sedeña*: De seda o semejante a ella.
341 *Sarga*: Tela con líneas diagonales.

Aquel trasunto de monasterio, tras de cuyas altas y gruesas puertas cerradas siempre se ocultaban las dos mujeres, servía como de concha ostentosa a la perla que habría codiciado un sultán. No se veía de vez en cuando más que algún criado y religioso silencio reinaba en la casa y por todos aquellos contornos.

Ganas daban de curiosear cuando, entornada la puerta al pasar alguien, se descubría el oscuro zaguán, el arranque de la ancha escalera y el patio cubierto de espeso bosque.

El interior era tosco, amplio, de enrevesada distribución con muchas puertecitas, arcos, claraboyas, ventanejos y cuartucos. Las gruesas vigas al aire, las paredes blanqueadas con cal, alto arco en la entrada de la pared maestra provisto de formidables puertas; el friso por mitad de los muros, al óleo, de color oscuro, piso ladrillesco, cantaderas en la sala con libros y muchos *palos de hamaca*[342] incrustados en las paredes. En fin, fortaleza por fuera y claustro por dentro: tales eran estas grandes casas y casi todas las de esta histórica villa.

El mobiliario original y recargado de la época, en que descollaban los *tures*, especie de sillones de caoba con asiento y respaldo de cordobán asegurado con tachuelas de cobre adornaban profusamente la sala, en la cual se abrían unos balconcillos rechonchos.

En grandes vasos de cristal rebosaban recién cortados ramos de azucenas, rosas de Castilla, albahaca y claveles.

Patriarcal vida la de madre e hija.

El jefe de aquella familia había muerto hacía algún tiempo.

No rica mesa, aunque abundante, mucho dulce, mucho merendar y mucho dormir siestas: así nos manejábamos ricos y pobres allá en los buenos «felicísimos y venturosos tiempos» de antaño.

Había en aquella casa aire de bendición. Tranquilidad religiosa, salud y bienestar. Flores por todas partes, canarios y ruiseñores parleros por todas partes y el clásico loro encaramado en los hierros de la ventana de comunicación de la sala y el comedor o del balcón,

---

342 *Nota del autor.* Los zoquetes o zoquetillos cortos, como de dos pulgadas cuadradas de diámetro, vaciados en medio y redondeados por la punta que ha de quedar visible, incrustados en el muro a unas tres varas de altura se usaron profusamente en nuestras casas, tanto que hasta en la sala los había y hay para colgar hamacas. En una de mediano frente y no más de trece varas de fondo, con cinco habitaciones y el corredor se han contado diez y seis: probablemente en la sala los habría también. En la susodicha casa los hay por pares en unas habitaciones, en otras, tres y en el corredor, cinco; e indudablemente que son útiles. Se llaman palos de hamaca. Y como todo es uno, aquí encaja la explicación del chinchorro, hamaca de cuerda o cáñamo, parecida a la red que usan los pescadores que dicen ser muy cómoda y de que gustan los viejos, sobre todo. El chinchorro ¡quién los oye!, para un octogenario, cuando dicen «mi chinchorro, me voy a mi chinchorro», es como el opio para los asiáticos o el diván para el turco. Tiene cierto privilegio sobre la hamaca propiamente dicha, por más ligero, fresco y castizo; y viene a ser el símbolo del dolce far niente [actitud relajada] de nuestro pueblo.

rumiando un *Alabado, Alabado* que a la par le enseñaban madre e hija y un *Deo gratias*[343] inacabable que oía diariamente quien venía a la casa o el consabido *Lorito real, para España y no para Portugal*, que es cartilla obligada de cuanto loro se cría en tierra de garbanzos.

Costura poca, como de quien no tiene necesidad, y se hacía tal labor porque era como símbolo del trabajo que antaño santificaban de alguna manera y se enseñaba en primera línea y tejido y guariqueña[344] otro poco, con unas cuantas vueltas en el uso de pabilo o hilo grueso, lo cual era reglamentario en toda anciana, y aún lo es en una que otra y que no desdeñaba la señorona que nos ocupa, ni aun por serlo. Después, rezos por almudes.[345]

¿Qué hacía la interesante doncella?

Fabricar macetas de flores de trapo para los altares, hojear libros de devoción, ver *santos*[346] de librotes con forro de pergamino olvidados en un arcón, hacer hablar el loro, oír a los pájaros horas enteras junto a sus jaulas, embromar[347] un tantico a los sirvientes pulquérrimos[348] que hacían la limpieza y aburrirse soberanamente.

Entonces la ociosidad era casi precepto y por eso habría que encomendar tanto el alma a Dios para que por su ancha puerta no entrase Belcebú.

Pero Belcebú entró allí, pese a quien pese, acaso por ser aquella ociosidad santamente bendecida y todo, de las mayúsculas que se gastaban.

Madre e hija una mañanita ultimaban un paño de altar de caprichoso tejido y recamado de obras hechas con hilo de plata y oro, con buen número de brilladoras lentejuelas e impertinentes canutillos. Pero el santo, cuyo era el pañote, requería eso y aun diamantes de Golconda:[349] tal era la devoción que por él tenían en la casa a la que habría de librar naturalmente de tropiezos y pestes.

A lo mejor de la faena, unos pasos en la escalera anunciaron una visita y un hombre entró de rondón,[350] aún con el sombrero calado,

---

343 *Nota del autor. Deo gratias*: la oración benedictina esa es conocida aquí con el nombre de *el bendito* y, sin el artículo, lo mismo en Chile (V. Z. Rodríguez, ob. cit., 20), extrañándonos no haberlo encontrado en otro país de América, aunque debe existir el término. Tampoco sabemos si se lo enseñan a los loros como era costumbre aquí, tanto que lo han hecho lenguaje oficial de esos animalitos: da gusto oírlos rumiar su alabado. En cuanto al *Deo gratias*, todavía hay viejos que no saludan de otro modo al entrar en las casas y tengo un amigo venezolano que así lo hace luego.
344 *Guariqueña* (República Dominicana): Tipo de labor manual en que se sacan hilos de un tejido.
345 *Almud*: Unidad de medida. Rezos por almudes: rezar muchas oraciones.
346 *Nota del autor. Santos*: los niños ignorantes llaman santos a toda ilustración o lámina de un libro.
347 *Embromar*: Molestar.
348 *Pulquérrimos*: Superlativo de pulcro, impecable.
349 *Golconda*: Famosa mina de diamantes en la India.
350 *Entrar de rondón*: De repente y sin avisar.

por la anchurosa puerta de la sala cuyas hojas altísimas no se cerraban nunca, signo de perpetua paz y de esterilidad de ingenio en los cacos.

Entró, apretó cordialmente la mano a la señora, acarició la mejilla de la doncella y se sentó entre ambas, previo el descubrir una calva naciente quitándose la enorme bomba, [351] lo que no había hecho por higiene y conservando su caña de Indias en las manos.

Era médico.

Medio entrado en edad, frescote, con signos de energía e inteligencia clara: así era.

Tenía trazas de hombre de buena sociedad y rico porque en su persona brillaban el oro y las piedras y su traje era de lo mejor de la época; aunque era estrafalaria vestimenta la que se echaban al cuerpo aquellos santos varones. El galeno lucía unos pantalones de sarga de los que tenían adheridas las medias poniéndose ambas piezas de un tirón; cargaba levitón de ídem con faldones muy largos y el cuello formidable por las orejas. Su camisa de *guarandol*[352] estaba adornada del sacramental gregorillo, obra de la niña de la casa, porque entonces las que bien querían, por cualquier motivo, hacían estas labores para los que bien querían, hermano, amante o amigo; chaleco cuadrado de ancha solapa y, por último, el rebajado cuello de la camisa dejaba ver el collarcito de la reliquia que aquella gente traía siempre consigo, aunque de ellos hubiese que fueran más malos que Caín.

La bomba que puso a descansar sobre un *ture* era «un trozo de historia antigua», como dijo con gracia un ya famoso poeta nuestro bien que muy joven, pues era desmesuradamente ancho arriba, angosto al medio y otra vez anchuroso hacia abajo con desplegadas alas vueltas para arriba. Todo traje masculino tenía en aquel tiempo eso de notable: que era exagerado y ridículo en grado sumo.

Se echó hacia atrás con aire de satisfacción, cruzó una pierna sobre otra y se meció en su balancín de madera y como hecho de una sola pieza que entonces se usaban, preguntando con voz algo hueca y aire de importancia:

—Vamos bien, ¿eh?

---

351 *Bomba*: Sombrero de copa.
352 *Nota del autor. Guarandol*: D. Baldomero Rivodó (ob. cit., parte sexta, 25) dice: «*Garantido*. Tela de lino semejante a la *Bretaña*. Dicho nombre proviene de que las piezas traen como rótulo la voz *garantido*, para indicar que se garantiza que son de lino puro. Mas ahora, por una extensión absurda, llaman *garantido* de algodón a una tela que en la apariencia se asemeja a la primera; pero que es de algodón puro. Cosa análoga pasa con otras telas que en su origen solo se fabricaban de lino como la Holanda, la Irlanda, el ruan, el warandol o guarandol; de suerte que tenemos todas estas telas también de algodón, pero en esto no hay absurdo como en la expresión *garantido de algodón*, etc.».

La señora le miró con beatífica sonrisa.

—Sí, señor doctor, perfectamente, —se apresuró a responder la joven, sin levantar los ojos de la labor.

No pudo, por tanto, notar la expresión extraña y fulgurante brillo de los del apellidado doctor que devoraban uno a uno sus encantos.

Y parece que tal sensación era cosa nueva en él porque tras el rayo que fulminó su ser todo por los cóncavos ojos, vino una mirada tenue y severa que velaba aquella otra, como especie de reconvención interior de la conciencia.

En su calva frente se dibujaba una sombra de algo en él desacostumbrado.

El demonio tentador que empezaba a atosigar al médico se le había entrado de sopetón más de media legua adentro en el corazón y le había envasado allí un fuego que nunca estuvo hecho a sentir, porque parecía rígido y austero.

Hay que saber quién era ese hombre para la familia.

Muerto el padre del que sin duda era amigo grande, quedó haciendo sus veces por los cuidados que prodigaba a la niña y las atenciones que gastaba con la señora.

Se supone que era tutor de la primera.

Madre e hija le estimaban altamente y la niña se había acostumbrado a ver en él a un padre, dispensándole confianzas de tal. La madre no se la tenía menor.

Usaba por tanto el doctor de gran familiaridad en la casa. Entraba y salía cómo y cuándo se le antojaba, aunque guardando ciertas reservas por los miramientos sociales.

La gente le tenía naturalmente en el concepto de fiel amigo que velaba sobre la suerte y la buena fama de aquella familia, como lo hubiera podido hacer el muerto y admiraba su consecuente amistad.

Siempre le habían visto salir con la niña de la mano a paseo o en volanta y los mimos propios de un padre.

La amistad era antigua y se reputaba, mediante tales pruebas, por la señora y por todo el mundo, sólida y leal *hasta la pared de enfrente*.[353]

Era casado.

Hasta entonces el doctor no había sentido por la joven más que grandísimo afecto paternal, pero hacía meses que germinaba en él un malaventurado pensamiento que si no era amor satánico, se le parecía.

---

353 *Nota del autor. Hasta la pared de enfrente*: no sé si esta frase familiar y expresiva es quisqueyanismo: por ninguna parte he encontrado de ella vestigios, aunque me parece haberla visto en autor peninsular. Significa hasta que no más, hasta un grado óptimo.

Luchó, se mortificó, indudablemente y en vano el predominio de la conciencia se sobreponía a sus apasionados intentos.

Bien hubiera hecho apelando al recurso extremo en tales casos: poner tierra por medio, mas lejos de hacerlo así, se dejó vencer.

En aquella mañana, su pasión había alcanzado su mayor período. ¡Maldito aquel a quien no sujetan las triples ataduras del deber!

La conversación giró sobre cosas indiferentes.

A poco el criado anunciaba el almuerzo.

El doctor tomó de la mano a la joven, mientras la madre corría a prevenir las menores atenciones del servicio, porque sabido es que los sirvientes dejan siempre esas cosas a medio hacer y la señora, tan principal como era, gustaba que el doctor o cualquier extraño, hallase en su mesa todo en regla.

El almuerzo perfumaba con los olores de los criollescos guisos. Allí caprichos de adobos y de frutas de sartén, allí cuanto podía regalar el gusto, allí pirámides de dulces de todas clases y esmaltando el centro de la mesa sobre bandejas de antigua plata, profusión de piñas, zapotes, guineos y guayabas de la tórrida zona.

Vinos generosos tiñeron los anchos vasos poligonales de filete dorado.

Tomó asiento el doctor al lado de la niña y le servía con exquisiteces acaso más refinadas que en otro tiempo y con cumplidos algo galantes que excedían la medida de los cariñosos extremos que solía gastar cuando procedía de otra suerte.

Pero, ¿quién iba a fijarse en esto?

A los postres, el doctor echó su cigarro y dijo:

—Ahora, María, –que este nombre daremos a la joven–, nos entretendrá un rato, antes de la siesta, con su habilidad en el harpa y algún cantarcillo nuevo que sepa.

La joven ruborizada bajó la cabeza.

—¿Yo?, –balbuceó.

—Sí, niña, –le dijo la madre con tono de dulce reconvención–. ¿Vas ahora a hacerte de rogar? ¡No faltaba más!

La joven se encogió de hombros haciendo una mueca deliciosa.

—¿Cómo que ya no quieres a tu padrinito, picarona!, –le dijo el doctor inclinándose hacia ella, hasta pegar casi su rostro con el de la niña.

Padrinito le llamaba alguna que otra vez.

—¡Oh!, –contestó mirándole sonreída con su genial candidez–, ¿por qué dice Ud. eso?

—Porque no me quieres complacer, según veo, –repuso aquel lanzando una mirada ardiente que hizo en las pupilas de la joven el efecto de una punzada; tanto le extrañó su expresión, que nunca había visto en los ojos de su amigo.

El doctor retiró su cara y apuró de un sorbo una copa para ocultar su emoción.

La joven sintió un estremecimiento singular que recorrió sus fibras: algo como miedo inexplicable.

Entre despierta y dormida estaba la señora, medio reclinada en su sillón de vaqueta,[354] sobre el hombro la cabeza peleándose el pañolón de Madrás y las roscas del peinado.

Sacudió pronto su letargo, de un apretón de su aristocrática mano metió en paz los chismes de su tocado y mandó alzar los manteles.

Luego, dirigiéndose a su hija:

—María, anda, dispón tu harpa, querubín. El señor doctor quiere cantos hoy y hay que complacerle.

Y dio el brazo al galeno, encaminándose todos a la sala.

María, especie de éxtasis de un místico hecho plástica figura de carne, ideal madona de inspirados maestros del pincel, de esas que hacían bajar con sus celestes fulgores al lienzo milagroso, fugitiva evocación de algún mago encerrada en una redoma, ondina o walí[355] de los misteriosos bosques románticos del Norte, puesta al harpa resonadora, adquiriría un encanto indescriptible y como que se desvanecía en luces inefables, y así arrancó notas que semejaban arrullos de tórtola.

Su voz débil y dulcísima era filtro que embriagaba.

Así aquel Fausto acabó de sentirse impelido por el diablo y aquella Margarita inocente se vendía, se entregaba sin remedio al exhalar en su canto como aquella en su aria de las joyas,[356] el secreto misterioso de los sueños de un alma virgen.

El doctor se turbó, palideció cien veces, se levantó, fue hacia la joven, la contempló con arrobamiento, midió la sala a grandes pasos.

Luchaba con la fascinación.

---

354 *Sillón de vaqueta*: De piel de ternera.

355 *Ondina o walí*: *Ondina* es una ninfa; *walí* o *valí* es palabra árabe. En este contexto significaría amiga íntima.

356 *Así aquel Fausto...*: Penson se refiere a la leyenda de Fausto recreada en la ópera del francés Charles Gounod y en la que el personaje de Margarita canta esta aria sobre las joyas que le regala Fausto para enamorarla.

La señora dormía.

El doctor arrebató una mano de María, interrumpiéndola en un arpegio conmovedor y quitándole el arpa, la levantó en vilo por la cintura, sin saber lo que se hacía y la besó en los labios.

El tábano[357] picaba a la cervatilla.

María retiró su rostro vivamente, dando un grito sofocado y miró con espanto al doctor, quien tenía el suyo descompuesto por las furias de la pasión.

La joven empezó a comprender y la angustia subió a su garganta.

Pero el maldito médico la estrechó en sus brazos y la cubrió de besos, no menos emponzoñados por ser silenciosos.

María desfalleció a tiempo que despertaba la madre.

El doctor se alejó rápidamente.

—María, ¿qué es eso?, ¿qué te pasa?, —exclamó aquella dando un salto hacia su hija, al despertar con el ruido que se produjo.

—Nada, mamá, —contestó la angelical criatura, manchada al contacto de la impuras caricias del que hasta entonces había considerado como padre–, nada.

Y se pasó una mano pequeñita y torneada por su frente calenturienta.

—¡Cosa rara!, —murmuró la buena señora, dando unos pasos por la sala–. María, dijo de allí a un rato–, vamos a rezar.

Y abrazándola, madre e hija fueron a arrodillarse ante un gran altar cuajado de luces, de ramos recién cortados y de braserillos[358] en que ardía el incienso.

La mujer, bruscamente despertada, se levantó herida en el espíritu de María y el infierno se abrió en aquella antes tranquila mansión.

III
Crepúsculo

Pasaron días y días.

¿Queréis volver a la casa solariega?

No haríais tal si yo os dijese que está truncada la vida en ella, que hay sombras de muerte por toda ella, que...

Pero si queréis, subamos.

---

357 *Tábano*: Insecto que produce molestosas picaduras.
358 *Braserillos*: Recipientes en los que se colocaban y conservaban las brasas (de carbón o madera) para calentarse.

No han cesado los chillidos del loro, mas mirad si hay por ahí flores del campo acabadas de coger, si los canarios y jilgueros saltan alegres en sus jaulas, si en los tiestos no se han resecado las rosas de Alejandría...[359]

Un taciturno criado os detiene en mitad de la escalera. Preguntáis por el ama y mueve la cabeza con desaliento, preguntáis por la niña, y contrae dolorosamente los labios.

Si acaso os hace una seña triste con los ojos para que subáis, si tenéis valor.

Desierto el corredor, la sala como tumba cerrada. No discurre el vientecillo del norte cargado con los perfumes acres de nuestros montes vírgenes por los abiertos balcones; no entra lleno de fiestas el sol a guisa de amigo antiguo, como enantes a dorar los sólidos sillones de caoba y los grandes cuadros de linajudos antecesores.

El arpa de María está allí, en aquel rincón entretejido de telarañas, tal como la puso el doctor al arrancársela de las manos a la nueva Margarita.

Silencio lúgubre.

¿Pero qué es eso?

La antigua casa solariega es prisión, es tumba, es horror ya.

¿En dónde estás, angelical María?

¡Ay!, nadie responde. Si acaso un gruñido, una especie de sollozo que se escapa a pesar de quien lo exhala y que desgarra un alma.

Sale de allí.

De la vasta pieza cuajada de armarios de caoba suntuosamente labrados, con cilindros de cobre por bisagras y llave de lo mismo donde hay dos camas altísimas de elevados espaldares rellenas de colchones descomedidos, cuyas ricas cubiertas de badana[360] deslustra espesa capa de polvo cual si en ellos hubiera tiempo que nadie durmiese.

Allí también el oratorio con dos o tres soñolientas luces.

Allí, por fin, una mujer.

Está sentada en un taburete de badana, con la mano entre los revueltos cabellos. Su faz desencajada muestra lo que ha debido sufrir: brillantes, febriles, desmesuradamente abiertos los ojos divagan con espanto y desolación indefinibles por todos los rincones y muebles del aposento.

Se oye, como el mar en vísperas de tempestad, roncar su pecho, le-

---

359 *Rosas de Alejandría*: Variedad de estas flores de las que se extrae la esencia de rosas.
360 *Badana*: Piel curtida de oveja o carnero.

vantarse hirviendo en amarguras y desfogarse en un suspiro ahogado y violento como ruido de fuelle de fragua.

No es posible reconocer en ella a la gran señora, apacible y dichosa en otro tiempo.

Hasta sus vestidos están en desorden y surcados de mugre. Mojados en lágrimas rabiosas, pero que esconde cuidadosamente, y en sudor de agonía, el polvo sutil de los rojos ladrillos que la escoba no castiga como solía, viene a solicitar la humedad para manchárselos.

Aquella mujer podía decir: «¡No hay dolor como mi dolor!»[361]

¿No os dais cuenta de semejante transformación?

Es que la desgracia «visitó sobre sus males», según dice el profeta.[362]

Aquel doctor infame, prevalido del ascendiente que tenía sobre María y más que eso, la especie de fascinación que ejerció en ella, o lo que sea, y merced a su candidez e inocencia o debilidad culpable, se introdujo como un ladrón en su estancia y sorprendiéndola allí como el buitre al ave implume en el caliente nido, la sacrificó a sus brutales antojos.

El espanto de la pobre niña fue profundo.

La profanación de aquellos santos afectos y deberes; el ver convertirse en seductor al amigo leal y quedar así su inocencia atropellada en un instante; hallarse, en fin, niña cándida ayer, trocada en mujer impura ahora y luego aparecer en tal guisa ante su madre y ser escándalo a los vivientes; todo eso hizo palidecer las rosas en las mejillas de la joven y que perdiese para siempre su tranquilidad.

Nada dijo.

El doctor seguía como siempre prostituyendo aquel hogar santo con su presencia asesina; y disminuyendo en su franqueza y campechano modo de ser y aumentando el recelo de sus ojos al paso de la palidez y el desmejoramiento de la niña, la madre experimentó cierta desazón que no acertaba a explicarse.

Asedió a preguntas a su hija sobre su quebranto y al galeno sobre lo mismo; y a las esquivas contestaciones de una y otro, mordieron por primera vez las crueles sospechas en su corazón y se sublevó aquel altivo carácter a la sola idea de ver deshonrada su estirpe, y en tiempos como aquellos, cuando los casos de honra y los respetos humanos con-

---

361 *¡No hay dolor como mi dolor!*: «Observad y ved si hay dolor como mi dolor» (*Libro de Lamentaciones*, 1:12). Ésta parece ser la única referencia a un texto bíblico que aparece en *Cosas Añejas*.

362 *«Visitó sobre sus males»*: Verso tomado del poema «Por la pérdida del Rey Don Sebastián» del poeta español Fernando de Herrera (1534-1597).

culcados eran cosa terrible entre familias hidalgas sobre todo.

Sin embargo, bien distante se creía de la terrible realidad.

Llegó a figurarse que, dado que la niña hubiese cubierto de ignominia su nombre y sus timbres, acaso el médico sería cómplice de ella, jamás autor de tan horrendo delito.

Se desatinaba porque nadie pretendía a su hija, que ella supiese. No podía tampoco resolverse a dar entero crédito a lo que el infierno sugería.

¿Su hija tan cándida, tan llena de virtudes y religiosa? ¡Imposible!

Sin embargo, como mujer de experiencia, supuso que su sexo no estaba nunca exento de grandes debilidades y que cualquier patán podía muy bien haber abusado de su hija sin mayor culpabilidad de parte de ella.

Mas como quiera que fuese, era necesario hacer un ejemplar.

Se dispuso a castigar la infamia que creía ella que el médico trataba de encubrir, si resultaban ciertos sus temores, y se encerró con la pobre María en el oratorio, sin más testigos que las imágenes del altarito y las velas que espléndidamente ardían en él.

Juez y reo estaban el uno en presencia del otro.

Ocupó la señora su cómodo sillón de badana y María permaneció de pie, con la mejilla sobre la palma de la mano, tristemente entornados sus ojos, fría, lívida, trémula.

—Hija, vamos, –empezó con afectada dulzura la madre–, ¿por qué estás así, desmejorada, triste, confusa y apesarada? Algo te pasa que debes confiar a tu madre...

La joven dio un suspiro ahogado.

—¿Sufres? Ya lo sé, –continuó la señora moderándose con trabajo–. Pero, ¿qué te pasa?, –insistió con firme acento.

María tembló de pies a cabeza.

—Me quieres decir ¿no?, –gruñó la madre–. Y dime ¿en dónde está tu cómplice que ya no aparece por la casa, tu padrinito?...

En efecto, cuando el doctor vio el nublado en la frente de la noble matrona, tuvo a bien largarse y desaparecer para siempre antes que estallara el turbión, porque ya sabía él que la joven estaba encinta, y dicen que se refugió en Puerto Rico.

La pobre niña quedó sola y expuesta a los rigores de la cólera materna, que entonces podía temerse en circunstancias iguales, no ahora, que algunas madres, si viene al caso, son cómplices de la deshonra de sus hijas.

—¡Habla!, – exclamó irguiéndose cuan alta era la gran señora, y encimándose a María–. ¡Has faltado! Te has burlado de mis canas, te has... deshonrado; yo lo adivino... yo...

Y esa sola idea se comprimió en las sienes con las manos y se desplomó de nuevo en su sillón.

—Mamá, –gritó sollozando la pobre víctima–; yo no soy culpable, no...

Y aquí se detuvo, porque su negaba a emitir los sonidos.

—Sí eres culpable, ¡mala hija!, –rompió la señora, alzándose otra vez de su asiento–. Se ve, se está mirando. Y ¡pronto!, confiesa tu delito para castigar al culpable con todo el peso de mi indignación; y en cuanto a ti, a ti...

La joven cayó de rodillas, alzando hacia su madre las suplicantes manos e inundados de lágrimas los ojos bellísimos.

—¡Mamá, por piedad! ¡Mamá...¡perdón!...¡perdón!...

—¿Con que al fin declaras, eh?, –dijo la airada madre echando chispas, con voz afectadamente tranquila, lenta e incisiva, pues cada sílaba era como una gota de plomo–. ¿Y quién fue el seductor? ¡Habla!, ¡pronto!, –añadió mudando de tono y con agrio y destemplado acento.

María tembló y sus sollozos fueron los que por breves instantes turbaron solamente la espantosa tranquilidad del oratorio.

Confesó la inicua conducta del doctor.

¡Cuitada[363] que no lo hiciera antes!

El rayo de improviso desatado sobre el inadvertido viajador no causa el horroroso, el indescriptible efecto que tal confesión sobre el ánimo y el orgullo y los irritables nervios de la noble matrona.

Sofocó un ¡ay! desgarrador y nada dijo. Pantera herida en mitad del pecho cuando encogiéndose y sacando las uñas se dispone a lanzarse sobre el cazador, gruñe y cae inerte, así aquella mujer.

Se levantó como impulsada por un resorte altiva e iracunda, lanzando centellas por todos sus poros, y volvió la espalda desdeñosamente a la infeliz criatura.

Pensó la hija que se moría.

Salió del aposento vacilante, mientras la madre se encerraba en él.

Se retorció, gimió; mas al peso del dolor quedó al fin rendida la pobrecilla y comenzó, al paso que su vía crucis horrible, su resignación de mártir.

---

363 *Cuitada*: Desafortunada.

Desde aquel momento, la vida entera huyó de aquella casa.

La señora llamó a su criado de confianza, hombre resuelto y de robustos puños.

Fría y calculadamente había trazado su plan inhumano, el que creía necesario para encubrir su honra; y dio prolijas y terminantes instrucciones a su servidor, amenazándole con su enojo si no cumplía como se le mandaba.

El criado juró por su patrón obedecer ciegamente, aunque no imaginaba dónde iría a parar aquello.

Así fue que al amanecer de un día espléndido, cuando la naturaleza toda se regocijaba, se presenta el fiel servidor en la estancia de la consternada María, y casi sin miramientos la intima a que baje al zaguán[364] porque una volanta la espera en la puerta de la casa.

—¿Dónde me llevas, Gabriel?, –le preguntó la joven enjugándose las lágrimas y temiendo la saña de su madre.

—La señorita va al campo, a una quinta.

La pobre niña bajó la cabeza sin preguntar más y levantándose con trabajo, sin mudarse de vestido, bajó apoyada en el hombro de Gabriel, que allá en lo hondo iba lamentando semejante desgracia, y compadeciendo a su señorita, sobre cuya cabeza caerían las iras de su madre como una tromba; aunque él solo sabía que estaba poseída de terrífica indignación contra la joven.

Todavía no se echaba de ver su estado.

Ya en la volanta se atrevió a preguntar:

—¿Y mi madre?

Gabriel por toda respuesta azotó las mulas, que arrancaron por la estrecha calle que cae al barrio de San Miguel para seguir al pie de las murallas hasta las afueras del Conde.

Ya en la quinta, el fiel sabueso se constituyó en guardián de la joven, a la que acompañaban unas mujeres conocidas o arrendatarias de la señora y que nada sospecharon.

Aquello fue reclusión en regla: no tenía con quien comunicarse y el tedio se desplomó sobre su espíritu con su cortejo de melancolías. Fue decayendo tristemente, presa de sus remordimientos y dolor agudo.

Pero ni una maldición ni un deseo de venganza para su seductor. Se dolía sí como es de suponer que hubiese hecho de ella su víctima, trocando su cariño en infame torpeza.

En sus largos paseos por la orilla del mar, entre dos filas de cocos

---

364 *Saña*: Enojo, ira.

enanos, el ruido de sus pies que levantaban la arena hacía correr los *cangrejitos colorados*, o bermejos, que salen a tomar el sol después de la lluvia y que pueblan por marzo los caminos cerca del mar y, como necesaria consecuencia, las ollas de los habitantes de las ciudades.[365]

Sola iba y doblaba sobre el pecho la frente gentil la infortunada; y las brisas cálidas, en consorcio con las auras del trópico, venían por las mañanas a descoger y acariciar sus cabellos descuidados, como últimos lisonjeros galanteadores que la habían de admirar.

¡Pobre niña!

Ni un recuerdo de su madre, ni una línea, nada.

Sabía la joven lo que era la idea de la honra, entonces, y juzgó que su madre sería capaz de sacrificar todos los impulsos de la naturaleza para encubrir tal falta y castigarla.

Pero no dejó de esperar en la misericordia del amor.

¡Vana esperanza!

¿No la abandonaba allí a su soledad y a sus tormentos?

Cuando hubo pasado un tiempo, y antes que se manifestase el embarazo, Gabriel le comunicó una tarde que esa noche debían partir. A todo esto no le decía nada de la señora.

María tembló. Tenía crueles presentimientos.

Llegó la noche al fin, pero ¡qué noche!

Silbosos vientos huracanados azotaban con violenta garra la airosa melena de los cocales y les hacían doblar la dura cerviz que erguían al punto con furioso empuje, sacudiendo sus penas entre chasquidos, tal como desgarramientos de la seda de sus siempre susurrantes flecos. Corría el hálito tempestuoso en solicitud de estragos por sobre las cabezas de los fuertes mameyes, tamarindos sonoros y graníticos caobos, y se entraba en torbellinos por entre el seno indefenso de los guayabales y los cafetos en flor retorciéndoles los brazos y quebrándoles los ramillos más tiernos entre sus gemebundos ayes. Volaban las hojas por las nubes, graznaban los ánades,[366] gritaban horrendamente

---

[365] *Nota del autor. Cangrejitos colorados*: Pichardo (ob. cit., 68) explica las especies de Cuba y la que hallamos conforme con la que aquí tratamos es esta: «Aquí se da este nombre al de la tierra que habita en cuevas y nunca o rara vez visita las aguas; aunque viven en las costas, salen y se esparcen en tiempo de lluvias; jamás los he visto tierra adentro más allá de tres leguas del litoral. Este crustáceo es comida favorita, singularmente cocinado con *funche* [comida hecha con harina de maíz] o *quimbombó* [ocra, molondrón]; aunque suele estar *ciguato* [envenenado], lo cual (dicen) se conoce en que carece de pelos en las patas. Algunos aficionados los conservan en corrales donde los engordan con palmiche, etc.». Son exactamente los mismos hasta por la circunstancia de no vivir tierra adentro. Nosotros acá los cogemos con un palito y los embalamos en *macutos* por toneladas y luego se les salcocha simplemente y así son muy sabrosos, bien que no los hemos catado.

[366] *Ánades*: Patos.

las *guineas*[367] y la casa rústica padecía periódicos sacudimientos, como el que tiene calenturas, accesos intermitentes.

Lluvia fuerte, graneada, repentina, caía como metralla sobre los árboles, produciendo un ruido sordo que empezando a lo lejos redoblaba al llegar, arrebatada a intervalos y suspendida por racha furiosa que se amoscaba porque solo ella se permitía dar semejante música, sin dejarle espacio a sus bramidos.

Había que proceder con el mayor sigilo[368] porque el intento de la señora era sacar de allí a su hija de un modo oculto, a fin de que se creyese que permanecería en el campo mucho tiempo por mero placer, mientras la condenaba a duro encierro para que nada pudiese traslucirse de tal suceso.

La noche tempestuosa venía, pues, a pedir de boca, y Gabriel, envolviendo a la pobre joven en su gruesa capa, la cargó en brazos trasladándola al carruaje.

El chasquido del látigo anunció la partida, y haciendo saltar el lodo con los poderosos cascos las cabalgaduras, llevaron de un tirón a la desventura personificada a la ciudad desierta y tenebrosa.

IV
La mártir

La calleja donde quedaba la casa tenía aspecto lúgubre y, sin eso, nadie se atrevía a pasar por allí a boca de noche que fuera, por temor a las apariciones.

Se abrió la anchurosa puerta sin hacer ruido y la joven, apoyada en el brazo de Gabriel, subió las escaleras.

Arriba aguardaba su madre con una luz.

La pobre niña, al verla, quiso dar un grito de alegría y dolor, quiso abalanzarse hacia ella y exclamó con acento desgarrador:

---

367 *Nota del autor. Guineas*: aunque la define el diccionario, no se da una idea completa de ella y, además, bien que ave exótica, tanto se ha generalizado en estas tierras que ya es de ellas. Pichardo dice (ob. cit., 185) que la *pintada*, aunque doméstica, es propensa a hacerse montaraz; que se propaga mucho pues cubre más de veinte huevos que pone en hoyos. «Se juntan por parejas, enamorando la hembra al macho al cual hay quien llame *guineo*, aunque es epiceno [palabra que designa a un animal tanto femenino como masculino]. Después de la época de la incubación, andan en bandadas por el suelo; perseguidas vuelan a corta distancia, esperando torpemente en el árbol donde posan. Si consideran que no hay peligro clamorean con voz nasal, recia y penetrante, ya con monótono cacareo, ya con dos notas, más alta la última y más detenida que repiten mesurada y continuamente, que atrae al cazador. Cuvier dice que fue conocida de los antiguos bajo el nombre de *gallina de Meleagro* y que es originaria de África».

368 *Sigilo*: Proceder con secreto, cautela.

—¡Madre mía!

Pero la señora no hizo un gesto, no despegó sus labios y haciendo una señal imperiosa al criado, indicó al servidor un aposentillo que daba sobre el patio, estrecho y de alta ventana con rejas, diciéndole secamente:

—¡Allí!

María volvió los ojos desencajados a su madre, implorándole, dio un largo gemido y se retorció como negándose a avanzar; pero a otra señal de aquella esfinge humana, Gabriel la impelió dulcemente, bastante más enternecido que la madre, y el calabozo, porque no era más que un calabozo o bien tumba anticipada, se cerró tras la infortunada niña con siniestro ruido de llaves y cerrojos.

La señora, impasible en tanto, solo dejó escapar un rugido y luego giró sobre sus talones y se fue vacilando como ebria hasta su cuarto.

No rezó: ya no se acordaba de hacerlo. Tampoco se acostó porque el insomnio había reemplazado las horas del descanso, como tampoco se alimentaba apenas, devorada más por el dolor de la afrenta que por el dolor de la hija.

Y no es de extrañar esta exageración, cuenta habida de lo que significaba en aquellos tiempos el puntillo de la honra de una casa principal, puntillo que exigía mayor severidad en el castigo de una falta al tratarse de un nombre o de un blasón, ahogando para ello como lo hacía esta madre terrible la voz del corazón, que si se tratara de plebeyos. Los plebeyos bien podían excusarse de tener honras ¡qué diablos!

Por eso aquella mujer, que quizás no era de aviesa índole,[369] creía cumplir con un deber, ¡negando despiadadamente a su hija hasta el consuelo de llamarla madre!

¿No es cierto que infundía espanto entrar en aquella casa, lector amigo, después de haberla conocido llena de los encantos del hogar venturoso?

Así transcurrieron meses.

Si por acaso preguntaban por la niña, decía la madre o los criados que estaba pasando una larga temporada en el campo.

Mientras tanto la joven, reclusa en su celda, desfigurada completamente porque no dormía ni comía, pasaba sus crueles días doblada sobre sí misma, hilo a hilo saliendo el ardiente llanto que por sus flácidos dedos con que ocultaba su rostro, corría lentamente.

---

369 *Aviesa índole*: Carácter perverso.

Todo había acabado para ella. Era un cadáver, era una sombra, era un remordimiento en carnes.

¿Qué sería de su hijo?, pensaba. Acaso se lo iban a matar...

El criado de confianza, Gabriel, le suministraba el alimento.

Nadie más se presentaba a sus ojos.

Y con ellos desencajados y llenos del fuego de la fiebre y el delirio, porque creía a las veces volverse loca la infeliz, le preguntaba muda a Gabriel algo: qué era de su madre, que cuándo moriría, por ejemplo.

Dio a luz al fin a una hermosa niña en su espantosa soledad. Si la asistió comadrona, debió ser persona de absoluta confianza.

El criado corrió a participarlo a la señora y en ese momento el débil grito de la criaturita vino a herir su oído.

Por un instante se puso lívida, tembló, vaciló. Mas no duró mucho tiempo su indecisión. ¿Quién capitulaba con la honra ultrajada?

Se irguió trémula. La naturaleza había librado en aquel fortísimo pecho su última batalla y estaba ya cerrado a toda conmiseración.

La suerte estaba echada.

Gabriel esperaba mirando al suelo y visiblemente conmovido. ¡Era tan lindica la criatura y había padecido tanto la pobre María!...

—Gabriel, –dijo sordamente la señora–, hay que borrar hasta la última huella de ese nefando crimen...que es mi deshonra...

Y tuvo aquí que ahogar un rugido y un sollozo de terrible ira.

—Oye. Tomarás a esa niña, –continuó–, la envolverás en pañales ricos sin iniciales, pondrás esta bolsa junto a ella y...

—Y... –repitió Gabriel, tartamudo de pura emoción.

—Y la llevarás esta noche a un lugar en que vivan personas buenas cristianas y puedan recogerla mañana y criarla sin que logre nadie saber jamás, ni ella misma, de los padres que le han dado el ser....¡Anda!

A esta terrible sentencia, un nudo se le atragantó al pobre Gabriel, que al fin era hombre y tenía gran lástima de su señorita.

Así fue que revolvió en su cabeza algún desesperado recurso para conjurar semejante fallo y no se movió. ¡Qué!, ¿ni la inocencia podía mover a piedad a aquella mujer endiablada?

Empezó a balbucir frases de conmiseración, de perdón.

—¡Gabriel!... –gritó la señora con voz ahogada por mil encontrados pensamientos y pasiones.

—Quiero creer que aún eres digno de mi confianza, –añadió luego–. Obedece y calla. Vete; déjame sola.

Y dio febriles paseos por el cuarto. Chisporrotearon las luces del altarito, se apagaron y ella no lo notó. Quizás la imagen aquella, indignada sin duda, no quería más adoraciones en tan nefando lugar en que se habían conjurado todos los infortunios.

Gabriel fue por la noche a cumplir su encargo misterioso.

Daban las doce en el gran reloj clavado en la pared como mudo testigo de estas escenas.

El pobre y leal servidor, como quien va a cometer un asesinato, llega al cuarto de la mártir.

Ella, medio dormitando y un si es no reanimada por las fruiciones del amor maternal, daba el pecho a la criaturita, que dormía con el sueño de los ángeles, sonriendo de un modo inefable.

Gabriel se acercó hasta el pie del lecho con su linterna sorda en la mano y contempló por un instante a la madre y a la hija.

María despertó sobresaltada. Y por un instinto que acaso las madres solo tengan, adivinó que querían arrebatarle a su hija.

Dio un gemido y con sus cabellos destrenzados y sus manos descarnadas trató de ocultar a la niña, mirando con faz desencajada al servidor.

—Señorita... –balbuceó este conmovido–, es preciso...

—¡Qué!, –exclamó con espanto María–. ¿Tratan de quitarme a mi hija? ¡Nunca, jamás! Que mi madre me asesine, tiene derecho a ello... ¡pero quitarme a mi hija, quitarme a mi hija! ¡Ay, Dios mío!... –sollozó la infeliz, apretando contra su seno a la criatura, que despertó entonces.

Gabriel enjugó disimuladamente un lagrimón.

—¡Qué quiere la señorita! Mi ama lo manda así...

—No, no, no, –aulló la infeliz tratando de defender a su hija.

Pero Gabriel, por abreviar semejante agonía en que él también no dejaba de ser un Cristo, arrebató rápidamente a la niña de los brazos de la joven y huyó.

—¡Gabriel, Gabriel!, –gritó esta lanzándose tras él y ahogándola los sollozos–... mi hija... mi hija... mi hija... dame... ¡mi hija!

Y cayó rendida al peso de su descoyuntado cuerpo y se dobló sobre sí misma como el junco que racha bravía retuerce al pasar y rebotó su frente contra la puerta que había cerrado tras sí el criado, y sobre el suelo se golpeó la cabeza, aquella cabeza de ideal madona, quedando los cabellos esparcidos por el suelo.

Se había desmayado.

El pobre Gabriel envolvió a la criatura en sus pañales y luego en su capa, y como un criminal, espantado de sí mismo, salió de la casa y a trancos grandes salvó la calle de Plateros y en el primer callejón que encontró, depositó su carga en el ancho umbral de una puerta, poniendo junto a ella la bolsa de dinero en crecida cantidad que su ama le había entregado.

Si esta le había indicado la casa de la familia Guante, ya sabemos que quedaba en ese callejón, a la izquierda viniendo de San Francisco.

Luego, dando una triste mirada al bulto que hacía el angelito, que parecía dormido, se enjugó la segunda lágrima con la áspera manga de su capa y se alejó.

Ya era tiempo. Una ronda venía por esa calle.

La hija del crimen quedó allí abandonada para siempre a la oscuridad de la noche y a la caridad de las gentes.

Faltaba, empero, lo más cruel.

Madre e hija iban acabando a manos de su negra suerte.

María quedó medio trastornada cuando, a favor de la frialdad de los ladrillos y del aire que entraba por la ventana, recobró los sentidos.

Gritó, lloró, llamó, se mesó los cabellos de desesperación, mas ni el eco respondió a sus quejas.

¡Si alguien hubiera podido oírla y salvarla y salvar a su hija!

Después cayó en profunda atonía.[370]

Hacía ya algún tiempo que el enclaustramiento y el pesar minaban su existencia y la tisis se había declarado.

Aquel último golpe la hirió de muerte.

No se levantó ya más.

Hondos suspiros eran cuantas señales de vida quedaban en aquel cuerpo. Formas, facciones, todo era ya un montón de angulosas protuberancias bajo el sudario de una sábana.

Estertor de agonía se oyó.

Gabriel, alarmado, corrió a su ama.

—Señora, señora, –le gritó–, ¡la niña se muere!

Esta se encrespó a modo de animal dañino, sin duda por los esfuerzos que hacía en su inflexible espíritu la naturaleza ofendida por recobrar su imperio; volvió la cara a la pared y no contestó.

Tenía empeño en ocultar sus menores emociones para que su papel de vengador o verdugo no desmereciese ni en un ápice.

---

370 *Atonía*: Debilidad física.

—¡Señora!... –insistió Gabriel.

Pero la señora estaba sorda y rígida en su asiento como estatua de sal.

Dominándose al fin y con fingida calma, le dijo:

—Enciende a mi hija muy indigna la vela del alma, si está expirando como dices; rézale, si sabes hacerlo, y aleja de estos sitios a los criados... ¡anda!

Y volvió a su anterior posición.

Gabriel permaneció mudo, inmóvil y frío ante crueldad semejante.

—Pero... –se atrevió a balbucear–, ¿es que no se busca un médico, ni se confesará la niña, ni...?

La señora se volvió a él, sombría.

—¿Qué has dicho, mal servidor?, –exclamó sordamente–. ¿Médicos ni sacerdotes aquí? Ya te he dicho que alma humana no debe pisar esta casa ni saber jamás que *ella* vive ni que ha muerto, si muere: ¡nada!

—Señora... –volvió a decir Gabriel con las manos juntas y suplicante.

Mas esta sin volver la cabeza:

—¡Márchate, déjame en paz!, –gruñó–. ¡Ni una palabra más!

El fiel servidor bajó la cabeza confuso, mohíno y desesperado.

¡Sí, ni viva ni muerta, nadie debía saber más de María!

¡Su hija muy indigna! ¡Digno epitafio escrito por una madre desnaturalizada!

Ya ella no necesitaba de nada.

María había muerto.

Gabriel encendió piadosamente la vela del alma, dio un beso en la descarnada mano de la muerta, limpió su frente con cariño, le arregló los cabellos, la envolvió en su propia sábana como en un sudario y se retiró afligidísimo, cerrando tras sí la puerta.

La mártir quedó sola, como en vida.

¡Quién dijera que aun ante la muerte fue inexorable[371] esa madre!

La antigua casa solariega, nido enantes de tranquila felicidad, vedla ahora, más sombría que nunca.

En toda ella ni el viento se atreve a causar el menor ruido.

En un rincón del oratorio, en cuyo altar no arden cirios y yacen resecas las últimas flores puestas por María y no perfuma el incienso en los braserillos, allí está la gran señora como fiera acostada. No la mi-

---

371 *Inexorable*: Severa, implacable.

remos: su aspecto hosco y descompuesto, sus ojos fosforescentes no dan idea de que aquello es un ser humano.

Soledad en torno suyo: ni lágrimas ni flores ni oraciones...

El mundo entero debía ignorar que había cesado de vivir para que fuese asaz desagraviada la honra de la familia.

Tampoco ministros ni funerarios toques ni salmos conmovedores debían acompañarla a último asilo.

Ni corona de blancas flores ni féretro de níveo raso debían contener sus despojos. Ni la compasión de los transeúntes seguirla al pasar. Ni el canto de las vírgenes regocijar su alma. Ni tumba conocida señalarla al afecto de los que la amaron, ni perpetuar la memoria de sus desdichas.

A la que en la florescencia de sus años no tuvo el amor más que la cruz, sin que jamás latiese su corazón al dulce recuerdo del amado, o al ruido de sus pasos, o al adivinarle entre la muchedumbre, o separada de él por la fatalidad, aun en ajenos brazos fijo en él estuviese su pensamiento; a la que no tuvo del amor más que la cruz, le fue negada hasta una humilde para su tumba.

El mundo debía ignorarla también, como ignoró su falta, ¡como ignoró su suplicio y muerte!

Y así fue.

Se amortajó el cuerpo de la pobre niña por disposición de la señora de especial manera.

Y cuando la densa noche, que parece luego cómplice de infamias, cayó pesadamente sobre la *Ciudad Antigua*, cuando zumbaba el viento entre los estribos de las ruinas del cercano monasterio, cuando las lechuzas despedían chirridos agoreros,[372] cuando las luces fosfóricas brillaban entre las yerbas y sobre los escombros de alguna abandonada vivienda, un hombre, sin sombrero, envuelto en una capa, erizado el cabello, inseguro el paso, sofocando en su garganta una especie de gemido, con un bulto a la espalda apareció por el gran portón de cincelados relieves en piedra viva y coronado por escudo de armas de la casa maldita.

Nubarrones negrísimos y espesos corrían al sudeste; el viento barría el polvo y registraba sinfonías lúgubres en las tejas de los techos y el alero de los balcones.

Era medianoche.

Aquel hombre era Gabriel que llevaba a enterrar clandestinamente el cuerpo de la pobre María.

---

372 *Agoreros*: Que pronostican males o desdichas.

Su madre lo había dispuesto así. ¡Que ni una huella quedase de la causante de su deshonra!

Cargado con el cadáver de la víctima, tomó calle de Plateros arriba hasta la iglesia de Santa Bárbara.

Desembocó en la plazuela de esta que envolvían hurañas sombras y cuyo aspecto infundía terror porque, además de todo, a lo largo del templo se extendían las tapias del patio que era un cementerio bien removido en esa época: allí enterraban también a los ajusticiados.

La mole del templo se desvanecía en la oscuridad, los gachos[373] bohíos que quedaban a la derecha de él parecían agazapados monstruos prontos a lanzarse a la plazuela, sobre las del cementerio las *animitas*[374] contorneaban sus líneas y dentro había ruido de mandíbulas y tierra escarbada.

El leal servidor no tenía miedo a los fantasmas, pero sus nervios sí estaban en desorden a causa de las terribles emociones que en breves días había experimentado.

Escudriñó los rincones de la plazuela con penetrantes ojos, puso una mano sobre el caballete,[375] pues la tapia no se eleva a más de una vara y media del suelo por el lado de atrás debido a la elevación del terreno en esa dirección y afirmando en él una rodilla, trepó saltando al otro lado.

Los animales que escarbaban huyeron a su presencia.

Depositó cuidadosamente entonces el cuerpo de su señorita sobre una antigua losa y buscó a tientas el azadón y la pala.

Empezó a cavar donde la tierra parecía más blanda y no fue penosa para él semejante tarea porque tenía buenos puños y el terreno estaba flojo.

Suspendiéndola a ratos, se acercaba a mirar por encima de las tapias; pero a buen seguro que aun cuando hubiesen notado algo los vecinos, nadie se arriesgase a averiguar qué era aquello.

Cuando estuvo la fosa un tanto profunda, Gabriel tomó en sus brazos el frío cadáver y besando la frente de la pobre niña con una postrera lágrima en los caldeados ojos, lo depositó en su lecho de tierra.

Aprisa echó esta, la apisonó con los pies en conciencia para evitar profanaciones de hombres o animales y cuando jadeante sus músculos se aflojaron, desparramó la restante y trató, a la luz de las estrellas, de

---

373 *Gachos*: Inclinados.
374 *Animitas* (República Dominicana): Luciérnagas.
375 *Caballete*: Soporte.

hacer desaparecer los vestigios de aquella tumba clandestina que debía estar oculta para todos.

El crimen o el desagravio quedaba completo y entre las sombras del misterio.

El pobre Gabriel dio una última mirada al sitio donde quedaba la desdichada María y saltó a la plazuela.

¡Fue el único que la acompañó en su infortunio sin ejemplo!

La calle le vio desaparecer vacilante sobre sus pies entre la oscuridad de la noche.

Cuando llegó a presencia de la señora, esta no quiso verle, pero él se limitó a balbucir.

—¡Ya todo está cumplido!

En cuanto a la niña expósita, ya la habréis reconocido en la anciana Simona.

¿Qué se hizo semejante madre? Nadie lo sabe.

Las ruinas de la casa solariega han publicado acaso en el hondo silencio de las noches los nombres de los mártires y verdugos de esta ciertísima historia.[376]

Y al detenerse el curioso que pase a contemplarlas envueltas en tenebrosa oscuridad o bañadas en luz de luna, dirá tristemente:

¡Pobre niña!

Diciembre de 1890

---

376 *Nota del autor.* Como esta tradición solo la sabía ya una persona, y sin pormenores, ha debido escribirse de un modo verosímil. Acaso la madre visitaba a la hija en su calabozo, acaso la asistió de parto, acaso le cerró los ojos al morir, acaso no se mostraría tan feroz con ella; pero es indudable que pudo pasar como decimos por el hecho de tener encerrada a la hija aun después del alumbramiento y enterrarla como un perro, clandestinamente. ¿A qué eso? ¿Y no indica, por el contrario, semejante refinamiento de crueldad que fue capaz de ser tan desnaturalizada como se pinta? En cuanto a los datos, son positivos. Para dar más interés a la narración, pinto al servidor humano; lo relativo a indumentaria y mobiliario está escrupulosamente arreglado conforme a las noticias de personas verídicas y algunas octogenarias. Y por lo que hace a la casa, la tradición señala las ruinas de la llamada *casa de la Guillén*, al pie de la cuesta de San Francisco, y así lo dijo Da. Dionisia; pero, averiguando bien, se sabe que esa fue casa nobiliaria con escudo de armas, perteneciente desde tiempo inmemorial a una familia riquísima y se vino abajo en poder todavía de la última descendiente, Da. Josefa Guillén. No es posible que a fines del siglo pasado ocurriese en ella lo que hemos relatado, ni aun suponiendo que habitasen madre e hija en los bajos de esa casa; pues era familia principal y no hubiera sido fácil ocultar a la niña en donde viviesen extraños. Además, los bajos de las casas antiguas eran estrechos, incómodos e impropios para vivir decentemente familia como aquella. Por eso hemos debido suponer una casa por ese barrio.

Muerte por Muerte
(Tradición)[377]

I
Don Tomás Ramírez

La del anochecer era y por toda la ciudad se oían rumores de agonizantes fiestas que la habían traído todo el día embullada.

Y como las impresiones y emociones fuertes después que han sacudido cerebro y teclado nervioso se reconcentran al corazón, así las alegrías populares que el suceso aquel promovía, refluían por la noche a la gran plaza de la Catedral.

La iluminaban profusión de luces: brillaban el Cabildo y las casas particulares, hachones humeaban por todas partes, conmovidos los ecos del amplio cuadrilongo con tanta música, gritos y aclamaciones.

En la plaza hervía la multitud.

Por el día la música estuvo recorriendo las calles y unas jóvenes de apellido Galván iban cantando por ellas; pero a compás recios aguaceros se *dieron gusto*[378] esa tarde ahogando el regocijo público, como las más de las veces acontece aquí no sé por qué rara casualidad.

Tuvieron su puesto en el programa muy buenas comedias que se representaron en una casa de la calle del Arquillo o Santo Tomás, la cuarta, a contar de la esquina derecha, plazuela del Carmen, viniendo del oeste.

¿Qué era lo que así se celebraba?

---

377 *Nota del autor.* Suministraron estos datos las señoras Da. M. D. F. de C. (Doña Margarita Dávila Fernández de Castro), Da. F. B. Vda. V. (Doña Francisca Beer viuda Valencia), Da. R. del O. (Doña Rosa del Orbe), Da. D. Z. (Doña Dolores Zapata), Da. M. S. (Doña Micaela Salazar o Mercedes Sánchez) y los señores D. J. Ma. B. (Don José María Bonetti) y D. A. B. (Don Alejandro Bonilla). He aprovechado también el *Compendio de la Historia de Santo Domingo* por D. José G. García, tomo II, 2da. edición.

378 *Nota del autor. Se dieron gusto*: es expresión nuestra, quisqueyanismo, pues no se halla en parte alguna de América, que sepamos. No se necesitan explicaciones porque, como se ve, significa *complacerse uno en una cosa, satisfacerse*, etc. De las cosas inanimadas se dice lo mismo en lo que a ellas se refiere. Así se explica la frase «los aguaceros se dieron gusto» es decir, se complacieron en aguar la fiesta, se hartaron de ello.

La promulgación de la Constitución de 1812 aprobada por las Cortes de Cádiz el 23 de enero de ese año.[379] Se promulgó en el mismo, pero se les antojó a los liberales de España reaccionar como a cada rato hacen unas cuantas cosas ellos y los de la conserva; y así fue que en el año de gracia de 1820 hubo segunda edición y fue mandada jurar de nuevo porque de fijo que no lo fue bastante católicamente la vez primera.

Por «acuerdo habido entre el Capitán General y el muy Ilustre Ayuntamiento», se designó el 4 de julio para la nueva promulgación y jura, lo que se hizo con regia pompa, tedeum, salvas y todo lo demás.

El día 10 debía colocarse la lápida conmemorativa, por lo que las fiestas empezadas el 4 debieron terminar con semejante acto ese día.[380]

Un caballero, militar, porque gastaba lujoso uniforme de coman-

---

379 *Constitución de 1812*: Fue la primera constitución proclamada en España.
380 *Nota del autor*. La 1ra. edición del *Compendio* del Sr. D. José G. García trae que del 3 al 4 de junio de 1820 ocurrió la muerte de D. Tomás Ramírez, pero ese dato ha rectificado en la 3ra. que prepara, más rica, corregida, aumentada y libre de la pesada forma interrogativa. El autor nos ha dicho que las fiestas empezaron el 4 de julio y el 10 pusieron las lápidas conmemorativas de que no han quedado huellas, porque con la vuelta del régimen absolutista indudablemente las quitaron. Es más que probable que se pusiese alguna en la plaza de la Catedral, y como no había en ella entonces más edificios públicos que la Catedral, el Cabildo y la Cárcel civil, acaso no querrían colocarla en los dos primeros y elegirían la última, o bien sería en el Cabildo y la Cárcel. Por eso afirma persona muy verídica, «que no dice sino lo que vio», que la muerte de D. Tomás Ramírez* ocurrió cuando la inauguración de ese edificio con muchos festejos públicos, dice ella. El edificio se construyó en 1812, y manifiesta unas veces la referida señora que al poner la primera piedra fue que tuvieron lugar esos festejos y otras que, al colocar una lápida, asegurando la misma que fue restaurado en algún tiempo. Con lo primero nada tenemos que hacer. Si lápida se puso allí en el año 20, pudo ser la que consagraba el edificio, pero es probable que fuese más bien la conmemorativa de la segunda jura de la Constitución, que allí se pusiese por ser lugar más a propósito, visible y público y edificio del Estado. Acaso se aprovechasen aquellas circunstancias para inaugurar el edificio o poner en él lápida, cuyas señales no se han encontrado; y esto será lo que haga afirmar a la señora que la muerte de D. Tomás Ramírez ocurriera cuando la inauguración del edificio en que «hubo muchas fiestas». Mientras tanto, cinco testimonios hay hasta ahora, incluso el del historiógrafo Sr. García y el de un hijo de la víctima que lo refirió en Puerto Rico al Sr. D. Alejandro Bonilla, los cuales todos aseveran que ocurrió el hecho durante las fiestas de la segunda jura de la Constitución, o sea, en el mes de julio de 1820. A ello es fuerza que nos atengamos, aunque sentimos no acomodarnos al parecer de aquella señora. * El licenciado don Tomás Ramírez nació en esta ciudad el 20 de diciembre del año 1771, hijo legítimo de D. José Ramírez de Tozo y de D. Juana Carvajal. Abogado, Capitán de Caballería, Regidor del Ilustre Ayuntamiento de esta capital, Fiscal de la Compañía de Astilleros, etc. Murió asesinado por Lucas Coronado, a quien trató de detener, cuando éste corría a refugiarse en la iglesia después de haber dado muerte a puñaladas en el Fuerte de San José (donde hoy está el Faro), a Esteban Báez. «Vindicación de la ciudadanía, y apología de la conducta política del Dr. D. Bernardo Correa y Cidrón, natural de Santo Domingo de la Isla Española», escrita por él mismo. S. D., 1820, rep. en Clío, órgano de la Academia Dominicana de la Historia, año XVI, núm. 81, enero-junio de 1948. El Padre Correa dice que Coronado «después de haber herido dos hombres, corrió con el cuchillo en la mano, y en su carrera quitó la vida a D. Tomás Ramírez y se metió en la iglesia». El licenciado D. Tomás Ramírez y Carvajal era casado con doña Bárbara Aybar y Sánchez Prieto; durante el gobierno del Brigadier D. Juan Sánchez Ramírez (fallecido en esta ciudad y sepultado en el Presbiterio de la Catedral el día 13 de febrero del año 1811, como lo consigna su partida de defunción que se conserva en el Archivo eclesiástico), el licenciado Ramírez y Carvajal fue su Secretario. Su muerte ocurrió según su partida de defunción (Archivo Eclesiástico de Santo Domingo, Libro X de defunciones, folio 68), el día 10 de julio del año 1820. Era tío abuelo del historiador D. José Gabriel García.

dante de caballería y cuyo sable sonaba sobre los ladrillos de las altísimas aceras que entonces por todas partes había, llevaba del brazo dos hermosas damas hijas suyas.

Como su casa quedaba en la calle de Los Mártires (hoy Duarte), desembocó en la del Conde y pasando por entre el gentío apiñado en la plaza de la Catedral, entró con sus parejas en una casa alta de ancho frente que queda mucho más allá del punto céntrico de la línea de las que por el norte limitan la plaza.

Más que las otras, estaba espléndidamente iluminada porque era la morada de una dignidad de la iglesia, del Sr. Deán D. José Gabriel de Aybar.

El caballero y las dos damas fueron recibidos con bullicioso regocijo por el Sr. Deán y una su *ahijada*, la famosa Doña Manuela Rodríguez conocida por la *Deana*, mujer de notable fealdad e inteligencia, política e intrigante que en estos tiempos hubo de asilarse en un consulado, perseguida encarnizadamente por los que gobernaban.

Se llamaba el caballero Don Tomás Ramírez y era, como dijimos, comandante de caballería. Bien parecido, de elevada estatura, de carnes bien proporcionadas y sin pelo de barba porque entonces no las usaban. Estaba aún bastante joven.

Era este un personaje cuya importancia requiere unas cuantas breves pinceladas.

La infausta reconquista que tan desairado papel ha hecho en nuestra historia fue obra, como se sabe, de aquella poderosa voluntad, de aquel escribano del Cotuí, [381] el de la famosa arenga en el campo raso de Palo Hincado, [382] frente por frente de los fieros soldados imperiales de Francia.

Ferrand[383] había salido de la capital con un ejército domínico-francés. D. Tomás Ramírez mandaba la caballería compuesta de doscientos jinetes nuestros escogidos. Palo Hincado es lugar estratégico, un descampado que limitan montes y a la bajada de una altura; así fue que al asomar en la cresta los franceses, se rompió el fuego y D. Tomás Ramírez con sus jinetes se pasó al enemigo en el acto. La

---

381 *Cotuí*: Nombre taíno que designa una de las ciudades más antiguas de la República Dominicana, capital de la provincia Sánchez Ramírez.
382 *Palo Hincado*: Sabana en la que ocurrió una batalla del mismo nombre el 17 de noviembre de 1808. Un ejército dirigido por Juan Sánchez Ramírez reconquistó la colonia de Santo Domingo para España al derrotar el ejército francés comandado por Jean-Louis Ferrand.
383 *Ferrand*: Jean-Louis Ferrand (1753-1808), general francés que gobernó la parte española de La Española durante la época napoleónica.

rota[384] fue tremenda: cazaban franchutes como conejos y Ferrand, perseguido por Don Diego Mercedes, se quitó la vida internándose en el monte.

En esa acción D. Tomás Ramírez hizo prisionero al coronel Panis.

Vencieron los indomables quisqueyanos ¡cuándo no han vencido ellos siempre!, y al mismo tiempo que luchaban los españoles del 2 de mayo contra franceses, se batían contra ellos los dominicanos día por día alrededor de la *Ciudad Antigua* proclamando a *Fernando VII o la muerte*; es verdad que con ayuda de ingleses, españoles y aun de haitianos, estos con auxilio de armas y municiones, durando la fiesta nueve meses cabales y comiéndose en la plaza caballos y los cueros de los baúles. La Catedral tiene clavada en sus fortísimas bóvedas una bomba inglesa, que ahí ha quedado como recuerdo de esos días.

Celebraron grandemente el triunfo los dominicanos, pero se les fue el gozo al pozo[385] pues se convencieron de que la dichosa reconquista no tenía pies ni cabeza.

Volvió el régimen absolutista, la Suprema Junta Central recibió fríamente la singular nueva y los soldados del ejército reconquistador «no obtuvieron recompensa alguna», lo que dio margen al descontento y a las ideas separatistas porque tales eran los vientos que soplaban del continente.

Revoluciones las hubo y los hombres sensatos, entre ellos D. José Núñez de Cáceres, aconsejaron a D. Juan Sánchez que se dejara de cuentos y proclamara la independencia de la colonia. Pero ¡quiá!, muy español era el cotuisano[386] para eso.

Naturalmente, D. Tomás se quedó siendo humilde comandante de caballería y por lo menos sin sueldo porque muchos reconquistadores tuvieron que vivir del sudor de su frente.

Don Tomás era casado con Doña Bárbara Aybar, hermana del señor Deán.

Era este un hombrón, de grueso regular, nada agraciado, de nariz de pico de águila, muy rico, como que era dueño de la capilla de San Antón, hoy en ruinas.

—¡Y bien!, comandante, –le decía a D. Tomás Ramírez repantigado[387] en su butacón de badana–, constituciones van y constituciones vienen y vosotros siempre olvidados.

---

384 *Rota:* Derrota.
385 *Se les fue el gozo al pozo*: La celebración duró poco tiempo.
386 *Cotuisano*: De la ciudad de Cotuí en la República Dominicana.
387 *Repantigado*: Extendido en un asiento con mucha comodidad.

Precisamente era esta la llaga que dolía al militar reconquistador.

—¡Qué quiere su merced, Padre!, —exclamó con un suspiro muy hondo—. Hasta me arrepiento...

—No vayas a hablar disparates, hijo. ¿De qué puede arrepentirse un caballero español que se debe a su rey y a sus banderas? Batiste[388] a los herejazos franceses en hora buena, porque infestaban los manes[389] de Colón y de Fernando e Isabel. No, no hay que arrepentirse de las buenas obras porque en este valle de lágrimas no se recompensen.

D. Tomás Ramírez se mordió los labios y se encogió de hombros porque maldito lo que estos interminables sermones del Deán le edificaban.

—Pues mira, —continuó el Deán—, yo me daría por muy satisfecho con llamarme D. Tomás Ramírez, comandante de caballería que en Palo Hincado segó laureles contribuyendo tan decisivamente al triunfo de la buena causa...

—No basta, Padre, no basta eso, —interrumpió algo incomodado D. Tomás del romanticismo de su cuñado.

Se sonrió el reverendo y tomó un polvo[390] más que regular, pasando la embutida caja de labrado oro al militar.

—¡Hombre!, —dijo con satisfacción dándose palmaditas en el abdomen—, pues no sois vosotros los señores militares descontentadizos...

—Cuando se es rico, —replicó el caballero con nervioso ademán—, como por ejemplo su merced, ya se puede hablar con esa gallardía.

Le miró el Deán con ojazos muy abiertos.

—Pues mira, hijo, yo te creía de algunas caballerescas ideas porque, la verdad, entiendo que al militar le basta la gloria.

—Como el incienso a los curas —iba a replicar sin duda pero para su sayo el irascible[391] D. Tomás, a no venir del extremo de la plaza una ruidosa murga[392] que pasó bajo los balcones de la casa, en uno de los cuales departían los cuñados, y que atrajo como dos mariposas a las alegres hijas del comandante que se precipitaron al balcón ocupado por su padre y tío, cortando así el hilo de las enfadosas reflexiones del último.

—¡Ah, picaronas!, mucho os gusta la música, ¿eh?, —dijo el reve-

---

388 *Batir*: Derrotar.
389 *Manes*: Almas de personas muertas.
390 *Tomar un polvo*: Absorber tabaco en polvo o rapé por la nariz.
391 *Irascible*: Malhumorado, inclinado a la ira.
392 *Murga*: Grupo de músicos y cantantes que sale por las calles y pide dinero al concluir su presentación.

rendo, acariciando las mejillas de la más pequeña de sus sobrinas–. A ver, pronto vais a divertiros con los cohetes. ¡Ah!, ya empezaron... Muy bonito, muy bonito; mirad, niñas, qué lágrimas de colores más bellas...

Don Tomás se había levantado, disponiéndose a marcharse, aprovechando el embobamiento del buen Deán.

Pero éste le gritó:

—¿Te vas, mala cabeza?

—Sí, Padre, voy a dar una vuelta y estaré luego aquí. Pienso pasar por la confitería del Comercio para comprarles algunas cosillas a las niñas.

El Deán guiñó un ojo maliciosamente.

—Cuidado con la clase de dulces que te vas a buscar, Tomás. Ya sé que te gustan las mozas y por San Máximo que está enterrado en la capilla donde digo misa, que eres tan temible galán como valiente militar.

El glorioso reconquistador de Palo Hincado frunció el entrecejo y se acercó de nuevo a su cuñado.

—¿Por qué dice su merced eso? ¿He yo escandalizado acaso?

El Deán lanzó una estrepitosa carcajada.

—Miren el Tenorio, –dijo–. No tanto, hijo, no tanto; pero sé que ¡bah!, que no le pones mala cara a las muchachas ¡hombre!, y como tienes ese palmito[393] y eres joven y bien puesto y eres vencedor de los tercios de Napoleón ya... ya...

Rió otra vez el sacerdote.

D. Tomás Ramírez se encogió de hombros y respiró.

—Creía, –dijo para sí.

—Con que adiós ¿no?, –repuso haciéndole con la mano un signo amistoso, mientras el comandante se alejaba–. ¿Vuelves pronto?

—Dentro de un momento. Créame su merced, Padre, voy a buscarles unos dulcecitos a estas niñas.

—¡Ah!, bueno, bueno, papá, –exclamó alegremente la más pequeña–. Pero ven pronto.

—Al momento, –repitió el caballero cuyo sable empezó a repicar en la escalera bajando con febril impaciencia.

La puerta y la acera estaban obstruidas con la gente que se había agolpado allí para tomar cómodo asiento y gozar por entero de los fuegos de artificio que cruzaban el espacio en todas direcciones. Así fue que no poco trabajo costó a D. Tomás franquearse el paso, bien

---

393 *Tener ese palmito*: Expresión para indicar que alguien está bien vestido.

que a su presencia, respetable por la calidad de su persona y el chafarote[394] que pendía de su cinto, se empujaban mozos de cordel y verduleras para abrir camino.

Contrariado el comandante, salió de aquel oleaje para engolfarse en otro mayor y cuando pudo ganar la esquina de la calle entre Conde (hoy Separación) y Comercio, se halló otra vez en posesión de sí mismo y ¡cosa rara!, en vez de comenzar a andar de prisa, según era su impaciencia, fue echando lentamente un paso tras otro y esto después de haber pasado a la acera de enfrente, opuesta a la en que quedaba la confitería.

Los dulces que iba a solicitar D. Tomás no estaban indudablemente en aquella confitería y probablemente en parte alguna porque el galante reconquistador hacía divagar sus ojos ardientes muy por lo alto, a la latitud de los balcones y ventanas de la calzada en cuya segunda esquina la confitería mentada esparcía torrentes de viva y desacostumbrada luz.

Se detuvo D. Tomás mucho antes de llegar frente a una casa pequeña de dos ventanucas que estaba ubicada, como dicen los notarios, al lado mismo de la confitería.

Le latía el corazón con fuerza y no despegaba los ojos de las dos ventanas.

Allí había algo como la silueta de una mujer que, merced a los reflejos de los innúmeros velones de la confitería, medio se dibujaba en aquel sitio.

¿Le esperaría aquella mujer? No ha sido posible averiguarlo.

Sea lo que fuera, D. Tomás, apretándose el pecho con una mano y descansando la otra maquinalmente en el pomo de su sable, se dispuso a avanzar.

Por la acera pasaban grupos de gente bulliciosa que se dirigían a la plaza cantando, chillando y alborotando.

Daban las ocho en la campana del Palacio Consistorial.

Un hombre que subía por la calle viniendo por la misma acera y que había estado dando bordadas[395] por frente a la misma casa que era en ese momento el faro de la esperanza de D. Tomás, advirtió la presencia de este y la especie de éxtasis en que se hallaba.

Con horrible ceño y trágico ademán miró al comandante por entre el tejer y destejer de la muchedumbre y como quien toma súbita re-

---

394 *Chafarote*: Especie de sable o espada corta.
395 *Haber estado dando bordadas*: Dar paseos repetitivos en un mismo lugar.

solución, nublándole la frente siniestra sombra, desenvainó un largo estoque que en su bastón llevaba y poniéndolo en ristre a la altura del cinto, cuidadosamente oculto, fue al encuentro del galante reconquistador cuando este, más ensimismado que nunca venía paso a paso, fijos los ojos en las ventanas de la casa.

De repente sintió una aguda punzada por el empeine[396] y vio frente a él a un hombre que lanzaba relámpagos por los ojos.

Nada más. Mortalmente herido, se llevó las manos donde sentía dolor fiero, vaciló y calló como ave herida en el aire que viene al suelo girando sobre sí misma.

Aquello pasó en un abrir y cerrar de ojos. Nadie advirtió la acción del asesino ni le conoció ni le vio desaparecer, sino que con asombro miraron los que pasaban derribarse al comandante y acudieron en su socorro, figurándose acaso que sería algún accidente que le había sobrevenido.

—¡Me... muero!, –balbuceó el infeliz D. Tomás, estrujando con crispada mano el uniforme en la parte de la mortal herida.

Los circunstantes, inclinados sobre él, le preguntaban con ansia, pero él si acaso logró decir que traidoramente le habían dado.

Se arremolinó la gente, corrieron clamando muchos que habían matado a D. Tomás Ramírez, el comandante de caballería y el mar de cabezas que ocupaba la plaza hirvió, se agitó y precipitó sus olas sobre la estrecha calle del Comercio.

Don Tomás estaba tendido junto al caño que sirve para el desagüe de la calle en la acera de la derecha viniendo del sur y ni una gota de sangre manchaba su ropa ni el suelo.

Había muerto.

Inútiles pues, fueron cuantos auxilios quisieron prodigarle.

La mujer de la ventana, sin saber lo que pasaba, se retiró de ella.

Acudieron la policía y los oficiales de la guarnición, se dio parte al Capitán General brigadier Don Juan Sánchez Ramírez, cuyo secretario había sido el comandante durante la campaña y se dispuso lo necesario para trasladar el cadáver al Cabildo.

Mientras tanto, en casa del Deán estaban alarmados con aquella ebullición repentina de la multitud que llenaba la plaza y no sabían a qué podría atribuirse.

Los gritos, las voces cruzaban en todas direcciones y la gente corría atravesando la plaza y la calle.

---

[396] *Empeine*: Parte inferior del vientre entre las ingles.

Las mujeres empezaron a afligirse, el Deán a desatinarse.[397]

Oían entre aquella algazara decir confusamente que habían muerto a uno.

El Deán golpeaba la barandilla del balcón.

—¿Qué hará Tomás, —refunfuñaba—, que no viene a sacarnos de esta confusión?

Luego decía a su celebérrima[398] ahijada:

—¿No oyes, mujer? Parece que han matado a uno. ¡Dios sea por él! ¿Pero qué hará Tomás?... —concluía impaciente.

—¡Ay Dios mío!, —clamaban afligidas las mujeres— ¡qué desgracia! ¿A quién habrá sido? No, tal vez se equivoquen...

Alguien pasó muy cerca de la casa gritando:

—¡Han muerto a D. Tomás Ramírez!

Aunque indistintamente escuchada la nueva fatal, el Deán echo todo el cuerpo fuera del balcón, anheloso, y a gritos también preguntó al que pasaba, pero la voz se perdió en la vasta extensión de la plaza.

Ya venía un grupo numerosísimo conduciendo el cadáver del malaventurado y enamorado comandante.

La policía y los compañeros de armas que habían acudido corriendo al sitio andaban desalados en busca del criminal; pero aquello, por el carácter que revistió, había sido como el efecto del rayo que no deja huellas de por dónde vino.

El Deán y su familia, por las confusas voces que oyeron, estaban afligidísimos y fuera de sí.

El grupo se iba haciendo más compacto y atravesaba en silencio aterrador la plaza con dirección al Cabildo.[399]

El Deán oyó entonces perfectamente, y con él cuantos le rodeaban, preguntar a los que acudían:

---

397 *Desatinarse*: Decir algo fuera de razón y regla.
398 *Celebérrima*: Famosa.
399 *Nota del autor. Cabildo*: este edificio ocupaba el frente occidental de la plaza de la Catedral y fue en el gobierno de D. Diego Colón que se edificó porque dice del Monte y Tejada (ob. cit., cap. VI, 109) que el Virrey Almirante «promovió igualmente que el cuerpo municipal levantase con igual magnificencia (que su alcázar, el cual empezó a fabricar entonces), la casa de Cabildo, etc.». El llegó aquí el 11 de julio de 1509, según el mismo autor, y a su arribo un huracán derribó las casas de madera y paja. ¿En qué año se fabricó el Cabildo? Sería del 1509 al 1520 o 21. Sin embargo, en otra parte de la misma obra (III, I, 12) sienta que «se fundaron la iglesia parroquial, convento de religiosos franciscanos, casa de Cabildo y cárcel». Esto debió ser en 1502 y acaso en el mismo lugar en que después se levantó con magnificencia. Era, dice el mismo autor que lo vio, de arquitectura gótica y, en efecto, tal fue hasta el año de 1876 en que le derribaron para levantar en su lugar la pesada construcción moderna de ladrillos fofos y adornos de madera y hierro colado, que hoy se llama Palacio Consistorial. Era sencilla y algo tosca, de un piso y con balcón corrido mal hecho. Su sala principal, que era pequeña, tenía artesonado de madera y una inscripción que aludía a la equidad de los jueces.

—¿Quién es el muerto?

Y respondérseles:

—El Comandante D. Tomás Ramírez.

Cayó como herido de centella el buen Deán sobre su butacón y empezó a sollozar, mientras la familia y las pobres hijas se mesaban los cabellos unos y se desmayaban otros.

—¡Ay papá mío!, –clamaban las pobres niñas con inmensa desesperación– ¿por qué te fuiste? No, ¡es imposible!...

Y querían lanzarse escaleras abajo, pero los que subían a acompañar en su duelo al sacerdote y a las dos niñas que se sabía estaban allí, detuvieron a estas.

Depositaron el cuerpo de D. Tomás Ramírez en una sala baja del Cabildo y la muchedumbre invadió el edificio, instalándose allí el juez.

Todo lamentaciones y protestas furiosas se volvió la antes alegre plaza de la Catedral.

II
Quid Pro Quo[400]

¡Singular encadenamiento de sucesos!

En el punto que entraban el cuerpo del comandante de caballería en el Cabildo, tenía lugar un tumulto en la calle de Plateros (hoy Consistorial) que desemboca en la plaza y sigue la misma paralela que aquel histórico y desaparecido edificio.

Lucas Coronado se llamaba un zapatero que por allí vivía.

Parece que un soldado del *Fijo*[401] le debía alguna obra o se propasó con él, es el caso que en medio de la calle se agarraron como dos

---

400 *Quid pro quo*: Locución latina que indica el error de tomar a alguien o algo por otra persona o cosa.

401 *Nota del autor*. Llamaban el *Fijo* a la guarnición [tropa] permanente y esto parece que desde el siglo pasado o acaso antes. D. Antonio del Monte y Tejada (ob. cit. III, cap. V, 67) habla de una compañía del *Fijo* que fue a aprehender al capitán Santiago Morel de Santa Cruz y parciales que habían levantado bandera contra el gobierno colonial porque este prohibió el tráfico de ganado por las fronteras. Eran hacendados y la rebelión se llamó la *Revuelta de los capitanes* y ocurrió por los años de mil setecientos setenta y pico. El mismo autor (ob. cit. III, cap. IX, 141) trae un documento suscrito por D. Joaquín García, Capitán General de esta parte, en que habla de que «el batallón fijo está en ella bien distribuido», y en la página anterior y luego en el capítulo X habla el predicho autor del *Fijo* de La Habana, México, Caracas, Puerto Rico, etc., que se mandaron buscar cuando el rey de España declaró la guerra a la república francesa. Luego es una determinación técnica, diremos, para significar guarnición permanente de tropa de línea. Metáfora o término técnico, debía constar en los diccionarios, si hasta pertenecía al lenguaje oficial, al menos aquí.

canes,[402] saliendo a relucir en manos del zapatero una cuchilla afiladísima con que rebanaba la suela.

El Lucas estaba ciego de furor y su *mocho*[403] aparecía y desaparecía en el revuelto maridaje de tirantes miembros de ambos contendientes cuando sonaron por todas partes las siniestras voces de «¡Lo mataron!, ¡lo mataron!»

Entonces se sintió herido el soldado y Coronado oyó otro formidable «¡lo mataron!», que hizo en su tímpano el efecto de la trompeta del juicio final.

Se figuró en su aturdimiento, y por una desdichada casualidad, pues acababa de dar tremenda cuchillada a su enemigo, que aquellos gritos significaban que él le había muerto y dominado por la idea de la salvación, emprendió la fuga desatentadamente.

La multitud que llenaba el tránsito entre la plaza y el Cabildo vio pasar, cual un cohete, a aquel hombre huyendo y como se estaba mirando en cada ciudadano al asesino de D. Tomás Ramírez, se alarmaron todos y cundió la voz de que el propio era quien corría buscando dónde se salvase.

—¡Al asesino!, ¡al asesino! ¡Ahí va!... –gritaron cien bocas lanzándose todos en pos del zapatero.

Se produjo una gran confusión en la plaza y en el Cabildo. Soldados, policía y muchos de los que estaban dentro, salieron del edificio precipitadamente y siguieron la revuelta estela de las olas populares alborotadas.

El infeliz Lucas sintió tras sí aquel terremoto y el calor de toda aquella gente que iba pisando sus talones, y como jabalí acosado se entró por el estrecho callejón que corona un pequeño arco que une las últimas almenas de la Catedral con la casita contigua, propiedad de esa iglesia, arco a que debe su nombre la calle del Arquillo a la cual preside.

El pensamiento del zapatero, desde que por los gritos que oía creyó muerto a su adversario, fue de acogerse a sagrado en el templo más próximo, aunque no sabemos si le valdría, dado que estuviese aún vigente el edicto de un Arzobispo, el cual señalaba por única iglesia de refugio a San Nicolás, según breve del Papa.

---

402 *Canes*: Perros.
403 *Nota del autor. Mocho*: quisqueyanismo. El vulgo llama *mocho* a todo pedazo de cuchillo o el mismo despojado de su cacha o con algún otro deterioro o bien simplemente porque es viejo. Del mismo modo llaman, por extensión, mocho a cualquier cuchillo que use uno. «Sacó su *mocho* y le dio o hirió». «Tenía fulano un *mocho*», así se trate de un magnífico colin flamante. «Amigo, présteme su *mocho* para picar mi tabaco», sea cuchillo nuevo o viejo, roto o no, cuchillo de marino (*sambeta*), navaja, etc.

—¡Al asesino!, ¡al asesino!, –aullaba la multitud.

—¡Date al Rey!, ¡cójanlo muerto o vivo!, –coreaban los agentes de la autoridad.

Pero el callejón estrechísimo, pues mide unas tres varas, impedía que se precipitase por él como un alud el furioso mar de cabezas y brazos, estos a guisa de aspas agitándose en el aire; así fue que Lucas Coronado tuvo tiempo de ganar el atrio de la puerta del Bautismo.

Esta cae sobre un espacio que era un tiempo cementerio, limitado al frente por unas casitas que se dice sirvieron de albergue a los arquitectos y operarios y fueron o son propiedad de la iglesia, teniendo cerrado sus extremos por muros y puertas de arco.

Lucas Coronado se echó al suelo, abrazándose a él y gritando:

—¡Iglesia me llamo¡ ¡Iglesia me llamo![404]

Él mismo se condenaba sin culpa.

La multitud indignada, así como los soldados de guardia que le perseguían, contaban con atraparle en aquellos callejones y cayeron sobre él cual el águila sobre la presa.

El cura, que vivía como hoy en una de las casas de enfrente, había acudido en el acto y se interpuso entre la víctima y los sacrificadores.

Nadie se atrevió a poner la mano sobre el zapatero, quien tendido boca abajo seguía gritando con aflicción, como broquel que le debía amparar:

—¡Iglesia me llamo! ¡Iglesia me llamo!

Se arremolinó la muchedumbre hirviente que aquel débil respeto contenía y los más furiosos hacían gestos amenazadores como energúmenos.[405]

El cura tendía sobre él la mano, exclamando:

—¡Desdichado del que toque a ese hombre! ¡Está bajo el amparo de la Iglesia y, sin orden del Prelado, no hay quien le mueva de ahí!

El Prelado, alarmado, mandó trancar las puertas y a sus familiares preguntar por las ventanillas de rejas al pueblo qué demonio tenía en el cuerpo a esas horas.

Un jefe de policía rodeado de bayonetas como un antiguo dictador romano de haces y lictores,[406] se acercó y expuso en lacónico y seco lenguaje lo que pasaba, impetrando[407] de su Señoría Ilustrísima que se dignase dar su permiso para extraer del atrio del Bautismo al asesino del Señor Comandante de caballería D. Tomás Ramírez.

---

404 *Nota del autor. ¡Iglesia me llamo!*: textual.
405 *Energúmenos*: Locos.
406 *Haces y lictores*: En la Antigua Roma, tropas y magistrados judiciales.
407 *Impetrar*: Pedir con énfasis.

Fue un familiar con la exposición.

Su Señoría Ilustrísima estaba recostado en su criolla hamaca con una jaqueca de padre y muy señor mío.[408]

—¿Qué dices, muchacho?, –preguntó–. No he oído bien.

—Que el jefe de policía solicita el permiso de su Señoría Ilustrísima para...

—Para... –interrumpió el Arzobispo, poniéndose un dedo en la base del oído.

—Para sacar del atrio de la puerta del Bautismo a un criminal que se ha refugiado en él.

—¡Cómo!, ¿un criminal? ¿Qué desgraciado pecador es ese y qué ha hecho?, –exclamó el Arzobispo escandalizado, pues en aquellos tiempos un crimen conmovía hondamente, medio incorporándose con trabajo en su hamaca y apoyando la barba en la mano y el codo en la tela.

—Sí, señor. Un forajido que acaba de asesinar a...

—¿A quién? ¡Santo Dios!

—A Don Tomás Ramírez, el comandante de caballería.

No oyó lo último el Arzobispo. Se levantó tambaleando y se puso las manos en la cabeza.

—¿Es posible? ¡Santo Dios!, –exclamó de allí a un rato–. ¡A Don Tomás Ramírez!, el compañero de D. Juan Sánchez, el bravo capitán de Palo Hincado, el cuñado del Deán... ¿Has oído bien, no te equivocas?, –dijo volviéndose con anhelo al familiar.

—He oído perfectamente, sí, señor Arzobispo, –repuso este.

Su Señoría Ilustrísima se quedó lelo[409] por algunos instantes.

—Bien, ¿y qué se pide?, –exclamó. ¿Sacar del lugar donde se ha refugiado a ese mal, ¡perdóneme Dios!, a ese infeliz y descarriado pecador?... Pues que lo saquen.

El Secretario del Arzobispo escribió rápidamente unos cuantos indescifrables signos y firmó él mismo, sellando el papel, que presentó luego al Prelado.

—¿La orden?, –dijo–. Está bien: muchacho, llévasela tú mismo al cura de Catedral, –añadió, dirigiéndose al familiar que esperaba.

Bajó el diácono y abiertas las puertas, salió enseñando el papel por arriba de su cabeza.

Una explosión de gritos estalló...

---

408 *Una jaqueca de padre y muy señor mío*: Un dolor de cabeza muy fuerte.
409 *Lelo*: Desconcertado, confundido.

—¡La orden!, ¡la orden!

Y en tropel confuso pueblo, soldados y policía siguieron al familiar del Arzobispo.

La muchedumbre que ocupaba el estrecho cuadrilongo interrumpido por el ángulo saliente de la casita en la entrada del callejón y el saliente del templo en el otro extremo, palmoteó de júbilo al llegar la orden que el cura, encajados los anteojos, leyó y releyó a la luz de un velón que trajo el sacristán.

Fijas estaban con ansiedad en él las miradas.

—Carísimos hermanos, –dijo como si empezase una de las indigestas homilías que gastan estos oradores sagrados de tres al cuarto–,[410] Su Señoría Ilustrísima permite que se extraiga al reo. ¡Podéis hacerlo!

Y majestuosamente dio la espalda, yéndose a meter en su casuca.

No agarra en sus tentáculos el pólipo o en sus fauces un tiburón la presa como los soldados de guardia al pobre Lucas Coronado, quien no había cesado de clamar:

—¡Iglesia me llamo! ¡Iglesia me llamo!

—¡Ah, pícaro!, –le dijo el jefe de policía dándole un soberano empujón–, ahora te llamarás grillete. ¡Mal haya el bandido!

—¡Ese!, ¡ese fue!, –gritaba señalándoselo la multitud–. ¡Tú fuiste que mataste a D. Tomás Ramírez!

Oír el fiero apóstrofe, pararse, abrir, desmesuradamente los ojos y quedarse aturdido como quien recibe un golpe en la nuca, fue todo uno.

—¿A quién mataron?, ¿a quién mataron?, –preguntó azorado y con afán el preso.

—¡Y pregunta el maldito!, –dijo un soldado de la escolta.

—¡Asesino de D. Tomás Ramírez!, –aulló un centenar de fieras que lo rodeaba.

—¿De quién?.... ¿De.... De... Don Tomás Ramírez?, –exclamó fuera de sí el prisionero–. ¿Han matado a D. Tomás Ramírez... mi padrino?... ¡Oh, Dios mío!, –rugió el zapatero desasiéndose de las manos que le sujetaban y arrojándose al suelo con gran llanto y gemidos.

—¿Su padrino?, –dijeron varios.

—Así dice, pero es treta[411] seguramente, –contestaban otros.

—Háganlo levantar a culatazos, saltó el jefe de los esbirros.

---

410 *De tres al cuarto*: Expresión para indicar que algo es de poca calidad o baja categoría.
411 *Treta*: Engaño, truco.

Los soldados le asestaron uno o dos.

Lucas Coronado se levantó furioso.

—¡Mi padrino! ¿Con que ha muerto mi padrino? ¿Quién fue que mató a mi padrino? Decidme pronto... u os mato a todos...

Y apretando los puños y echando los brazos adelante revolvía los ojos de un modo siniestro y se mesaba el pelo y se mordía estallando luego en una salvaje carcajada.

Estaba loco.

La escolta y la muchedumbre rodeaban al infeliz Lucas, mirándole con asombro y sin saber en qué pararía aquello que creyeron una comedia hábilmente representada.

Pero no podía ser más triste la realidad de aquel increíble suceso. Todos se convencieron al fin de ello y además hubo quien aseverara el parentesco espiritual del zapatero y el malaventurado reconquistador.

Lucas Coronado era, en efecto, ahijado de D. Tomás Ramírez, y casualmente ese día había estado atusándole y disponiéndole unos gallos de pelea, si la crónica no miente, y sin duda era grande el afecto que tenía al padrino el cual acaso sería también su protector.

La noticia de su muerte fue como un rayo caído sobre su cabeza. Desconcertó cosa tan inesperada su, al parecer, débil cerebro, y perdió de súbito y para siempre el juicio, lo que está perfectamente comprobado.

Su organismo estaría predispuesto, pues aquel fatal *quid pro quo*, que de que fue víctima, le debió ocasionar una conmoción extraordinaria.

Sea lo que fuere, es el caso que el zapatero Lucas Coronado quedó loco de resultas de la nueva que en tan singulares circunstancias oyó acerca del funesto acaecimiento de esa noche.

Desde luego la furia popular se convirtió en lástima, siendo conducido a la cárcel el presunto reo.

Con la cabeza baja, iba por el camino murmurando frases ininteligibles y de vez en cuando lanzaba alaridos furiosos, mentando a su padrino.

Sin embargo, aún podía quedar alguna duda.

El Alcalde Don Francisco de Castro acudió inmediatamente a la cárcel para interrogar al preso.

Respondió el pobre Lucas algo incoherente, de lo que nada se sacó.

Le quedó al Magistrado el escrúpulo de que acaso no tenía culpabilidad en el asesinato de que se le acusaba y se dirigió de la cárcel al

Cabildo para comprobar la mortal herida que había recibido D. Tomás Ramírez.

El Cabildo era un campo de confusión.

Hasta allí había llegado el Deán a ver a su cuñado, acompañándole su ahijada Doña Manuela, y hacía extremos de dolor.

Por su parte, todos comentaban el suceso a voces y la ocurrencia del asesino que se acogió a sagrado, el permiso del Arzobispo para sacarle del atrio de la iglesia con otras circunstancias, pero lo que no sabían era el extraordinario desenlace del *quid pro quo* que había hecho se condenase a sí mismo el pobre Lucas Coronado.

Estuvo el Magistrado examinando la herida del cadáver y cuando concluyó:

—Señores, –dijo a los que estaban próximos–, esta herida no ha sido hecha con arma cortante. Es pequeña y causada por puñal o más bien por verduguillo.

Los presentes se miraron con asombro.

—Sí, señores, me afirmo en que la herida es como digo y es imposible, por tanto, que la cuchilla de que dicen los que presenciaron la riña en la calle de Plateros que estaba armado el zapatero Lucas Coronado la haya inferido.

—¿Pues quién fue el asesino?, –le preguntaron.

—Sábelo Dios, señores. Cuanto sé es que Lucas Coronado es ahijado de la víctima.

—¡Oh!

—Y que de resultas de la muerte de su padrino, Lucas Coronado se ha vuelto loco.

—¡Ah!

—Loco, así como lo oís.

Y fundado en aquellas consideraciones muy justas que había hecho, pues el muerto no derramó una gota de sangre, declaró el Magistrado que no había lugar a la persecución ejercida contra el presunto reo Lucas Coronado y le absolvió de toda culpabilidad.

Soltaron al loco y ni por indicios se pudo saber entonces quién había sido el matador del comandante de caballería D. Tomás Ramírez.

III
Muerte por muerte

Ella era hija de la Galia, [412] linda mujer, más bien de elevada que de baja talla, bien formada, en alto grado vistosa y elegante.

En una palabra, *Madame* Nicolás, como la llamaban, era seductora sin pizca de exageración.

Bien puesta siempre, vestía con esmero y sabía lucir con garbo y arte sumo sus naturales gracias.

Con sus ojos rasgados, vivos y picarescos había producido incendios y dejado más de un alma enganchada en sus melindres[413] y coqueterías y con su boquita de rosa, aunque cerrada estuviese, decía más cosas...

Si tenía *esprit*[414] o no, eso averíguelo Vargas, [415] cuanto sé es que al marido le daba soberbios dolores de cabeza.

Bueno era verla, arropado el busto escultural en turgente seda, calzadas zapatillas que a una muñeca habrían servido, llevarse por delante esas calles, como produciendo en torno ambiente de hermosura, de belleza ideal y sensualidad voluptuosa, a escoger.

Volaban los amores por el rosado apuesto cuello, según decía Herrera el Divino, [416] y en sus oscuras hebras había más misterios y reverberaciones de luz que en los crepúsculos.

Monsieur Nicolás, con semejante mujer, estaba ya de desecho, pues que era un hombrezuelo de mediana edad, apergaminado, achacoso y rebujado en un prosaico chaquetón, temblequeándole las manos como perlático[417] y metido siempre en su aposento.

Mal cancerbero para tal ninfa.

En misa de Catedral estaba un día la dama, y ojos de enamorado galán arrimado a la barandilla de caoba que aislaba la nave principal de las otras dos, desde el coro gótico en mal hora destruido al presbiterio, no perdían uno de los estudiados movimientos de la que llamaremos Alice.

Una que otra mirada de inteligencia, una que otra sonrisita disi-

---

412 *Galia*: Francia.
413 *Melindres*: Delicadeza afectada y excesiva.
414 *Esprit*: En francés, inteligencia, ingenio.
415 *Averíguelo Vargas*: Expresión usada para indicar que algo es difícil de explicar o investigar. Hace referencia a don Francisco de Vargas, alcalde de corte de los Reyes Católicos y a quien encargaban de investigaciones especiales.
416 *Herrera el Divino*: Penson parafrasea una verso del poema «Canción VII» de Fernando de Herrera (1534-1597), poeta español.
417 *Perlático*: Que padece de una enfermedad caracterizada por debilidad muscular.

mulada partía del uno al otro hasta que, acabada la ceremonia muy larga, salmodiada e incensada, la dama elegantísima salió con su morillo[418] detrás que la silla le llevaba y tomó el camino de su casa, pero lentamente, como dando lugar a que se le acercara el galán.

Lo hizo este así, afectando suma naturalidad, y del modo que un caballero amigo para hacer compañía a la amiga.

Para dar más color de naturalidad y cortesía al encuentro, se le cayó el fino pañuelo de batista a la señora, que el galán se apresuró a recoger.

Una encantadora sonrisa pagó su atención.

La envolvió en cambio una larga intensa mirada de él.

—¡Ah!, *que vous êtes aimable*!, [419] –le dijo ella con una risita que sonaba a gloria.

Y se entabló el coloquio en francés porque han de saber mis lectores que el tal galán era compatriota de *Madame* Nicolás, residente en la capital desde hacía algún tiempo.

—Mi bella Alice, –suspiró el francés galán– ¡qué interesante estás hoy!

—¡Bah!, –hizo ella con un mohín muy gracioso y agitando su abanico.

—Como siempre. Y, –añadió el francés acercándose más al oído de la dama– ¿me amas mucho, mucho, mi Alice?

Se sonrió ella jugando con los cordones de su saya.

El francés se acercó más.

—Me vas a comprometer, hijo mío, –dijo al fin con cierto disgusto y mirando con recelo a todas partes–. ¡Retírate!

El galán insistió.

—Necesito saber si... han de tener algún merecimiento para ti mis amantes desvelos, si es que me amas como yo a ti. Necesito que seas franca conmigo de una vez.

—¡Dios mío!, –murmuró la dama con cierto rubor–. Eres temerario, amigo mío, y...

Aquí quedó el diálogo porque una oleada de gente que pasaba los envolvió, momento que el galán aprovechó para apretar los aristocráticos dedos de *Madame* Nicolás presos en su sedeña cárcel.

Le sonrió esta de inefable[420] manera.

---

418 *Morillo:* No hemos encontrado la definición de esta palabra. Por el contexto parece ser usada como sinónimo de sirviente.
419 *Que vous êtes aimable!*: En francés, ¡Qué amable es usted!
420 *Inefable*: Que no se puede explicar con palabras.

Continuaron hablando en voz muy baja y con viveza, pero tan disimuladamente, que ella iba arregla que te arregla los pliegues del rechinante gro de la saya y él al descuido cortando con su varita las cabezas diminutas de las florecicas de las yerbas que circundaban los límites de la gran plaza entonces vacía y rústica.

—¡Ah!, –dijo de pronto la dama– ¿tú estabas allí?

Había llegado la conversación al período en que se contaba el asesinato del desdichado. D. Tomás Ramírez.

Se nubló la frente del francés.

—Sí, yo estaba allí... en la misma acera y por ti hacía el plantón,[421] mi dulce Alice. Debiste verme porque saliste a la ventana.

—Sí, salí, por ver pasar la gente.

—Y entre esa gente ¿a ningún otro, Alice?, –preguntó bruscamente el francés.

Le miró con extrañeza la joven.

—¿No había uno, –continuó aquel con cierta agitación y no muy firme voz, arreglándose el nudo de la corbata–, que te pretendía?

—¿A mí? ¿Estás loco, pobre amigo?, –exclamó la dama entornando los ojos, como si algo guardase en el fondo de su alma.

—Sí, a ti, Alice. ¡Oh!, –exclamó el francés–. Eres demasiado hermosa para no... admirarte. ¿Pero no es cierto que te pretendía aquel...?

—¿Quién?

—El militar que aquella noche...

—¡Ah¡, ¡pobre D. Tomás!, –dijo la dama con adorable compunción.

—Don Tomás, sí, Don Tomás Ramírez, el comandante de caballería, –balbuceó viva cuanto agriamente el francés, celoso como un diablo.

La joven se mordió los labios.

—¡Y bien!, –dijo de allí a un rato– ¿qué había con eso? ¿No soy libre? Solo a mi marido debo dar cuenta de mis acciones.

Francesa al fin, pronto asomó la raza.

Es rasgo característico de las adúlteras el acordarse del deber solo para ser altivas con los amantes.

—No es eso, mi querida Alice, –dijo, dominándose el galán–; es que como te amo tanto...

—Chico, buena la harías si te fueras a encelar de todo el mundo, –interrumpió la impetuosa dama abriendo y cerrando el abanico vio-

---

421 *Hacer el plantón*: Estar parado y fijo en un lugar por mucho tiempo.

lentamente–. Me mira un hombre, le gusto y ¿va por eso a tener cabida en mi pecho?

—Es verdad, pero D. Tomás no era un hombre vulgar, sino muy apuesto, joven, valiente, gran personaje. Cualquier mujer podría preciarse de haber hecho su conquista.

—Bien está; y confieso que el pobre D. Tomás era simpático, amigo mío. Pero no obstante que a las mujeres nos agrada ser admiradas, yo te había entregado ya mi corazón, aunque no lo mereces, –añadió la joven haciendo un gesto encantador y volviendo el rostro.

—¿Verdad que me amas, Alice mía? Dímelo otra vez.

—¡Ah, *mon Dieu*!, [422]–dijo ella recordando la impresión que le había causado la tremenda catástrofe, en vez de contestar a su amante–. ¡Qué noche! No me quisiera acordar ¿Estabas allí, dices?

Al francés le disgustaba el tema.

—Sí, Alice, sí, –contestó en voz apagada.

—¡Cómo cayó el pobre D. Tomás! ¡Qué ruido hizo su sable! ¡Cuánta gente se agolpó en un momento allí! ¿Quién le mataría así tan cobardemente?

El francés mudó de colores.

—¡Bah!, ¡qué se yo!, –dijo con turbación–. Algún enemigo. Yo estaba cerca y nada vi… Lo que reparé fue que miraba mucho a tus ventanas, estando tú en ellas, –recalcó el galán despidiendo por sus ojos de gato montés una mirada de odio.

—¿A mis ventanas?, ¡ah! ¿Pero estás tú seguro que sería para verme a mí?, –preguntó con curiosidad Alice.

¡Qué sé yo!, –contestó secamente el galán–. Miraba y pronto hubiera yo tenido un rival formidable en él, te lo aseguro, si la casualidad…

La joven bajó la cabeza.

¿Qué pensaba?

Acaso recordó entonces que D. Tomás pasaba por la calle más de lo regular y que había encontrado sus miradas más de una vez, yendo él por la acera de enfrente; que era gallardo militar y que seguramente la amaba; ¿y qué mujer no se lisonjea de ser admirada y aún amada aunque se burle de las simpatías que inspira?

Mas de allí a un rato, Alice, en apasionado coloquio con el francés, ya no se acordaba de D. Tomás ni de nadie, pues había bebido en los ojos de su amante todo el veneno del amor, aunque infame, y la embriaguez comenzaba.

---

422 *Mon Dieu!*: En francés, ¡Por Dios!

Se despidieron en la esquina de la plaza, ella con miradas llenas de promesas.

Él le ofreció ir al día siguiente por la mañana, pues se vendía por amigo de su esposo y tomaba el café allí casi diariamente.

¡Qué contraste el del rendido amador y aquel medio anciano, enfermizo y majadero!

¿Para qué unirá el cielo seres tan completamente opuestos y sobre todo dando a hombre honrado mujer flaca de virtud?

Monsieur Nicolás no salía de su aposento, pero ni la *madama* iba a hacerle compañía, sino contada vez, cuando de puro aburrido la invitaba a que le leyese o refiriese algo.

El crimen de la calle del Comercio, que había sido comentado en regla por *Monsieur* Nicolás, no había dejado de impresionarle bastante y sacudir sus nervios y su espíritu.

El hombre se paseaba caviloso pensando naturalmente en tan misterioso suceso, no precisamente por el hecho, sino por lo del misterio.

Así pasaba su vida, en lucha con los achaques, y relegado al olvido conyugal; de modo que cuando algo imprevisto sobrevenía que rompiera lo monótono de su vivir, *Monsieur* Nicolás se preocupaba algo más de la cuenta, aunque no fuese cosa que le impresionase.

Sí había algo que tanto se le metió por los ojos que al fin tuvo que reparar en ello.

Su mujer estaba más contenta que de costumbre, no un día, una ocasión, sino casi siempre; gastaba más esmero que de ordinario en su tocado y vestido, salía más a menudo, fatigaba el alféizar[423] de su ventana con frecuencia y había un no sé qué de resplandeciente como nimbo de felicidad o de gloria en torno de sus facciones que realzaba la hermosura de la bella francesa, sin contar con el brillo intenso, fulgurante de sus rasgados ojos y a par la mirada dejativa, [424] melancólica, de misteriosas profundidades que en ellos pone el alma en alas cuando la solicita amor o el infinito del sentimiento.

Tanta sonrisa se abría en sus labios y aun en sus ojos brilladores a cada mañana y a cada tarde; tan locuaz, ligera y vivaracha andaba que no pudo menos de decir para sí un día su marido:

—¡*Madame* es muy feliz!

Y suspiró hondamente porque se contemplaba entre tanto él, achacoso y viejo.

---

423 *Alféizar*: Borde que sobresale de la parte inferior en una ventana.
424 *Dejativa*: Desmayada, floja.

¡Miseria humana! ¡Qué siempre haya que medírsenos antes «por la estampa que por el corazón»!

—¡Madame es muy feliz!, –repetía *Monsieur* Nicolás con tono amargo, cada vez que veía a su linda mujer revolotear como paloma torcaz en el soto[425] fresco y dorado por la luz, en la estrecha sala, leer apenas, hablar con él dos palabras insulsas, entrecortadas, rápidas y asomarse a la ventana.

El aislamiento del esposo acabó de ser completo y la curiosidad o el espíritu satánico que hay en el hombre acechó una vez como al descuido en un repliegue del alma esa asesina felicidad de la joven Alice, y de la dicha pasó a husmear el móvil de ella; y empezó aquel diablillo interior a fruncir el entrecejo y a hacer muecas tales, que el recelo llamó al fin a la puerta del pensamiento de *Monsieur* Nicolás.

Así indudablemente sucede siempre, no sé por qué fatalidad.

El marido vio entonces que su mujer era demasiado hermosa, que sus ojos eran libro entreabierto, el cual dejaba entrever líneas confusas pero que algo elocuentísimo encerraban; y que el resplandor no ya de su frente suave y nacarada sobre la cual el esculpido ébano de sus cabellos le servía de marco adulador, sino de toda ella, irradiaba verdadera luz, extraña, de otras esferas, es verdad, pero no por eso menos significativa.

—¡Ah!, ¡ah!, ¡ah!, ¡ah!, –se dijo para sí otra vez el buen hombre–. ¡Tiene razón *Madame* de ser muy feliz!

—¡Feliz!, ¿y por qué tanto?, –pensó por fin *Monsieur* Nicolás, con lo que el diablillo dio por terminada su misión y dejó que desplegasen alas negras la desconfianza, el dolor y los celos en el alma asaz enferma, acaso tanto como el cuerpo, del francés.

Se dio entonces por muerto y ni la marmota cae en mayor inmovilidad que este marido, para dar campo entero a sus sospechas.

Se cuidó de no lanzar las furtivas escrutadoras miradas que solía tras la luminosa estela que dejaba el cuerpo de la bellísima esposa y entornó más sus párpados, se envolvió más en su chaquetón y empezó a dejar asomar en su rostro signos de cierta estupidez precursora de decrepitud, bien que su edad no era para eso.

La mala mujer notó que su marido decrecía y se alegró.

La imprudencia empezó a tomarla por su cuenta.

Dejado el libro por Alice, iba él a mirar si había entre líneas algo que hubiese puesto allí o allí leído la infiel; examinaba las plumas del

---

[425] *Soto*: Lugar poblado de árboles y arbustos.

escritorio con que trabajaba él luego, a ver si estaban mojadas de fresco, rasgo de un celoso de estas latitudes, según cuentan, y preguntaba a las huellas de sus pisadas qué infame secreto guardaría su mujer, salvo error.

¡Triste estado de los celos! ¡Odiosa y fatal inquisición del alma y pensamiento sacados de quicio! ¡Y si es verdad!

Arte supremo ya para *Monsieur* Nicolás el del espionaje de los celos, al que por grados había llegado, mayor fue el de la disimulación; y un día que Alice se quitó de la ventana para irse al interior de la casa, se asomó rápidamente y vio un hombre a quien no conocía que acababa de pasar por la acera de enfrente, en lo que nada había de *particular*.

Expió a *Madame* Nicolás tras una cortinilla de su aposento para sorprender la huella, la última ráfaga de las impresiones que pudieran dejarle los sentimientos sublevados en su ánimo al paso, al saludo, a la mirada del que fuese objeto de ellos, si existía alguno con tales títulos, y si realmente se proponía descender a la categoría infame de adúltera la esposa honrada.

Monsieur Nicolás, como el cazador que espera que la pieza haga el movimiento que ha de poner su paletilla[426] enfrente del arma que la acecha, esperaba que Alice levantase la cabeza y se retirase de la ventana.

La irguió ella y vio con espanto el pobre hombre reverberar el nimbo de luz que envolvía su cabeza, aquel algo singular cuanto misterioso, aquel sello espiritual que impreso deja el sentimiento en la torpe materia, aquello, aquello que él adivinaba más bien que veía y no se explicaba; y como Alice, en el espacio de un relámpago volviese un poco hacia el interior de la casa sus ojos, observó perfectamente en ellos el celoso, mayor fuego y electricidad, viéndolos cargados de sueños, melancolías y arrobamientos.

Fuese la joven y él, como un ladrón, se acercó a la ventana; más nada vio y se reconcentró en sí mismo con mayor resolución y disimulo.

Hemos dicho que el galán aquel, *Monsieur* X..., compatriota de nuestros personajes, visitaba la casa de estos y allí tomaba el café por las mañanas.

Se vendía, naturalmente, por gran amigo del *Monsieur*, y fingía admirablemente, no pasando en presencia de este con la señora de fríos cumplimientos.

Sin embargo, como el celoso, aunque vea visiones, ve mucho y penetra más, *Monsieur* Nicolás, no hallando objeto a sus recelos, se fijó

---

426 *Paletilla*: Parte anterior del cuerpo de algunos animales.

en su amigo por ser el que más frecuentaba el trato de ellos, sin motivo, y como por la necesidad de fijarse en alguno a ver si por acaso sacaba algo en limpio; y cuando ya iba a desistir de su temerario empeño y a justificar a su amigo y aun a su mujer, por creerse bajo el influjo de una pesadilla, llegó una de aquellas mañanitas a notar una mirada que decía algo, muy al descuido lanzada por aquel y deliciosamente contestada por la joven.

El principio de algo, que es la base de las grandes cosas, inició en la desconfianza de *Monsieur* Nicolás el proceso de los celos respecto al amigo *de confianza*.

Los devoraba a los dos por debajo de sus gafas, aunque disimuladamente, sosteniendo con ellos largas y animadas conversaciones. Y como quien toma distancias para mejor observar, el taimado francés se retiraba más pronto que de costumbre, pretextando quebrantos, y por la rendija de una puerta, por cualquier parte se ponía a escuchar si entre los finos, artificiales y ceremoniosos cumplidos del señor se deslizaba alguna palabrilla, algún acento que estuviesen puestos en el diapasón del apasionado sentimiento. Sus sentidos, como acontece a todo el que desconfía, se habían aguzado.

Este principio de algo le dio el cabo del hilo[427] y estableció en seguida su plan de ataque.

Así pues, ya no fue marmota, sino que ese mismo día estuvo un tanto alegre y se chanceó con su mujer; a lo que añadió por vía de apéndice en la mesa un poco de añejo, haciéndolo tomar a la joven.

En lo adelante, el viejo *Monsieur* Nicolás continuó el ojeo más activamente y con mayor disimulo.

Pero nada le confirmaba en sus sospechas.

¿Se decidiría a dar por infiel a Alice? ¿Era realmente aquel hombre un seductor?

Los celos vuelven loco y lo sabía el hijo de la Galia, pero tenía mucha energía y gran dominio sobre sí mismo, y por sí o por no dormía con un ojo abierto y otro cerrado y había tomado sus precauciones. Era incapaz de ofender a su mujer, pero acaso no se engañaría él. ¡Quién sabe lo que le aconsejaban a la juventud y a la hermosura el estado y la reclusión del marido achacoso!

Y ¡qué diantres!, los viejos y los que van para viejos tienen cierto derecho a ser celosos como a ser majaderos y esto justificaba un tanto la desconfianza de *Monsieur* Nicolás, según él pensaba.

---

427 *Darle el cabo del hilo*: Ayudarle a entender el origen del problema.

Pues, según se ha hecho notar, la imprudencia había empezado su obra por parte de Alice, esta comenzó a apartar disimulos y el otro siguió la corriente, por lo cual, ido el enfadoso cónyuge se aventuraba bajo a dirigir requiebros a la bellísima dama, que pagaba con usura en sonrisas enmieladas.

Un día, después del café y ausentado *Monsieur* Nicolás, que había pretextado fuerte indisposición desde la víspera para hacerla ahora más rebelde y cruda, un día, el francés galán cogió la mano de la joven y la llevó a sus labios.

Lo vio el marido.

Y no paró ahí la imprudencia, sino que el francés acercó mucho su cabeza a la de Alice; y aunque de espaldas ella y él al sitio que ocupaba el marido, pudo notar perfectamente la víctima que en la fisonomía del amigo traidor, iluminada suficientemente por la media luz del comedor, había escrito lo que él podía leer con exactitud: amor, ansias, inquietud, esperanza...¡su deshonra!

Además, la delectación de ella era inequívoca, los rayos de sus ojos, como efluvios se escapaban por sus entornadas pestañas y divina sonrisa se veía entallada en su semblante, cual el rasgo olímpicamente bello de cincel griego en mármol pentélico.[428]

Si los ojos de ambos hablaban con elocuencia, los labios se movían febrilmente sin sonido alguno ¡pero cómo se movían!

No quedó ya duda a *Monsieur* Nicolás, aunque tardíamente, de la traición del amigo y de la mujer.

Mordió en su alma un monstruo y se contuvo por no exhalar un grito de sofocada ira y dolor.

Así las cosas, el burlado marido, que se hacía el sueco,[429] y que vigilaba como un diablo, notó a deshoras una mañana ruido en la escalera y, atisbando, vio que *Monsieur* X... se disponía a bajar con cautela, salido sabe Dios de dónde; y trastornado por la cólera, *Monsieur* Nicolás corrió a su cuarto, tomó un par de pistolas y se apersonó sin recatarse en lo más alto de la escalera, a tiempo que bajaba el amigo infame.

—*Traître!*,[430] —bramó el hijo de la Galia.

Sonó un tiro violento que estremeció la casa y cayó rodando hasta el zaguán el malaventurado amante.

Envolvía aún el humo al iracundo *Monsieur* Nicolás, quien en la

---

428 *Mármol pentélico*: Mármol del Monte Pentélico en Atenas, Grecia que se caracteriza por su blancura.
429 *Hacerse el sueco*: Fingir que ignora la situación.
430 *Traître!*: En francés, traidor.

penumbra de la entrada de la escalera, dirigiendo todavía su pistola con el brazo extendido y trémula mano hacia abajo, envuelto en su chaquetón, con las gafas sobre la frente y los revueltos cabellos como puntas de lanzas levantándose por encima de la calva, echando llamas por los ojillos, parecía la estatua de la venganza.

La esposa asomó entonces toda espantada, en desarreglado traje y sueltas las negras y abundantes crenchas, más hermosa en tal descompostura que con sus ordinarios afeites.

—¡Míralo!, –le gritó furioso el francés, enseñándole con el largo índice al herido galán.

Alice se puso las manos en la cabeza y dio un grito indescriptible que no pudo contener y huyó, mientras maquinalmente su marido amartillaba la otra pistola acaso para hacer más sangriento el drama.

Invadió la gente la casa y acudió la justicia.

Monsieur Nicolás se encerró en su cuarto como loco, bramando y pateando.

El zaguán era teatro de espantos. Los concurrentes no podían concebir aquello y los que sabían la amistad que ligaba a *Monsieur* X... con los esposos, se desatinaban.

Este nuevo crimen del Comercio, a dos pasos del sitio de la tragedia anterior, produjo como era natural entonces, un desconcierto general.

Los buenos vecinos creyeron que el mundo se iba a acabar con tanta catástrofe y que habría que concluir por hacer penitencia.

El nuevo incidente del dramático acontecimiento del asesinato de D. Tomás Ramírez era ya demasiado, pues se habían multiplicado a cual más espantable, dando por finiquito dos muertos, un loco y un escándalo *número uno y medio*.[431]

El desdichado francés había sido herido por bajo de la espalda y acaso la bala le interesaría las ingles; el caso es que estaba muy mal herido y se quejaba mucho.

Hechas las primeras actuaciones, lo levantaron y puesto en una camilla o silla de manos, le condujeron así por donde antes al infeliz D. Tomás; solo que en vez de atravesar la plaza al salir de la calle del Comercio, se encaminaron la camilla, el gentío y los corchetes por el extremo de la del Conde hasta la esquina sur de la calle de las Damas, frente a la hoy Gobernación, que era donde vivía *Monsieur* X...

---

[431] *Nota del autor. Número uno y medio*: es un terminacho vulgar que denota un grado óptimo en las cosas. «Un discurso *número uno y medio*», que es muy bueno; «un escándalo *número uno y medio*», mayúsculo; y también *número uno y tres cuartas*. No existe en dicc. de americanismos.

Mientras tanto, desde el ensangrentado zaguán se oían los sollozos ahogados de la adúltera.

IV
Algo como epílogo

¡A la cárcel todo Cristo!

Este hubiera sido el parecer de un alcalde de casa y corte en virtud de tantísimo escándalo como se había visto en pocos días, pero la señora justicia cortó por lo sano y cargó de paños solamente con la causante de todas las desgracias habidas.

Los corchetes y alguaciles se apersonaron el día del suceso a la casa de *Monsieur* Nicolás y notificaron a la *madama* que iban por ella.

—¡A San Andrés[432]

—¿Yo a la cárcel? *Mon Dieu*!, —exclamó Alice, desesperada y no atreviéndose a dar crédito a cosa igual que era su deshonra.

Ni valió llantos ni súplicas. Le dolía a su marido semejante castigo, pero se resignó. Eso sí, no quiso oír ruegos de ella para que intercediese ni puso reparos.

La esbelta y hermosa dama desconsolada se echó un traje, mal se arregló los cabellos, dispuso su ajuar de prisionera y dijo a los fieros ministros de la justicia:

—Estoy pronta, señores.

Su marido la vio entrar en un carruaje escoltada por los alguaciles y se encogió de hombros filosóficamente.

¡Deshonra por deshonra! Este justiciero fallo de la autoridad se parecía a los de D. Pedro el Cruel,[433] quien condenó al hijo de un zapatero de Sevilla que había vengado a su padre dando muerte a un aristocrático canónigo porque le había dejado huérfano, a no hacer zapatos durante un año, por cuanto el Consejo o Tribunal había condenado al canónigo a no decir misa durante un año.

Y así fue la bella francesa a hacer compañía en San Andrés a las

---

432 *Nota del autor. San Andrés*: el sólido edificio, antiguo templo de San Andrés, que está en la calle del Arquillo y cuyo lado y ángulo este cae sobre la plazuela del Carmen, tres veces célebre (llamada de San Andrés por el historiador del Monte y Tejada, ob. cit., III, cap. V, 59). Nunca tuvo otro destino después que dejó de ser templo, parece, que el de casa de corrección de mujeres perdidas enfermas; y se sabe que doña Concepción de Mueses era de las que iba semanalmente con sus criadas a asistirlas. ¡Ejemplar caridad la de aquellos tiempos!

433 *Pedro el Cruel*, (1334-1369), rey de Castilla cuyo reinado se caracterizó por las intrigas cortesanas y los asesinatos de sus familiares directos y opositores.

mujeres perdidas y a las acusadas de faltas más o menos graves.

Su desesperación no tuvo límites, aunque no parecía arrepentirse por tener a cargo dos muertes, amén de lo demás.

Ahí la dejaremos para asistir a la agonía de su último amante.

Meses pasaron y el infeliz *Monsieur* X..., entre atroces dolores, vio acercarse su última hora.

Rodeaban su lecho sus amigos y familia y confesó y comulgó, dándosele la extremaunción.

Cuando estuvieron cumplidos estos deberes de conciencia, llamó a ella fuertemente el arrepentimiento.

Se dirigió a los que cerca estaban y en tartajosa y apagada voz les dijo:

—Perdóneme Dios, como creo que ustedes me perdonaréis...

Los circunstantes espantados, le miraban con ansiedad.

—Sí, –continuó el enfermo haciéndose violencia a sí mismo, descansando sobre un costado en la orilla de la cama y dejando caer con desfallecimiento su frente en la palma de la mano–; yo soy un criminal, un gran criminal.

Se oyeron exclamaciones sordas y sollozos comprimidos.

Hubo un momento de silencio.

—Nadie sabe, –continuó el arrepentido *Monsieur* X–... quién mató a Don Tomás Ramírez... ¡pues fui yo!, ¡sabedlo!

Silencio aterrador.

La respiración del enfermo se oía agitada y su pecho subía y bajaba como la marea.

—Yo maté a Don Tomás Ramírez, –siguió–, porque...estaba celoso de él... y me robaba el amor de... esa mujer. Yo la amaba mucho, él la iba a rendir... porque después sospeché que era ligera y veleidosa...[434] En fin, ¡Dios mío!, –gritó el enfermo–, ¡no puedo más, me ahogo!

Y se tendió boca arriba, cerrando los ojos.

Le aplicaron sales y volvió en sí.

Cuantos le escuchaban, fríos y trémulos, hasta dudaban si sería delirio del enfermo tan horrenda revelación; mas de allí a poco tomó su anterior posición y llamó al amigo de más confianza.

—Querido, –le dijo–, voy a morir y el tiempo pasa. Yo necesito para poder cerrar los ojos tranquilo... que me perdonen.

Momento de pausa.

—Quiero, –continuó el herido–, que te presentes ahora mismo en

---

434 *Veleidosa*: Inconstante, caprichosa.

casa de... la viuda, de la viuda de Don Tomás, y...

El enfermo tomó alientos.

—Y que le ruegues de mi parte a esa señora que me perdone... por el crimen que cometí. ¡Pronto, pronto!

Y una contracción dolorosa desfiguró su fisonomía, cerrando los ojos y volviéndose hacia la pared.

Se miraron estupefactos los circunstantes.

El encargado de la ardua comisión, mohíno y confuso, no vaciló mucho rato y salió a toda prisa.

Transcurrieron largas horas.

La impaciencia devoraba a los presentes porque *Monsieur* X... abría los ojos con desesperación, miraba hacia la puerta, los miraba a todos y, esforzándose por hablar, no podía sino balbucir algunas sílabas.

Por fin llegó el mensajero.

La emoción que sobrecogía a todos es indecible.

—¡Aquí está!, ¡aquí está!, –exclamó la familia.

Ansioso y cual movido por un resorte, el enfermo se volvió con trabajo y sus desencajados ojos se fijaron en el recién venido, pareciendo interrogarle.

—¡Que te perdona!, como buena cristiana que es, –dijo el mensajero.

Se le oyó al herido un largo suspiro y un como ronquido que debió significar «¡gracias!»

Poco después agonizaba.

¿Querrán creer mis lectores que *Monsieur* y *Madame* Nicolás volvieron a vivir en buena armonía?

Si la tradición no miente, así fue, y es punto que ha sido objeto de no pocas investigaciones.

Al cabo de un tiempo más o menos largo, tuvieron a bien soltar a la liviana hija de las Galias y parece que, achacoso y enfermo su marido, no quiso dejar de tenerla junto a sí ni promover otro escándalo, repudiándola como ella se merecía.

Dicen que ella tenía una hija casada con un señor Pilat o Pilati y que al retirarse del país estos cónyuges, se fue con ellos para su patria.

En cuanto a *Monsieur* Nicolás, murió al poco tiempo.

Posteriores noticias aseveran que D. Tomás Ramírez era hombre acomodado y que en su propia casa los amigos le aconsejaban acerca de sus veleidades con la bella francesa, por lo que parece que eran ciertos los toros⁴³⁵ y había de por medio su cosilla, cuando ciego por los celos y viendo escapársele de las manos la presa, el endiablado *Monsieur* X... (que dicen era de acre genio y no muy buenas maneras) vengó en él a Ferrand y la rota de Palo Hincado.

El dicho favorito del malaventurado comandante de caballería, cuando le observaban sus amoríos, era:

—A torres tan altas no se puede llegar.

Con esto quería significar que la maledicencia no se atrevería a él por su alta posición social o lo que fuere. Pero los que veían las cosas que pasaban, entre ellos un viejo que yo me sé, murmuraba:

—¡Díganmelo a mí que lo estoy mirando!

¡Loca pretensión! ¡Y cayó como una torre! [436]

Mayo de 1891

---

435 *Ser ciertos los toros*: Expresión que confirma una noticia, por lo general desagradable, que se había pronosticado.

436 *Nota del autor*. Para rematar las notas de esta leyenda hemos de agregar las versiones que hay acerca de ella. El sitio en que fue herido D. Tomás Ramírez lo fijan unos en la esquina de la calle del Comercio, sin distinguir, otros en la más próxima a la plaza, casa de D. Alexi Licairac, estos en la acera del lado este frente al caño y casa de D. Martín Puche, otros en la opuesta acera. Lo probable es que fuese en la del lado este porque el hijo o nieto de D. Tomás así lo asevera, «sobre el mismo caño», y siendo el suceso tradición de familia ella es la más autorizada opinión en este caso. Además la dama del cuento vivía en la opuesta calzada, la del oeste, y es natural que tratándose de casas altas, para verla, D. Tomás siguiese la frontera a la morada de aquella. Otras versiones desfiguran el suceso. Hay quien diga que un soldado del *Fijo* llamado *Corbata* armó un desorden en una de las dos esquinas y, al favor de él, el francés mató a D. Tomás Ramírez; y que sospechando del pobre diablo, lo hicieron preso porque salía en ese momento de la casa frente a la cual ocurrió el asesinato. Relativo al presunto reo, refiere un señor anciano que «era un moreno y andaba con un garabato en el pescuezo en castigo», pero se sabe bien que fue Lucas Coronado el presunto reo y exacto cuanto se refiere a él porque hay tres o más testimonios acerca de ese punto. Por lo que hace al amante de la Madame Nicolás dicen algunos que era un relojero francés; pero de este no queda duda de quién era. Se omitió decir que el arma con que fue herido D. Tomás le atravesó los hígados, dato que es de la familia. Ahora una señora que conoció a los esposos afirma que ella se llamaba Marie Louise y tenía una hija de nombre Alice que casó con un señor Pilati. Hágase pues la debida rectificación. Lo más curioso es que afirman que, habiéndose empobrecido los esposos protagonistas de esta leyenda, la culpable hacía dulces para vender y un día cayó dentro de la olla próxima a la pared la capa de cal desprendida por la calcinación de la misma, descubriéndose una cajita de lata que contenía un *entierro*. A consecuencia de tal dichoso hallazgo, ambos se retiraron a su país, pero esto necesita comprobación.

Los Tres que Echaron a Pedro entre el Pozo (Tradición)[437]

I
¡La bolsa o la vida!

Barrio de San Lázaro adentro, cuesta arriba, por dentro es cerro todo el terreno, derramado en callejuelas, bostezando por unas cuantas antiguas canteras y más allá limitado por la muralla y los patios de las casas de la calle de Mercedes, extendiéndose entre San Lázaro y el barrio de San Miguel, abierto, inculto, semi salvaje, con desgreñados y raquíticos matorrales y mucha *brusca* y *piñón* en la revuelta haz desigual con tanto montículo y sinuosidades como tiene y enseñando las desmesuradas bocas de las *cuevas*[438] o canteras: tal es el escenario de esta leyenda, aunque ya un poco modificado, no muy limpio, y peligroso para las vidas y los pies.

En lo alto de la cuesta, a la subida, se levanta la iglesita de San Lázaro, tosca; pero como salida de la tierra por lo sólida, y a dos pasos de ella, la muralla. Al frente se abre la plazuela, al lado queda maternalmente cobijado el hospital, refugio de los atacados de la horrible elefancía y, desde esa altura, esparcen los vientos sobre la ciudad sus malsanas emanaciones.

Era cuando el gobierno del mariscal de campo D. Carlos de Urrutia y Matos, esto es, entre los años de 1812 y 16. No dejaba de ser, a raíz de la heroica reconquista, la administración de aquel «anciano

---

437 *Nota del autor*. Los datos fueron suministrados por las señoras Da. D. Z. (Doña Dolores Zapata), de 90 años, Da. F. B. Vda. V, (Francisca Beer viuda Valencia) de 80, y M. F., de 100.

438 *Nota del autor*. Las cuevas de San Lázaro son unas excavaciones, bastante profundas algunas de ellas, que quedan en un gran espacio vacío que había entre el barrio de ese nombre y el de San Miguel, flanqueado al oeste por la muralla y al este por los patios de las casas de la calle de Mercedes. Hay dos que están unidas por una estrecha faja de terreno como de una vara y que forma un verdadero puente. Parece que fueron primitivamente las canteras que suministraron las piedras para construir o las iglesias de San Lázaro y San Miguel, que se ven en ambos extremos del espacio dicho, o para muchos otros edificios de los que primeramente se construyeron, entre ellos acaso la Catedral y el alcázar de D. Diego Colón. Esas canteras han sido convertidas en depósitos de inmundicias y las hay igualmente por ese mismo lado fuera de la muralla. Me es grato su recuerdo porque fue teatro de nuestros juegos de la infancia.

de carácter acre y destemplado», [439] nota discordante en la efusión del entusiasmo que había impulsado a los dominicanos, aunque con ayuda de ingleses y españoles, a reponer con las armas en la mano el pabellón de Castilla sobre nuestras fortalezas, venciendo en campo raso a los soldados de Napoleón, caso único en la historia americana.

Urrutia no era más que un soldadote indigno de gobernarnos.

Siendo «la arbitrariedad la norma de actos», en todo se ingería, «sin más ley que su voluntad o su capricho», por lo que era generalmente detestado y temido.

Sobre todo, Urrutia era el terror de vagos y ladrones.

Había establecido una labranza en la otra orilla del Ozama y los frutos se vendían, para su exclusivo provecho, en el ex convento de Jesuitas, que hoy ocupa el único teatro de la capital. Allí enviaba a los condenados y sin oficio a sudar la gota gorda, para producirle los ñames y los plátanos al señor mariscal; razón por la que se le puso el apodo de D. Carlos *Conuco*.[440]

Perseguía de firme a los jugadores (por lo cual se puede sentir que no hubiera ahora muchos Urrutia) quienes iban luego a acabar de poner sus paradas, azadón y trilla en mano, entre calabazas y boniatos, coles y habas. Se jugaba ¡ya lo creo!, pero más ocultamente que en las profundidades de la tierra.

En una de esas callejas inmundas del barrio aludido, de hondo lodazal amasado al paso de las cabalgaduras y carros, con verduzcos matices de lama hedionda, merced al agua estancada a trechos en los zanjones del chaparral, por lo común adorno de nuestras calles y entre rotas filas de bohíos renegridos por la intemperie y la vetustez con que no podían ya, aplanados y borrachos que se reían, como vieja por las hendiduras de la boca, por las desvencijadas puertas, rotos setos y desdentado alero, había en el más ruin de ellos un templo del vicio, garito reservado porque todavía no era el juego profesión que diese lustre y mérito a las personas.

En el susodicho se veía una mesa paticoja, achacosa y bien comida de comején, rodeada de bancos torcidos, mugrientos y remendados que habían olvidado sin remedio la ley del equilibrio, y sabe Dios por

---

439 García, José Gabriel, *Compendio de la historia de Santo Domingo*, Vol. 2, 42. La descripción sobre Urrutia en esta tradición está tomada del libro de García.

440 *Nota del autor*. Había una anciana algo terca que pronunciaba de no muy conveniente modo el apodo ese porque creía que así debía pronunciarlo y como no tenía empacho en llamar así al viejito Urrutia, le advirtieron que podía pesarle. Pero ella decía que a él mismo se lo cantaba; y en efecto, fue a su casa no recordamos con qué motivo y D. Carlos Conuco le dijo en sus barbas no una vez sola.

cuántas evoluciones pasaron hasta llegar a ser semi-inútiles muebles del garito.

Alrededor de la mesilla estaban amorosamente congregados, una rueda de sacrificadores del dado, asistidos de botellas, vasos sucios y hendidos y pipas *nicotizadas* a fuerza del uso diurno y nocturno que de ellas hacían.

La tanda aquella de ínclitos[441] contaba con una que otra persona de mejor pelaje y aspecto que ellos, la cual persona, cuando la había, en eso de los juramentos redondos, puñetazos sobre el doliente pino y ojos avariciosos no le iba en zaga a los cargadores, barrenderos, *borriqueros*[442] y demás gente del bronce allí reunida.

Había entre ellos un individuo de mala catadura que no era de muy aquietante fisonomía. Miraba torcido, escupía por el colmillo, tenía las greñas vírgenes erizadas, duras y amarillentas del desaseo de su cabeza, sin contar los huéspedes de aquella selva, y sobre las greñas, una gorra asomada; la nariz gruesa y roma padecía congestiones merced a las dosis que gastaba; y era, en fin, de hombros fornidos, musculatura como red de cables y estatura sansoniana.

Su puño redondo, áspero, de encrespadas coyunturas y velludo como mano de oso, podía apostárselas a la cabeza de un recién nacido y habría podido servir de martillo de forja en caso de necesidad.

La mayor parte de los contertulios no eran menos *feroches*.[443]

Desarrapados y sucios, cuál tenía descubierto el nudoso pecho, enrollados a un lado y otro los bordes de la camisa de lienzo crudo a rayas azules; cuál remangaba las mangas de la ídem hasta el codo; cuál envolvía la cabeza en un pañolote de indefinible tela y color, medio terciado sobre una oreja, lo que hacía más fiero, de los dos, un ojo saltón y ensangrentado, pues el otro lo tenía hundido; quién cobijado bajo sombrero de vieja paja y alas enormes, asombraba media mesa y a una parte de los jugadores.

El uniforme de algunos militares resaltaba entre la variedad de aquella asquerosa ropería.

---

441 *Ínclitos*: Famosos. Penson usa la palabra en tono irónico.
442 *Nota del autor*. *Borriquero* y mejor *burriquero* es entre nosotros el que montado en su asno se emplea en la carga de efectos de poco bulto y peso, y más principalmente en la conducción de ciertos productos del país como carbón, cañas de azúcar, plátanos, cañas de Castilla, horconadura, tablas, etc., llevándose las tablas de pino o palma arrastre, lo cual es muy curioso de ver por nuestras calles. Hay que saber que los burriqueros han bajado de su categoría, pues ellos solo tenían ahora 30 y pico o 40 años el privilegio de cargar mercancías y todo: ¡para lo que había que conducir! Su puesto era la esquina norte de una casa muy alta que pertenece a D. Luis Cambiaso, Comercio, y que aún hoy llaman *esquina de los burriqueros*. No consta en los voc. de amer.
443 *Feroches*: Feroces.

Repugnante era la escena, a la agonizante lucecilla de un candil escapado de alguna colección de antigüedades, abollado, roto y lagrimeando aceite que iba desarrollando un regular mapa en el suelo de *hormigón*[444] lleno de hoyos. Pero si repugnante, curiosa por el guirigay o especie de germanía[445] del juego y los gestos y contorsiones de los que se ven abandonados de la suerte.

Naturalmente, allí había individuos que no jugaban, más del doble de los que lo hacían y a quienes se les daban entrada con reserva, viniendo a hacer el oficio de *mirones*[446] de las tres o más clases en que se clasifican estos.

Apareció una figura de los amarrados albures[447] entre los mugrientos dedos del tallador y la voz de un mirón se oyó:

—Asesino Juan Rincón (el as).

Luego otra y otra.

—Sin casco son los rabones el (cinco); cuatro árboles de galera (el cuatro).

—El trisagio de Isaías, los siete pares de Francia, –saltó otro– *mirón* (el tres y el siete).

—Sotana mea Domine (sota en puerta), –chilló un *gurupié*[448] muy solícito, mientras ayudaba al banquero a pagar.

Acá y acullá se oían coreadas extrañas expresiones.

—¿Quién me da un *esclavo*?[449]

—¿Quién me da diez pesos *a mato mi cochino*?[450]

---

444 *Nota del autor. Hormigón*: Pichardo (ob. cit., 338) dice: «Así se llama principalmente en las casas o fábricas rurales o de poblaciones nuevas, el hormigón ordinario, basto, hecho con mezcla menos fina, sin betún ni bruñido, sino emparejado en bruto con el pisón». Igual es el que usamos aquí, que difiere del que rezan los diccionarios autorizados.

445 *Germanía*: Jerga o manera de hablar de un grupo de personas.

446 *Nota del autor. Mirones*: aunque jamás hemos tocado una baraja, tenemos a nuestra disposición un vocabulario *nacional* del juego que hemos formado para instrucción de la juventud y de él sacamos los datos que aquí damos. En la mesa del juego hay algunas veces o casi siempre más individuos que no juegan que los que juegan regularmente más del doble. A esos los llaman *mirones* y los distribuyen en tres clases: mirones que *cantan el ave maría*; estos son los que sin tener con qué jugar se mantienen cantando el juego que debe darse. Mirón que *puja* es el que sin estar jugando observa y ve todas las pillerías del juego y cuando ve una da un pujido. Mirón que *va en busca de la peseta*: a ese le llaman mirón des...*castrador*.

447 Albures: En el juego, las dos primeras cartas que se sacan.

448 *Nota del autor. Gurupié*: se llama así el que no tiene qué jugar y se constituye en atender y ayudar al banquero a pagar y los hay de dos especies. Gurupié *capador* es el que al pagar o cobrar se mete una ficha en el bolsillo o por el cuello de la camisa fingiendo que va a rascarse la cabeza. *Gurupié perpetuo* es el que pelea por ser quien atienda a todos los bancos: se le llama también *gurupié a mano armada*.

449 *Nota del autor. Esclavo*: el jugador arrancado pide una suma para dar como interés, mientras la deba, un tanto de cada parada que gane. Ese es el esclavo.

450 *Nota del autor. Mato a mi cochino*: un jugador perdidoso o *arrancado* pide una suma *a mato mi cochino*. Esta denominación se asemeja al *capú* de nuestros muchachos, el cual consiste en ponerse a capú y, por tanto, tener cada uno el derecho de tumbarle de un manoplazo el objeto que tenga y apoderarse

El hombrón que hemos pintado acababa de jugar su último real sin éxito ninguno.

—¿Quién me da un *burro*?[451]

El que tenía al lado se apresuró a proveerle.

El hombrón jugaba y perdía mascullando frases ininteligibles y al fin reventó:

—*¡Estoy de cañuela! ¡Parece que me robo los cuartos!*[452]

Luego añadía:

—Cada vez que me pongo este pantalón, pierdo: voy a quemarlo.[453]

A esta *mácula,*[454] corriente entre jugadores, pero expresada con ridículos gestos, los que tenía enfrente soltaron una carcajada.

El hombrón los miró oblicuamente, cual si su mirada fuese cuchillo capaz de dividir a cercén[455] el pescuezo de los burladores.

—Paciencia, maese Pedro, —le decía el banquero, barajando con cachaza.

En este momento entró como parroquiano viejo en la sala del *sucucho*[456] un mozalbete que vestía uniforme de miliciano.

Se llamaba Pablo.

Era un joven mulato, de regular estatura y no mala fisonomía; gran guitarrista y jugador afortunado.

Era hijo de una morena rica de nombre María Jerónima Nova que emigró y no hacía mucho que había regresado de La Habana.

---

de él estando el otro descuidado. El jugador dicho recibe la suma que pide con tal condición sin retribución ninguna ni obligación a pagar interés; pero el que presta queda *ipso facto* autorizado para que, cuando llegue a una mesa y vea jugando a su deudor, pueda apoderarse de la parada de este, así sea la suma triple o quíntuple de la que dio. Regularmente el que así presta tiene sus espías que le avisan cuando está jugando su deudor para entrar con precaución y sin ser visto, a fin de sorprender una buena parada y echarse sobre ella con la sacramental fórmula: *mato a mi cochino*. Estos pactos se observan con más escrupulosidad que un contrato notarial entre personas honradas.

451 *Nota del autor. ¿Quién me da un burro?*: exclamación que emplea el jugador arruinado que le pide a otro dinero para jugárselo.

452 *Nota del autor. ¡Estoy de cañuela! ¡Parece que me robo los cuartos!*: dice el jugador cuando está perdiendo.

453 *Nota del autor.* Había antes la creencia o preocupación de atribuir el jugador perdidoso su mala suerte al pantalón o chaqueta que se ponía más frecuentemente y, en efecto, quemaba esas piezas para ahuyentar el genio maléfico que le hacía perder. Acaso las ideas modernas hayan influido como en religión, en política y en todo para que cesen estos peregrinos autos de fe.

454 *Nota del autor. Mácula*: es disimulación, engaño, malicia y así se dice: «fulano tiene muchas máculas», reza el diccionario enciclopédico dirigido por D. Nemesio Fernández Cuesta; pero entre nuestros jugadores es supersticiosa creencia, preocupación falsa acerca de determinada cosa.

455 *Dividir a cercén*: Cortar completamente, cercenar.

456 *Nota del autor. Sucucho* (en México y Cuba, socucho) por rincón se registra en el Dicc. gallego de Cuveiro Piñol, dice Cuervo (ob. cit., 534). «Rincón, tendajo, chiribitil», traduce Rafael Uribe U. (ob. cit., 265). Extraño es que el diligente, erudito y distinguido cibaeño, D. Esteban Pichardo no registre esta voz en su ya famoso diccionario de voces cubanas. Parece, según las obras consultadas en vano, que solo es común a Colombia, Cuba, México y la República Dominicana.

Gozaba esa señora de cuantas comodidades podían apetecerse entonces: habitaba buena casa situada en una de las esquinas del lado norte de la plaza del ex convento dominico, echaba mucho lujo y tenía una cohorte de criados.

Tomó asiento el Pablo y la emprendió en regla porque la fortuna empezó a soplarle que era un contento.

Montones de reluciente plata y alguna calderilla que el joven ponía desdeñosamente a un lado, caían en su bolsillo sin fondo, en que había no pocas onzejas[457] que no tenían para qué salir a luz.

Comenzó a llamar la atención la suerte del muchacho.

Dos militares que estaban próximos al hombrón se codearon maliciosamente y miraron al Pablo de través.

Por su parte, maese Pedro seguía entregado a sus *máculas* y preocupaciones propias del arte; y así fue que empezó a atribuir su mala fortuna a un pobre diablo, más *arrancado*[458] que él, a quien tenía al lado.

—¡*Qué ojo!*, –murmuraba con furia– ¡*qué pebén*!, ¡*qué maldito obenque*! ¡Ah, maldito, *seca un papayo*![459]

Por fin bramó:

—¿Quién cambia de lugar?[460]

Los dos militares que le quedaban al lado le estrujaron en ese momento un pie y le dieron un rodillazo tal que el jayán[461] iba a soltar una blasfemia tamaña como su cabeza; pero notó que sus amables vecinos le hacían guiños harto significativos, mostrándole disimuladamente a Pablo el mozalbete.

Maese Pedro, que había hecho menos caso de quién ganaba que de su continua pérdida, miró ahora con torcidos ojos al afortunado y los dos militares se inclinaron a su oído y le dijeron algo.

Mientras por un lado se perdía, por otro estallaban risotadas reve-

---

457 *Onzeja*: Onza, moneda de oro.
458 *Nota del autor. Arrancado*: acepción expresiva que familiar y vulgarmente usamos para significar que no se tiene blanca. Así se dice reflexivamente: «*arrancarse* los cuartos a uno», «se me *arrancó*», «se le *arrancó*», haciendo el verbo neutro. *Arrancado, a*, es adjetivo aplicado a quien está arruinado, es un pobrete o que simplemente se halla sin blanca. En Colombia, *priva*, según dice Cuervo. El vulgo encanalla el vocablo diciendo *arrancuchar, arrancuchársele* a uno, sin extender este uso al adjetivo.
459 *Nota del autor. ¡Qué pebén!*: el jugador perdidoso achaca luego su mala suerte al que tiene al lado y exclama: ¡*Qué ojo!*, ¡*qué pebén*!, ¡*qué maldito obenque!*, ¡*qué papayo!* Lo de *obenque*, que es término náutico, vino de un individuo natural de El Seibo que era parroquiano de una casa de juego hace años y tenía un ojo menos. Con este tal se encapricharon los que jugaban que azaraba o fatalizaba a quien mirara, y se estaban saludándole de ese modo mientras hacía de *mirón*. De ahí el singular terminacho cuyo origen pocos tal vez sepan.
460 *Nota del autor. ¿Quién cambia de lugar?:* cuando el jugador va perdiendo le molesta todo. Así dice: «Amigo, no me pise la silla», si alguien lo hace, y cuando le embroma el vecino o le parece a él que le molestan, grita: «¿Quién cambia de lugar?» ¡Infelices!
461 *Jayán*: Rufián, pícaro.

ladoras de suerte buena, ley del contraste y que uno decía al que se sentaba junto a él:

—No se quite Ud. de mi lado. Ud. tiene vista de ángel: ¡es Ud. el niño de Atocha![462]

Y así seguía aquello.

Perdidoso y mohíno el hombrón y lleno ya de la tristeza del bien ajeno de que le habían contagiado sus dos compinches, no cabía en el banco, y desgreñado y descompuesto se levantó al fin gruñendo, y dio la cara de lleno a la mendicante luz del candil.

De una puñada se hundió la gorra sobre las greñas que se resistieron como resortes oprimidos, de un *jalón*[463] se echó la pretina de los pantalones a su lugar y de un par de tirones abrió la puerta, salió y la cerró tras sí.

Los dos militares se escurrieron en pos de él, después que entre ambos concertaron un plan diabólico.

Detrás de la casa se extendía la llanura en que se abrían las cuevas de San Lázaro y negra oscuridad perfilaba en el negro fondo con negrísimos contornos los grupos de matorrales esparcidos ya en la boca de las canteras, ya en las sinuosidades del terreno, ora sobre los montículos de tierra que junto a las cuevas quedaban, tierra que habían sacado al excavarlas para extraer las piedras con que están construidos los eternos monumentos de la *Ciudad Antigua*.

Los tres bandidos se reunieron y se fueron a perder en aquella selvática soledad, no sin calcular el tiempo que podría emplear Pablo en acabar de despojar a sus compañeros.

—Oye, Perucho, –dijeron los dos militares al hombrón, que hervía de rabia por la pérdida que había experimentado–, ¿te gustaría desquitarte los doblones que has perdido?

El gigante dio un bufido.[464]

—¡Pues ya lo creo!

—¿Estarías dispuesto a acompañarnos en cierta empresa?

—¡Ehem!, –hizo maese Pedro, acariciándose los brazotes desnudos con una sonrisita falsa–. ¿Se puede saber qué es?

Los dos militares se consultaron con una mirada.

—Te creemos hombre seguro y valiente...

---

462 *Nota del autor. ¡Es Ud. el niño de Atocha!*: por el contrario, al que gana todo se le vuelve reírse y como atribuye su ganancia al que tiene al lado, le dice: «No se quite de mi lado». «¡Ud. tiene vista de ángel!» «Es Ud. el niño de Atocha», etc. Muchas de estas expresiones parece que son antiguas.

463 *De un jalón*: De una vez, de un golpe.

464 *Bufido*: Gruñido.

Maese Pedro suspiró ruidosamente con cierta satisfacción.

—Bueno, pues se trata...

—Se trata, –repitió el hombrón.

—Ya habrás visto lo afortunado que estuvo y todavía lo estará en el juego el mocito ese que entró el último.

—Ah sí, Pablo. Como es rico, la fortuna va donde están los cuartos, camarás.[465] ¡Y yo tanto que he perdido!, –gruñó con descontento el gigante–. ¡Mal rayo me parta!

—No hay que apurarse, hombre, no hay que apurarse. Si quieres podrás echar un alburcito tal con nosotros que toda la fortuna de Pablo pasará a los tres.

Maese Pedro abrió tamaño ojo.

—¿Eh?, –preguntó estúpidamente.

—Pues eso cabalmente fue lo que te quisimos indicar allí en la mesa, hombre de Dios. ¿No entendiste?

—Pues, ¿cómo iba a adivinar vuestro pensamiento, caballeritos? Pues a mí se me habla pan, pan, vino, vino; y se acabó.

—No te enfades, chico, y di de una vez si convienes en que entre los tres desvalijemos a Pablo.

—Con toda el alma, –contestó maese Pedro.

Los dos militares recapacitaron por breves instantes.

—Entonces, –dijo uno de ellos–, nos apostaremos a distancia de la casa, a la bajada de la cuesta, y allí esperaremos.

—¿Y si se va la liebre por otro sendero?, –objetó el otro.

—No haya miedo, –repuso el que hablaba–: sé que ese es su camino cuando se retira para su casa.

—Bueno, ¿y qué haremos?, –preguntó impaciente maese Pedro.

—Le cogemos al paso, –continuó el militar que llevaba la palabra, cuyo nombre era Francisco porque después se averiguó en triste ocasión para él–, y... ¡la bolsa o la vida!

—Sí, ¡la bolsa o la vida!, –exclamó el gigante restregándose las manos de gusto–. ¡Me voy a desquitar, voto a!

Sin embargo, de su arrebato de alegría, pensó:

—Y si se resiste, si hace armas, si chilla ¡adiós mi dinero!

—¡Qué demonios! ¿Tienes miedo, Perico?, –exclamó Francisco.

—¿Por quién lo dices, mocoso?, –prorrumpió este encarándosele fieramente–. ¿Crees que porque no viste unos colgajos y botones de cobre valgo menos que tú, mandria?[466]

---

465 *Camará*: Coloquialismo por camarada, compañero.
466 *Mandria*: Inútil, de poco o ningún valor.

—Al diablo con tu humor, zopenco, –replicó el Francisco ya incomodado–. ¿Crees, te digo yo ahora, que necesitamos de ti?

—Pues... buenas noches, caballeritos.

Y maese Pedro dio las espaldas majestuosamente a sus compinches. El militar le agarró por el cogote[467] y le hizo volverse.

—Mira, hijo, no hagamos disparates. Déjate de tontunas por un quítame allá esas pajas, y a la obra, que es lo que nos conviene.

—Sí, hombre, sí, –dijo el otro–. ¿O es que no quieres venir con nosotros?

—No es eso, –replicó el gigante–; sino que este señor tiene unos modales...

—Haya paz, pues, –replicó el Francisco–, y vengan esos cinco, –añadió apretando una manaza del hombrón–. Y andando, que se hace tarde.

—¿Pero si se resiste?, –insistió maese Pedro, mientras se encaminaban cuesta abajo dando un rodeo para no ser sentidos en la casa del juego.

—¿Si se resiste?, –preguntó el militar compañero del Francisco–. Si se resiste ¡pshe!, allá veremos...

Maese Pedro se rascó la cabeza y nada más dijo.

A poco, Pablo salía del garito llevándose un caudal en los bolsillos y alegremente; mas sin ningún género de precauciones, tomó el camino de su casa dirigiéndose cuesta abajo.

Antes de llegar al pie de ella, tres bultos se le atravesaron, bien embozados en sus capas.

El afortunado mancebo se detuvo, vaciló y con voz firme:

—¿Quién va?

—¡Alto ahí!, –dijo uno de los asaltantes, avanzando sobre Pablo–. Una palabra, señor mío.

Pablo buscó un arma bajo su capa y se preparó a la defensa.

—Sosiéguese su merced, caballerito; que aquí hay hombres con quienes se puede tratar, –repuso el Francisco con meloso tono.

—¿Qué quieren Uds.?, –dijo Pablo con amenazador acento.

—Un favorcito, nada más que un favorcito, señor Pablo. No queremos hacerle ningún mal y guárdese esa navaja.

—¿Quiénes son ustedes, pues?

—Eso... es difícil de contestar, señor nuestro. Somos unos que

---

467 *Cogote*: Parte superior y posterior del cuello.

saben que Ud. va muy rico y esperan que Ud. *manque*[468] sea una limosnita, –respondió burlonamente Francisco.

—Paso, paso; mañana hablaremos, –repuso el mozo adelantándose resueltamente.

Pero maese Pedro y el otro se echaron sobre él, y en un santiamén quedó aprisionado bajo la férrea garra del hombrón e inutilizado para hacer uso de su arma.

—Ya lo ve Ud., ño Pablillo, –dijo con sorna Francisco–. Hablemos pues ahora, si Ud., gusta.

El joven rugió de ira.

—Se trata, pues, –continuó cachazudamente Francisco y, como había tenido la honra de indicarle–, de que Ud. nos preste algo de lo mucho que ahí lleva.

—¡Váyanse al infierno!, –fue la contestación del impetuoso mancebo.

—¡Hola, hola!, el mocito es arrojao,[469] –dijo el hércules, apretándole como en un torniquete el brazo por donde le tenía sujeto, lo que le hizo exhalar un grito de dolor.

—Ya lo ves, Pablo amigo, –continuó Francisco–. Estás bien cogido y a menos que sueltes la pelota...

—¿Soltar yo?, ¡nunca!

—Mira, hijo, es inútil que digas na'[470] ¡mal rayo me parta! Miren el mocoso... A ver, suelta ¿sí o no?

—Sí, hombre, suelta, –repitió Francisco perdida la calma–, o lo pasas mal.

—Ahora verán cómo se revuelca un novillo, –exclamó diciendo y haciendo el hércules, derribando de una sacudida al pobre mozo; mientras los militares le desvalijaban por completo.

Le dejó libre luego maese Pedro, pero el joven, a quien sin duda alguna no habían querido hacer daño los bandidos pues en su mano estaba, cometió la imprudencia de pedir auxilio a grito herido, corriendo cuesta abajo.

Mas apenas había abierto la boca, cayó la maza de carne y acerados músculos del hombrón sobre su cabeza y si antes le derribara a guisa de novillo, esta vez vino a tierra como un buey pesadamente, arrojando sangre por las narices y la boca.

---

468 *Manque*: Forma arcaica, aunque.
469 *Arrojao* o *arrojado:* Valiente.
470 *Na'*: Nada.

No contentos, le dieron de palos y le pasearon las costillas muy a su sabor;[471] de modo que el infeliz Pablo quedó hecho una alheña.[472]

Verificado el despojo, contados y repartidos religiosamente los mal ganados dineros a la luz de una pajuela que encendieron, deliberaron lo que harían con el aporreado.

Se acercó a él Francisco y dijo en voz baja:

—No menea pie ni pata, camaradas.

—Estará muerto porque mi puño no perdona, –observó el hombrón–. ¡Vámonos!

Francisco meneó la cabeza.

—Esperemos, –dijo–. A esto hay que darle un corte.

—¡Qué corte ni qué carta, hombre de Dios!, – saltó el otro–. ¿Te propones jugar con D. Carlos de Urrutia? ¡En marcha, y pronto!

—Sí, larguémonos, –repitió maese Pedro–. ¡Mal rayo me parta! No quiero nada con chirona.[473]

Francisco los detuvo de nuevo.

—Este muchacho, muerto o vivo, –dijo señalándole y con filosófico tono–, hay que ocultarlo ahora mismo.

Los compañeros se rascaron la cabeza.

—¡Uh! ¡Mal rayo me parta!, camará. ¿Está usté en su cabal juicio?, –interpeló el gigante.

—Bueno ¿y para qué?, –agregó el otro militar–. Nadie nos ha visto y pueden suponer que cualquiera habrá hecho lo que nosotros acabamos de hacer.

—Señores, poco a poco, –insistió Francisco–. Muerto o vivo, ese hombre puede ser nuestra perdición si le dejamos en medio de la calle.

—¡Cómo!

—Si no está muerto, hablará, –añadió Francisco–. O bien, bastará el que mañana encuentren ahí un hombre con vida o sin ella, para que revuelvan cielo y tierra hasta dar con los autores del hecho, porque todo puede ser; y entonces...

E hizo ademán de cortarse la cabeza con los dos dedos, gesto significativo por lo temeroso y universal.

---

471 *Muy a su sabor*: A su gusto o conforme a su voluntad.
472 *Alheña*: Polvo a que se reduce la planta del mismo nombre. La expresión significa que Pablo quedó muy malherido.
473 *Chirona*: Cárcel.

—¡Diablo!, —exclamó el hércules todo confuso y empezando a perder el pesquis.[474]

—¡Pronto!, —refunfuñó el otro militar, visiblemente contrariado— ¡voto a Cristo!, ¿qué hacemos entonces? ¡Decídete, Francisco!

—Lo que hay que hacer, repito, es ocultarlo bien, suceda lo que se quiera, para que mientras tanto parezca que se ha marchado sin decir esta boca es mía. Esperen aquí.

Y Francisco se dirigió a una casucha de aspecto humilde que cerca se alzaba y tocó a ella con mucho tiento; mientras los otros se quedaban temblando, pues el solo nombre de Urrutia les había *metido en baraja*.[475]

Una mujer se levantó, preguntó, se convenció de que el que la solicitaba a esas horas era amigo y algo serio tendría entre manos, encendió luz y cerró la puerta tras el militar.

Este le refirió lo ocurrido, encargándole la reserva so pena de su enojo, y le propuso, casi le exigió que depositase allí a Pablo, quien aunque barruntaba no estar muerto, no le parecía fácil que viviese; le indicó lo que debía hacer; acalló los escrúpulos de aquella comadre acaso a fuerza de dinero y, mientras la comadre disponía su propio lecho como Dios le ayudó para acostar al aporreado, los tres jayanes cogieron al aporreado, que gimió dolorosamente, sin hacer ningún movimiento y cargaron con él, conduciéndole al bohío de la mujer, el cual bohío sin duda quedaría algo apartado de los demás del vecindario; pues en aquella época el barrio debía estar casi deshabitado y es más que probable que así fuese.

Luego, como alma que lleva el diablo, los tres rufianes desaparecieron, no sin recomendarse mutuamente el mayor sigilo, puesto que con D. Carlos de Urrutia su cabeza estaba ya oliendo a cabuya.[476]

II
Dentro del pozo

Pasaron dos días.

La buena mujer ocultó a su hombre y le asistió en regla; pero el pobre Pablo no dio más señales de vida.

---

[474] *Perder el pesquis:* Perder la paciencia.
[475] *Nota del autor. Metido en baraja*: sin duda es quisqueyanismo, pues en parte alguna se encuentra esta frase expresiva, equivalente a la otra *meterse en cintura*, y a la castiza *meter entre un puño*.
[476] *Cabuya*: Fibra de una planta con la que se fabrican cuerdas y tejidos.

La tunda[477] había sido soberana y la comadre, viendo que se le moría entre las manos, urgió a los desalmados jugadores acerca de que debían tomar una determinación.

La policía husmeaba en tanto con afán, pues la seña María Jerónima Nova, madre de Pablo, revolvía cielo y tierra.

La infeliz madre, desolada y llorosa, buscaba a su hijo. Lástima daba verla recorriendo los vericuetos y campos circunvecinos a pie, preguntando a cuantos encontraba si le habían visto ir de viaje y derramando el oro a manos llenas para poner en movimiento a todo el mundo.

Muchos le decían que su hijo habría emprendido alguna jornada para volver pronto y, por ende, no lo había anunciado o cosa así: otros pensaban, sin decirlo por supuesto, que se habría caído al mar o arrojado en él, comiéndoselo alguna de esas voraces tintoreras que bordean cerca de la *Cueva de las golondrinas*, en la costa del Sur, en espera de lo que caiga.

¿Qué hacían en tanto Francisco, maese Pedro y el compañero de Francisco?

Reunidos en la noche del segundo día en la casucha de la comadre, presenciaron la agonía de su infeliz víctima y luego que expiró, se introdujo el temor y la confusión entre ellos.

Se miraron unos a otros.

La comadre estaba trémula y desconcertada y hubiera sido muy capaz de comprometerlos sin quererlo.

—No hay que perder tiempo, muchachos, –dijo Francisco. Ya resultó lo que resultó y no hay a quien quejarse. Ahora lo que importa es salvarnos nosotros ¡voto a!

—¿Y qué hacemos?, –preguntaron los otros.

—Hay que tratar de que desaparezca esto, –dijo Francisco dando un puntapié al muerto que habían colocado en el santo suelo, por no inficionar[478] el limpio lecho de la complaciente comadre.

—¿Y cómo?

Francisco se encogió de hombros, se puso el dedo en la frente y empezó a reflexionar.

Un velón de sebo, encajado en una de las tablas del seto, chisporroteaba y despedía a ratos unas llamaradas lúgubres que dejaban en una semi-oscuridad a los jugadores y al cadáver.

---

477 *Tunda*: Castigo con golpes o azotes.
478 *Inficionar*: Infectar.

—Despachemos, señores, –dijo angustiada la comadre con voz de miedo y quejumbrosa.

—¡Echémoslo al pozo!, –exclamó con repentina inspiración maese Pedro.

Y como si esto hubiese estado en la mente de todos y no hubiera otra solución para resolver la dificultad, ninguno vaciló ni objetó ni reflexionó, sino que cogiendo al muerto por los pies y por la cabeza se dispusieron a llevárselo, mientras la comadre abría la puerta y guiaba a los enterradores, explorando con ojos de lince el campo.

Cerca de allí, en un ángulo o recodo se veía campeando en medio de un limpio una noria[479] antigua, de brocal[480] derruido, negro, terroso y saturado de humedad, con un palo relumbrante por el desgaste sujeto con deshechas filásticas de soga de *majagua*, [481] y estaba atado en el centro un enorme carrillazo[482] en que iba ensartada larga cuerda del mismo material con dos cubos que pugnaban con sus aros para entreabrirse y, en efecto, por los intersticios, al subírseles a fuerza de puños, llegaba sudando a chorros el enturbiado líquido.

La procesión se encaminó a la noria. Allí descansaron el cadáver en el pretil y lo empujaron cabeza abajo.

El peso de la víctima se llevó un trozo de la antigua mampostería y los cacharros agitados violentamente le tocaron al paso una serenata, en tanto que el chapuzón que daba en el fondo producía un ruido sordo.

Concluida la piadosa operación, cada uno de aquellos malvados se escurrió cuan ligeramente pudo, sin que se supiese más de ellos, excepto de uno, según después se dirá, dejando la responsabilidad al pozo y al vecino más cercano.

A la mañana siguiente, las mujerucas de por *esos lados* vinieron muy temprano, como solían, a sacar agua a la noria.

Empezaron por notar que los cacharros no la cogían.

—Vecina, –decía una a la otra –¿qué demonio tendrá hoy la noria?

—Y es verdad, vecina, –respondía una viejecita que armaba su arrugada boca con un enorme cachimbo–;[483] no hay *fresco*[484] de que los cubos cojan agua.

---

479 *Noria*: Pozo.
480 *Brocal*: Borde alrededor de un pozo.
481 *Nota del autor*. *Soga de majagua*: V. Pichardo (ob. cit., 234). *Majaguo* se dice en Colombia al árbol y a la corteza *majagua*. «Especie de cintas fibrosas que sirven para envolver los andullos de tabaco, para hacer cuerdas, cables, mochilas y otros artículos» (Uribe, ob. cit., 176).
482 *Carrillazo* o *carrillo*: Rueda acanalada, polea.
483 *Cachimbo*: Utensilio para fumar, pipa.
484 *Nota del autor*. *Fresco*: equivale a no hay medio, manera. «No hay *fresco* de que quiera venir», «no

Menea que menea la soga y nada.

—¡Unjú!, –exclamó impacientada la que tenía la prioridad en el sacar del agua.

—Vecina, –dijo a otra que conversaba de cosas indiferentes con unas cuantas allí cerca–, mire a ver si Ud. puede.

Y le pasó el cetro, esto es, la ripiosa *majagua*.

La tomó la aludida, mujer de buenos rejos,[485] sacudió de firme la soga, haciendo que el cacharro que estaba de turno allá abajo se inclinase para llenarlo; pero el cubo, al caer sobre el cuerpo del pobre Pablo, produjo un ruido seco y quedó vacío.

—Vecina, aquí hay algo, –dijo la mujer.

—¡Hombre! Qué diablura, –chilló la mujer quitándose su cachimbo de la boca y lanzando una filosófica bocanada de fétido[486] humo–; y yo que tenía que lavar temprano para planchar a la noche.

—Y yo, –dijo otra.

—Y yo.

—Y yo.

Se pusieron nuevamente a la obra, pero en vano; que al fin, la que meneaba la soga subió el cacharro para probar fortuna con el otro cubo.

El cacharro trajo una miseria de agua y la vecina quedó mirándola con extrañeza.

—¿Qué es esto?, –exclamó espantada.

La viejecita se acercó, santiguándose y salió gritando:

—¡Sangre! ¡Virgen de la Caridad! ¡El agua está ensangrentada!

—No puede ser, –dijo otra aproximándose a examinar aquella agua–. Eso será algún trapo colorado que se ha caído y desteñido, o almagre, o...

Algunas menearon la cabeza.

Hubo quien opinara en pro y quien en contra.

—Pero lo que hay abajo ¿es trapo?, –indicó otra mujer más observadora que las demás, inclinando medio cuerpo dentro del pozo. Y como todas se apresurasen a hacer lo mismo, la mujer las apartó diciéndoles:

—Quítense de ahí, dejen luz para ver.

Al cabo de un buen rato, la observadora alzó la cabeza, arrugadas

---

hay *fresco* de que lo haga». No consta en los voc. de americanismos. Es de uso familiar y vulgar.
485 *Rejos*: Robustez, fortaleza.
486 *Fétido*: Que huele mal.

las cejas gravemente, y con misterio dijo en voz muy baja a sus compañeras:

—Señoras... lo que hay ahí adentro... ¡es un muerto!

—¡Jesús, Ave María purísima!, –clamó la vieja santiguándose de nuevo, alzando los pies como si se le hubiesen prendido cien avispas y alejándose al trote con horror de la noria.

—¡Un muerto!, –corearon las sacadoras de agua.

Se precipitaron al desbocado pretil, se apartaron unas a otras, empujándose, febrilmente dominadas a la par por la curiosidad femenil y por el miedo, y una tras otra fue notando, a la media luz que entraba en el pozo, un poco fuerte ya el sol, que aquello que en el fondo descansaba iba tomando las formas de un ser humano.

Se retiraron confusas y mohínas, haciendo gestos y persignándose las menos y las más silenciosas como difuntos.

A veinte pasos del pozo se pusieron a deliberar.

En eso acertaron a pasar unos vecinos que iban al río a hacer sus compras a los campesinos que traen por las tardes en sus canoas las cañas de azúcar, la yerba, el carbón, víveres, cazabe, conservas y otros dulces y productos así para el abastecimiento de la ciudad.

Los llamaron las mujeres.

Inspeccionaron estos el pozo y convencidos fueron de parecer que se diese parte inmediatamente para no echarse encima todo el barrio la responsabilidad de lo que bien podía ser un crimen atroz que allí se había tratado de ocultar.

—Pues ustedes se quedan aquí, –dijeron los hombres–, hasta que venga la policía.

Y partieron a escape.

Mientras tanto, la algazara que se armó entre aquellas vecinas comentando el suceso, es de dejarse a la apreciación del pío lector.

Y como luego las mujeres tienen un instinto infalible, empezó una que otra a sospechar de ciertos y determinados tipos, a hilvanar circunstancias e incidentes y a deducir consecuencias.

—Si es un asesinato, –decía la más lista–, ha debido ser por aquí cerca.

—Y muy cerca, –añadió otra.

—Y es gente de mala vida la que ha hecho eso.

—Perdóneme Dios, –observaba otra–, y no me lo tome en cuenta, pero...

Y guiñó un ojo.

—¿Pero qué, Susana?, acaba.

—Yo creo que los jugadores que luego se reúnen por estos contornos a jugar escondido...

—Sí, sí; los jugadores esos deben andar en la danza.

—¡Chist!, ¡chist!, hijas; no tan recio, –dijo la vieja haciendo aspavientos–. La policía de D. Carlos *Conuco* todavía no ha aparecido por aquí y si huele que ustedes saben que por aquí hay juego escondido... ustedes saben bien cómo persigue a los ladrones y jugadores... y las llamará a declarar.

Las demás miraron con recelo a todas partes; menos una que con desparpajo soltó la andanada.

—¡Buenos cuartos le dan vagos y ladrones!

Corrió la singular nueva por toda la ciudad.

El fatal aviso llegó por fin a oídos de la pobre madre.

Se echó a la calle como estaba y voló al sitio, en que se agitaba ya compacta muchedumbre y reinaba la policía como en tierra conquistada.

El jefe mandó disponer todo lo necesario para la extracción del cadáver.

Un hombre se había metido dentro del pozo provisto de buenas cuerdas y al cabo de un rato se izaba el cuerpo del mal aconsejado Pablo destilando agua.

Se sobrecogieron las mujeres y todo se volvió lamentar.

—¡El pobre Pablo! ¡Quién se lo hubiera dicho!

—Por eso, –decían otras–, ni en balde su pobre madre anda *desgaritada*[487] en su busca. ¡La pobre seña Jerónima!, ¡cuando lo sepa!

—¡Ah, pues!, no le han valido sus cuartos para librarla de tan gran desgracia.

Observación filosófico-socialista que siempre hace el vulgo, no sé por qué.

En ese instante se produjo un movimiento en la multitud y voces se oyeron de «¡Ahí está!, ¡ahí está!»

Llegaba allí, en efecto, la seña Jerónima, y todos abrieron respetuosamente paso al dolor.

---

[487] *Nota del autor. Desgaritada*: «*Garete. Irse o estarse al garete*: frase tomada de la marítima en la significación metafórica de perderse, trastornarse, desordenarse o extraviarse alguna cosa, a la cual faltó el rumbo, gobierno o cuidado. De aquí el verbo *desgaritar* o *desgaritarse*, al cual se da en esta isla el mismo significado». (Pichardo, ob. cit., 159). Del mismo modo decimos nosotros de una persona que anda sin rumbo cierto y hacer huir, perseguir a uno decimos también *desgaritar* a uno.

—¡Mi hijo!, ¡mi hijo! ¿Dónde está mi hijo?

Tres eternos días había estado buscándole.

Le vio tendido sobre la yerba, hinchado, desfigurado y transido de humedad.

Como loca se arrojó sobre el cadáver y sus exclamaciones, entremezcladas de rabioso llanto, partían las entrañas de cuantos presenciaban semejante escena.

Inútil es agotar colores pintando ese dolor maternal que es siempre sublime.

Con ella lloraban los espectadores.

Por último, la sobrecogió un desmayo, y de encima del cuerpo del hijo la levantaron para prodigarle prontos auxilios.

El jefe de policía, sabueso refinado, andaba ya registrando el suelo y a medida que encontraba una huella o cosa que a huella se pareciese, iba brujuleando a ver si conseguía descubrir rastros del asesino.

Pero las huellas se perdían en los yerbazos que por allí había y no fue posible orientarse.

El susodicho tuvo en sus manos el primer cabo del hilo, según él, y cuando llegó el Juez del Crimen, empezaron ambos a deliberar misteriosamente.

Después interrogó el juez a las vecinas, mandó llamar a otros habitadores del barrio y les tomó declaraciones; y naturalmente convinieron todos los circunstantes en que podían ser jugadores los del hecho o que por causa del juego había ocurrido. Se abrió la correspondiente sumaria, pero sin resultado.

Por entonces, y no obstante las diligencias practicadas, impenetrable misterio rodeó tan extraordinario suceso.

III
Revelación

Ni rastros de los tres que echaron a Pablo en el pozo.

Transcurrieron años.

Un día, en mezquino zaquizamí[488] y más mezquino jergón expiraba un moribundo víctima de las viruelas, en la ciudad de La

---

488 *Zaquizamí*: Cuarto pequeño, muy pobre y poco limpio.

Habana. Era un individuo natural de este país y había sido militar o aún ejercía esa profesión.

Pobre luz iluminaba la estancia.

El enfermo deliraba y hondos suspiros salían de su pecho.

Parecía esperar a alguno porque sus ojos desencajados se fijaban con anhelo en la puerta de la habitación.

Por fin, ruido fuerte de pasos anunció la presencia del que tardaba ya en venir, y entró un sacerdote.

Se sentó a la cabecera del enfermo y comenzó a auxiliarle.

Después que se confesó, hizo un esfuerzo como si algo gravitase sobre su fatigado espíritu y dijo al ministro:

—Todavía no se lo he dicho todo, Padre.

—¿Cómo es eso, hermano mío?, –preguntó asombrado este con voz dulce.

—Es un secreto horrible que... me...

Se hizo más fatigosa la respiración del enfermo y no pudo continuar.

—Acaba, hijo, acaba, –le dijo el sacerdote al cabo de una pausa, y temiendo que se fuese al otro barrio sin desembuchar aquello que tanto remordía, al parecer, la conciencia del moribundo.

Abrió los ojos desmesuradamente, cobró ánimo y acercando el oído el sacerdote, desahogó su pecho de lo que le atormentaba.

Durante tal confesión, el cura fruncía el entrecejo y mudaba de colores. Era hombre sensible y aquella cosa estupenda que le relataban hacía singular efecto en sus nervios.

Cuando concluyó el moribundo, dijo tartamudeando.

—Padre, el último favor.

—Di, hijo, y haré cuanto quieras.

—Que si le es permitido... corra Ud. cuando... cuando yo mue... e...ra a casa del señor Alcalde... y... y...

—Y le revele tu secreto, ¿no es eso?

El moribundo hizo un signo afirmativo con la cabeza.

El sacerdote vaciló. Pero el enfermo le miraba con tales ojos que se lo prometió, aun cuando, verbigracia, tuviese que faltar a la disciplina.

El moribundo sonrió, rindiendo el postrer aliento.

Parecía que su vida estaba pendiente de aquella revelación, que debió ser horrible.

Cumplido el deber, se alejó de aquel sitio el sacerdote y era noche cerrada cuando hacía pasar recado al señor Alcalde de que tenía que verle para un asunto urgente.

Ordenó el grave Magistrado que le introdujeran, en atención a que vestía traje talar[489] y que decía no venir en nombre suyo.

Le recibió besándole las manos y después de una pausa:

—Dice el Padre que no viene en nombre suyo a estas horas ¿pues en nombre de quién viene?, –preguntó.

—De un muerto.

—¿De un muerto?, –replicó el Magistrado con extrañeza–. ¿De qué se trata entonces, Padre mío?

—De un horrible secreto.

El señor Alcalde frunció el entrecejo.

—¿Secretos?, –dijo.

—Sí, señor Alcalde, de un horrendo crimen...

—¡Ah!, ya eso es otra cosa, –exclamó el buen Magistrado con voz algo hueca y pasando lentamente sus manos por sus rodillas, como si le hubieran hablado en su lengua propia.

El sacerdote, a quien parecía oprimir el peso de aquella revelación, respiró y tomó alientos para continuar.

—Sí señor Alcalde, de un horrendo crimen. Un moribundo acaba de confesarme que fue él uno de sus desalmados autores.

El Magistrado escuchaba con atención, con el índice aplicado a una oreja y la mano cerrada sobre la mejilla.

—Me suplicó, pues, ese infeliz que acaba de morir y santa paz haya, –añadió alzando beatíficamente los ojos al cielo–, que viniese a poner en conocimiento del señor Alcalde inmediatamente el secreto que ni aun en confesión ordinaria me confió, sino después.

—¿Pero qué crimen es ese? Padre mío, –dijo un si es no impaciente el Magistrado.

—Uno que hace años se cometió...

—¿Aquí?, –interrumpió vivamente el Alcalde.

—No, en la isla de Santo Domingo, en la parte española.

—¡Ah!, bien; eso es otra cosa, –dijo aquel, como si le complaciese que el hecho no tuviese nada que ver con su jurisdicción–. ¡Conque en Santo Domingo!

—¿Y cómo fue eso?, –preguntó este con curiosidad profesional, diremos.

---

489 *Talar*: Vestido largo usado por los sacerdotes.

—Una noche, —contestó el sacerdote perturbado visiblemente—, jugaban unos cuantos perdidos y militares en un garito del barrio... del barrio, no recuerdo bien. Había entre ellos un joven de color, militar, perteneciente parece a las milicias del rey, y estuvo afortunado en el juego. Con esto se despertó la codicia de tres que en la mesa asistían, y llenos de envidia combinaron el inicuo proyecto de despojar de su dinero al joven dicho, aunque para ello tuviesen que arrancarle con el dinero la existencia.

—¿Y así lo hicieron?, —preguntó con interés el Magistrado.

—Espere Usía, [490] señor. Se apostaron al pie de una cuesta que había que bajar y cuando llegó el joven, militar y valiente al fin, le asaltaron. Bien que con buenas razones quisieron persuadirle a que diese la bolsa para escapar la vida, según acaba de decir el muerto, él temerariamente resistió y entonces le derribaron, le robaron y ...

—Y le asesinaron ¿no es eso?

—No: corrió, quiso pedir socorro ¡en mal hora!, pues le acogotaron y molieron a golpes, si acaso no le hirieron.

—¡Diantre!, —dijo el Magistrado.

—Fueron tales los porrazos que el pobre joven no movió pie ni mano.

—¡Ya lo creo!

—Estuvo así dos días, —continuó el sacerdote cobrando aliento—, y al tercero murió.

El señor Alcalde se rascó la calva varias veces y dijo:

—Continúe, Padre, continúe.

—Esa noche misma le ocultaron en casa de una mujer y luego, después que murió, pues ellos esperaban ese desenlace, le arrojaron en un pozo.

—¿En un pozo?, —exclamó el Magistrado, estupefacto.

—Como lo oye, Usía, señor Alcalde. Le arrojaron en un pozo y desaparecieron los asesinos.

—¿Y la justicia qué hizo?

—Se quedó burlada.

—Se quedó burlada.

—Luego, su penitente de hoy es uno de ellos, ¿no, Padre?

—Cabal. Se refugió en La Habana y después supo que se sacó a la víctima y que acaso la madre moriría del pesar.

—¿Cómo se llamó ese?

---

490 *Usía*: Forma abreviada de la fórmula de cortesía Vuestra Señoría.

—Francisco, –respondió el sacerdote. Y aquí agregó los nombres de los otros dos que la tradición no ha revelado.

—Bien. ¿Y qué desea ahora el Padre?, –preguntó el Alcalde.

—El deseo del muerto, señor Alcalde, es que como todo quedó en el misterio, haga Usía saber a las autoridades de la antigua Española y que allí sea del dominio público quiénes fueron los perpetradores de tan horrible crimen.

El Magistrado reflexionó un instante.

—Si bien se mira, no vale la pena; pero, en fin, se hará y eso servirá para cerrar el sumario ¿no es eso?

—Sí, señor Alcalde.

—Pues puede Ud. descansar, Padre mío.

—Gracias, señor Alcalde... El alma de ese infeliz tendrá más descanso.

—Amén, –respondió el Magistrado.

Y con esto se despidieron, besando otra vez la mano la autoridad al reverendo.

Cumplió con exactitud el buen Alcalde y fuese por la vía oficial o por la oficiosa (dicen que por oficio lo comunicó), se regó la noticia al cabo de tanto tiempo y se despejó la incógnita, quedando satisfechos todos los que fueron los que echaron a Pablo entre el pozo (no a *Pedro* como reza el dicho popular, sin duda por haber equivocado el nombre desde un principio), y de cómo se llamaban, con todos los demás pormenores del suceso, que pasó a tradición y mereció la honra de dar origen al dicho vulgar de que se trata.[491]

---

491 *Nota del autor.* Esta tradición que, como queda dicho, ha dado origen a un dicho popular nuestro de absurda construcción gramatical, estaba casi perdida. Por fortuna, una señora de 90 años tenía los datos, que posteriormente otras ancianas han enriquecido y conoció a la víctima, que asegura llamarse Pablo y no Pedro, a su madre seña María Jerónima Nova y a uno de los victimarios de nombre Francisco, que fue quien en artículo mortis declaró en La Habana el hecho y dice que supone que el alcalde de aquella ciudad por oficio lo comunicó a las autoridades de la antigua Española. De modo que el dicho popular está equivocado, pero como tal, debe conservarse así. Los datos de la dicha señora son fidedignos y ella, muy verídica y de excelente memoria. Y como se trata de *tres* y de que el hecho fue por causa de juego y ocurrió en un barrio de esos, única cosa que se sabía ya, es seguro que la tradición a que se refiere esa señora sea la misma que hemos relatado. Los precedentes datos se hallan confirmados por otra señora, respetable viuda de un distinguido caballero, quien da el mismo nombre de la víctima, añadiendo que era gran guitarrista, y el de su madre. No deja por eso de haber encontradas versiones. Consultando a una señora que cuenta de edad un siglo justo y en el pleno uso de sus facultades, da razón de que el suceso se refería de distinto modo, (aunque en lo esencial es uno mismo) y recitó unas cuantas décimas de las varias que se escribieron con ese motivo. La versión que da es la siguiente: Era un joven mulato, militar, buen guitarrista y mejor hijo: se llamaba Pablo y su madre, Tomasa. Estaba en el fuerte de Santa Bárbara y el cabo llamado D. Manuel Batista le prestó para un piquete [servicio] y no volvió, aunque también dice que le envió a buscar la cena y no [a]pareció más. Parece que se metió en mal lugar y tres le acecharon y lo arrojaron al pozo, sin duda después de asesinarle. A los 15 días su madre le encontró allí y le sacaron ya con un brazo comido. Que el pozo quedaba en *La Negreta*, sita en el barrio de Santa Bárbara, así

Y como en el lenguaje humano las voces toman enseguida cierto color y fisonomía o extendiendo por analogía su significado o pasando al amplio, rico, variado y espiritual dominio de la metáfora, el tal dicho, que tan socorrido fue, se aplicó a todo el que resultaba sospechoso de algún hecho, cualquiera que fuese y así se decía de los notados.

—*¡Esos fueron los tres que echaron a Pedro entre el pozo!*

Se trataba, por ejemplo, de una bellaquería, o barbaridad, al momento se designaba a los que fuesen o suponían ser sus autores, con la frase popular.

Aún se oye hoy, en tono bromista y vulgarmente, decir de tres personas, señalándolas con malicia:

—*¡Esos fueron los tres que echaron a Pedro entre el pozo!*

Abril de 1891

---

llamada por haber existido allí un edificio que servía de depósito de esclavos y cuyos cimientos en parte se ven. Está el pozo en el fuerte del Ángulo, extremo norte de las murallas y en la misma calle, que por allí está a nivel de ellas, midiendo unos 40 pies. Hay personas que aseguran que el suceso ocurrió en ese pozo, pero en el pueblo corre válida la especie de que fue por San Lázaro y aún señalan el lugar. Naturalmente la versión que dimos es la comprobada y la más rica en pormenores. Por lo demás, todos están de acuerdo en que fueron tres y jugadores los verdugos y que la víctima se llamaba Pablo y no Pedro, que era de color y militar, etc. [En] cuanto a esas décimas, no creo que valgan por un documento auténtico.

Coplas

Relativas a «Los tres que echaron a Pedro entre el pozo»

Al punto del mediodía
vide[492] *un caso lastimoso;*
sacar a Pablo del pozo
al cabo de quince días.

Cumplida estaba su suerte
como el tiempo lo declara;
pues el cabo de la guardia
lo prestó para el piquete.
Faltó a la hora competente
del permiso que tenía.
su madre lo perseguía,
viendo que no lo encontraba
amargamente lloraba,
al punto del mediodía.

Su madre suplica al cabo
que por Dios no diera parte,
porque él en alguna parte
dormido se habría quedado.
Usted no tenga cuidado;
sin saber que hay alevosos
que siempre están rencorosos
y poseídos del diablo.
En esta muerte de Pablo
vide un caso lastimoso.

¡Qué desconsolada madre!
cuando esta noticia oyó
que ya Pablo pareció,
daba suspiros y ayes.
Gritando salió a la calle
con un dolor extremoso
juntando todos los mozos

---

492 *Vide*: Arcaísmo por vi.

y les dice con anhelo,
ayúdenme porque quiero
sacar a Pablo del pozo.

Madres las que tienen hijos,
mirad lo que por mí pasa;
que en cuanto salió de casa
el vivir le han consumido.
Le dice ¡oh, hijo querido!
¿quién te ha quitado la vida?
¿quién te arrojó en el brocal?
¡que te he venido a encontrar
al cabo de quince días!....

NOTA: Recitadas por la señora Da. Manuela Franco (de San Carlos) que cuenta hoy cien años justos de edad.

El Santo y la Colmena
(Episodio)[493]

El caso fue curioso, *de primera*.[494]

Tomaron pie de ahí los pacíficos ciudadanos para deducir castigos providenciales y vaticinar en contra de la usurpación del territorio de la antigua Española por las engreídas huestes del afortunado sucesor del que auxilió a Bolívar.[495]

Se había cometido una profanación y el cielo había fulminado los rayos de su ira sobre el osado perpetrador de tamaño sacrilegio.

Así lo aseguraban, juraban y *perjuraban* los habitantes de la ciudad capital de la Primada y los comentarios llovían en los corrillos que era un contento.

Veían en aquel suceso una señal cierta de que el patriotismo humillado de los altivos y valientes quisqueyanos podía lisonjearse, a saber, que así como el santo de piedra aquel indignado se había lanzado de su nicho haciéndose añicos para dar muerte al salvaje perpetrador de semejante atentado, del mismo modo se revolvería el país contra sus extraños dominadores y se harían pedazos ambos, quedando incólume el principio de la libertad y la autonomía del pueblo dominicano.

En fin, que todo era mirar aquello, considerar, santiguarse y vaticinar la multitud reunida la mañana de aquel día en el atrio de la esbelta y preciosa capilla de Regina Angelorum.

---

493 *Nota del autor*. Los datos los suministró el Sr. D. P. T. G. (Don Pedro Tomás Garrido).
494 *Nota del autor*. *Fue curioso, de primera*: no sé si será castellano, de lo que estoy cierto es de que ni en diccionarios de la lengua ni de americanismos aparece la locución. Indica lo que esta significa: notable, escogido, muy bueno; así, caso, hecho, suceso; discurso, dicho, etc.. Estos matices se hallarán al pormenor en mi *Vocabulario de Quisqueyanismos*, en preparación.
495 *Bolívar*: Penson hace referencia a la ayuda prestada a Simón Bolívar, héroe independentista sudamericano, por el presidente de Haití, Alexandre Pétion en sus campañas libertadoras.

Año funesto el año 22, había visto del vetusto régimen colonial surgir en una noche, la del primero de diciembre, una nacionalidad, el flamante Estado Libre de *Haití español* que había sido a la voz de un hombre ilustre, pero en mal hora inspirado y a los setenta días justos, desaparecer bajo los cascos de los caballos de Occidente, para dar lugar a una gran hegemonía de esclavos, que se extendía del cabo Tiburón a punta Engaño.

Núñez de Cáceres, por su ligereza o por el despecho de no haber alcanzado una gracia que pedía, según versiones, nos entregó maniatados al absorbente vecino, el cual ha sido siempre calamidad y pesadilla que no sabemos cuándo querrá Dios o el tiempo o el progreso o el machete quitárnosla de encima.

Pues así como se engulle un buñuelo nos sorbieron, solo que del 44 para abajo se les atragantó la espina; pero [en] cuanto a Núñez de Cáceres, no tiene justificación y por eso se dirá en otro lugar cuan largamente se contiene.

Adueñado Jean-Pierre Boyer, Presidente de Haití *uno e indivisible* (!) del territorio de la inmaculada Española, sus tropas ocuparon algunas iglesias como fueron, por ejemplo, las del ex convento dominico y Regina Angelorum; mientras las familias azoradas se disponían a emigrar y cerraba sus gloriosas puertas la imperial y pontificia Universidad de Santo Tomás de Aquino que granjeó a Quisqueya el título de Atenas del Nuevo Mundo, el cual ha pasado, con el cetro de la primacía del saber, a la espiritual ciudad norteamericana.

La capilla de Regina Angelorum es uno de los más famosos y mejor construidos templos de la *Ciudad Antigua* y da frente a la calle del mismo nombre, hacia el norte. Su construcción, a juzgar por su estilo, data del siglo XVII: no obedece a ningún orden.

La fachada es sencilla sin tener nada que admirar en ella. Dividida en dos cuerpos, abajo se abren tres arcos romanos y en el medio, la puerta; arriba, dos ventanas; a los lados, casi encima de cada ventana, una cabeza de santo y el centro lo ocupan dos pequeños estribos entre los cuales hay un nicho[496] con dos columnitas talladas en relieve que sostienen un frontis[497] y sobre el frontis un medio óvalo. En la base de este se destaca un busto de mujer coronado de laurel, encima un águila con las alas desplegadas y a un lado y otro del busto hay más esculturas. En lo alto una cruz, a un lado y otro dos ángeles y a la derecha, el campanario.

---

496 *Nicho*: Cavidad en la que se coloca algo.
497 *Frontis*: Fachada.

El interior es claro, bien ventilado y de agradable aspecto. Tiene imágenes no malas venidas de México y el Perú en el siglo pasado y una Santa Lucía, costeada por los primeros africanos llegados a este suelo.

Allí están depositados los restos del Libertador-marqués[498] y del noble prócer Pedro Alejandrino Pina, aquel vaciado en molde antiguo.

Hacia el oeste se prolonga un edificio vastísimo provisto de ventanas y coronado de un repecho,[499] el cual edificio constituía el convento de monjas de Regina. Tiene espaciosos salones y patios y se comunica con el templo. Las monjas abandonaron esos edificios cuando la cesión de la isla y en 1818 las señoras Doña Francisca Perpiñán y Doña Clara González de Hernández los repararon.

Pero lo que falta en la fachada de la iglesia para completar su adorno y en que acaso poquísimos se hayan fijado es un santo de piedra que estuvo en el mencionado nicho hasta 1822, imagen que por extraño modo vino a sufrir la misma suerte que el águila de piedra que estaba sobre la puerta de San Pedro, en la Catedral, que el escudo de armas del Adelantado D. Rodrigo de Bastidas sobre la capilla del *Obispo de piedra*, el de Ruy Fernández de Fuenmayor, sobre la capilla de las Ánimas, los de Dávila, Landecho, Oviedo y otros que estaban en casas particulares y, por último, que las armas reales que adornaban la puerta de *La Fuerza*, Cuartel de Milicias, Matadero y otros sitios.

La salvaje cruzada contra lo que representaba nuestros claros orígenes e ilustre abolengo no perdonó símbolo ninguno y milagro fue que escaparan los tantos grandiosos monumentos que hacen de la ciudad toda de Santo Domingo un monumento y el primero de América, por haber sido la primera ciudad fundada en ella.

Oían siempre los militares que ocupaban a Regina un rumor sordo[500] que no sabían a qué atribuir y el mejor día vieron revolotear unas abejas pues ¿dónde cree el pío[501] lector?, detrás del santo *en persona* que estaba presidiendo en la fachada de la iglesia.

¡Vaya unas abejas antojadizas![502]

Se ocultaron allí los laboriosos animaluchos y labraron calladitos

---

498 *Los restos del Libertador-marqués:* Se refiere al General Pedro Santana, cuyos restos fueron desenterrados de la Fortaleza Ozama y, por órdenes del entonces presidente Francisco Gregorio Billini, enterrados durante un tiempo en Regina Angelorum.
499 *Repecho*: Baranda o pretil que se coloca en lugar alto para asomarse, sin peligro de caer.
500 *Sordo*: Que suena poco.
501 *Pío*: De buen corazón.
502 *Antojadizas*: Caprichosas.

su panal, seguros de gozar de inmunidad a la sombra de la venerable efigie.

No contaron con la guía de los hijos del Masacre.⁵⁰³

Vistas las abejas por unos cuantos de ellos, se les volvió la boca agua; mas contentándose con mirarlas un día y otro día, sin saber cómo andaría ese panal ni cómo pillarle a esa altura y detrás del santo que parecía proteger a las artífices de él con su aspecto grave y beatífico.

Seguramente «no estaban maduras».⁵⁰⁴

Pero como el diablo sugiere siempre medios al que se deja tentar, hubo al fin un *mañé* más emprendedor u osado que los otros que no se conformase con estarse mirando embobado las abejitas desde la mañana hasta la noche, como un pastor de bucólicas⁵⁰⁵ y ofreció por los manes de Dessalines⁵⁰⁶ y Biassou⁵⁰⁷ coger la colmena o perecer.

Le celebraron la resolución, heroica por cierto, los compañeros y esperaron a la siguiente mañana.

Había que vencer la altura, poner profana y sacrílega mano sobre el santo de piedra violando su dominio secular y registrarle atrevidamente las espaldas para ver dónde se ocultaban las buenas abejillas y hurtarles su codiciado fruto.

Ni siquiera pararía mientes el tuno⁵⁰⁸ en aquello de

> Por catar una colmena
> cierto goloso ladrón
> del venenoso aguijón
> tuvo que sufrir la pena.
> La miel (dice) está muy buena:
> es un bocado exquisito;
> por el aguijón maldito
> no volveré al colmenar.
> ¡Lo que tiene el encontrar
> la pena tras el delito! ⁵⁰⁹

Pero él quiso probar fortuna a todo trance sin cuidarse de la pena amarga, con tal de saborearse el dulce delito, que es precisamente en lo que neciamente, y aun abdicando la razón, incurrimos todos los días.

---

503 *Masacre*: Río que delimita la frontera entre Haití y la República Dominicana.
504 *«No estar maduras»*: Frase tomada de la fábula «El zorro y las uvas» por Esopo (620-564 A.C.)
505 *Bucólicas*: Composiciones poéticas que idealizan la vida en el campo.
506 *Jean-Jacques Dessalines* (1758-1806), esclavo africano que proclamó la independencia de Haití y luego se nombró emperador.
507 *Georges Biassou* (1741-1801), primer líder de los esclavos que lucharon por la independencia de Haití.
508 *Tuno*: Pícaro, tunante.
509 Fábula de «El ladrón», del español Félix María de Samaniego (1745-1801).

Se armó con una escalerita y se dispuso a escalar el segundo cuerpo de la simplota fachada.

Debajo se agruparon los *compagnons*[510] curiosos por ver cómo [se] saldría con la suya el «goloso ladrón» y alguno que otro transeúnte se quedó parado a mirar qué diablo de empresa era aquella que entre manos traían los *mañeses* de Regina.

El castrador[511] de la colmena trepó por su escalera sin ninguna dificultad y se agarró a la cornisa[512] del primer cuerpo, bregando por afirmar allí los pies y buscando inútilmente asidero.

Sudó y se afanó en vano.

Los otros le armaron una algazara infernal.

Reanimado por la gritería, el goloso castrador redobló esfuerzos y llegó a asomar medio cuerpo sobre el nicho de la imagen, extendiendo la mano a ver si podía alcanzar el oculto tesoro que se empeñaba en defender y encubrir el testarudo santo de piedra.

No había medio de llegar a la colmena.

Por fin, aburrido y desesperado, y anda más, probando ya la pena sin consumar el delito, pues las alarmadas moradoras del nicho revueltas empezaban a zumbar, roncas y amenazantes en torno del ladrón, echó el resto, jugó el todo por el todo y con fuerza empuñó el ropaje del santo, que no pestañeó siquiera.

Creyó el insensato que la pesantez de la imagen o las raíces que habían echado en su secular asiento serían parte a prestarle un apoyo suficiente para invadir el nicho y reducir a las iracundas abejas a su última trinchera, y así fue que no se cuidó primero de pensar en leyes de equilibrio ni nada de eso, sino que resueltamente se encaramó al nicho y dio un apretado y místico abrazo al impasible santo de piedra.

¡Noramala![513]

El santo de piedra (y es fama que lo vieron demudarse y echar chispas por los apagados ojos) se indignó tanto de verse así sobado y profanado por un salvaje invasor hereje que, sin encomendarse a Dios ni al diablo, se arrojó de lo alto del nicho a la calle, llevándose en su tremebunda caída al infeliz haitiano.

Le vieron venir los de abajo y se desbandaron.

La irritada efigie cayó en la calzada del atrio y se hizo pedazos, y

---

510 *Compagnons*: En francés, compañeros.
511 *Castrador*: Persona que toma panales con miel de las colmenas y deja los suficientes para que las abejas sigan produciendo miel.
512 *Corniza*: (Cornisa) Parte superior y saliente de un edificio.
513 *¡Noramala!*: ¡En hora mala!

bajo su peso aplastó al sacrílego y osado profanador de abejas santas y santas imágenes.

Se oyó angustiado gemido y un río de sangre brotó entre los despedazados miembros del santo de piedra.

La muchedumbre se agolpó allí estupefacta.

Es imposible pintar los gestos trágicos y las cómicas morisquetas[514] y voces lamentables de las comadres.

—¿Lo ve Ud.?, ¡castigo de Dios! ¡Jesús, Ave María purísima! Profanar esos bárbaros las iglesias y después poner la mano en los santos!

—¡Buenísimo!, –juraba una energúmena, haciendo bailar en el aire unos dedos flacuchos con uñas como bayonetas.

Los del sexo varón se compungían y encogían de hombros y todos admitían que aquello tenía que resultar infaliblemente; porque Dios no podía mirar con ojo quieto que le ocupasen así no más sus casas y de *ñapa*[515] que le sobasen sus santos, aunque estuviesen encaramados en las nubes.

De ahí, como dijimos, se extendió la consideración hasta juzgar y creer que aquella usurpación inicua de nuestro territorio tenía también que acabar mal, exactamente como el ladrón de la colmena y el santo de piedra.

El nicho en que estuvo este se ve hoy vacío.

Muchos como yo se habrán preguntado acaso más de una vez por qué está ese nicho vacío.

Ahí ha quedado como señal de aquella nefasta época.

Abril de 1891

---

514 *Morisquetas*: Gestos que se hacen con la cara.

515 *Nota del autor. Y de ñapa*: es la voz sagrada de nuestros infantes y por eso solo valía la pena de hacer una disertación sobre ella. Ante todo, es del dominio de nuestra América, como que es voz quechua. D. Rafael Merchan (E*studios críticos, art. Estalagmitas del lenguaje*, Bogotá, 122), dice «*ñapa*, adehala». Y nuestro Pichardo (ob. cit., 99, adonde envía de la 269), dice: «La corta dádiva o barato que hace el vendedor por menor al comprador en reconocimiento de haberle preferido. Dícese también *ñapa*, singularmente en la parte oriental». Adehala, ribete, refacción, trae U. Uribe en su obra citada. Y por último Cuervo en sus *Apuntaciones* (479-80) nos dirá cuanto hay que decirse acerca de esa voz. «Entre la ll y la ñ, de donde proviene que en vez del *llapa* que como voz de minería da la Academia con el significado de «el aumento de azogue que se echa al metal al tiempo que se trabaja en el buitrón», digamos nosotros *ñapa*, en el sentido de añadidura o adehala». «*Ñapa* se usa también en Cuba, según Velázquez, que traduce el inglés to *boot* por *de ñapa*. Es voz quechua, según veremos». Y en la página 530: «*Ñapa*, adehala, añadidura; quechua *yapana*, añadidura; *yapani*, añadir; de aquí *llapa*, pues en esta lengua se cambian también la ll y la y, como en *yantacumi* y *llantacuni*, hacer leña». El uso nuestro ni está limitado a solo los niños porque no hay criada que no pida *ñapas* en las *pulperías* ni al simple vocablo. También formamos una locución o frase prepositiva que significa *y además, por añadidura*, sin duda bien formada. «Y *de ñapa* sobar sus santos».

Las Vírgenes de Galindo
(Tradición)[516]
I
Preludios

Por el portal, ancho, bien barrido, provisto de escaños, iluminado con un farol de vela de cera, y por el balcón y las altas ventanas de la casa salían raudales de luz y poblaban el aire rumores gratos de conversación chispeante y ruidosa. Entraba y salía mucha gente de todas condiciones, y una que otra volanta se detenía a la puerta.

La casa, tan señalada, era la de una señora empingorotada[517] de entonces, solterona rica y amable en extremo.

Se llamaba Doña Jacinta Cabral.

El barrio de las Mercedes, en donde quedaba la casa, estaba acostumbrado a verla por Navidad vestirse de fiesta; y así como en las más de la ciudad, ponerse en ella nacimiento.[518]

Época: la luctuosa dominación haitiana.

Doña Jacinta era vástago[519] de buena familia. Blanca, gruesa, alta y aunque algo entrada en edad, le quedaban buenas señales de que había sido real moza. Señora de costumbres a la antigua, misa diaria, rezo al alba, trisagio, [520] novena[521] y tercios[522] y ayuno[523] en cuaresma además de las vigilias, era su trato ameno y de genio alegre.

---

516 *Nota del autor*. Suministraron estos datos las señoras M. D. F. de C. (Margarita Dávila de Fernández Castro), D. Z. (Dolores Zapata), C. T. (Concepción Troncoso), A. Q. (Asunción Quintanó) y señores D. F. Ma. D. (Félix María del Monte) y Cgo. D. C. N. (Don Carlos Nouel). Hemos aprovechado algunos pasajes del poema del mismo nombre del Sr. D. Félix Ma. del Monte.
517 *Empingorotada*: Presuntuosa.
518 *Nota del autor. Ponerse en ella nacimiento*: esta representación del de Cristo se disponía en muchas casas, sobre todo en las principales con gran lujo, en el corredor, en alguna pieza o en los bajos de la casa. Ya va siendo rara esta costumbre.
519 *Vástago*: Descendiente.
520 *Trisagio*: Himno religioso.
521 *Novena*: Práctica religiosa que conlleva oraciones, lecturas y actos piadosos.
522 *Tercios*: Cada una de las partes en que se divide la oración del rosario en la tradición católica.
523 *Ayuno*: Abstinencia de comer y beber durante cierto período del día.

Vestía como ama de casa al fin, modesto traje de muselina suelto y pañolón morado de rico madrás en la cabeza.

Su casa era el *rendez-vous*[524] de la buena sociedad y todas las primanoches allí se charlaba en regla, se jugaba a la brisca y al burro,[525] se ponían juegos de prendas, se discurría todo género de pasatiempos, se gastaban buenos refrescos, se enredaban aventuras amorosas, se conspiraba, llovían las finezas, y el gracejo y el salero se derrochaban allí como en la tierra de María Santísima.

La espiritual y bonachona juventud de la época tenía allí su centro, bien como lo más selecto de la sociedad.

Doña Jacinta descollaba[526] porque iba y venía de un grupo al otro, animándolos a todos con sonrisas sacadas de sus más finos estuches y dando pareceres, que ya sobre un traje, o un tocado, que ya sobre una jugada, ora en una discusión, cuando acerca del estado del país y el desear con acompañamiento de bien condimentadas maldiciones que cargara el diablo con los *mañeses*, cuando acerca del buen gusto en el arreglo de una cuadrilla o de su nacimiento fastuoso, *et sic de caeteris*.[527]

Su morada era de gente principal y había por tanto finos *tures*, canapés de crin y badana y mesas de caoba de onduladas y torneadas patas con respaldo, especie de veladores y llenas de vajilla de porcelana de la China. Por los tarritos de barro con adornos de varias pinturas o bien dorados y los vasazos de cristal se desbordaban ramos de azahares, rosas de Castilla, albahaca de clavo, cortesanos muy en favor entonces, pues aún no habían hecho irrupción los exóticos y artificiosos productos de la jardinería francesa y norteamericana. Transparentes guardabrisas, lujo entonces, con sus velas de cera perfumando el ambiente y alguna bomba de cristal para la esperma privilegiada y de colores colgada de las desnudas y formidables vigas de caoba, esterillas[528] restallantes de Mompox[529] por los suelos y aire de bienestar por todas partes.

Entonces vivía uno a sus anchas en esta bendita tierra en que no se conocían pobres.

Todo el lujo de la época, que no era ostentador ni insolente, se echaba allí.

---

524 *Rendez-vous*: En francés, lugar de encuentro.
525 *Jugar a la brisca y al burro*: Tipos de juegos con cartas.
526 *Descollar*: Destacar, sobresalir.
527 Véase nota 305.
528 *Esterilla*: Tejido de fibras usado a modo de alfombra.
529 *Mompox*: Ciudad del Caribe colombiano.

Las mujeres lucían sus talles altos, escotado corpiño y estrecha falda, no faltando una que otra *pollera* de rica sarga muy ribeteada y adornada con breteles de oro y al aire la delgadísima camisa de olán batista[530] que recubría o el pañolón de seda o el de hilo de profusos bordados que se echaba por los hombros y cuyas puntas se cruzaban por delante en la cintura. Mucho anillo en todos los dedos, mucho topacio y más esmeraldas y granates a los cuales tomaba por pretexto el oro para andar cuajado en constelaciones de enormes zarcillos,[531] de alfilerones que podían confundirse con algún insecto raro, y en collares y cadenas.

¡Vamos!, ¿y el sexo feo? Su vestimenta tenía que ver. Estrechos pantalones de casimir, casacas largas y puntiagudas, de altísimo talle y escasa tela por delante y ridículas *si Dios manda*,[532] con cuello de pana amparando las orejas se iban riendo unas de otras; y esto, por más que el chaleco ombliguero y cuadrado, sobre el cual descansaba la gruesa cadena de oro del reloj, pugnaba por guardar cierta gravedad y parecía decir a las piezas sus vecinas: «¡quietos, señores!» Arriba, la camisa de lino, de cuello levantado más alto que la barbilla y como un istmo que la unía al pantalón, el ampuloso, revuelto y rumboso gregorillo entre cuyos vuelos relucían como ojo de gato en la oscuridad, varios botonazos de oro como soles o algunas esmeraldas. La corbata, ancha, de olán batista, bien podía servir de pañales para un caso ocurrente; y elegantes botas crujían por dentro del pantalón, o si no eran los zapatos bajos de becerro en íntimo coloquio con medias negras de seda; y no se quedaban en zaga los pañuelos de batista bordados que aguantaban el ímpetu de las descargas de las narices atarugadas de rapé, muy bueno es verdad, como de la tierra.

Dejemos a los tertulianos holgarse y divertirse y dirijámonos a aquel ángulo del corredor, junto a la galería, en que, no por estar en una dulce penumbra y alejada de las demás mujeres, brilla y luce menos una doncella apuesta y delicada, como recién abierta campanilla silvestre húmeda de rocío y con el encanto seductor que acaban de dejarle impresos los misteriosos arrobos del alba.

Conversa animadamente con la Cabral.

¡Cuánta gracia derramada por toda ella! ¡Qué tersa frente y mejillas

---

530 *Olán batista*: Tela de algodón.
531 *Zarcillos*: Pendientes, aretes.
532 *Nota del autor. Y ridículas si Dios manda*: expresión familiar y vulgar que denota en grado sumo.

en que exprimió jugo grana aduladora! ¡Qué ojos que mandan rayos aunque sin saberlo, que tan tímidamente quieren esconderse siempre bajo las franjas de pestañas, luceros, que no quieren alumbrar metidos tras brumas ligeras y brillan sin querer al través de ellas. Así diremos que irradiaban luz esos ojos tras los párpados y pestañas: los tenía pardos.

Muy blanca, redondeado el óvulo de su rostro, de fisonomía insinuante, fresca y simpática, de estatura suficiente a darle esbeltez y elegancia, ni gruesa ni delgada, esto es, envuelta en carnes, llena, eso sí, de garbo y gracia.

En la cabecita de ángel, fina hebra voladora color castaño oscuro forma rizos juguetones; y talle, que en modelarlo gastó sus artes y primores naturaleza: lo cogió, lo contorneó y puso al fin, en vez de talle recto y escultural, talle de flor de mayo volcada.

La rodean dos niñitas de siete años, sus hermanitas, que van levantándose ricas en gallarda hermosura, como la mayor. La primera se llama Águeda, y los dos angelitos Ana y Marcela, las tres vírgenes que por su martirio han sido llamadas *Las Vírgenes de Galindo*.

Envolvían el cuerpo de Águeda, hecho a cincel, ropas modestísimas de muselina, el talle por las espaldas, escatimado corpiño montado sobre los faldones, que ponía en descubierto el arqueado pecho, escorzando de pronunciado modo el nacimiento de las gracias de éste. La manga corta, de dos dedos, dejaba que los torneados brazos anduviesen como Dios los hizo y se enseñasen por sí mismos provocadores y sonrosados en actitud plástica y con movimientos artísticos, así, naturalmente. Cintas anchas contorneaban los bordes del corpiño y un sencillo cinturón se abrazaba amorosamente a la cintura más que si fuese el mismísimo ceñidor de Venus. No necesitaba su torneado cuello que viniese a besarlo el collar de engarzados y anchos granates que lo estaba ciñendo y por fin, para remate de adorno simplote y gracioso, el cabello echado de atrás hacia delante y hecho un cilindro sobre la frente y cual sultana en su diván, regia peineta de las pequeñas llamadas *á la bombée*[533] asomando detrás. Coronando los cabellos ramos de flores naturales, todo un jardín. Oro en los más de los dedos, zarcillos macizos en las orejas y esmeraldas en alguna parte. Y el pie, ¡válgate Dios!, remonísimo y pequeñuelo con medias blancas caladas y calzado con zapatitos de raso blanco, bajos, que no había más que ver. Un inmenso abanico completaba el traje.

---

533 *A la bombeé*: En francés, peinado en forma redondeada y convexa.

Nuevos tertulianos iban reemplazando a los que cansados se retiraban.

Iban aproximándose las nueve, es decir, la hora en que, según la patriarcal usanza debía disolverse la reunión.

Doña Jacinta, mujer de genio alegre y divertido, propuso una cuadrilla.[534] Y como que no había entonces el recurso del piano, pues no se conocía, la clásica harpa, el violín y la flauta salieron hablando con harto sonora elocuencia; y en efecto, forman una música expresiva y delicada.

La cuadrilla se armó y empezó con la agilidad, compás de pies y garbo propios de aquellos leones y aquellas damiselas que eran tremendos *cuadrilleros*, y si no, que lo digan los que aún conservan las tradiciones de los bailes de antaño.

Gusto daba ver aquellas niñas, con sus ceñidos trajes y descubierta redonda pantorrilla tejida de cintillas de colores sobre la calada media y el zapatito de seda sencillo y sin copete ultramarino ni nada de eso, cómo giraban doblando cual junco tierno su tornátil busto y movían al aire los blandos y marmóreos brazos, encendida la faz amorosísima y cándida en el ardor, la fatiga y las emociones vivas del placentero ejercicio.

Creo, y así debió ser, que la Águeda descollaba por su resplandeciente hermosura que cuantos vieron celebran todavía con admiración y quizás por su esbeltez.

Terminada la cuadrilla, que allí era cosa corriente y moliente las más de las prima-noches, se sirvió un chocolate o una sangría[535] y el que tuvo a quien arrimarse, se arrimó.

Un joven, que hasta allí había estado en acecho de ocasiones, se acercó con franqueza a Águeda y entre los dos se entabló un diálogo, más de miradas tiernas, de dulces sonrisas y otros mimos, que como son los diálogos de esta laya.[536]

—Aguedita, hermosa mía, al fin creí no poderte hablar esta noche ni jota.

—¿Por qué?

—Porque no te dejaba tu amiga Da. Jacinta. ¡Diantre de mujer!

---

534 *Cuadrilla*: Del francés quadrille, tipo de baile de salón.
535 *Nota del autor. Sangría*: se hace esta de agua de limón y vino tinto, que es la castiza; pero aquí la fabricamos (yo no sé si será a la inglesa) con cerveza, agua y azúcar, a que llamamos también *bul*. Era hasta 10 o más años requisito indispensable en bailes. Hoy es raro su uso en tales reuniones, reemplazándosela con agua pura, horchata o algún licorcito. En otra clase de reuniones se hace todavía el *bul*, que en buen castellano puede, por extensión, llamarse *sangría*.
536 *Laya*: Tipo, especie.

Que cuando empieza a soltar la tarabilla, [537] no hay cómo aguantarla...

—Rafael, no seas maldiciente, –dijo Águeda, sonriendo tras de su enorme abanico.

—Muchas gracias. ¿Y tu papá?, –preguntó el joven, cambiando de tono.

—¿Él? No se da por entendido de nuestros amores y si se da, no los mira con malos ojos. ¿No somos parientes?

—¡Bueno!, vida mía, –prorrumpió el joven cogiendo al descuido y con efusión oprimiendo dulcemente una mano de la agreste hermosura–; entonces quiere decir...

—Que podemos querernos sin recelo, –balbuceó Águeda, trémulo el timbre de su voz, por vergüenza de haber dicho demasiado.

—Repítemelo otra vez, Águeda mía.

Esta miró a su amante con los ojos entornados y húmedos y de un modo furtivo, y bajó luego la frente en que había reverberaciones de soles y reflejos de incendio, poniéndose a jugar con los pliegues de su vestido.

—Sabes que estás lindísima, lindísima esta noche, Águeda, –susurraba a su oído el joven.

Se miraron entonces mucho, se sonrieron mucho y el diálogo quedó allí cortado sin remedio porque en amor, si es amor que valga un pito, más son, como dijimos, los suspiros y otras señales del lenguaje mudo que las frases incoherentes y entrecortadas.

Doña Jacinta despedía en ese momento, *al tan* de las fatídicas nueve[538] (toque de ánimas) a sus tertulianos, y las dos hermanitas de Águeda, las dos mariposas aquellas, que tal parecían con sus dos cuerpecitos y vestes blancas, vinieron escoltando a Da. Jacinta hasta donde se hallaba Águeda, cuyo amante se había eclipsado.

—Vamos, muchachas, –decía Da. Jacinta a las tres jóvenes–, a casa, que no quiero que su papá diga que después de las nueve están ustedes fuera, ¿eh?

Y echaba al decir esto, mantones de seda maravillosa y chales y más

---

537 *Soltar* (alguien) *la tarabilla*: Hablar mucho y muy rápido.

538 *Nota del autor. Al tan de las fatídicas nueve*: creeré que esta locución es americanismo y si no, quisqueyanismo. *Tan* en los diccionarios autorizados es sonido del golpe, según unos, y según otros el *sonido* o *eco* que resulta del tambor u otro instrumento semejante tocado a golpes. Se prueba a cada paso que no valen nada los léxicos castellanos: sonido o eco no es lo mismo y galicismo lo segundo; ¿y de qué otro modo iba el tambor a sonar sino *tocado a golpes*? En cuando a lo de *semejante*, es ocasionado a dudas. ¿Qué instrumento es semejante al tambor? Nuestra locución habrá sido formada por analogía al sonido que da el tambor golpeado al ver que campanas, tablas, jofainas, hierros, planchas o láminas metálicas despedían un sonido que onomatopéyicamente se podría explicar por el *tan*. Así hemos dicho acá al *tan de las nueve* u otra hora, esto es, al mismo sonar ellas. Es voz expresiva porque denota bien esta circunstancia.

chales de lana picantes y pesados sobre los mórbidos[539] hombros de Águeda, arropando hasta sofocarlas a las dos chiquitinas.

Se despidieron, se besaron vieja y jóvenes y bajaron las escaleras acompañadas de una persona de confianza.

II
La familia

—No seas temerario, Andrés, no seas temerario. ¡Jesús, Ave María purísima con el hombre!

El llamado Andrés se encogía de hombros como resignado a que cayese sobre él todo el chaparrón que estaba prevenido siempre que se presentase ante aquellas venerables matronas, sus parientes.

—Las niñas están bien aquí, déjalas aquí, –saltaba la segunda de las dos señoras, que estaba dormitando en una butaca de cuero.

—Ya es tiempo de que vengan en mi compañía, parientita, –dijo al fin don Andrés con mucha calma y un medio meloso tono.

—¿Para qué? ¿Para meterlas en ese monte? ¿Adónde se te ha ido el juicio, Andrés de mis culpas?, –repuso la primera interlocutora, a quien llamaremos Candelaria, avanzando hacia aquel y moviendo las manos a guisa de aspas de molino, en las cuales manos iban caballeras[540] unas larguísimas y afiladas uñas que amargaban los ojos del interpelado–. Sí, ¿adónde se te ha ido el juicio, hombre de Dios?

—Pero...

—Pues no señor y no señor, –chilló la Candelaria–. Aquí han vivido ellas con nosotras mucho tiempo y en nuestra pobre escuelita le hemos dado la instrucción que hemos podido porque siempre salías con que no tenías para educarlas como señoritas de *ringorrango*.[541]

—¡Como que es tan cicatero!, [542] –rompía la segunda, la durmiente-despierta de la butaca.

---

539 *Mórbidos*: Blancos, suaves, delicados.
540 *Caballeras*: Obstinadas.
541 *Nota del autor. Señoritas de ringorrango*: esta curiosa acepción nuestra (exclusivamente hasta ahora) es sacada sin duda de la extensión de significado que tiene lo que en castellano representa, que es el rango pomposo e impertinente que se hace con la pluma en la escritura y también por extensión se dice de cualquier adorno superfluo o sobresaliente. Como nuestro pueblo dispone de tan viva imaginación y una fuerza de percepción extraordinaria, de ahí esa acepción como tantas otras de verdaderas riquezas de nuestra habla vulgar, popular o regional. Señorita, caballero, familia de *ringorrango* es de copete, de distinción.
542 *Cicatero*: Tacaño.

A este metrallazo don Andrés agazapaba la cabeza, haciendo una mueca, pues el argumento no tenía réplica, si era la pura verdad.

—Aquí han vivido, aquí se han educado, –continuaba Candelaria empuñando la costura que había dejado sobre el poyo[543] de una ventana, dando dos o tres largas, disparatadas y nerviosas puntadas, y caminando de nuevo sobre Andrés, como plaza que importaba asediar y rendir–; pues aquí deben quedarse.

—Arregla las cosas a tu acomodo, hija, eso es, –replicó don Andrés con tono socarrón y vocecita atiplada.[544]

—Mira, Andrés, –le dijo Candelaria soltando otra vez la costura, y mirándole de reojo al través de los opacos vidrios de sus gafas–, ¡tengamos la fiesta en paz! Por tu bien y el de esas niñas de mis ojos que queremos como hijas, te decimos y aun encarecidamente te suplicamos que dejes aquí a las muchachas y no seas mal agradecido, que de mal agradecidos está el infierno lleno. Niñas son y maldita la cara buena que tiene el monte para doncellas tan bonitas como es Aguedita, sin contar con los riesgos que puede haber allí para ellas. ¡Díganme!, ¡en aquella soledad!, ¡pobres! ¿Con quién las dejarás cuando vengas a tus diligencias?...

—Y andes en tus malos pasos, –gruñó la de la butaca dando una cabezada.

Don Andrés, espantado, dio un respingo en su silla de palo y miró a la que así le motejaba[545] un sí es no amoscado.[546]

—¡Bueno!, –continuó Candelaria, sin fijarse en los incidentes cómico-satíricos que promovía a cada paso su hermana–. Advierte, Andrés, que *quien a solas se aconseja, a solas se remesa*.[547] Esto es para pensarse, Andrés. No lleves esas niñas allá.

—¡Qué sabes tú, mujer!, –saltó el don Andrés enfadado más por los porrazos de la dormilona que por la polémica que tenía la otra entablada–. ¡Déjame a mí, yo sé lo que me hago!

—Sí, ¡sé lo que hago, sé lo que hago!, –remedó Candelaria haciendo gestos burlones–. Pues yo sé más lo que me digo. ¿Qué te parece, fulana?, –añadió dirigiéndose a la otra.

---

543 *Poyo*: Banco de piedra que se construye apoyado a una pared u otras partes de una casa.
544 *Tono socarrón y vocecita atiplada*: Tono burlón y voz aguda.
545 *Motejar*: Criticar.
546 *Amoscado*: Enojado.
547 *Quien a solas se aconseja, a solas se remesa*: La persona que no escucha consejos, debe aceptar las consecuencias de sus acciones.

Esta respondió con un ronquido en si bemol a dúo con una gran cabezada.

—Yo quiero mucho a mis hijas, parientita, y naturalmente deseo tenerlas a mi lado. Tú sabes que soy hombre solo y que aquella muda y su hijo, mi esclavo Goyo, no me pueden servir de gran cosa. ¡Vamos! Que las niñas deben ir a atender a su casa. Falta la madre, y se acabó...

Y don Andrés se levantó para evitar réplicas y largarse.

—Ven acá, Andrés, y reflexiona, hijo, reflexiona, –le decía la buena señora con un tono sosegado y grave–. Que las niñas son hoy las amas de casa, es decir, Águeda, que las otras dos... bien está: que te hacen falta, bueno; y pata.⁵⁴⁸ Pero, ¿por qué no te vienes a vivir aquí, encomendando tu finca a un mayordomo? No, tú mismo la manejas, porque está ahí cerquita; pero el asunto es no verte obligado a vivir en aquella soledad con esas pobres niñas, exponiéndolas en cuanto das la espalda. Tus recursos te lo permiten y...

—Andrés es muy cicatero, no te canses, Candelaria, –reventó la de la butaca, dando un formidable bostezo.

El aludido se mordió los labios y echó chispas por los ojos.

—No seas tonta, mujer, –le dijo ásperamente Candelaria–. El asunto es que Andrés piense que ha de ser buen padre para sus hijas...

—Y qué, ¿soy mal padre, chica?

—No, no quiero decir sino que tú debes comprender que... esas niñas... en esa soledad de Galindo...

La pobre mujer estaba fatigada y descorazonada ante la terquedad de su pariente y barruntaba que todo cuanto se hiciera sería inútil, que las llevaría a la condenada finca y arriaba la bandera.⁵⁴⁹

Acaso habrían sido más convincentes las brutalidades, merecidas, de la durmiente-despierta.

—Pues me las llevo, Candelaria, y no hay más que hablar.

—Dios quiera que no te arrepientas, Andrés; que luego *lo que hace el loco a la derrería hace el sabio a la primería*...⁵⁵⁰

—¡Hombre! me tienes tú con tus refranes...

—Déjalo, Candelaria, –dijo la otra–, deja a ese demonio.

Por dicha para él, D. Andrés Andújar, padre de las tres niñas Águeda, Ana y Marcela, había salido ya y no oyó el piropo.⁵⁵¹

---

548 *Y pata*: No se ha encontrado explicación para esta expresión.
549 *Arriar la bandera*: Darse por vencida.
550 *Lo que hace el loco a la derrería hace el sabio a la primería*: Refrán usado para indicar que una persona necia termina haciendo al final lo que una persona inteligente hace desde el principio.
551 *Piropo*: Cumplido, halago.

Esto pasaba en una casa terrera⁵⁵² de la calle de Regina que hace ángulo con el callejón de la Cruz, de la alta acera como hay muchas todavía, y que habitaba la familia Acevedo, de quien era pariente el D. Andrés Andújar o de su mujer Doña Manuela de Lara, madre de las niñas, ambos naturales del encantador y salubérrimo Baní.

Tenían aquellas señoras en su casa una escuela de párvulos en que cursaron las tres niñas Andújar primeras letras y en aquella bendita casa, conforme le había dicho la Candelaria, había transcurrido la infancia de Águeda, Ana y Marcela. En cuanto a D. Andrés, era así como se ha oído: durillo para gastar, pretextó siempre que nada tenía y que no podía dar educación más esmerada a sus hijas, sino aquella que pobremente alcanzaban a proporcionarle las señoras Acevedo, sus madrinas.

Lo de llevárselas para su *estancia* de Galindo ocurriría sin duda cuando estuvo formada la mayor de las tres, Águeda, y en el momento en que las presentamos estaban de visita en casa de las mismas señoras Acevedo, pues los domingos y días feriados venían a pasarlos allí, excepto una que, según cuentan, quedaba acompañando a su padre.

Y allí las vieron algunos que aún viven y dan testimonio de que Águeda era extremadamente bella.[553]

D. Andrés Andújar vivía pues en su *estancia* con las tres hijas, huérfanas de madre, y solo tenían por compañera a una esclava sordomuda que las había criado, según dicen, la cual tenía un hijo, también siervo de la casa, llamado Gregorio o Goyo y con el apellido de la familia.

Sus diligencias le traían a la ciudad continuamente y tenía que dejar solas a las pobres niñas en aquel desierto, pues la estancia quedaba enclavada en el corazón del bosque, a la derecha del camino que principia cerca de la orilla del Ozama, pasado el último fuerte y ángulo de la muralla por ese lado y que conduce al llamado *Alto de Galindo*, lugar en que se tiran palomas en los meses del *hicaco*.[554]

---

552 *Terrera*: De un solo piso.
553 *Nota del autor.* Cuantos oyeron pequeñuelos este lamentable suceso o conocieron a los que en él figuran están contestes en decir que Águeda era bellísima. Interesados en hacer su retrato, agotamos los recursos con los que siquiera un día tuvieron ocasión de verla; pero no han podido recordar su fisonomía, sino acaso los rasgos más sobresalientes que damos, lo mismo que su figura. Le encuentran parecido con una señora de esta ciudad.
554 *Nota del autor. En los meses del hicaco*: las palomas silvestres de cabeza blanca, que tan agradables carnes nos proporcionan en los ocho meses del año, poco más o menos, salen de sus criaderos o nidales (*a*) y en bandadas espesas cruzan siempre de E. a O. por sobre la ciudad en dirección de los sitios en que abunda el *café cimarrón*, el *hicaco* y la *cigua*. Regularmente en cada región hay sitios que de tiempo inmemorial están acostumbrados a frecuentar porque en ellos no ha faltado nunca el alimento que llevar a sus pichones. En las cercanías de la capital tenemos los lugares que se citan en un capítulo

Y acaso más que sus diligencias, el fatal vicio que le dominaba. Así es que días y más días y aun noches lóbregas pasaba la familia de D. Andrés Andújar aislada en medio de la selva, mientras él *tiraba de la oreja al burro*[555] en indignos garitos de la ciudad o echaba una fortuna a los pies de un gallo en las *galleras*.[556]

De aquí que la desazón y el disgusto de las personas que tenían afecto a las niñas Andújar fuese grande y en aumento.

Llegó en esto el trascendental suceso histórico de la Independencia de la colonia de la Metrópoli, que en 1º de diciembre de 1821 proclamó el Auditor de guerra D. José Núñez de Cáceres, sin efusión de sangre y con solo un pronunciamiento en regla de las personas notables y los jefes de la guarnición. Independencia, en fin de la noche a la mañana, único caso en los anales americanos y quizá en las de emancipaciones políticas, duró lo que duran las rosas; y el déspota de Occidente, General Jean-Pierre Boyer, indudablemente buen político, nos ocupó con sus hordas el territorio, entrando como Pedro por su casa merced a la desdichada

«*L'espace d' un matin*»;[557] imprevisión del caudillo de la Independencia y a la infame conducta de muchísimos malos dominicanos despechados, parece, porque se les había desuncido del blando yugo de la madre España, o porque no se contó con ellos. Ellos mismos fueron a abrirles las puertas al enemigo: ¡que su memoria sea execrada![558]

Determinado el comienzo de la fuga de las principales familias y

---

de esta leyenda y donde *se echan* las palomas y se les da caza. (*a*) En esta provincia los tienen en las isletas llamadas *Andrés* y *La Caleta* y acaso en algún otro lugar: la última está cubierta de bosques, yéndose a ella con el agua a la rodilla o nadando. Es tal el descuido, que se permite ir a esos sitios a matar las madres en cantidad de mil y tantas, y a palos los pichones criados y los que están en el nido, sacudiendo los árboles. Siendo la paloma un recurso para esta ciudad, parece mentira que la despreocupación, cierto desenfado y el desorden, no obstante una que otra tardía prohibición de la Gobernación que no se cumple, rayen a tal altura que permitan destruir la fuente de ese recurso.

555 *Nota del autor. Tiraba de la oreja al burro*: en castellano se dice *tirar de la oreja a Jorge,* para significar el vicio del juego. Nosotros, así como lo estampamos.

556 *Nota del autor. En las galleras*: en ningún diccionario, excepto el de Barcia, hasta ahora se halla esta voz; y si por allá no *gastan* esta mercancía, que lo dudamos, hacen bien con no recargar los infolios lexicográficos en que siempre «es más el papel que la razón», con este término como los demás de América, que ni pueden ni sabrán jamás definir en la Península, porque no; y lo mejor es que no se registren más en ellos. Apelamos al buen juicio de los señores lexicógrafos. En América es círculo o valla con un anfiteatro en el interior el cual ocupan los asistentes y en el espacio que deja libre el anfiteatro pelean los gallos. En ese palenque solo se ve a los dueños o encargados de echar al saco al animal, levantarlo, etc., y asistirlo, en una palabra. Cuando hay uno mal herido o moribundo se arroja a veces todo el mundo a la arena. El que quiera más explicaciones, vaya a ese liceo.

557 «*L'espace d' un matin*»: En francés, «El espacio de una mañana». Este es un fragmento del poema «Consolation à M. du Périer», escrito por François de Malherbe (1555-1628). Penson alude a la brevedad de la independencia proclamada por José Núñez de Cáceres, conocida en la historia dominicana como «independencia efímera», ya que solo duró dos meses y ocho días (del 1ro. de diciembre de 1821 al 9 de febrero de 1822).

558 *Execrada*: Detestada, maldecida.

la clausura de la Universidad y abandono de las comunidades religiosas, etc., la cruzada que tenían ya emprendida Doña Jacinta Cabral, las señoras Acevedo y otras personas contra el terco D. Andrés para que sacase a sus niñas (antes era para que no se las llevara) del monte de Galindo, que lo era de verdad entonces, pues aún es lugar bien selvático, la cruzada, decimos, arreció con semejantes circunstancias políticas.

Nadie sabía lo que podría suceder, ni a dónde iría a parar el pobre Santo Domingo, ¡cogido así de *atrás p'alante*[559] por sus eternos enemigos!

Calle de las Mercedes adelante venía una tarde caballero en un brioso alazán nuestro D. Andrés Andújar y echó pie a tierra en la puerta de la casa de Doña Jacinta Cabral.

Traía recados, regalitos y afectuosas memorias de sus hijas para aquella señora.

Doña Jacinta, escogido un *palito de guano*[560] del voluminoso hacecillo que le mandaban, lo que acaso estimaba más que las memorias mismas, y mascado un extremo, hecho el escobillón y empezados a restregar los dientes, Doña Jacinta, decimos, recibió a D. Andrés con una descarga cerrada.

—¡Hombre de Dios! –le dijo, avanzando hacia él con las manos en alto–, ¡hombre de Dios!, ¿hasta cuándo piensas tener a esas pobres muchachas ahí reclusas? Ahora más que nunca debes apresurarte a sacarlas de ese Galindo de mis pecados, pues no sabemos si habremos al fin de emigrar como nuestros antecesores en tiempos de la cesión y de Toussaint. ¿Qué esperas, desdichado? ¿Qué te detiene, padre sin entrañas?

No difería mucho esta, a la verdad, de las anteriores filípicas.[561]

Pero el bueno de D. Andrés no chistaba por respetos a Doña Jacinta y porque con chistar habría podido ser vencida su terquedad.

Ese día el aguacero fue *de corbata*.[562]

Cuando se despedía, le dijo la señora con un tono entre melancólico y de tristes pronósticos:

---

559 *Nota del autor. Cogieron de atrás p'alante*: expresión vulgar que vale metafóricamente coger a uno en callejón sin salida, de súbito, sin defensa, llamarle a capítulo, autoritativamente, etc.

560 *Nota del autor. Escogido un palito de guano*: es costumbre aquí cortar el astil o palillo tierno de la hoja del *guano*, que es como de media vara, y dividirlo en trozos de cuatro o cinco pulgadas a los cuales se hace un escobillón con los dientes para limpiar estos. Hay quien no pueda pasarse sin el *palito* (como elípticamente le llaman) y todo el día lo tienen en la boca.

561 *Filípicas*: Recriminación, censura.

562 *Nota del autor. El aguacero fue de corbata*: fuerte, grande.

—Andrés, Andrés, no dejes esas niñas solas.[563]
Que llegaba otro día a casa de las Acevedo.
No tenía derecho a respirar.
—Cuando te digo, Andrés de mis pecados, –le decía la Candelaria–, que no debes dejar por más tiempo a esas niñas en el campo. Y ahora ¡Dio mío! y ahora... ¿No te acuerdas de la degollación de Moca[564] y de los males que le han causado los haitianos a esta tierra ¡infeliz!, para que estén así expuestos tú y tus hijas en esa soledad?
El porfiado[565] Andújar se encogía de hombros.
—No puedo hacer otra cosa, –respondía al bulto[566] cuando se hallaba bien hostigado.
—¿Que no puedes hacer otra cosa?, ¡tú, hombre de posibles, cuando se trata quizás de la vida y la honra de tus hijas!...
A lo que seguía un desolador meneo de cabeza de la pobre mujer, que se sentaba en una butaca con las manos sujetándose las rodillas, y entre confusa, mohína y furiosa.
—¡Es un cicatero!, –gruñía desde allá la otra hermana, señalando fatídicamente con un largo y flacucho dedo a D. Andrés–. ¡Déjalo!
Con lo cual este se iba más que al trote.[567]
Cerca de un año habitaron las jóvenes Águeda, Ana y Marcela en su *estancia* o desierto de Galindo.
¿Qué vida hacían allí la hermosísima criolla y sus dos tiernas hermanitas?
Regar unas cuantas flores, recoger las frutas de los árboles que estaban alrededor de la casa, la cual era de tablas de palma y yaguas,[568] pero bien construida y rodeada de galerías, mirar el sol salir por detrás de los altos montes vecinos, dar unas vueltas acompañadas por la muda entre los guayabos y bajo los mameyes y nísperos, corriendo y triscando[569] como locas las dos chiquitinas Ana y Marcela tras los cabritos blancos, sacar agua del pozo la Águeda con sus manecitas para sus flores y rezar mucho por la noche antes de acostarse, encomen-

---

563 *Nota del autor. No dejes esas niñas solas*: textual.
564 *Degollación de Moca*: Entre el 3 y el 6 de abril de 1805, tropas haitianas comandadas por Henri Christophe degollaron a un número indeterminado de pobladores en la ciudad de Moca. Existen diversas versiones históricas sobre este hecho y el número de víctimas (véase, por ejemplo, *Historia de mi salida de la isla de Santo Domingo el 28 de abril de 1805* por Gaspar de Arredondo y Pichardo).
565 *Porfiado*: Obstinado, terco.
566 *Responder al bulto*: Eludir el problema.
567 *Se iba más que al trote*: Rápidamente.
568 *Yaguas*: Tipos de palma cuyas hojas se usan para techar casas en los campos.
569 *Triscando*: Jugando, saltando.

dándose grandemente al ángel de su guarda.

Ocasiones había en que hondo pesar se dibujaba en el rostro alegre de Águeda y una sombra importuna se afanaba por empañar la tersa blancura de su frente y descolorar sus rosadas mejillas.

A veces, al montar a caballo D. Andrés, sus hijas le miraban con tristeza desde la galería: lo uno, porque envidiaban el verle irse a la ciudad, y otro porque empezaban a temer a la soledad más de la cuenta.

—Águeda, –hija, le decía alguna que otra vez su padre al partir con cariñoso acento–, ¿qué tienes? ¿Y tú, Ana? A ver, chiquillas, –añadía tirándoles de las orejas–, no hay que enfurruñarse. ¡Qué diablos! Verdad es que se quedan ustedes solas, pero ¿quién va a comérselas? Goyo es buena compañía; y además... yo tengo que salir. ¡Vaya! Mañana les traeré algunas cositas.

Y lleno con esto el expediente, se iba el buen señor para la ciudad.

Tan insoportable vida llegó a cansar la paciencia de Águeda y rogó también a su padre que las sacara de allí. Y hasta se avanza que algunas personas (y aun ellas mismas, lo que no es creíble) influyeron con el Alcalde o Juez de Paz, D. José Ma. Baralt, a fin de que de Galindo se las sacase.

Mas todo fue inútil. La terquedad de aquel hombre era incomprensible, y terminó por ser funesta.

III
En acecho

Al hacer su irrupción las *boyeristas* huestes de Occidente[570] hubo el consiguiente pánico y quedaron vacíos los conventos; y las tropas se aposentaron en el imperial del de la Orden Dominica, así como en el de San Francisco.

Cuartel haitiano es madriguera, ya se sabe.

Era lo que el poema del mismo nombre que esta leyenda trata en los siguientes octosílabos:

> El Kan inmundo de varios
> Oficiales y otros jefes
> De los beduinos haitianos
> ....

---

570 *Boyeristas huestes de Occidente*: Tropas comandadas por Jean–Pierre Boyer (1776-1850), presidente de Haití que en 1822 invadió lo que es hoy República Dominicana.

Era aquella una guarida
De monstruos y de sicarios:
Una sentina⁵⁷¹ de vicios;
De robos un receptáculo.
Los delitos más famosos,
Los más torpes atentados,
Los planes más proditorios, ⁵⁷²
Los más tenebrosos rasgos,
Eran allí discutidos
Entre algazara y escándalo
Por la *asamblea del delito*.⁵⁷³

Los solitarios claustros que ilustró con su presencia Bartolomé de las Casas y donde se ejercitó su pluma, ⁵⁷⁴ los salones de aquella im-

---

571 *Sentina*: En este contexto, lugar lleno de inmundicias y mal olor; lugar de abundantes vicios.
572 *Proditorios*: Que incluyen traición.
573 Del poema *Las vírgenes de Galindo* de Félix María del Monte (Tercera parte, 26-27).
574 *Nota del autor. Donde se ejercitó su pluma*: no recuerdo si se dice en la misma *Historia General de Indias* del P. Las Casas, pero se da por cierto que en el convento de Santo Domingo o ex convento dominico, como decimos al templo y a las ruinas del monasterio, memorables hoy, empezó a escribir esa obra el protector de los indígenas de América. Sí es positivo que la escribió en esta ciudad y como era fraile de ese convento, la deducción es lógica. Es fácil comprobar este dato. Aquí debiera consagrársele un recuerdo grande a ese hombre, cuya personalidad está tan ligada a esta tierra como la de Colón y su familia. Su primera misa la cantó en la derruida Concepción de la Vega. Muy joven vino al país y desde que llegó a La Isabela empezó a recoger en sus *Memoriales* apuntes verídicos de la primera época de la colonización, sin contar con que poseía todos los papeles del Almirante y por eso pudo escribir el comienzo de la *Historia de Santo Domingo*, que solo a él deberá tener esas primeras páginas que son la trama fidelísima de los sucesos posteriores. Él fue, por consiguiente, quien destruyó las apasionadas y erróneas suposiciones de Oviedo, enemigo acérrimo de Colón, que viciaban y han viciado el origen de nuestra historia nacional; tales como la sublevación en el mar, hecho hoy descabalado por la crítica como imposible y absurdo, si ha de seguirse, como es natural, el *Diario* del Descubridor y aquella otra fábula dramático-novelesca de Miguel Díaz y la india Ozema, pues ni hubo tales carneros ni jamás se halló tal india Ozema (*a*). El contribuyó a educar a Guarocuya, nuestro antiguo Leonidas, e intervino en la paz que propuso en carta particular el poderoso Emperador de dos mundos, Carlos V, al oscuro y altivo quisqueyano, último defensor de su raza; él era el celoso patrocinador de los indígenas y ardiente acusador del más mínimo acto de los gobiernos coloniales que afectase la libertad o el bienestar de los indios; él fue a España a abogar con calor ante el Rey por los indígenas de América y sobre todo de Santo Domingo. Por ello sostuvo valientes y harto científicas polémicas en el seno del Consejo de Indias. Su vida se gastó en esa noble causa y de cuanto le pueden acusar los mismos españoles es de su vehemencia de carácter y estilo, porque no perdonó las iniquidades de los colonizadores, aunque fuese realmente un tanto exagerado. A él, por último, no le cae la mancha que irreflexivos historiadores le echan encima de que introdujo la trata de esclavos africanos en América, pues que bien demostrado está que fueron los portugueses. De sus palabras, si acaso algo de eso dijo, no se debe deducir tamaño hecho. Puede que pocas biografías sean más interesantes que la del Obispo de Chiapas ni pocas obras más instructivas y que *se dejen leer*, entre los infolios de aquella gente, como ese monumento que se llama *Historia General de Indias* y el otro, la *Apologética Historia* (que dicen contiene la natural de esta Antilla), todavía inédita en los archivos de la Academia de la Historia, pero de que se han sacado copias. Es preciso cerrar los ojos para atreverse a negar que la alta personalidad del Padre Las Casas es para nosotros casi una gloria nacional, como si no significase más que la de cualquier aventurero de los que pisaron estas Indias en busca de fortuna.
 (*a*) *Hoçama* llamaban los españoles este río, sabe Dios si oyendo *O-sa-ma* u *O-samá*, porque los naturales dijeron del mismo modo *Samaná* (*Xamana* escribía el Dr. Chanca y *Xamaná* el P. Las Casas,

perial y pontificia Universidad, mandada a establecer por Carlos V y donde altos nombres resuenan, entre ellos los de Heredia, el poeta por equivocación cubano, y Baralt, el eximio maestro de la lengua por casualidad venezolano (de padres dominicanos el primero y el otro hijo de una dominicana, perdiendo el país esas glorias a causa de desdichadas circunstancias políticas), [575] se veían profanados por los pies de jenízaros[576] extranjeros y semi-bárbaros.

Por todas partes en las ya mugrientas y ahumadas paredes había

---

«la última sílaba aguda», advertía él; aunque sostiene D. Juan I. de Armas (*Orígenes del lenguaje criollo*, XV, 76) «que todos los nombres dados a las primeras islas y provincias, cuando no conste su procedencia castellana, son nombres arbitrarios, casi todos de sonido arábigo (¡) e hijos de la creencia que tenían los descubridores de hallarse en países orientales y de la imperfecta percepción de los órganos auditivos»; lo cual es ingeniosamente peregrino, así como el decir que *Anacaona* es vascuence porque en esa lengua *ona* es *bueno* y la reina indígena era una mujer buena.... Del nombre *Hoçama*, pues, vino el otro, corruptela o no de *Ozama* y *Ozema* exclusivo del río, como lo testifica Las Casas y que no parece posible le dieran los españoles. ¿Por analogía a qué recordando qué, por cuál reminiscencia eufónica arábiga, según de Armas? La tal india, cuyo cacicato se extendía desde este río, en la margen occidental hasta Haina o en lugar frontero a la isla Beata, siguiendo el litoral, si no estamos equivocados, era llamada por los españoles Catalina: así Las Casas, Irving, nuestro del Monte y Tejada y otros. El Sr. D. Javier Angulo Guridi, en su *Geografía físico-histórica de Santo Domingo*, erró al situar el cacicato de esa indígena a quien llama Inés, nombre que jamás tuvo en la opuesta orilla del Ozama. No hubo pues, nunca india llamada Ozema (lo cual es de sentirse por las niñas bonitas que lo llevan); y en cuanto a Miguel Díaz, criado del Almirante, puede seguirse paso a paso su vida. Bien pudo ser que tuviera esas riñas en La Isabela (lo cual no está comprobado); pero consta de un modo cierto que quien indicó el oro de Haina «a los cristianos» fue el cacique Guarionex, deseoso de quitarse de encima el tributo del medio cascabel de oro en polvo que a los indígenas cibaeños tenía impuesto Colón; y asimismo consta que este ordenó a su hermano D. Bartolomé que explorase aquellas regiones y erigiese fortaleza en el lugar de las minas que vino a ser después el pueblo de San Cristóbal. Para ese fin, no recuerdo si el Almirante o su hermano envió como exploradores a Miguel Díaz y Francisco de Garay, los cuales, haciéndose acompañar *por guías* (¡para los que aún crean que el primero fue a parar fugitivo y *solo* al Ozama!), se dirigieron desde La Isabela hasta Haina, exploración de que habla largamente Las Casas. Esta es la decantada historia erótico-política del origen y fundación de las dos ciudades en las márgenes del Ozama. ¡Donosa fábula de Oviedo que sin detenerse han repetido todos! Pero la crítica histórica está ahí. ¡Pues qué!, ¿no nos ha demostrado, aunque nos sea duro creerlo, que es falso que Isabel empeñó sus joyas para armar la expedición descubridora? ¿No es evidente asimismo, con ella en la mano, que el nombre de *Quisqueya* no es indígena ni jamás existió y que quienes primero lo escribieron fueron Herrera y Gómara, siguiendo *ad pedem literae* la ilusión del Almirante de hallarse en el extremo Oriente y andar buscando la *ciudad del cielo* de Marco Polo, su *Guisay, Guinsay* o *Quisay*, de donde corrompiendo el vocablo dijo *Quisqueia*, según la prosodia antigua, convirtiéndose después la i en y según la moderna? De ahí tomaron el nombre los historiadores de Indias, que han repetido los demás sin la debida crítica, así como que esta isla se llamó *Haití* o *Quisqueya, Babeque* o *Bohío*. El segundo no es de formación ni terminación lucaya y en cuanto a los otros dos, ya se sabe que el primero era el nombre que daban los indios de Cuba a Costa firme, a la cual llamaban *Caritaba*. «Jamás este *babeque* paresció», dice Las Casas. Ni *bohío* tampoco, término con el cual ellos significaban caserío o chozas. «Consta que fue un nombre infundadamente atribuido por Colón a la isla de Santo Domingo, limitado luego por el Dr. Chanca a una sola de las provincias.... Y adoptado por los conquistadores para expresar la idea de *casa*». (J. I. de Armas, ob. cit., cap. II, 11). Y ya que sin quererlo nos hemos venido tan lejos, conste que, aunque nos duela, la isla no se llamó siempre más que *Haití*, pues *Quisqueya* jamás existió, bien como tampoco Ozema y lo demás. Sin embargo, soy de los que sostengo ese bello nombre, consagrado por los historiadores de Indias para nuestro girón de isla. ¡Ojalá sustituya un día la *República de Quisqueya* al pesado y ambiguo título de *República Dominicana*. Otras razones más pueden verse en *El Teléfono* no. 445 del 8 de noviembre de 1891.

575 *Heredia... y Baralt*: José María Heredia (1803-1839), poeta cubano y Rafael María Baralt (1810-1860), escritor venezolano, vivieron en Santo Domingo durante su infancia.

576 *Jenízaros*: Hijos de padres de diferentes nacionalidades.

colgados uniformes desgarrados, armas, jarros y cantimploras, cenizas de extintas hogueras en mitad de las salas y restos de leños carbonizados y humeantes; pitos y tambores hacinados en rimeros[577] altísimos por los rincones junto con descoloridas banderas bicolores llenas de mugre y con las astas rotas.

Oficiales y soldados se confundían plebeyamente, lo que no empecía[578] para que anduviese listo el *coco macaco*[579] sobre los subalternos.

Allí vicios, allí crímenes, allí escándalos y algazara aromatizados con mucho aguardiente, sobre todo prácticas supersticiosas y además la castiza *brujería* que entre *mañeses* es sacramental y nacional; y por complemento, ranchos nauseabundos y bailes salvajes.

Rematando esta pintura, los rudos y sanguinarios toques de la *cuyaya*[580] turbaban el silencio de aquellas vastas crujías y de la desierta plaza del ex-Convento.

Grupos varios de soldados y oficiales jugaban a la bajara sentados

---

577 *Rimeros*: Montón de cosas colocadas unas sobre otras.
578 *No empecía*: No impedía, no prohibía.
579 *Nota del autor. Anduviese listo el coco macaco*: es un palo del África nudoso como el tronco de la palma y torcido, por lo regular. Ningún neo-ciudadano de la africana república de Haití (que ocupa la parte occidental de la isla de Santo Domingo, antes colonia francesa) puede estar sin su *coco macaco* (*coq. macac*, pronuncian) y es el bastón del gobernante, del jefe militar, del capataz de presos, del prefecto y agentes de policía y de todos los *cituayenes* [corrupción de la palabra en francés *citoyens*: ciudadanos], como por acá les decimos. Es de rigor el mucho palo con tal instrumento a soldados y prisioneros; fortuna que el haitiano o *mañé*, según les decimos, está ya familiarizado con el *coco macaco*. Los viajeros compran allí por curiosidad colecciones de ellos.
Nota de la editora: La palma catey, originaria de La Española, aparece también identificada con el nombre de coco macaco. También se usa este nombre para identificar un palo usado en el vudú haitiano y al que se le atribuye la posibilidad de moverse solo.
580 *Nota del autor. Los rudos y sanguinarios toques de la cuyaya*: las siguientes sextinas del poema de D. Félix Ma. del Monte (31), que tiene el mismo nombre que esta leyenda pintarán al vivo lo que es:
«Esa histórica danza
Por el monstruo *Cristóbal* inventada,
Un grito es de venganza:
Del deleite del crimen pincelada;
Pues pinta una manía,
Y del dolor convulso la agonía.
Cuando de pies ahorcados
Mil víctimas de asfixian perecían;
Y de luchar cansadas
Los crispados miembros removían,
Con espasmos violentos
Anunciando sus últimos momentos.
El tirano gozoso
Al tambor ordenaba que mezclase
Su sonido enojoso,
A fin que el movimiento remedase
Del hombre casi inerte....
¡Esa es la horrible danza de la muerte!!!»

Nota de la editora. La cuyaya, según expresan estos versos, aparece definida en el *Diccionario de dominicanismos* de Carlos Esteban Deive como «Danza antigua, al parecer importada de Haití, cuyo nombre proviene del ave de mal agüero así llamada». (67)

a la turca[581] en los patios después de la diaria y matinal visita del Presidente Jean-Pierre Boyer que pasaba revista todas las mañanas.

Aprovechando lo entretenidos que estaban sus compañeros, un sargento y otro más se salieron al cuadrado que da sobre la plaza, entre el templo y el pequeño y sólido edificio denominado La Tercera Orden, hoy Escuela Normal; y bajo el arco de la entrada que cae a la dicha plaza se pusieron a platicar a media voz.

Conciliábulo infernal que será necesario sorprender.

El sargento era un hombre de color *pur sang*,[582] grueso y de regular estatura; y en cuanto al otro era un pobre diablo como todos los demás de su nacionalidad, solo que en este se notaba cierta maliciosa sagacidad, la del zorro, y fisonomía de sátiro.[583]

Vestían la casaca y el descomunal morrión[584] del soldado haitiano de esa época.

—¿Con que, –decía el sargento–, ayer las vieron ustedes?

El otro guiñó un ojo haciendo feroz y expresiva mueca.

—Y... –continuaba el primero–, ¿te parece que es cosa fácil?

El otro movió repetidas veces y lentamente la cabeza de arriba abajo con aire de sabio convencido.

El sargento se rascaba la suya.

—En fin...¿no habrá serias dificultades? Por ejemplo...

—¿Qué?

—Algún perro...algún vigilante...algún criado...

—Psché, –contestó desdeñosamente el otro.

—El sargento se quedó mirándole interrogativamente.

—Psché, psché...–repuso el cómplice echando la vista por alto con aire de hombre previsor y ladino–.[585] No hay ninguna dificultad. Suponte tú que el perro anda con el amo y el Goyo, esclavo ya libre gracias a Haití uno e indivisible y al General Boyer que *Dieu protège*,[586] –y al decir esto se sacó el morrionazo con la mano zurda–, no será un estorbo a nuestros intentos; al contrario...

—Dios lo quiera, –murmuró el sargento.

—O el diablo, –dijo una voz de súbito que pertenecía a un individuo el cual pegado a los muros laterales del templo había venido

---

581 *Sentados a la turca*: Sentados con los pies cruzados.
582 *Pur sang*: En francés, literalmente se traduce «pura sangre»; en este contexto trata de caracterizar a una persona que pertenece a un solo grupo étnico.
583 *Sátiro*: Hombre lascivo, seductor de menores.
584 *Morrión*: Tipo de sombrero militar.
585 *Ladino*: Pícaro, tramposo.
586 *Que Dieu protège*: Expresión en francés, «Que Dios proteja».

acercándose a nuestros conferenciantes. Este era natural de aquí y se llamaba como después se dirá.

No volvieron la vista porque sabían quién era y lo esperaban.

Apretó la mano de los dos haitianos con mucha familiaridad, pues eran antiguos compinches, y preguntó con interés:

—¿Qué hay? *ça va bien,* [587] ¿eh?

El sargento y compañero movieron afirmativamente la cabeza y miraron con recelo a todas partes.

—¿Y no se pueden dar noticias?, –repuso.

—Sí, sí, de eso hablábamos. La cosa no se presenta mal. Ayer, –indicó el sargento–, este (indicando al compañero) y otros fueron a marotear por Galindo, y este (vuelta a señalar) tiene bien estudiado ya todo.

El recién venido hizo una espantosa mueca de satisfacción.

—*Magnifique, magnifique, mon brave!*, [588] –dijo apretando la mano al zorro con cara de sátiro–. Y, –añadió guiñando un ojo–, ¿la bonita está allí, la has visto?

El haitiano se relamió los labios y asomó fuego a sus ojos.

—Pero el padre, caballeros, –observó entonces el sargento–, ¿vendrá a la ciudad?, ¿anda siempre solo?

—Psché, –insistió el otro–: viene todos los días, se retira casi a la misma hora y nadie le acompaña nunca.

—Bueno. Pero es necesario no perderle de vista desde que se sepa que ha llegado. ¿Y los otros camaradas?

—Nos aguardarán allá fuera.

—Bien. Entonces todo queda arreglado, ¿no es eso?

—Todo.

Y siguieron hablando de cosas indiferentes con gran tranquilidad, como quien tiene seguro lo que pretende y sabe que ha de saborearlo.

Resonó en esto el tambor llamando al rancho.

—Hasta la noche, –dijo el sargento, haciendo una señal de inteligencia al indigno dominicano.

—Hasta la noche, –respondió este.

El compañero se limitó a mirarle alzando las ralas cejas[589] en forma de media luna y abriendo los ojitos, como diciendo: «¡Ya sabes!»

Con lo cual se separaron los compadres que algo siniestro acababan

---

587 *Ça va bien*: En francés, «Todo está bien».
588 *Magnifique, magnifique, mon brave!*: En francés, ¡Magnífico, magnífico, mi buen hombre!
589 *Ralas cejas:* Cejas de poco espesor y con poco pelo.

de tramar.

El dominicano tomó a buen paso el camino para irse a husmear por dónde andaba a esas horas D. Andrés Andújar, pues no le quedaba duda de que se hallaba en la ciudad.

De una sentina de vicios, como es un cuartel, se pasa fácilmente a otra, lo que puede hacer fácilmente aun el lector más remilgado.[590]

En la calle del Estudio hay una casa alta que hace esquina, en la banda opuesta a San Nicolás, cerca de ese templo y frontera, diagonalmente, a las tapias de su patio.

Es que no era menos templo la susodicha casa o instituto de buenas letras, por ser famosa gallera la que allí tenía su asiento.

A leguas se oía la algazara de los que, sentados en anfiteatro en el interior de la valla y en torno suyo, acompañaban con su gritería, términos técnicos del arte gallero, dicharachos y buena dosis de maldiciones, los brincos, aleteos, picadas y espolazos[591] de dos animaluchos macilentos de pura hambre, nacidos, criados, adobados, tusados y pelados desde la cresta hasta la rabadilla y arreglados conforme a la práctica y aun a los manuales que hay sobre ello escritos, para matarse a guisa de gladiadores romanos, dándose el gusto de que sus patas decidiesen de fortunas y pérdidas no despreciables en ocasiones.

Un jinete que venía por el callejón de la Esperanza que desemboca en las mencionadas esquina y casón, y que según el porte y trazas traía aire de hombre desazonado y disgustado, arrendó para una de las enrejadas ventanas de la casa- gallera y allí ató su caballo, entrando luego por el ancho portal y zaguán, camino de la academia que se reunía en el gran patio el cual tiene una larga tapia que da al callejón.

Un individuo de aspecto sospechoso que le seguía a lo lejos, se quedó un buen rato parado en la puerta anchurosa de la esquina cortada oblicuamente que forman las dos tapias del patio de la iglesia que fundó Ovando, y después entró también en la gallera.

El jinete era nuestro D. Andrés Andújar, que tras de una fuerte rociada que recibiera esa mañana de sus parientas, había tenido la tentación de probar fortuna en un garito muy soez [592] y muy escondido que sabía él quedaba por una barriada laberíntica de por ahí y donde iba luego a echar su cuarto a espadas con gente non sancta. Y esa ocasión casualmente le desbalijaron en un dos por tres, tomando en-

---

590 *Remilgado*: Escrupuloso.
591 *Espolazos o espoladas:* Golpes dados con los espolones de los gallos (espuelas se dice en República Dominicana).
592 *Un garito muy soez*: Casa clandestina de mala fama y baja clase.

tonces bastante incomodado el camino de la gallera, ya muy cerca de las cuatro de la tarde.

El otro le espiaba.

Se sentó pues el señor Andújar, tomó el pulso al tono más o menos nervioso y triunfal de las estentóreas voces de un bando que apostaba a un *giro*, [593] vio que las muecas de los contrarios eran significativas de derrota y en gran manera feas, y puso al *giro* unos doblones que le quedaban.

—¡Pica gallo, pica! –gritaban los que iban triunfando.

—¡Voy al *malatobo*!, [594] –decían desgañitándose los contrarios.

—¡Al *giro*!

—¡Al *malatobo*!

—¡Échale!, –cantaban a dúo los dos bandos a cada tiro del uno y del otro animal.

Y lo demás por el estilo.

Perdidoso, aturdido con los gritos y dado al diablo por entero, salió D. Andrés de la gallera y requiriendo su cabalgadura montó, tomando a buen paso la dirección de la marina.

Caía la tarde. Y al regular paso del animal, que quería apretarlo porque sabía que se acercaba al pesebre, impulsos que con la rienda reprimía el jinete, le daba suelta este a su mal humor y a sus encontrados pensamientos.

Un perro color barroso que le acompañaba siempre iba a su lado.

Don Andrés se había retardado mucho ese día en sus diligencias, y además no lo había empleado muy santamente; y así fue que, pasado el primer momento de sus negras preocupaciones, apuró el paso de su cabalgadura, traspuesto que hubo la puerta de San Diego o la de la

---

593 *Nota del autor. Apostaba a un giro*: «entre nosotros giro es un adjetivo que denota color y se aplica a gallos y gallinas, pero no a los pintados de blanco y negro, sino a los matizados de colorado y amarillo. *Ir cuatro al giro y cuatro al colorado* es frase con que se moteja a los políticos murciélagos, que hacen a pluma y a pelo y que llevan los principios en la barriga (Z. Rodríguez, ob. cit., 270)». Dice Cuervo que se aplica a ciertos gallos lo mismo que en Cuba; y Pichardo, que allí (Cuba) es el que tiene la golilla y plumas de las alas amarillas con los troncos y pechuga negros. Nuestro gallo *giro* es de varias clases. *Giro blanco*: de color crema, con las plumas del buche blancas y el resto del cuerpo. *Giro prieto*: lo mismo que el anterior con las plumas del buche y las puntas de las alas negras. *Giro pinto*: el mismo color con el buche y las cabezas de las alas salpicadas de blanco. *Giro cenizo*: el mismo color con el resto del cuerpo color ceniza. *Giro amarillo*: tiene las cabezas de las alas matizadas de amarillo oscuro y otros de amarillo claro, la golilla amarillo claro, el lomo matizado de rojo oscuro y amarillo ídem y las puntas de las alas con algunas plumas blancas o de otro color; y algunos tienen el buche negro. Son los *giros* en general los más vistosos gallos y sin duda se les llama así por el antiquismo que vale *galán, hermoso*, y ha quedado en América para designar esa clase de gallos.

594 *Nota del autor. ¡Al malatobo!*: «el gallo color almagrado-claro, las alas algo más oscuras y algunas plumas negras en la pechuga, otros dicen *malatobo*». Pichardo (ob. cit., 246). Es el gallo indio muy claro que regularmente tiene los ojos completamente negros y también tenemos un *malatobo* amarillo-mamey.

Atarazana, y jinete y caballo desaparecieron en las vueltas del camino pedregoso que se interna en las fragosidades de Galindo y conduce a las Ciénegas del *Alto*, a una legua o más de la ciudad.

Momentos antes, salían por la puerta del Conde unos cuatro hombres, que se veía eran desarrapados vagabundos y alguno que otro de mala catadura, y tomaron el sendero arcilloso que costea las murallas y va a terminar al río, y que serpenteaba como una línea blancuzca en las tinieblas que empezaban a envolver la naturaleza.

Próximos al río, por frente al baluarte de Santa Bárbara, que es el segundo por esa parte, se sentaron en la fresca grama de la orilla del montecillo que bordea el sendero en la banda opuesta a las murallas. Esperaban a otros.

Estos últimos no se hicieron desear mucho, porque viniendo de la parte de la marina, los columbró[595] uno de los vagabundos desde lejos y todos fueron aprisa a encontrarse con ellos. De los recién llegados había dos que calaban morrión y llevaban sables cortos al cinto, señal de que eran militares haitianos.

El uno tenía graduación de sargento.

Se internaron en el bosque y ya bajo los débiles, bajos y entretejidos ramos de los guayabales silvestres que inundan esa porción de tierra pedregosa y estéril llamada Galindo se sentaron a conferenciar en el suelo, aplastando las *guáyigas*[596] de que están cubiertos los espacios que dejan los árboles y matorrales en nuestros montes, libre allí de todo indiscreto ojo u oído.

Ya habían recibido los dos *mañeses* en la marina la noticia que el que espiaba a D. Andrés Andújar les había venido a dar de que este se encaminaba ya hacia aquellos sitios.

En voz baja y con misterio acabaron de entenderse y se metieron luego monte adentro.

Poco después, los ojos de tigre de dos de ellos brillaron por un mo-

---

595 *Columbrar*: Ver desde lejos algo, conjeturar.
596 *Nota del autor. Aplastando las guáyigas*: «planta de una vara de altura con hojas relucientes y raíces semejantes a las de la yuca y con la cual se hace almidón y tortas con que se alimentaron los sitiados en el asedio de D. Juan Sánchez Ramírez». D. Antonio del Monte y Tejada (ob. cit., III, VII, 98, nota). Pichardo, en la voz *yuquilla* (ob. cit., 381) dice: «Planta silvestre, perteneciente al género *zamia* más común en las *sabanas*, que a manera de una palmita sin astil y de dos pies, echa de la raíz unas *penquitas*, cuyos tallos o nervios a imitación en miniatura de las de la *palma real*, lleva aladamente en gran parte de su longitud las hojas oblongas de un verde oscuro, a modo de pluma; el tubérculo o *yuca* suele crecer extraordinariamente, algunas hasta tres palmos, por ser perenne; pero la mayor que yo he sacado.... ha medido un pie.... Rayada aparece prietuzca o sucia como el *sagú*; sin embargo, asentada la harina o almidón después de lavada y seca, queda blanquísima, lustrosa, suave y la mejor para almidonar.... Frita en pedazos se echa a los ratones para matarlos. En la Vueltabajo conserva su nombre indígena *guáyara*; en Santo Domingo, *guáyiga*; en esta parte occidental, *yuquilla de ratón*, etc.».

mento en la oscuridad del bosque y por entre la trama de los guayabos de la misma orilla del camino pedregoso y pulverulento.[597]
Acechaban.

IV
La tragedia

Torva[598] y huraña oscuridad iba cayendo más y más espesa al cerrar de aquella noche, como paños de gasa negra que fuese esparciendo gigantesca mano sobre los raquíticos árboles y la lozana perspectiva de los montes más lejanos.

La luna empezó a salir y a pintar con luz indecisa el paisaje.

Dio el toque de oraciones la ciudad, y los metálicos ecos vinieron a mezclarse como alados mensajeros de la noche a los rumores del bosque teñido por las últimas reverberaciones del crepúsculo.

Suave terral soplaba.

La masa negra e impenetrable de los árboles y matorrales de la linde del descampado en que la casa se asentaba, la ceñía como un cinturón de moles fantásticas y oscuras.

Allí, casi en el corazón del bosque, en ancha explanada que asombran *zapotes,* [599] *mameyes* y naranjos y matizan con otros árboles frutales menores algunas matas de flores, se ve la casa rústica de D. Andrés Andújar

---

597 *Pulverulento*: Lleno de polvo, polvoriento.
598 *Torva*: Espantosa, terrible.
599 *Nota del autor. Que asombran zapotes*: en primer lugar, según observa Pichardo (ob. cit., prólogo XV) casi todos los americanos pronuncian *s* y *b*, en lugar de *ce, ci, ll, v* y *z*, y de aquí deduce que las voces indígenas no se pronuncian ni deben inscribirse con esas letras y que si algunos escritores peninsulares dijeron *ceiba, ciguapa, zapote, llana, yagruma, vivijagua, Havana*, etc., no fueron exactos en la presentación de la prosodia americana, confundiéndola con la nativa suya. Es observación que, además de acertada, debiera tenerse en cuenta siempre en materia de americanismos. Nemesio Fernández Cuesta (*Dicc. enciclopédico de la leng. esp. II*, 1382) trae la definición del *zapote americano* que, dicen este y varios otros lexicógrafos, se cría vigoroso en Sevilla, pero que acaso no sea el mismo por la circunstancia de que «su fruto es de unas tres líneas de largo, redondo, chato, rojo oscuro, blando, aguanoso y dulce; contiene una semilla en figura de riñón, negra y lisa». Contra esto protesta Pichardo, a quien emprestaremos [pediremos prestado] la verdadera definición de *zapote* o *sapote*. «Voz indígena mex. En México se comprenden varios frutales bajo el nombre *tsapotl*, que corrompieron los españoles con el defecto de la *z*.... A esta isla emigró por su parte occidental la palabra *sapote*.... Cuando en la Vuelta abajo se dice *sapote*, se entiende el *níspero-zapote* (*chictsaptl* de los mexicanos). Es árbol aquí común, de madera blanca, mediana altura, hojas alternas ovales lanceoladas, de cuatro a cinco pulgadas de longitud sobre la mitad de anchura; flores blancas o rosadas, inodoras; el fruto de su nombre de diferentes tamaños y figuras, según sus clases; aunque lo regular es casi redondo o acorazonado, lechoso y cuando maduro la telilla exterior es gris y la pulpa amarillosa que tira a tabaco claro o de cedro por el centro, muy dulce-azucarada, con semillas negras lustrosas y duras.... Morales dice que de su jugo lácteo se puede imitar la gutapercha. (*Sapota achras*, Miller)».

y cerca el pozo con su *bambú*[600] encaramado sobre el carrillo, arrastrado allí por el peso del otro en el fondo. A distancia, franjas de verdes y robustas arboledas limitan el espacio en que la casa se eleva.

La entrada de la quinta cae sobre el camino ya mencionado y una *trilla* cae desde un lado de este hasta la puerta tranquera, formada con cuatro o cinco redondos y fuertes troncos de guano[601] que corren hacia uno u otro lado por entre dos maderos atados con bejucos.[602]

La puerta de la casa está abierta de par en par como para que el libre airecillo fresco entre y retoce a su gusto, impregnando el bendito hogar de las emanaciones suavísimas del tibio vapor que la tierra y el bosque exhalan y esparce el viento.

Dentro, en la sala, estaban las tres inocentes hijas de D. Andrés Andújar, la interesante Águeda, Ana y Marcela, las cuales reposaban, acabada su frugal y castiza cena. [603]

Aquí y allí había restos de frutas cogidas por la mañana, unas rebanadas por el cuchillo, otras intactas, y conservas y cristales de mamey y guayaba.

Les hacía compañía la esclava sordomuda llamada Isabel, quien, aun cuando podía gozar de entera libertad con el nuevo orden de cosas reinante, había preferido permanecer con *el niño*, como decía a D. Andrés, y con *sus niñas*, pues había criado o poco menos a las tres doncellas, singularmente a la última.

---

600 *Nota del autor. El pozo con su bambú*: los diccionarios autorizados dan junco de las Indias, la mayor de las gramíneas que se eleva hasta sesenta pies, que es originario de las Indias o islas de la Sonda, que comprende doce especies, y su tallo se emplea en bastones y otros usos: le llaman también *bambuc*. Rafael Uribe U. (ob. cit., 317, notas, 45) expone que la definición de la Acad., y de los demás también como vemos, corresponde con la de la *guadua*, gramínea colombiana. Don Juan I. de Armas dice a la *guadua, caña brava* (*Orígenes del lenguaje criollo*, X, 53) y *guádubas* las llama Juan de Castellanos. Y Pichardo (ob. cit., 33): «Especie de caña la más grande y gruesa que se conoce... de sus raíces parten y se renuevan constantemente sus tallos elevadísimos, cilíndricos, huecos, aunque interrumpidos por nudos... van adelgazando hacia la cima por donde se encorvan a manera de plumajes...: de los nudos salen las ramas o junquillos con hojas largas, perennes, puntiagudas, pasto perenne de los animales... Propaga mucho, se eterniza y aun perjudica el crecimiento de su tenaz raíz que a veces ni el fuego la destruye enteramente. Las cañas sirven de varas... y sus cañutos, de envases. En la parte occidental la llaman *caña brava* y en la central, *pito*... (*Arundo donax Bambusa* o *arundinacea*)». Aquí le decimos más *caña brava* que *bambú*; dejando este último para uso poético y para los canutos, los cuales sirven para sacar agua del pozo atados a los cabos de una majagua [palo] y transportar leche cortada o cuajada que llamamos *boruga*.

601 *Nota del autor. Fuertes troncos de guano*: no es árbol ni yerba el *guano*, como estampan diccionarios castellanos, sino arbusto. Pichardo (ob. cit., 177) dice que en toda la isla se entiende esta palabra sola en sentido lato por cualquiera especie de la familia de las *palmas*, si se exceptúan la *palma real, coco, corojo* y *dátil*; que los indios en su concepto aplicaban la voz *guano* designando toda la familia, sin dejar de distinguir las especies; que hay *guano blanco, guano prieto y de monte, guano de costa y guano espinoso*; que todas estas especies son silvestres, abundantes, parecidas y por el estilo de la *palma*, a cuya familia pertenecen; y que su existencia en mucho número no es señal de buen terreno.

602 *Bejuco*: Tipo de planta trepadora.

603 *Frugal y castiza cena*: Cena típica, genuina del país y en cantidad muy moderada.

Perfumada luz de blanca cera iluminaba la salita.

Las tres, como grupo de ángeles, o formas de pentélico animado mármol, juntas, aproximadas sus cabezas, con las manos cruzadas y los ojos entornados bajo las largas pestañas, solicitados por el sueño, rezaron con la muda las oraciones.

Departieron un rato, entreteniéndose con los gestos de la muda, y Águeda con la charla infantil de las dos chiquitinas. Después, como penetradas por la triste quietud de aquellas soledades, fue apoderándose de ellas cierta dejadez y somnolencia que agravaban los vagos pensamientos de cada una de las que allí era capaz de reflexionar.

Águeda, que sentía las voces interiores de su pasión hablándole, era la que más despierto tenía el espíritu.

Reclinada la cabellera descuidada en una mano fina y transparente, y el codo en la mesa rústica porque no había adornos en aquella casa, entreabierta la finísima camisa que dejaba desnudos su cuello y redondos brazos y el arqueado y terso pecho, pues el calor le había hecho abandonar todo otro vestido, y estaba como una Venus cuyas formas contorneaba con gracia, dejándolas adivinar el blando lino; en aquella noche de inmolación de inocentes víctimas, meditaba ¿en qué?, ni ella misma lo sabía. Era un abandono lánguido y romántico el suyo.

De las dos chiquitas, vestidas de blanco, Marcela dormía reclinada en las rodillas de la doméstica Isabel que, como dijimos, la había criado, y Ana andaba revolviendo la casa y cantando con voz infantil una tonada de la época.

En cuanto a Águeda, leía en una mesita, y aun del libro que leía conserva la tradición el título: *La voz de la naturaleza*,[604] que todos conocen.

Chirriaban a toda orquesta los grillos en las yerbas y un ruiseñor cantaba en las ramas del más cercano y robusto *zapote*; y el vientecillo adulador metía la nariz por los intersticios de la puerta y enredaba la pita[605] con la vela a la que hacía balancear o extender irritada hacia un lado su lengua de llama y humo oleoso por el espacio; y no conforme, traía y metía a bocanadas grandes por allí los elíseos perfumes de las *pomarrosas* en flor.[606]

---

604 *La voz de la naturaleza*: El título completo era *Voz de la Naturaleza. Memorias o anécdotas curiosas e instructivas. Obra inteligible, divertida y útil a toda clase de personas para instruirse en los nobles sentimientos del honor, despreciar varias preocupaciones injuriosas a la humanidad, amar la virtud y aborrecer el vicio a vista de los ejemplos que contiene*. Escrito por el sacerdote español Ignacio García Malo (1760-1812), este libro agrupó hasta doce novelas bajo el mismo título.
605 *Pita*: Fibra con la que se fabrican cuerdas y tejidos.
606 *Nota del autor. Las pomarrosas en flor*: dice Pichardo (ob. cit., 302): «Arbusto que está cubierto de

A lo lejos, rumor sordo y acompasado se distinguía cuando la onda sonora encontraba campo para hacerlo llegar a las orejas de quien lo oyere: era el ruido de las aguas del río, distante de allí corto trecho.

De vez en cuando, Águeda sacudía sus rizos castaños desmelenados y los soñolientos párpados y prestaba el oído de inquieto modo; dejaba de leer y, apoyando las mejillas en las manos y los codos sobre la mesa, se desatinaba pensando en que su padre tardaba mucho.

En efecto, nunca había tardado tanto D. Andrés.

Actitud plástica e interesante era en ese momento la de la joven. Chispeantes e inquisidores sus ojos, abiertas las ventanas de la nariz y como granado caído desde el árbol y hendido los labios despegados y algo pálidos, palpitante el seno que sin trabas se mostraba casi en su escultural desnudez, reflejándose de lleno en su redondeado, angelical y hermosísimo semblante la claridad de la vela ¡por Dios! que hubiera tentado a uno a doblar sin sentirlo la rodilla ante ella como ante ideal aparición.

Algunas veces hablaba la estatua aquella, como es seguro que deben hablar las de piedra, en esas en que ha vaciado un alma entera el artista, en la dulce intimidad del misterio.

—Es extraño, –decía–. ¿Que papá no haya venido aún?

—¡Ah, pues!, –parecía responder la sordomuda dando un suspiro, porque ya un temorcillo invencible estaba haciendo presa de ella.

—Pero es singular, –replicaba Águeda levantándose, yendo hacia la puerta, abriéndola, tendiendo por el campo oscuro en dirección de la tranquera sus vivos ojos que hacía abrir más la inquietud, volviendo a cerrarla y a sentarse.

En cuanto a las chicuelas, estaban simplemente impacientes de ver a su papá y recibir los regalitos y golosinas que les mandaban las buenas de las señoras Acevedo.

—¿No has mandado a Goyo a ver si viene papá?, –preguntó Águeda en su lenguaje de signos que iban siendo cada vez más nerviosos y desesperados.

La muda dijo que sí con la cabeza.

Iba cerrando la noche.

¡Noche larga y triste, a fe!

---

flores y frutos casi todo el año.... Las hojas opuestas, lanceoladas, muy puntiagudas,.... flores blancas con visos rosados, agrupadas en las extremidades de las ramas; el fruto de su nombre es esférico, amarillo, con coronilla, olor de botón de rosa, cuya carnosidad es dulce, sabrosa y de un aroma agradabilísimo, hueco por dentro con una semilla limpia y suelta y que como las hojas se presume venenosa (*Eugenia jambos*). Morales (*Jambosa vulgaris D. C.*).»

De repente turbó el silencio y a lo lejos se oyó un ladrido, estridente, rabioso.

Venía por el lado del camino.

—¡Papá, papá!, –gritaron con júbilo las dos pequeñuelas, saltando y palmoteando porque supusieron que sería el perro de la casa que, como vimos, acompañaba siempre a D. Andrés cada vez que iban a la ciudad.

Mas, *incontinenti*,[607] al ladrido siguió un aterrador aullido.

—¡Chist! ¡Dios mío! –exclamó Águeda, en quien apenas había empezado a alborear el gozo de la vuelta del padre cuando la angustia y el presentimiento le sucedieron, extendiendo el redondo y desnudo brazo en dirección del ruido–. ¿Qué es eso?

Y las tres permanecieron de pie, frías, agitado el pecho por la angustia y el temor, atento el oído.

La muda hacía aspavientos de horror.

Nuevos aullidos y ladridos siguieron al primero.

A las pobres niñas no les quedaba duda de que era el perro de su padre el que aullaba y ladraba ¡pero cómo! Luego se conoce, sobre todo en ciertas circunstancias, el grito de cualquier animal que nos es familiar, aun a distancia.

Dudaron, vacilaron. Presentían una desgracia, y no se atrevían a creer en ella. Iban y venían; entrecortados rezos subían a sus labios y allí expiraban sin voz y sin aliento; las solicitaban sus flacas rodillas a dar con ellas en el áspero suelo de *hormigón*;[608] querían abrir la puerta y correr a la entrada de la finca ¡qué sé yo!

Águeda había perdido el tino.[609] La muda estaba trémula y atrancó más la puerta.

¿Qué había sucedido?

Al caer la noche D. Andrés Andújar galopaba por la orilla de la muralla frontera al río y, precedido por su perro, se internó en el camino del *Alto de Galindo* que conducía a su casa.

El animal meneaba la cola alegremente por estar próximo el hogar.

Al encontrarse el jinete a corta distancia de su casa, las hojas del suelo crujieron y las ramas de los arbustos se agitaron como si diesen paso a un ser viviente.

Brillaron unos ojos y la hoja de un sable entre el ramaje, y un hombre se lanzó a la brida del caballo de D. Andrés.

---

607 *Incontinenti*: En latín, al instante.
608 *Hormigón*: De cemento.
609 *Tino*: Sentido común, sensatez.

El perro lanzó un ladrido formidable.

D. Andrés no pudo darse cuenta de la agresión y antes que pensase en defenderse y de que llegase otro bandido que salió del lado opuesto del camino, oyó un taco[610] redondo y sintió penetrar en su pecho el acero de un arma alevosa.

Abrió los brazos y cayó del caballo, rematándole entre los dos bandidos.

Entonces el fiel mastín quiso arrojarse sobre los asesinos enseñándoles los aguzados colmillos; mas el reflejo de los cuchillos y los sables que lo amenazaban le hicieron retroceder gruñendo de rabia.

El caballo quedó junto a su amo y los agresores corrieron como demonios por el camino adelante hasta descubrir la casa.

Habían quitado de en medio el estorbo y fueron a sorprender las indefensas palomas en su nido.

El perro, mientras tanto, había empezado a aullar y a lamer la sangre que fluía en abundancia de las heridas.

Antes de llegar los asesinos a la puerta tranquera, una sombra les salió al paso.

Era Goyo, el hijo de la muda, siervo manumitido como su madre, y a quien la tradición acusa de complicidad en la salvaje tragedia de esa noche.

El mismo corrió los leños y pasaron los beduinos.[611]

Anhelantes, lascivos, relamiéndose por tan fácil triunfo como les ofrecía su insólito atrevimiento, aquellas hidras ávidas de sangre y llenas de estímulos monstruosos llegaron a la cerrada puerta e hicieron que el Goyo llamara a ella.[612]

Una voz trémula preguntó:

—¿Quién es?

—Yo, tu padre, –contestó el mismo Goyo o alguno de los bandidos desfigurando la suya.

—¡Papá! ¡Es papá!, –exclamaron alborozadas las dos chicas.

Sin embargo, Águeda estaba recelosa; y es que en momentos críticos hablan más alto que nada las preocupaciones y los presentimientos.

Una de ellas corrió a franquear la puerta.

—¡No abras! –gritó maquinalmente Águeda–: voy a cerciorarme.

---

610 *Taco*: Cilindro que se coloca en algunas armas de fuego para que el tiro salga con fuerza.
611 *Beduinos*: En este contexto, hombres bárbaros que actúan sin ley, atropellando todo a su paso.
612 *Nota del autor. Hicieron que el Goyo llamara a ella*: ¿Quién sabe eso? ¿Lo declaró alguno de los supuestos reos? Sea o no cierta esta suposición, no es sencillamente más que la acusación de complicidad con los asesinos que atribuyen al esclavo. Así el poema de D. Félix Ma. del Monte.

La muda iba a oponerse también, pero la viveza de la muchacha la impulsó a descorrer el cerrojo.

¡Nunca tal hiciera!

Por la entreabierta hoja que acababa de franquearse, torvo el ceño y horribles aparecieron las negras y feas estampas de los haitianos primero y después de los demás, quedándose allí plantados y como embebidos en la resplandeciente hermosura de aquella Águeda medio desnuda.

Sus dos hermanitas corrieron a aferrarse de ella y las tres retrocedieron asombradas y mudas de terror.

La doméstica Isabel miraba a los asesinos con desencajados ojos.

El sargento, seguido de los otros, avanzó hasta el medio de la sala, devorando a la desventurada Águeda con ojos ardientes y ensangrentados.

Silencio pavoroso.

El grupo de las tres vírgenes desamparadas se destacaba allí en la penumbra, en el fondo de la habitación, estrechadas unas con otras y como si las hubiese petrificado un hálito infernal.

El sargento tendió hacia ellas la mano.

—Vamos, *señorretas*, –dijo en mal español–, ¿tienen miedo de nosotros? Pues se les va a quitar ahora...

—¿Qué esperamos?, –profirió, arrojando una blasfemia el más bestial de ellos, el otro haitiano cara de sátiro, compañero de cuartel del sargento.

—Sí, despachemos, –repuso el más resuelto de los dominicanos, supuesto autor también del crimen de Galindo, que ya conocemos.

Y los tres y luego los más de ellos se arrojaron como fieras sobre el interesante inerme grupo en el que descollaba la lindísima Águeda como tallo de azucena entre otras plantas.

Un ¡ay! como no se ha oído jamás desgarró el temido silencio de aquellas soledades.

Era el grito supremo de las víctimas abandonadas de Dios mismo.

¡Lucha, pero qué lucha se entabló! El pudor se armaba de fuerzas de titán y disputaba las delicadas y esculturales formas de la mujer sin defensa a la brutalidad de la carne.

Se oía el aliento sofocado de las niñas, puestas manos gruesas y velludas sobre sus bocas angelicales; los brazos de las tres se agitaban en el aire con desesperación, buscando apoyo; los ojos de las tres salían de las órbitas en el colmo del espanto y la desolación; los vestidos de las tres yacían rotos y en toda su belleza virginal se mostraba el seno de Águeda.

La luz de la vela, combatida reciamente por el aire, iluminaba con siniestros fulgores esta escena.

Bufaban y pateaban los verdugos. No esperaban encontrar semejante resistencia en cuerpos que medio habían descoyuntado ya, y se irritaban, llameándoles los ojos en impaciente ferocidad.

Así fue que hubo para aquellas infelices una como tregua durante la cual corrieron a refugiarse en un rincón y aun se cubrieron con las manos su semi-desnudez, en tanto que los asesinos se consultaban con una mirada, nada más que con una mirada.

Embistieron después. De una manotada echaron por tierra los endebles cuerpos de las vírgenes, revolviendo sus manazas en las sueltas y abundosas crenchas de rubios cabellos, por los cuales las arrastraron como reses hasta la entrada de la casa, al campo abierto.

—¡Piedad!, ¡piedad!, —imploraban las inocentes.

Devolvieron los ecos tristemente sus inútiles lamentos.

Sus gritos debieron oírse por aquellos contornos y aun aseguran que se percibieron en el vecino pueblo de San Carlos.

Cielo y tierra estaban sordos para las infelices víctimas. ¿Quién iba a socorrerlas?

Y hubo un instante en que Águeda, resplandeciente de aquella belleza tropical que la hacía parecer reina, se puso de hinojos ante uno de los verdugos, implorando más por su honor que por su vida, derribándola al suelo por toda contestación.

Pero ni aun así...

Desenvainaron por fin sus sables y cuchillos los malditos.

Una punta fiera dividió la garganta de Águeda, aquella garganta en que hubieran venido a anidar los amores, y otra estocada partía el corazón de una de las pequeñuelas.

Dicen que Marcela logró huir, pero la alcanzó un jayán fiero y la desjarretó de un sablazo.

¡Dios! ¡Qué horror de horrores!

Sus cuerpos palpitantes...¿mas cómo decirlo?... sirvieron de pasto a la lubricidad de aquellos monstruos. A lo menos así se afirma.

Cae de las manos la pluma impotente para no seguir mojándose en semejantes atrocidades.

¡Ved a los tigres, saciado su nauseabundo apetito y su sed de sangre, revolcándose en la inocencia de las pobres niñas, frías ya por la muerte, vedlos consumando su obra inicua!

¿Qué falta por hacer?

Ocultar el crimen. ¿Dónde? Ahí, en el cercano pozo. La ceguera del consumado hecho los ofusca: no ven que es más seguro sudar cavando fosas, pero el temor espolea y cada árbol parece avanzar sobre ellos como ejecutores de justicia armados de garfios y desmelenados.

Vieron pasar huyendo hacia los montes una fantasma dando aullidos: era la muda que corría como loca a ampararse en ellos.

Su azoramiento creció y empezaron a menudear tajos sobre aquellos hechiceros despojos de Águeda y los infantiles corpezuelos de sus hermanitas, restos de las que fueron *Las Vírgenes de Galindo*.

Arrancaron miembros y empezaron a arrojarlos en el pozo.

Los cuerpos, al caer en el hondísimo cilindro de piedra, hicieron un ruido lúgubremente sordo que debió quedar por mucho tiempo vibrando en los oídos de aquellos miserables.

Las sombras de la noche habían espesado. Negras nubes corrían con violencia sobre otras desatentadas visiones.

En medrosa calma estaba todo.

Y como huyendo de sí mismos, los asesinos emprendieron la fuga por el camino, saltando por encima del cadáver del padre de las víctimas.

El perro, que no lo desamparaba, gruñó sordamente lanzando luego aullidos espantosos.

V
Monsieur Sorapur

Síganos ahora el lector sufrido a una calle conocida de él.

En la de las Damas o Colón hay una casa de las antiguas solariegas fundadas por Ovando o más tarde por algún potentado de los primeros tiempos de la colonia, que está situada en mitad de la segunda cuadra poco más o menos, y frente al ex convento de Jesuitas, hoy único teatro de esta ciudad.

Se la conoce con el nombre de *Casa de los dos cañones*, porque los tiene en su puerta clavados, sabe Dios por quién y cuándo.[613]

---

613 *Nota del autor. Sabe Dios por quién y por cuándo*: esa casa era una de las del mayorazgo de los Coca, familia noble y pudiente del antiguo Santo Domingo, aunque no titulada. De ellos había uno, D. Antonio Coca y Landecho que era Alférez Real cuyo retrato, de uniforme, se ve en la sala de Da. Mercedes de la Rocha y Coca, última descendiente de esta familia poderosísima. El escudo de armas está encima del retrato. Poseía el Alférez Real la quinta parte de la isla, según dice la familia; y eran tales sus preeminencias que tenía un cañón en su casa y cuando había un reo de muerte, si él mandaba disparar aquel, debía hacérsele gracia de la vida. Como la casa cae al río y queda en alto por lo es-

Vivía en ella un anciano francés que escapó a las matanzas de la colonia de los *Pointis* y *D'Ogeron*, [614] en la parte occidental de la isla, dichas luego «las matanzas de Santo Domingo», malamente sin duda porque no ocurrieron en toda ella, sino *en la parte francesa* y obra de esclavos sublevados de los franceses en su colonia, después República de Haití ¡y allá se te las haya! Y déjennos en paz los que confunden y barajan a cada paso, por pura ignorancia de la geografía y la historia, las dos porciones de la isla esencialmente distintas en raza, idioma, costumbres, civilización, historia, orden social, constitución política, aspiraciones, carácter nacional y cuanto hay.

Pues este francés, colono, que habitaba en el antes corpulento Guarico (Cabo Haitiano), vino huyendo aquí por las fronteras como fueron a Cuba los más de los antiguos colonos franceses, logrando salvar un resto de fortuna. Retirado a aquella tranquila mansión, antes casi señorial de los Coca, hacía vida de solitario filósofo; y su morada era un como museo lleno de escopetas de todas clases, morrales, frascos de pólvora, estopa y una selecta colección de señuelos[615] colgados del techo, cuidadosamente, para que ni las plumas se arrugasen.

Para él, su mayor placer consistía en echarse el pesado escopetón de chispa al ya caduco y fatigado hombro, cruzarse el morral, colmarse las espaldas de plúmbeos esqueletos de machos de paloma, que tales eran los señuelos, y calzadas unas botas de ante salir con sus perros por delante o solo con su hijo o bien con un sobrino o con algún amigo o con todos ellos juntos, filosóficamente provista la alforja de panecillos tiernos y carne ahumada, amén de un gran frasco de aguardiente, a trepar por sierras y vericuetos y a hundirse en la espesura de nuestras selvas en pos de la castiza paloma silvestre de cabeza blanca[616]

---

carpado del terreno, pasa por debajo a algunos metros el fuerte que se llamó *Invencible*, del cual se ha hablado ya (V. «Drama Horrendo»), y al que se descendía desde la casa por una escalinata. Acaso después se sabrá el porqué de esta circunstancia.

614 *Pointis y D'Ogeron*: Jean-Bernard de Pointis (1645-1707) y Bertrand D'Ogeron (1613-1676) eran bucaneros franceses relacionados con la historia de la Isla Tortuga, al suroeste de La Española.

615 *Nota del autor. Selecta colección de señuelos*: para la caza de nuestras palomas silvestres se emplean señuelos, los cuales se colocan en el *palo* o árbol que se acoja, con las alas abiertas en actitud de posarse y, para acabar de atraer el ave, arrulla y canta como ella el cazador. Han de ser machos, se les saca la parte carnosa y se montan en un palito que va desde la rabadilla [coxis] hasta el cuello o el pico, mientras con otro palito transversal se sostienen las alas. El horno completa la operación. Estos señuelos se conservan durante meses.

616 *Nota del autor. Paloma silvestre de cabeza blanca*: Pichardo describe entre las especies silvestres de Cuba una medio parecida a la nuestra común llamada como arriba, a que allí dicen *paloma torcaza cabeza blanca*. Su descripción conviene con la de la nuestra, solo que la cubana tiene todo el cuerpo azulado y mide 15 o 16 pulgadas. Anda como la nuestra en bandadas numerosas. La nuestra tiene la cabeza blanca y el contorno de los ojos, la parte posterior y mejillas de púrpura cambiante, las plumas del cuello verde tornasol, ojos amarillos y patas rojas. Tendrá tal vez el mismo largo que la cubana; come *hicacos, café cimarrón* y un grano que llaman *cigu*a, que amarga su carne en la época

de tan sabrosas carnes cuanto abundante.

Era pues un gran cazador, para quien no había fatigas. El *Alto de Galindo* y *La Ciénaga*, que son casi una misma cosa para el caso, los lados de San Carlos como *Mergara* y *La Esperilla*, y *Honduras, Los Bajos de Haina, Simonico, La Caleta* y cuanto lugarejo es frecuentado por la pródiga paloma en estos contornos, tanto recorría el anciano colono francés, disparando perdigonazos, y a trueque de arañazos, contusiones y picadas de envenenados *jejenes*, [617] buenas hambres y peores sedes, traía sartas de palomas rollizas que tenía el gusto soberano de repartir entre sus vecinos, reservando los machos para sus señuelos y algunas piezas para sus ollas.

La casualidad hizo que en esos meses la *corrida* fuese[618] por el lado de Galindo y esto no es nada novela.

Se llamaba nuestro cazador *Monsieur* Sorapur.

Al día siguiente del suceso, esto es, el 30 de mayo de 1822, el cazador salía por la puerta de San Diego con su hijo, su sobrino Limval y su amigo el Señor Lovelace.

Era pasado mediodía y parece que quería aprovechar la *corrida* de por la tarde, cuando a esas horas emprendía el camino.

La tarde empapaba en tintes melancólicos los vecinos montes que en el fondo claro recortaban vigorosamente sus crestas robustas.

Se columpiaban las campanillas silvestres a orillas del camino, encaramadas sobre los arbustos y zarzales como enseñando al pasante su cara de recién desarrugados pétalos que manos de hadas parecían haber abierto, y el húmedo fondo de su cáliz, para decirle muy monas: «buenos días». Soltaba besos armoniosos el ruiseñor enamorado del sol, del euro[619] que corría, de la pompa agreste de sus oteros antillanos;

---

en que se alimentan con él. Para más pormenores véase la nota 554.

617 *Nota del autor. Envenenados jejenes*: el diccionario enciclopédico de D. Nemesio Fernández Cuesta trae que el jején es un mosquito común en toda la América, sobre todo en los países cálidos y en los ríos; que es muy pequeño y tan incómodo por su picadura como por el ruido que hace. Y Pichardo, que no es tan común en las poblaciones grandes y en las costas y cayos, cuando hay calma, divagan en pelotones atacando hombres y animales, sintiéndose su picada muchas veces antes de haberse visto. Que Poey creó una nueva familia cuyo único género y especie es este díptero microscópico temible y a la cual llamó *Oecacta furens*. Asevera D. Juan I. de Armas (ob. cit., V, 27) que los conquistadores le pusieron el nombre a este insecto, como dice él que a muchos otros por negar el indígena.

«Mas daban pesadísimos desdenes
Mosquitos *rodadores y jejenes*».

Juan de Castellanos (*Elegía de varones ilustres de Indias*, «Relación», 254)

618 *Nota del autor. Que en esos meses la corrida fuese*: quisqueyanismo. Se dice en término técnico de cazadores de palomas, cuando estas aves comienzan a atravesar de una región a otra en busca de alimentos en ciertas épocas del año y regularmente después de haber formado sus crías en determinados puntos. Así se dice: *ya principió la corrida y la corrida de Galindo* u otros lugares.

619 *Euro*: Viento que sopla del oriente.

lanzaba sus chillidos en escueto árbol seco y altísimo el *pitirre* astuto y osado;[620] saltaba el *pájaro bobo*[621] por las ramas bajas torpemente como el tonto de la corte alada, con aire imbécil mostrando sus inútiles plumas largas y pintorreadas; bullían en la flecha aguda de la palma enjambres de *ciguas* escandalosas;[622] y en bandadas *judíos* negrísimos[623] invadían ora este árbol, ya el otro en amasijo confuso y de tropel, metiendo ruido, y acaso diciendo que ellos eran las almas condenadas de avaros hijos de Israel en forma de pajarracos, porque tanto repugnan

---

620 *Nota del autor. El pitirre astuto y osado*: *pitirri* o *pitirre* llaman en Cuba esta avecica, cuyo nombre avanza temerariamente J. I. de Armas (ob. cit., V., 29) que también se lo dieron los españoles por onomatopeya y buen provecho. Pichardo dice que, según una obra del Sr. La Sagra, existen tres especies de la isla y una que va de los E.E.U.U. en invierno. La primera denominan *pitirre real,* las otras dos, *guatíbere*. La otra, la que viene de Norteamérica es la que parece explicar el autor, pues así se entiende de la redacción del artículo. Sea como fuere, el pájaro que explica es el que se asemeja al nuestro. Por la mañana pronuncia *pitirrrrr,.....* caza moscas, abejas que pasan, volviendo a su observatorio, aunque el Padre Paz y Morejón ha probado que no come abejas sino zánganos; persigue y ataca a la aura y otras aves que quieren sus nidos y revolotea sobre la cabeza de quien les roba sus hijuelos. Es más visible en tiempo de las lluvias. Que dice el Sr. Gunlach que vienen, además de esta, otras especies de los E.E.U.U. Aquí generalmente le dicen *petíguere* y metafóricamente a los que importunan o sean *moscones*. Su nombre onomatopéyico le viene de que parece decir con toda claridad *pe-ti-gue-re* o *pi-ti-rre*, correspondiendo cada sílaba a una vibración agudísima que puede pintarse fonéticamente según va escrito. Cuando asoma el ave de rapiña llamada en el país *guaraguao*, para él peligrosa, se juntan dos *petígueres* o *pitirres*, y remontándose altísimos para de ese modo quedar sobre el *guaraguao*, se precipitan sobre él y le acosan a picotazos, lanzando a cada acometida su estridente grito que vibra en la extensión de las sabanas. El ave de rapiña huye desesperada y aturdida sin que le valgan sus garras contra sus diminutos enemigos.

621 *Nota del autor. Saltaba el pájaro bobo*: el diccionario enciclopédico de Fernández Cuesta llama así a un pájaro del género colimbo, de pico y lomo negros, pecho y vientre blancos, así como la extremidad de las remeras, que anida en las costas y se deja coger y matar fácilmente. Pichardo habla también de una *gaviota boba* o *pájaro bobo* (*Sterna stolida*) que es marina y se deja coger fácilmente, pero esto es por estar alejada de la costa, no por simplicidad, según observa el autor. ¿Habrá venido de ahí su designación a nuestro *pájaro bobo* que de acuático ni marino nada tiene? Este se alimenta de sabandijas, insectos y huevos de otras aves; es pesado, tardo en sus movimientos, volando de un tirón y no por alto, y salta torpemente de rama en rama, regularmente prefiriendo las bajas. Es casi rastrero. Mide unas ocho pulgadas, con plumas rojizas negras y amarillas y pecho blanco, si mal no recordamos, disponiendo de una larga cola de plumas pintorreadas. Entre el coro de las demás aves se le distingue por su torpeza y desabridos movimientos. Se le coge y mata fácilmente, siendo pasto de las pedradas de los muchachos y de los tiros del que maneja por primera vez una escopeta.

622 *Nota del autor. Enjambre de ciguas escandalosas*: es un pajarito de color verde sucio que anida en las palmas y está constantemente en ellas, donde se reúnen en gran número posándose las más en sus penachos. Alborotan y chillan bulliciosamente. Cuando se derriba una, herida, se la hace chillar y acuden otra vez a la palma las demás que habían huido así como las que andan cerca, y de ese modo se las diezma: pueden comerse en locrio. Se les da el calificativo de *mamoneras*. No nos es posible ofrecer de la *cigua* o *sigua* (como quería Pichardo) la más somera descripción porque ni esta ave siquiera ha tenido la curiosidad de examinar un naturalista o aficionado. Nuestra fauna y flora la han descrito extranjeros y solo ellos podrán, parece, hacernos el favor de clasificar por completo tanta riqueza como en este orden tenemos.

623 *Nota del autor. Y en bandadas judíos negrísimos:* dice Pichardo (ob. cit., 216) que es pájaro comunísimo en Cuba y lo hay en otras partes de América, todo negro con reflejos azulados, de un pie y algo más, incluso la larga cola. Que andan en bandadas cerca de las habitaciones, posando en arbustos y matorrales; algunas veces dan un vuelo a los inmediatos o a tierra o sobre el ganado para limpiarlo de garrapatas. Que son familiares y siguen al labrador cuando ara para alimentarse de los insectos, se alegran con la lluvia, siempre están unidos y muy juntos; anidan en mayo y agosto poniendo sus huevos los unos sobre los de los otros. Que no es caza de valor y su canto es *hu-i-o*, de donde le vino el nombre corrompido *judío*, y otro a modo de gorjeo desagradable, parecido al que le da nación Cayubaba: *utuí* (*Crotophaga ani*). El nuestro es igual.

a los cazadores y a los muchachos, a pesar de su manifiesta *bonhomie*.[624]

Los arrullos de la paloma se oían a distancia en el hondo del monte y cruzaban el aire ya bandadas de ellas, tan bajas que podían distinguirse sus picos y patas rojas.

Aroma de cortezas y raíces y florescencia nueva del bosque impregnaba el aire haciéndolo aspirar con delicia.

De repente sonó un tiro que no era de escopeta en el lindero del camino, entre los guayabales, y *Monsieur* Sorapur y su gente se miraron con extrañeza.

A poco vieron cerca de allí a un hombre que por su aspecto debía ser haitiano y militar, aunque cubría su cabeza la gorra de cuartel y con graduación de sargento, quien armado de un verdadero fusil de munición disparaba de cuando en cuando haciendo que cazaba.

—*Qu' est ce que ça?*,[625] —refunfuñó M. Sorapur, colando en uno de los cañones de su escopetón tremendo una bala de a onza y amartillándola con firme pulso.

Los demás se colocaron detrás del viejo colono.

Pasaron de largo y notaron que el fingido cazador, porque tenía que ser tal desde que no usaba escopeta como mandaba la ley *palomera*, se recataba turbado y con recelo tras el espeso cortinaje de los matorrales.

En el ánimo de los cuatro cazadores prendió una idea vaga y sombría. No se hallaban tranquilos y avanzando, cierto vapor asfixiante les daba en el olfato y un no sé qué extraño pesaba sobre su espíritu, que no era miedo.

Los perros de *Monsieur* Sorapur, que se habían adelantado buen espacio, ladraron entonces en un recodo del camino.

Apresuraron el paso.

Monsieur Sorapur y los suyos vieron que los perros describían giros, que avanzaban y retrocedían espeluznados y mostraban azoramiento.

Los perros habían olfateado la sangre del desdichado D. Andrés Andújar y se espantaron al tropezar con su cadáver.

El olor de la sangre se hacía más pronunciado.

—¡Un muerto!, —gritó *Monsieur* Sorapur corriendo al sitio en que yacía la víctima.

—¡Un muerto!, —repitieron los otros.

Monsieur Sorapur clavó en tierra una rodilla soltando su escopeta.

---

624 *Bonhomie*: En francés, simplicidad, sencillez.
625 *Qu'est ce que ça?*: En francés, ¿Qué es eso?

¿Cuál no sería su sorpresa?

Reconoció a su amigo el *Signor* Andújar y llamó horrorizado a su gente.

Monsieur Sorapur se quedó aterrado y frío sudor inundó su rostro. Extraviados, sus ojos iban del cadáver a sus acompañantes y de estos al cadáver.

El mutismo del horror sellaba los labios de todos.

El cuerpo del infeliz y desaconsejado Andújar yacía en un charco de negra sangre, cuyos contornos dibujaba un encrespado hormiguero y en el cual pastaban y zumbaban esos moscones de alas con visos metálicos que acuden donde quiera que hay podredumbre, y que no bien caída la paloma al tiro del cazador la invaden, depositando en sus heridas su larva cuando no se albergan entre sus plumas, viviendo con ellas.

El muerto tenía acribillados pecho y cara por efecto de arma cortante y punzante y la mucha sangre vertida le desfiguraba el rostro.

No lejos, el caballo ensillado de la víctima pastaba tranquilamente.

¿Y el perro fiel? Ya no estaba allí.

Le encontraremos después, porque este mastín hace un gran papel en este célebre crimen.

Por fin, *Monsieur* Sorapur se levantó, moviendo tristemente la cabeza y desahogándose con un fuerte resoplido.

—*Mon Dieu!*, —exclamó—. ¿Quién lo hubiera imaginado? El pobre amigo Andújar ha sido asesinado anoche mismo sin duda alguna, pero ¿quiénes pueden ser sus matadores? ¡Es extraño! Pero, *bon Dieu!*, y sus hijas ¿qué será de sus pobres hijas ahora?... Estarán desesperadas ¿y qué extremos de dolor no harán cuando sepan que han muerto a su padre?... ¡Ah!, ¡ah!, ¡ah!

Y el buen hijo de las Galias se frotaba las manos con desesperación y daba vuelta y más vueltas; mientras los compañeros con la barba en la mano contemplaban el desfigurado cadáver.

—¡Bien!, —dijo de allí a un rato el viejo colono—. No hay que perder tiempo, mis amigos. Después de todo, mis amigos, estamos haciéndonos sospechosos: pueden vernos, y... Pero aquel sargento haitiano, mis amigos, *que pensez-vous de tout cela?*[626]

Y guiñó los ojos maliciosamente.

—Yo me figuro, —continuó—, que ese diablo *d'haitien* debe andar

---

626 *Que pensez-vous de tout cela?*: En francés, ¿qué piensan de eso?

en la danza. Estaba muy azorado ¿no es verdad?, y tiraba con fusil de munición; sin embargo de que la paloma no *se echa* por ese lado.⁶²⁷ ¿Eh?

Hijo, sobrino y amigo hicieron con la cabeza un signo afirmativo.

—Pues andando, hijos, –continuó–. Apresurémonos a dar parte a la justicia, antes que nos echen el muerto a nosotros ¿eh? Tú, Limval, corre, avisa al Sr. Juez de Paz y al Prefecto de policía y diles lo que has visto: acompáñale, amigo Lovelace. Nosotros esperaremos en la casa de esas pobres niñas que corro a consolar... ¡Ah!, ¡ah!, ¡ah!, –añadió dando ese chasquido con la lengua significativo de un gran pesar–... esas pobres niñas, *bon Dieu!*

Y el viejo Sorapur, con la cabeza entre las manos y su escopeta a la espalda que enganchó en el brazo sin ver que torcía el pescuezo y deformaba un par de señuelos, se fue camino adelante, seguido de su hijo.

Desembocaron, pasando por la franqueada puerta tranquera, en el limpio o espacio rodeado de arboledas en que estaba la casaquinta. Todo aquello respiraba profunda paz, poesía pura: alborotaban en torno las avecicas, se abanicaban coquetamente con su follaje el zapote que estaba junto al pozo y los mameyes del fondo; y en el corral el averío gritaba que se las pelaba, parece que por faltarles el grano que la blanca mano de las niñas solía suministrarles; huérfanas palomas domésticas saltaban y revoloteaban impacientes de ver a sus bellas amitas y aun de comer en la palma de sus manos el arroz y el maíz picado con que tenían costumbres de regalarlas.

Grato sitio a fe aquel, mas en medio a pavorosa soledad de muerte.

La puerta de la casa había quedado entornada.

Por el camino iba *Monsieur* Sorapur, recapacitando el modo que tendría para dar la cruel noticia a las jóvenes; y aun allá en sus adentros se proponía llevárselas consigo porque era caritativo por demás. Se afirmaba en su resolución cuando hete aquí que los perros olfatean nueva sangre, la que teñía la grama cerca de la casa, y ladran furiosamente.

Se acercó el antiguo colono francés y vio aquello. Lirios tronchados yacían a uno y otro lado, la grama estaba surcada como por cuerpos

---

627 *Nota del autor. La paloma no se echa por ese lado*: quisqueyanismo. Esto, porque en parte alguna consta. Se aplica solamente como término de caza de palomas, a estas, verbigracia la frase transcrita arriba. *Echarse la paloma* es dirigirse hacia algún punto determinado, porque está comiendo allí el hicaco, la *cigua* o el *café cimarrón*. Proviene sin duda de la acepción echarse los animales, que [significa] extenderse o acostarse.

que son arrastrados y manchas extensas de sangre se dibujaban sobre el fondo verde como siniestro aviso de algo terrible acabado de acontecer. Acá y allá girones de ensangrentadas telas, cabellos arrancados de cuajo. Sigue el francés la huella de tanta devastación y nota que va a dar al pozo. Examina el brocal y ve tintas en sangre sus piedras, así como los helechos que crecen en su boca, en los cuales ha quedado sujeto y flotante un pedazo de tela blanca o algún pañuelo.

Monsieur Sorapur permaneció inmóvil y con la boca abierta. Se pasó una mano por la calva frente y apenas sí podía dar crédito a lo que presentía en vista de tales elocuentes señales.

Su hijo corrió a la casa y volvió trémulo.

—No hay nadie, –dijo.

El viejo colono se plantó de un salto en ella y se quedó como petrificado en el umbral.

Lo que allí se veía eran las recientes huellas de la lucha que con sus verdugos habían sostenido las *Vírgenes de Galindo*: muebles derribados, vasos rotos; tan solo quedaban en pie la mesita en que leía Águeda con el libro abierto aún en la página en que se hallaba cuando se alarmaron por la ausencia de su padre, un tintero, una pluma y un billetito[628] a medio empezar dirigido a sus parientas las Acevedo.

El viejo Sorapur lo examinó todo con las manos cruzadas y en alto, revelando así su emoción y espanto.

—¿Qué es esto? ¿Qué ha pasado aquí, *bon Dieu*? ¡Aquí se ha cometido un horrible crimen!... –gritó fuera de sí.

Y daba vueltas por la sala como loco.

—¿Pero quién ha podido hacer semejante cosa? ¡Matar al padre, matar a las niñas ¡pobrecitas!, –añadió con voz compungida–. ¿Y para qué? ¿Habrá sido para robarles?...

Volvió al pozo y miró con ojos desencajados al fondo. Entonces, merced a la irradiación de la luz solar pudo distinguir bultos blancos que no dejaban duda de que los cadáveres de las infelices doncellas habían sido arrojados allí.

El viejo Sorapur pataleaba de rabia.

En esto, volvieron su sobrino y su amigo Lovelace a quienes seguían algunas personas, con la singular nueva de que avisada la justicia, vendría a la mañana siguiente, dizque porque el auto de proceder, la autopsia y demás no sería posible antes.

---

628 *Billetito*: Carta breve.

—¡Ah! *sacré nom*⁶²⁹....¡, –rompió el colono francés, crujiendo los pocos dientes que le quedaban–. Conque mañana ¿eh? ¡Y ni porque se trata de tan horrible crimen! ¡Y eso se llama justicia...!

—¡Venid!, –gruñó después de un momento de reflexión con tono amenazador, descolgando su escopeta del hombro y dirigiéndose a todo correr a la entrada de la finca–: vamos a cazar al *haitien* aquel porque no hay duda: haitianos han sido los que han debido cometer tan salvaje crimen. ¡Corramos!

Y los cuatro hombres salieron a escape en dirección del camino de Galindo.⁶³⁰

VI
LO QUE PASÓ DESPUÉS

La sencillez de los antiguos habitantes de Santo Domingo y sus costumbres puras son notorias. Cualquier acontecimiento, cualquier incidente que se saliese un tanto del carril ordinario era un hecho que llevaba el desconcierto y la desolación a todos los ánimos. No era cosa común el homicidio y las muy raras ocasiones en que se daba un Caín, el espanto era indecible, se cerraban las puertas y en los consternados hogares no volvía a reinar la tranquilidad por mucho tiempo.

Recuérdese la muerte del Padre Canales.

Y dadas las circunstancias políticas de entonces, cuando había razón para temer de la irrupción de los neo-ciudadanos de Occidente, sedientos de vandálicos desastres en nuestra tierra, sabe Dios qué depredaciones, por lo que todo el que podía se hallaba con el pie en el estribo⁶³¹ ¡figúrese la sensación producida por semejante hecho!

Los mensajeros de *Monsieur* Sorapur esparcieron el terror en la ciudad con la noticia del encuentro del cadáver de D. Andrés Andújar, y el mundo se quiso venir abajo; y fue aquello peor que la aparición del cólera cuando, en persecución del sargento haitiano con quien no habían topado, llegaron el mismo M. Sorapur y los demás.

Los rodeaban todos y oídos los pormenores del atroz relato, nada

---

629 *Sacré nom*: En francés, imprecación con connotación negativa y vulgar.
630 *Nota del autor. En dirección del camino de Galindo*: no queda duda, según fidedignos testimonios (y era circunstancia preciosa que importaba esclarecer) que fue M. Sorapur quien primero encontró las huellas del crimen de Galindo porque en tertulias él mismo lo refería. Acaso figuraría en el proceso, aunque no hay indicio de su testimonio en la sentencia «de los reos de Galindo».
631 *Hallarse con un pie en el estribo*: Estar listo para irse de un lugar.

menos que el sacrificio de toda una familia, los hombres salían con las manos en la cabeza y las mujerucas dándose santo en el pecho, [632] clamoreando y ofreciéndose a todos los santos del cielo.

Espanto indecible embargó la ciudad.

Los corrillos se formaban por todas partes y digo yo que irían donde el Señor Arzobispo a proponerle tocar rogativas[633] en desagravio[634] de la inocencia ofendida.

En el seno de las familias había llantos y pavorosa consternación.

Los parientes de las víctimas gritaban sin consuelo.

Como a las dos de la tarde, momento después de haber traído las nuevas los mensajeros de M. Sorapur, una vecina de por la Merced conversaba en la puerta de su morada con un individuo de su amistad, quien le daba noticias del suceso y parece que estaba escaso de ellas, asegurando a su interlocutora que habían encontrado un hombre muerto en el camino de Galindo y se ignoraba quién era; lo que demuestra que fue realmente el viejo francés el primero que se encontró con el cadáver, le reconoció y dio parte.

—Pero, –decía el hombre–, es más probable que los autores de ese horrendo crimen hayan sido franceses (franceses les decían y aún a los de *allá abajo*, esto es, el Occidente).

—¡Júrelo Ud.!, –reponía la vecina con calor y gesticulando–. ¿Quién puede aquí cometer hechos así, en un camino público? Nosotros no estamos acostumbrados a ver *barbarismos* iguales. Pero desde que llegaron *esos*...

A la sazón, un haitiano que vivía enfrente y había residido largo tiempo en San Juan de la Maguana, llamó la atención de la vecina, pues oyó algunas frases de la conversación.

—Vecina, vecina, –le dijo un tanto amoscado– ¿qué cree Ud.? Como pueden ser franceses los asesinos de ese hombre, pueden ser también españoles, ¿está Ud.? (españoles o *blancs pagnols* llaman los de Haití a los dominicanos).

La vecina hizo una mueca desdeñosa y de duda.

El que hablaba con ella se quedó mirando al intruso y dijo sentenciosamente meneando la cabeza con malicia:

—¡Ya empiezan, ya empiezan a hacer de las suyas![635]

---

632 *Darse santo en el pecho*: Golpearse el pecho con una mano cerrada en puño.
633 *Rogativas*: Oraciones públicas.
634 *Desagravio*: Compensación.
635 *Nota de autor. Ya empiezan a hacer de las suyas*: todo esto es histórico y la última frase rigurosamente textual; como que la señora ahí aludida es la misma que nos suministró esos datos, Da. D. Z. (Dolores

El fiel mastín de D. Andrés Andújar había permanecido toda la noche al lado del cadáver de su amo, gimiendo, lamiéndole las heridas y, alejándose un poco en dirección de la casa, volvía a su amo con el pelo erizado y el rabo entre las piernas.

Amaneció Dios, subió el día, abrasó[636] el sol y fatigado y hambriento el animal, su infalible instinto sugirió que su amo no se levantaría ya más de allí, porque la frialdad y rigidez de sus miembros le decían que estaba *muerto* y bien muerto; mientras que las niñas estarían aguardándole con impaciencia y acaso habrían perecido a manos de aquellos salvajes.

Todo esto pensamos nosotros que discurría el perro, porque se diga lo que se quiera, los animales han de tener su poquillo de entendimiento, así embrionario y todo. Es el caso que, dando el noble animal una última mirada triste y larga a su pobre amo, bebiéndose los vientos arrancó camino adelante, voló, saltó por sobre los derribados palos de la puerta tranquera, llegó a la casa, dio vueltas por ella, olfateó la sangre y el ambiente de sus amitas y fue y puso las patas delanteras en el brocal del pozo, empezando a ladrar mucho con modulaciones como gemidos y sollozos, pasándosele las horas en esto; y luego, dejando caer sus patas al suelo con lentitud y desaliento, fuese con la cabeza baja cual si hubiese sufrido las emociones mismas que una persona en presencia del cuadro desolador de seres queridos que han desaparecido súbita y trágicamente.

El perro tomó con tristeza el camino de la ciudad con la cola entre las piernas y el azoramiento en la cara.

Era un perro de raza, grande y de color rojo o barroso.

Parece que acompañaba siempre a las niñas a la ciudad, según apuntamos, cuando no estaba el padre en la población.

Llegó a la puerta de las señoras Acevedo, acaso en el mismo momento en que *Monsieur* Sorapur subía a Galindo y descubría las huellas del asesinato de D. Andrés Andújar y sus hijas, y como la puerta estaba cerrada por ser aún hora de siesta, se puso a gemir y a arañarla.

Acababa la familia de hacer su castiza y abundante comida de las doce y según la costumbre sacramental, se disponía a acostarse a dormir la siesta, después de haber reposado aquella más de una hora, y aun ya había quien de ellos estuviese recogido, cuando llegó a sus oídos el extraño ruido.

Zapata).
636 *Abrasar*: Calentar demasiado.

Se asomó a la ventana Candelaria, pues era ella, y ¡cuál no fue su sorpresa al reconocer al perro de D. Andrés Andújar!

¡El perro solo, cuando no venía a la casa sino acompañando a las tres jóvenes! ¡No podía aquello menos de ser un mal augurio!

—¡Dios mío!, ¡el perro...!, —exclamó la buena mujer yendo precipitadamente a abrir—. ¿Y las muchachas?, —añadió dirigiéndose al animal como si pudiese comprenderle—. ¿No han venido contigo las muchachas?, —decía doblando hacia delante el cuerpo e interrogando con inquietos ojos al mastín.

Este miró tristemente a la anciana, metió otra vez el rabo entre las piernas y fue a agazaparse miedoso debajo de una silla.

—Vida, —gritó Candelaria con angustiada voz—. Ven, mira al perro de las muchachas. Pero ellas no vienen... y ese animalito de Dios parece que tiene algo. Está azorado. Tampoco ha podido venir en pos de Andrés porque, según parece, él no ha venido hoy a la ciudad, cuando no ha pasado por aquí... ¡Ay Dios mío!, —exclamó la buena mujer poniéndose las manos en la cabeza y dando vueltas por la sala, presa de cruel presentimiento—. ¿Si habrá sucedido alguna desgracia?

—¿Qué desgracia va a ser esa, mujer?, —decía la hermana, la de los apóstrofes crudos a D. Andrés, que acudió en el acto—. Ven acá, —dijo llamando al animal castañeteando los dedos.

El perro la miró con igual tristeza que a la otra señora y dio un gemido agudo y prolongado, una especie de aullido. Luego salió de donde se había metido, divagó por toda la casa y tornó a asilarse debajo de otro mueble.

—¡Misericordia!, —exclamaron entonces a dúo las dos hermanas, tirándose de los pocos mechones grises de pelo que les quedaban—. Efectivamente algo ha pasado, algo ha pasado, —grito la llamada Vida con angustia—... ¡Rafael, Juan de la Cruz, Diego!, —prorrumpió llamando a los hombres de la casa, que se esperezaban en sus hamacas.

La casa se volvió una babel[637] a partir de aquel momento.

Se oyeron luego llantos reprimidos y gritos ahogados.

¡Ni imaginar podían aquellas mujeres que cupiese desgracia alguna a sus queridas niñas, Águeda, Anita y Marcelina!

Sin embargo, el presentimiento cruel de inmensa desgracia no las dejaba sosegar.

Los rumores de haberse encontrado un hombre asesinado en el camino de Galindo y que débilmente habían comenzado a esparcirse

---

[637] *Babel*: Desorden, confusión.

desde las dos de la tarde o poco antes, debido a las primeras noticias traídas por los compañeros del cazador francés, esos rumores, digo, fueron tomando cuerpo y acabaron de adquirir con el testimonio de *Monsieur* Sorapur y compañeros, las proporciones desoladoras de la terrible realidad. Así llegaron y penetraron con implacable saña bajo el tranquilo techo que abrigó la infancia de las *Vírgenes de Galindo*, allí en aquella casa que todos podemos contemplar aún y que no ha sufrido mutación alguna.

Entonces los llamados Rafael y Juan de la Cruz Acevedo y Diego Quero se acompañaron con quien quiso seguirles y se pusieron en marcha para Galindo, pasadas las dos de la tarde, cuando *Monsieur* Sorapur y los suyos se hallaban todavía en la quinta.

En el camino tropezaron con el cadáver del padre que rodeaban algunos curiosos, pero que nadie osaba mover porque la señora justicia de ultra-fronteras aún no había creído conveniente amanecer por allí.

Siguieron desolados para la *estancia*, atestado ya el sendero por personas que hacían esa peregrinación con los ojos húmedos y los cabellos erizados, en religioso silencio.

Vieron los surcos en la grama, la sangre ennegrecida en ellos, las hormigas chupándola, los lirios tronchados, los girones de vestidos, los cabellos enredados en las yerbas, el pozo barreteado de rojo color, el flotante pedazo de tela blanca y los bultos de los cadáveres de las pobres niñas allá en el fondo.

Jadeantes entraron en la habitación. ¿Qué vieron? Las mismas señales de la lucha impresas allí que vio el anciano *Monsieur* Sorapur, y la mesita, el libro, el tintero, la pluma y el billetito principiado; todo lo cual recogieron con respeto, como miembros que eran de la familia, pues esas reliquias servirían de triste recuerdo de las que fueron las Vírgenes de Galindo.

Además, uno de ellos recogió a la entrada un rizo de pelo y una peinetita de las que se usaban entonces, llamadas *á la bombée,* [638] y que debió desprenderse del peinado de Águeda.

---

638 *Nota del autor. Llamadas a la bombée*: consta que fue así porque una sobrina de las Acevedo, Sra. Altagracia Quero, de las que han suministrado datos para esta leyenda y la cual existe, asevera que su señora madre, mujer de mucha memoria, repetía siempre esta circunstancia al contar la tragedia de Galindo; así como la que se refiere al perro color barroso (*a*) y al nombre que en su casa recibió. Que ella estaba ya crecidita y se acuerda perfectamente de cuando se hacían en su casa estos relatos. Muchos años conservaron la mesita, el tintero, pluma, billetito y peineta que recogieron sus deudos en el teatro del crimen. (*a*) Como otras muchas voces y acepciones de nuestra cosecha hemos aplicado este adjetivo a un perro, pues según los tísicos diccionarios de la lengua, solo se dice del buey. ¿Por qué no del perro u otro animal que tenga igual o parecido color? La metáfora que representa *barroso* me parece que con igual derecho es aplicable a objetos capaces de admitirla. Lo mismo hemos hecho con *terrazo* («Martirio por la honra») y del mismo modo hemos restaurado arcaísmos que no son

Imposible pintar el dolor de las buenas mujeres a la vista de aquellas reliquias y cuando se les confirmó la violenta muerta que sufrieron sus queridas niñas.

¡Y allí fue el comparar su martirio con el de Santa Justina y con el de Santa Filomena[639] y otras mujeres de la historia, y allí el maldecir, lamentándola, de la temeridad de D. Andrés Andújar por no haber sacado a sus hijas de aquel monte y renegar de la hora de la infausta invasión haitiana y el arrojarse por los suelos y el llamar la muerte y el clamar venganza a los justos cielos!

Luto hubo y desolación también en casa de Doña Jacinta Cabral, quien quería a esas niñas como hijas de sus entrañas.

Fue, en suma, un día de juicio para la ciudad entera.

Desde entonces el fiel mastín se quedó en la casa de las Acevedo y recibió el nombre asaz expresivo de *Te escapaste* por haber salido bien librado y en memoria del triste suceso.

Los comentarios en tanto menudeaban y las sospechas recaían naturalmente sobre haitianos.

VII
DE TRISTIBUS[640]

Eran las seis de la mañana del día 31 de mayo de 1822.

El cadáver de D. Andrés Andújar yacía tendido aún en medio del sendero y allá, en el fondo del pozo de la quinta los despedazados troncos de sus tiernas e infortunadas hijas.

Multitud de pueblo hervía en derredor de los tardos ministros de la ley que con lentitud de tortuga se dignaban moverse entonces en demanda de las huellas de tan insólito crimen.

Era como una procesión que, saliendo por la puerta de San Diego, cubrió el camino del *Alto de Galindo*.

Iban en la comitiva hombres forzudos provistos de grúas y cordajes.

Instalados los jueces y autoridades en el lugar del siniestro, después que de paso examinaron y recogieron el desfigurado cadáver del

---

tales sino voces caídas en desuso por incuria, desidia o ignorancia, a que pusieron la Academia y copiantes tal nota, confundiendo lastimosamente ambas denominaciones, y hemos formado voces nuevas conforme a las leyes de la analogía y eufonía castellanas; todo lo cual sostendremos con robustísimas razones en alguna parte.

639 *Santa Justina y Santa Filomena*: De la tradición católica, ambas murieron vírgenes y mártires.

640 Este título parece estar escrito en latín macarrónico y podría traducirse como «Sobre adversidades».

padre de las niñas, reconocieron las manchas de sangre, así como las señales del homicidio sobre el brocal y dentro del pozo recogieron los pedazos de tela y los cabellos que había esparcidos, levantando el acta correspondiente; y por último, ordenaron que se procediese a la extracción de los cuerpos de la húmeda y honda sepultura que les dieron los desalmados verdugos.

Ya era tiempo porque las emanaciones pútridas se empezaban a notar y zumbaban los moscones, formando asqueroso enjambre.

La ansiedad y el horror se apoderaron de los circunstantes.

Se ataron las poleas, se dispusieron las grúas, enjarretaron los fuertes cables y un hombre, atado por la cintura, se balanceó en la oscura boca del hondo cilindro y desapareció, mientras otros iban arriando soga.[641]

Diez, veinte, treinta minutos de anhelante expectativa. El cable se movía convulsivamente como si debajo atasen con fuerza alguno de los cadáveres, y por fin se dio desde el profundo la voz de ¡hala!

Vigorosamente tiraron de la cuerda los de arriba.

Sobre la boca del pozo apareció una cosa informe atada al extremo.

Un grito de horror se escapó de todos los pechos.

Depositaron aquello en el suelo.

Era un tronco humano envuelto en desgarradas vestiduras interiores femeniles a trechos tintas en sangre. Se acercaron todos y vieron con espanto que faltaba una pierna a aquel cuerpo y que la sangre y los revueltos, largos y castaños cabellos cubrían el rostro.

Separaron los cabellos y limpiaron la sangre y la faz cadavérica de una joven bellísima apareció a las atónitas miradas.

Casualmente el operario había acertado a enviar el cadáver de la mayor de las tres niñas.

Aquellos informes despojos, mutilados por la barbarie, profanados después, según se afirma, por la brutalidad de unos monstruos, era lo que restaba de la interesantísima Águeda Andújar.

De los que estaban más próximos, y limpiaba con febril emoción con su propio pañuelo el rostro irreconocible de la infortunada niña, era aquel Rafael Acevedo, que era su prometido y que en la noche de la tertulia de Doña Jacinta Cabral en que le vimos, le hablaba de amor con entusiasmo.

Al descubrirse la faz agraciada de Águeda en la cual parecía que

---

641 *Nota del autor. Mientras otros iban arriando soga*: alguien que visitó en estos días el lugar donde existió el fundo de la familia Andújar me dice que el pozo no tiene ya brocal y es profundísimo. Otros aseguran que aún se ven árboles frutales como zapotes y mameyes cerca de este pozo.

un sol acababa de eclipsarse, Rafael hizo abundoso llanto y se inclinó a besar la mustia[642] frente, extremos de dolor en que hubieran querido acompañarle los presentes: ¡tan conmovidos se hallaban!

Continuaron sacándose informes cuerpos y cada vez que salía uno y se balanceaba en el espacio, mirando que eran de criaturitas, se desencajaban los ojos, se crispaban los puños y murmullo de horror se esparcía como hálito envenenado por todas partes.

La emoción producida en los circunstantes no es fácil de describir.

A la natural compasión se unía sorda ira reconcentrada, creídos como estaban de que los perpetradores eran haitianos porque el instinto infalible del pueblo había señalado uno, dos o más entre ellos, ira que era fermento del odio de una raza hacia la raza enemiga eterna del nombre quisqueyano, y a la vista de aquellos cuerpos medio corrompidos ya, hirvió en los pechos de los circunstantes la hiel con que amasó tal levadura el patriotismo sublevado ante igual espectáculo que recordaba la degollación de Moca y de millares de hermanos nuestros inmolados por los vándalos de Occidente; y que desde aquel momento mismo se sintió hondamente herido en la persona de aquellas tres inocentes víctimas.

Nadie sospechó entonces que semejante iniquidad conllevase primero la ruina de la sociedad dominicana con la emigración de nuestras distinguidas familias y preclaros ingenios, que apresuró si no determinó enteramente aquel hecho, pues nadie se creyó seguro, y después la lucha de los dos pueblos de la isla, titánica, secular, a muerte.

Tanto es así que no hay episodio más conmovedor, página más elocuente, leyenda más popular, testimonio más vivo y símbolo más caracterizado de la línea moral divisoria y del abismo que separa a este pueblo del de Haití, así como del odio intenso que por Haití apacientan los dominicanos.

En lo que verificaban la extracción de los cuerpos, la muda, que se había refugiado desde la aciaga hora del crimen en los montes, subida en un mamey copudo, se presentó allí causando nuevo y extraño efecto en los que presenciaban estas escenas, y con gestos desesperados indicó al juez que uno de los asesinos llevaba galón al brazo y dando además a entender el ultraje hecho al pudor de las víctimas.

Terminada la triste operación, recogidos los miembros y puestos los mutilados cadáveres de las infelices niñas junto con el padre ¡tan

---

642 *Mustia*: Marchita, muerta.

inútilmente esperado por ellas la infausta víspera!, se selló por el Juez de Paz la casa y se emprendió la fúnebre marcha en religioso silencio, no interrumpido a veces sino por las furiosas protestas de los exaltados.

¡Primeros ímpetus patrióticos del pueblo recién independizado de sus mayores y recién pisoteado por una sediciente nación bárbara!

La muda iba delante de las andas retorciéndose los brazos de dolor.

La comitiva echó por la Atarazana y entró por la puerta de este nombre, encaminándose hacia la iglesia de Santa Bárbara.

Salían a ventanas y puertas las desoladas mujeres, cubriéndose el rostro horrorizadas al pasar los sangrientos despojos de toda una familia.

Las campanas del templo empezaron a doblar.

Grito inmenso y clamoreo se levantó por todas partes: los sollozos estaban y corrían las lágrimas de un pueblo entero.

¡Oh día terrible!

A la puerta de la iglesia el venerable Padre Ruíz esperaba revestido, rodeado de acólitos y con cruz alzada.

El fúnebre tañido de las campanas vibraba en el espacio; dentro del templo rompía el canto solemne del *Dies Irae,* caía el agua lustral[643] sobre los cuerpos de las víctimas y el incienso en espirales densas envolvía los sangrientos girones de sus vestidos.

Descubiertas las cabezas, lloraban los hombres y sollozaban las mujeres y las maldiciones brotaban del fondo de los corazones como lavas reprimidas de volcán hirviente.

Se señalaban allí el amante de Águeda, que se desesperaba, y las señoras Acevedo y Da. Jacinta Cabral, las cuales sufrieron vértigos y desmayos.

Abierta estaba la amplia fosa que debía recibir los restos de las *Vírgenes de Galindo* y de su infeliz cuanto culpable padre, en el mismo patio de la iglesia que se recordará era cementerio. Uno después de otro allí cayeron y todos se disputaron el triste deber de arrojar una palotada de tierra sobre ellos.

Cuando se echó la última, la muda se sentó sobre el montículo que formaba la tumba y metiendo la cabeza en las rodillas empezó a llorar.

No faltaba allí más que el fiel mastín para completar el cuadro.

---

643 *Agua lustral*: Agua con la que se rociaban las víctimas de un sacrificio.

VIII
El juicio

A raíz de la ocupación haitiana, mayor gravedad revestía el suceso inaudito de Galindo, máxime[644] señalando la opinión, como señalaba, a haitianos por principales autores.

Así es que el gobierno intruso trató de echar tierra al asunto,[645] según dicen, y tarda anduvo la justicia en averiguar semejante crimen.

Pero existía un testigo ocular que, aunque privado del habla, clamaba tenazmente en su lenguaje por venganza y reparación.

Corre válido que para satisfacerla, el gobierno ordenó una parada de las tropas de la guarnición en la plaza de la Catedral, a fin de que designase a los culpables y que la muda aulló al ver al sargento que había encontrado *Monsieur* Sorapur fingiendo que cazaba en el camino de Galindo.

La condujeron, dicen otros, al tribunal del Juez de Paz, que residía en una casa cita en la esquina sudeste entre las calles del Arquillo y del Estudio a una cuadra de la Catedral.

Era el juez aquel Maestro Cruz, uno de nuestros tipos populares más notables.

Allí dizque le presentaban uno a uno los militares de la guarnición haitiana, parece que pertenecientes a las tropas acantonadas en el ex convento dominico, y ella, aullando como desesperado can, señaló a un sargento que más adelante conoceremos y a otro soldado.

Mas sea esto o no verosímil, la justicia obró muy de otra manera.

Estamos en pleno tribunal.

Va a tener lugar la vista de la causa de los presuntos reos del crimen de Galindo y la multitud se agolpa desde temprano en aquel lugar.

Los graves magistrados, en sus curules, el Comisario de Gobierno, que hace veces de ministerio público en la suya, y el *greffier*, o secretario, aguardan a los acusados.

Allí está ya la muda, la doméstica Isabel, como reza el único documento que existe de esa ruidosa causa.

Está vestida de luto, llorosa, impaciente, y gesticula con furor.

—¡Ya vienen!, ¡ya vienen!, –claman cien voces fuera del recinto del tribunal.

Y en efecto, con lujo de fuerte escolta se presentan cuatro hombres,

---

644 *Máxime*: Principalmente, en primer lugar, sobre todo.
645 *Echar tierra al asunto*: Dar por concluido.

algunos de faz patibularia, [646] y ocupan el banquillo de los acusados.

Todas las miradas se fijaron curiosamente en ellos y siguió un murmullo poco satisfactorio.

No estaban allí los que la opinión señalaba, pues ninguno de los reos era haitiano.

Sin embargo, esperaron a ver en qué paraba aquello que juzgaban miserable engañifa y ruin comedia.

Se llamaban los reos Pedro Todos Santos Cobial, Manuel de la Cruz, Julián Mateo y Alejandro Gómez.

Empezó el juicio.

El proceso, que era voluminoso, fue leído a los reos *de verbum ad verbum*[647] en medio del religioso silencio.

Luego se les interrogó, pero nada se sacó en limpio.

El Presidente indicó a la muda que si reconocía en ellos a los asesinos de la familia Andújar y con gestos de horror y movimientos afirmativos de cabeza reiterados, «de modo claro y perceptible», [648] dio a entender que ellos eran.

Recuérdese que la muda estaba dentro de la casa, que había luna clara, que se subió a un mamey cercano desde donde pudo distinguir bien lo que pasó y que los asesinos se entretuvieron bastante en la operación de desmembrar los cuerpos de las víctimas y arrojarlos al pozo. Por eso, no era fácil que se equivocase la muda al señalar a aquellos miserables como autores y es lo probable que así fuese; pero ella también había señalado ya desde el principio y continuó señalando a un individuo militar (indicando que llevaba galón al brazo) y a otro más; y consta que en los primeros días de la ocupación no había otros militares en servicio que los haitianos.

¿Por qué pues no estaban entre los presuntos reos aquellos dos?

Para todos era evidente que el gobierno intruso, por no convenir a su política, alejaba la culpabilidad de sus nacionales; así es que el tribunal, obrase como obrase, en tanto que tenía cuidado de hacer notar que la muda acusaba a Cobial y comparsa *de un modo claro y perceptible*, no hacía caso ni poco ni mucho de las indicaciones de la muda respecto de *otros*, no obstante sus *reiterados gestos*.

El público no estaba, por consiguiente, satisfecho y por su parte los reos negaron en regla.

---

646 *Faz patibularia*: Cara que causa horror por su aspecto o naturaleza.

647 *De verbum ad verbum*: En latín, «palabra por palabra».

648 Penson toma estas palabras de la sentencia a los acusados que aparece reproducida al final de esta tradición.

Seguidamente los defensores leyeron sus conclusiones y los acusados se defendieron también como pudieron.

Pasaron los jueces a deliberar, haciendo antes que condujesen los reos a su prisión.

Digamos algo de estos miserables. El Cobial y el Cruz tenían malísima fama: eran compañeros inseparables, de condición relajada y «notados de ladrones», según la sentencia. Del primero se decía que había sido ya homicida e instigador para una revolución contra el bárbaro dominador; y en cuanto al Cruz, amaneció con la camisa llena de sangre después del último día de Pascua en que se suponía cometido el hecho, lo que disculpó él diciendo que era efecto de una pequeña herida en el dedo.

Consta que Cobial, Cruz y Gómez se reunieron en la noche del último día de Pascua en la calle del Conde y salieron así afuera; y apremiados para que dijesen dónde habían pasado las últimas noches de los días de Pentecostés, en que se suponían verificados los múltiples crímenes de Galindo, incurrieron en manifiestas y maliciosas contradicciones.

Había en la danza un caballo robado en la misma quinta, teatro de semejantes acontecimientos. que «amaneció en casa de Cobial», y que aparecía ya en poder de uno, ya de otro de los culpables, y que por fin se dijo que un José María (que debió ser un tal E... que después conoceremos) era el que lo había vendido a Pedro Todos Santos Cobial. Pudo ser, porque según se verá al fin, el tal E... era de los principales de la partida y a quien hemos presentado caprichosamente en el conciliábulo del cuartel.

Faltaba saber si ese caballo era el mismo que montaba D. Andrés Andújar, lo cual no es difícil.

Además, Cobial, Cruz y otro se presentaron en la casa de un señor Manuel Alonso Abreu a quien acecharon para matarle a fin de que «no lo descubriese» (a Cobial) armados de sables, cuchillos y pistolas, como ellos mismos lo declararon.

Con tales dudas, vacilaciones y «ansiedades», y a pesar de ellas, aunque no aparecía «probado de un modo legal que ellos han sido los autores del asesinato de Andújar y su familia, los indicios y circunstancias que obran en su contra son tales que persuaden» se leyó en la tan esperada sentencia.

Por ella se condenaba a Pedro Todos Santos Cobial y Manuel de la

Cruz a diez años de reclusión, y a Alejandro Gómez a cinco años de trabajos públicos y que el proceso siguiese su curso contra el ausente José María en rebeldía y contumacia; y en cuanto al Julián Mateo, que era pariente político de D. Andrés Andújar, y gracias a que la muda o la doméstica Isabel (que era la brújula en este asunto siempre que de haitianos no se tratase), manifestó en el juicio clara y terminantemente que no tuvo parte en el hecho, se le condenó a dos años de trabajos públicos. Se puso además en libertad a una María Josefa que vivía en casa del Cobial, y contra quien se presumía complicidad.

Cualquiera ve que el tribunal obró desacertadamente. Si como jueces de derecho, ellos mismos declaran que no estaba probado «de un modo legal», y entonces, si acaso, no procedía aplicar más que penas correccionales; si como jurado, o jueces de hecho, que era, según las trazas, del modo que estaba constituido ese tribunal, no había la convicción suficiente aunque *un solo* testigo depusiese (que legalmente no era tal testigo), para condenar a rigurosas penas criminales a lo menos a Julián Mateo, a quien a pesar de salvarle la muda y de todo, se le aplica pena aflictiva e infamante, cuando en el hecho y en derecho procedía su absolución...

En resumidas cuentas, es el caso que no hubo pruebas ni siquiera el conjunto de indicios vehementes que pueden llevar la convicción al ánimo del juez y constituir así una prueba legal conforme a la doctrina jurídica, a pesar de los «indicios y circunstancias que persuaden», invocados por el tribunal; y por tanto, el pueblo no hizo gran caso de estos presuntos reos y se quedó firme en sus trece[649] creyendo que, si no todos, haitianos tenían que ser los principales autores de la tragedia de Galindo; y en este supuesto y general creencia se basa la tradición de las *Vírgenes de Galindo* que ha servido, según ya significamos, de tema y medida del odio de nuestra raza hacia la que ocupa los límites occidentales de la isla.

Algo o mucho de eso habrá.

Y de que hubo indignos hijos de este suelo, asesinos vulgares en el negocio, los hubo indudablemente.

Acaso se quiso envolver en sombras semejante crimen por los interesados en ello; y así es que el misterio encubre aún a los verdaderos perpetradores de él.

Mas el instinto del pueblo es infalible y puede que no se equivoque.

---

649 *Quedar firme en sus trece*: Expresión que significa «no cambió de opinión».

IX
Epílogo

Una tarde iba a caballo por la calle del Tapado (hoy San José) un hombre de color, negro *pur sang*, grueso y bajetón.

Era haitiano y vestía uniforme de capitán de artillería.

Distraído andaba y al bruto[650] se le antojó encabriarse[651] en mitad de la calle que parece un barranco por las altas aceras, socavado piso y mucha y removida arena, obra de los torrentes que cuando llueve bajan por ahí al mar.

Era jinete, sin duda, el *mañé*; pero el diablo del animal se había propuesto ese día hacer una de las suyas y el hombre parece estaba de *mala*; es el caso que, cabriolas van y cabriolas vienen ¡paf!, arrojó a su amo de un bote[652] formidable contra las paredes de las casas. Mas él, lejos de quedar hecho una masa inerte, se levantó por sí mismo con bastante ligereza, limpiándose el uniforme.

Acudieron en su socorro los vecinos, aunque *mañé* y todo, y una señora le ofreció agua; pero el capitán, con la parodiada cortesía francesa que han heredado los seudo haitianos, aseguró que no era nada y, para probarlo, agarró el caballo por la brida y le dio una *fuetiza* en regla, después de lo cual montó de un salto y saludando a los embobados vecinos, castigó también con la espuela al animal que arrancó calle arriba.

Pero esto no era más que un alarde.

El capitán volvió enseguida a casa, mas sin poderse mover de la silla, siendo menester apearle.

Este tal se llamaba L... y era conocido por el capitán L...

Vivía en el extremo de la calle dicha, a la izquierda viniendo del norte, que antes era un yermo frente al mar y donde había un pequeño bohío, lugar conocido entonces por *El jardín de La Ferriere*, y más tarde por *El jardín*.

Asaltó pues, a nuestro capitán grave quebranto y empeoró de tal suerte, que pronto se desesperó de salvarle.

Padecía horribles delirios y hacía gestos angustiosos como si apartase de sí algo.

---

650 *Bruto*: En este contexto se refiere al caballo.
651 *Encabriarse* o *encabritarse*: Levantarse, alterarse.
652 *Bote*: Salto que da un cuerpo desde la superficie donde se encuentra.

—¡Quítenme de ahí esas niñas!... ¡quítenmelas!, –balbuceaba el enfermo.

Su esposa, buena mujer, creía que aludía a la Virgen y naturalmente llegó a figurarse que su esposo moriría cuando menos en olor de santidad con tan beatífica visita.

Lo refería así, pero el pueblo empezó a sospechar fuertemente que lo que perseguía al haitiano era las sombras de las inmoladas *Vírgenes de Galindo*, cuyo principal verdugo había sido él, según los rumores que desde un principio habían corrido.

Se hizo pues general la sospecha y todo el mundo acudía al *Jardín*.

—¡Son las *Vírgenes de Galindo* que se le aparecen!, –comentaban todos–. ¡Gran pecador será él para que Nuestra Señora vaya a visitarle, según dice su mujer!, –añadían con visible disgusto.

No hay que decir que el digno capitán L..., sargento en la época del asesinato, murió en pocos días, llevándose el secreto de su crimen si, como indicaba la *vox pópuli*,[653] él había sido el principal autor, el mismo que hemos indicado en la narración.

Se cree que todo el que la hace la paga y que aun estando en este bajo suelo, que dicen los poetas, comienza la expiación, lo cual a la verdad no sería mala justicia si tocara a tanto bárbaro, y no se limitase luego a los más mansos y pobretes, así como a los más útiles.

Sea de ello lo que fuere, había otro individuo haitiano, sargento también cuando el suceso aquel y en la época a que aludimos teniente de artillería, el cual tuvo desastroso fin.

Se reunían una tarde para el ejercicio en los cuarteles de *La Fuerza*.

El teniente, a quien llamaban según algunos Condé, se encaminó al segundo patio o sea el del Arsenal, y se sentó confiadamente en el pretil, quizás para disfrutar mejor del fresco que allí hacía.

Por mal de sus pecados parece que se durmió, porque sin saber cómo se cayó de espaldas.

Acudieron, le sacaron y vieron que, a más de una gran herida, tenía partido el coxis.

Lo condujeron al hospital más muerto que vivo.

En el hospital murió comido de gusanos el infeliz teniente.

A este otro también le había señalado el pueblo como asesino de las *Vírgenes de Galindo*.

—¡Justo castigo!, –decían.

Y ya iban dos.

---

653 *Vox pópuli*: Expresión en latín para indicar que algo es conocido por todos.

Algo de cierto envolverían tales acusaciones porque varios testimonios hay de que al menos dos haitianos estaban en la danza, aun cuando se afirma de igual manera que la mayor parte era gente mala del país, de los alrededores de Galindo o bien de esta ciudad.

Solo que, mientras fue por un lado empeño del gobierno intruso echar toda la culpabilidad a los nuestros, por otro el pueblo señalaba únicamente a los haitianos, muy en singular a estos dos militares trágicamente muertos.

Hay versiones de que no fue en *La Fuerza* donde pereció el segundo de estos, sino en su morada que quedaba en un gran edificio frontero a la puerta de esos cuarteles, esquina este, ayer en ruinas y donde hoy reside la logia «La Fe No. 7». Se dice que entró ebrio y encaminándose hacia un lugar, se encaramó en el brocal del pozo y cayó.

Pero en el uno u el otro pozo, pozo fue el que se tragó al segundo de los señalados y comido de los gusanos murió. Hay quien diga que se volvió loco y se golpeaba contra el cepo.[654]

Corría el año de 1855.

Dos jefes de alta graduación, D. José Joaquín Puello y D. Juan E. Aybar, general el primero y coronel el segundo, iban un día camino de Moca, en el Cibao.

Llevaban orden de reorganizar el ejército.

Una vez en la villa, que se distingue por su mucha cultura y espíritu progresista, se procedió a revistar tropas.

Entre los revistados o que se presentaron, había un hombre que sin saberse por qué, se recataba un poco bajando hasta los ojos el sombrero de anchas alas que llevaba.

En la lista militar aquel hombre respondía por el nombre de Rodríguez.

En una de las revistas se paró por delante de él D. Juan E. Aybar y le preguntó del mismo modo que a los demás:

—¿Cómo se llama Ud.?

—Rodríguez.

—¡Oh!, –exclamó asombrado el coronel–. ¿Ud. no se llama E.?

—No señor, –contestó en tono resuelto el interpelado, palideciendo intensamente.

Y le hizo una señal de inteligencia, suplicándole al mismo tiempo en voz baja que no lo descubriese.

No sabemos si diría el motivo y parece que el coronel Aybar quiso

---

654 *Cepo*: Instrumento utilizado para inmovilizar o sujetar animales o personas.

ser muy condescendiente o alguna razón tendría para no comprometer a aquel hombre, quizás ignorando sus hechos.

¿Quién era el supuesto Rodríguez?

No era natural de Moca y allí se había aparecido a raíz del desdichado drama de Galindo.

Su verdadero nombre era José María E..., a quien señalamos muy particularmente en la entrevista del cuartel del ex convento dominico.

Pocos años después se consumaba el cobarde atentado de la anexión a España, condenada por los mismos españoles.

Era a principios de mayo de 1861.

El descontento público se advertía ya y así fue que los patriotas, restauradores en agraz, [655] se dispusieron a proclamar resueltamente la República en aquella villa.

El General Suero, el *Cid dominicano*, [656] como le tituló creemos que La Gándara[657] por su valor increíble, mandaba allí y había que pasar por encima de su cadáver para arrancar el pabellón extranjero de donde le puso traidora mano el infausto 18 de marzo.

Se presentó audazmente entre los conspiradores, machete en mano, sorprendió sus planes y se trabó una tremenda lucha cuerpo a cuerpo.

Sangre dominicana fue la que primero corrió en brega[658] tenaz y porfiada por sostener unos y destruir otros la anexión española.

El General Suero salió herido de gravedad, pero los patriotas tuvieron que abandonar el pueblo.

Santana recogió tropas de El Seibo, se dirigió a Moca y empezó «a practicar pesquisas e indagaciones sobre el origen y alcance de la fracasada insurrección».[659]

Santana, «cediendo a sus añejas preocupaciones de dictador americano, creyó que aquella manifestación del espíritu público podía ahogarse en sangre»[660] y decretó fusilamientos despiadados.

Entre los infelices destinados al sacrificio estaba un hombre que parecía más abatido que los otros, pero sin duda mas bien a causa de angustias morales que por miedo.

---

655 *En agraz*: Algo que está todavía está en preparación.
656 *Juan Suero*: Militar dominicano que luchó a favor de la anexión de la República Dominicana a España durante la Guerra de Restauración (1863-1865).
657 *La Gándara*: José de La Gándara (1820-1885) fue un político y militar español que dirigió el bando español durante la Guerra de Restauración en la República Dominicana.
658 *Brega*: Lucha, trabajo.
659 Gándara y Navarro, José de la, *Anexión y guerra de Santo Domingo*, Tomo I, 201.
660 Ibídem, ob. cit., 201.

Noche cruel halló a los reos en capilla.

El que hemos singularizado yacía a la vacilante luz que iluminaba aquel estrecho lugar con la cabeza entre las manos y como presa de remordimientos.

Hubo de notarlo uno de sus compañeros y le dijo un tanto disgustado:

—¿Tienes miedo E. ...;?

Hizo este un signo negativo con la cabeza y no contestó.

—¿Pues qué tienes entonces?, –repuso el otro–. Acuérdate de que somos dominicanos y vamos a morir por la Patria.

—¿Yo?, –balbuceó el reo–.... ¡sabe Dios lo que me aqueja!

—¿Tienes familia, tienes hijos que dejar?, –le preguntaron otros.

—¡Psche!, tal vez, –murmuró E. ....contrariado–. Pero lo que más me duele.... Es algo que aquí tengo.

Y se levantó al decir esto, poniéndose una mano en el pecho y comprimiéndoselo con angustia.

Los demás se miraron curiosamente.

De súbito, volviéndose E. a sus compañeros de infortunio, y como quien toma una resolución:

—Voy a morir, –dijo–, y no debo guardar secretos criminales. Sepan ustedes....

Los otros abrieron los ojos volviéndose todo oídos.

—Pues sepan ustedes que yo fui de los que.... de los que.... mataron a las *Vírgenes de Galindo*....

—¡Tú, tú!, –exclamaron casi con horror los demás, señalándolo con el dedo.

¡Tanto había impresionado a todos el insólito hecho!

—¡Sí, yo, señores! Hice mal y me arrepiento ahora.

Se acercó luego al altarito levantado para los reos en el cual ardían cirios delante de un crucifijo, y allí con la faz torva y las manos crispadas y convulsivamente enlazadas, pensó acaso en rezar por la primera vez de su vida.

Los reos se alejaron maquinalmente de él, cual si hubiesen tenido a la vista un animal dañino.

Después, vencidos sus primeros escrúpulos, se reunieron a él nuevamente para preguntarle los pormenores del infausto suceso, y cuando terminó le dijo uno con cierta solemnidad:

—E. ...., vamos a morir por la causa de la Patria y tú la deshonras con tu muerte porque expiarás un crimen. Pero E. ....¡Dios te perdone!

—¡Dios te perdone!, –murmuraron los demás.

Al día siguiente caían con gloria las primeras víctimas de la Restauración de la República.

Entre ellas había sucumbido el tercero de los verdugos de las *Vírgenes de Galindo*, si no mienten las crónicas; sin embargo, de que el pueblo no le señalaba a él como tal, siendo acaso el más culpable.

Y así dio fin el sangriento drama de Galindo.

Sentencia
de los Reos de Galindo

En la Ciudad de Santo Domingo a 6 de noviembre de este año de 1822 y 19 de la Independencia, siendo como las ocho de la mañana se reunieron en la Sala de Justicia los magistrados de que se compone el tribunal civil de este departamento a saber el Juez Decano Lic. José Joaquín del Monte, Jueces Leonardo Pichardo, Vicente del Rosario Hermoso, Vicente Mancebo y Raimundo Sepúlveda, suplente por la vacante del Doctor Juan Vicente Moscoso y el Comisario de Gobierno, con el objeto de ver y determinar la causa seguida contra Pedro Cobial, Manuel de la Cruz, Julián Mateo y Alejandro Gómez por indicios que contra ellos resultan en la muerte violenta ejecutada en la persona de Andrés Andújar y sus tres hijas nombradas Águeda, Ana Francisca y Marcela, que aparecieron muertos en la tarde del día 30 de mayo último, el primero, y las tres últimas en la mañana del siguiente día, en que se extrajeron sus cadáveres del pozo sito en la hacienda de Galindo que era de la propiedad del difunto, reconociéndose en los cadáveres de las últimas, según el atestado de los facultativos las señales de estupro inter natura en las últimas por tener solo la edad de siete años abajo, y la mayor de quince a diez y seis, después de leído el proceso de verbum ad verbum a presencia de los reos que fueron conducidos a la Sala del Tribunal con la custodia suficiente y las defensas por escrito hechas por defensores nombrados, y de haber hecho los jueces a los reos las preguntas que estimaron necesarias para su perfecta instrucción, y de haber expuesto verbalmente cuanto creyeron convenir a sus defensas, mandados restituir los reos a su arresto con la misma custodia con que vinieron quedaron los dichos Jueces en acuerdo con asistencia del Comisario de Gobierno, y meditando detenidamente las graves circunstancias que concurren en esta causa, reducida a haberse extinguido una familia sin haber quedado de ella sino una criada que se explica con dificultad y que por efecto de la trágica escena de que fue testigo y en que vio su existencia comprometida, añadiéndose el haber consumado el sacrificio en una niña tierna a quien había criado a sus pechos y por causas antecedentes parece insensata, de suerte que a su declaración no puede darse otro ascenso que el de un medio de instrucción; que por la misma razón no pueden conocerse aunque se encuentren en poder de alguno, las alhajas prendas ni otras cosas que existieran en la casa de los interfectos, habiendo dado lugar estas circunstancias extraordinarias a que los indiciados las ocultasen de un modo que no se han encontrado en su poder ni en sus habitaciones ni que haya un conocimiento de las personas que pudieron contribuir a la multitud de crímenes que se cometieron en este horroroso sacrificio y que apareciendo en Pedro Todos Santos Cobial un caballo color bayo que pastaba en aquella hacienda desapareciendo de ella en los días inmediatos al hecho no se sabe a punto fijo cuál fue el día en que faltó de ella, y como este delincuente por si solo merece un castigo determinado por la ley, aunque sus declaraciones, confesiones, careos y confrontaciones y las de los demás reos envuelven las contradicciones más manifiestas y maliciosas sobre dónde pasaron las noches de los días de Pentecostés en que se creen perpetrados los homicidios que han motivado este procedimiento, no puede decirse indubitablemente que estas negativas se dirijan a ocultar las muertes violentas cuando hay otro delito que es el del robo del caballo, a cuya excusación (?) debían dirigirse también sus esfuerzos, circunstancias todas que hacen detener el juicio en una causa en que no hay otra prueba que la de indicios por no haberse logrado la aprehensión de José María que es el que dicen vendió a Pedro Cobial el caballo de que se trata; en cuyo caso con su convicción en esta parte se pondría la materia fuera de las dudas y ansiedades que presenta en su actual estado: pero considerando que a el hecho de aparecer el caballo que se expresa en poder de Cobial concurren las circunstancias de que con Manuel de la Cruz y Alejandro Gómez se reunieron en la noche del último día de Pascua en que se supone cometido el asesinato en la calle del Conde y salieron así afuera y según se explica el mismo Cruz en su declaración del folio cuarenta y seis al día siguiente amaneció el caballo en la casa de Cobial aunque después han querido decir uno y otro que no fue así sino en días muy posteriores y de modos tan diversos que desde luego se conoce la malicia con que proceden: considerando también que Cobial y Cruz han sido siempre compañeros inseparables uno y otro de la conducta más relajada y escandalosa, notados de ladrones y perversos, y que Gómez los frecuentaba y aún merecía su confianza como que en su poder puso Cobial a cuidar el caballo y otras bestias mal habidas: —Que la doméstica Isabel, único residuo de la familia Andújar, a todos tres ha acusado y acusa de un modo claro y perceptible como autores de los asesinatos cuyas sospechas se agravan con las circunstancias mencionadas, y por la presunción que tienen contra sí, especialmente el Cobial a quien ya se imputó en tiempo del Gobierno Español con bastante fundamento la muerte de un nombrado Gabriel, y en la época del primer cambio político de esta parte del Este, se le tuvo preso por andar incitando los ánimos para una revolución que la hubiera envuelto en los desastres y muertes, incendios y otros desórdenes de la mayor trascendencia pública, de modo que si no aparece probado de un modo legal que ellos han sido los autores del asesinato de Andújar y su familia, los indicios y circunstancias que obran en su contra son tales que persuaden, y más a vista del hecho justificado de que Manuel de la Cruz después del último día de Pascua amaneció con la camisa llena de sangre, lo que disculpa con que era de una pequeña cortadura que tenía en el dedo pulgar de la mano izquierda, y así se presentó en la casa de Manuel Alonzo Abreu a quien acechaba después para quitarle la vida junto con Cobial, porque no lo descubriese, armados ambos de sables, cuchillos y pistolas como el mismo y otros lo han declarado: teniendo presente que ningún crimen o delito puede ser excusado ni mitigarse su pena sino en los casos en que las circunstancias o la ley declaren el hecho excusable, o permiten que se aplique una pena menos rigurosa como sucede en el presente caso en que no hay la prueba necesaria para la imposición de la pena de muerte a que de otro modo serían acreedores: administrando justicia en nombre de la República por ahora y sin perjuicio de aplicar a los acusados Cobial, Cruz y Gómez la pena ordinaria en caso de que resulten mejores pruebas, debía de condenar y condena a Pedro Cobial y Manuel de la Cruz a diez años de reclusión en conformidad de lo dispuesto en el artículo 21, tit. 1ro. del código penal; y Alejandro Gómez a cinco años de trabajos públicos en los de esta plaza, quedando contra ellos abierto el procedimiento para los efectos indicados, siguiendo su curso igualmente contra el ausente José María en rebeldía y contumacia por los trámites que prescribe la ley; respecto a que la doméstica Isabel en la sesión de este día ha manifestado clara y terminantemente que Julián Mateo no tuvo parte en las muertes sobre que rueda este proceso, que lo que quiso decir fue que su mujer era parienta del difunto Andújar, atendiendo a que contra él no aparecía sino la acusación de aquella sin ningún otro adminículo: quedando reducido su delito al robo que cometió en la casa de Nicolás Navarro en el que está plenamente convicto y confeso sin concurrir circunstancia agravante, se le condena a dos años de trabajos públicos en los de esta plaza a contar desde el día de la notificación de esta sentencia: póngase inmediatamente en libertad a María Josefa, que fue arrestada como vividora en la casa de Cobial y contra quien se presumía complicidad, la que no ha podido justificarse hasta ahora, condenándose a los tres dichos Cobial, Cruz y Gómez en las costas principales de *mancomun et in solidum*.[661] Y por esta sentencia que definitivamente juzgaron, así lo mandaron y firmaron los Jueces de que certifico. José Joaquín del Monte—Leonardo Pichardo y Zereceda—Vicente del Rosario Hermoso—Vicente Mancebo—Raimundo Sepúlveda—Antonio Madrigal, *Greffier*—Es copia conforme: Del Monte—Antonio Madrigal, *Greffier*.

Nota: —Las dos últimas firmas son autógrafas. —Traslado fidelísimo de su original, a que me remito, sacado de un asiento de sentencias que lleva el siguiente membrete: *Libro de registro de causas criminales para el uso del Tribunal del resorte de este departamento compuesto de 139 fojas rubricadas por el Juez Decano en virtud de lo dispuesto por el Gran Juez de la República. Santo Domingo, 6 de Noviembre de 1822 y 19 (Hay un claro) José Joaquín del Monte.*

---

[661] *De mancomun et insolidum*: En latín, significa en mancomún y en forma solidaria, es decir, que las partes obligadas deben responder del modo indicado.

Las Vírgenes de Galindo[662]
O

La Invasión de los Haitianos sobre la Parte Española de la Isla de Santo Domingo el 9 de febrero de 1822

Leyenda Histórica en Verso

por

Félix María del Monte

Santo Domingo
Imprenta de García Hermanos
1885

---

662 Escrita por Félix María del Monte (1819-1899), *Las vírgenes de Galindo* es la narración versificada del asesinato de Rafael Andújar y sus hijas. César Nicolás Penson utiliza este texto para escribir su versión en prosa. En algunos casos, Penson copia palabra por palabra del texto de Félix María del Monte y las incorpora a su narración. Este poema, escrito por del Monte durante su exilio en Puerto Rico, se caracteriza por las constantes digresiones que inserta el autor y por sus altibajos literarios. Hay mucha disparidad en el formato y en la versificación: estrofas en octavas italianas son seguidas por cuartetos de versos alejandrinos o estrofas de sesenta o cuarenta versos octosílabos se mezclan con estrofas de cuatro versos de siete y once sílabas.

Consideramos importante incluir este texto como anexo en esta edición a fin de facilitar estudios comparativos.

Gobernación Civil y Militar
de la Provincia de Santo Domingo

Habiéndose presentado a este Despacho el ciudadano Félix María del Monte, reclamando el derecho de publicar y vender una obra de su propiedad, titulada «Las Vírgenes de Galindo o la invasión de los haitianos sobre la parte española de la isla de Santo Domingo el 9 de febrero de 1822» y, visto que ha llenado las formalidades de uso, se le pone en posesión de la garantía que a los escritores públicos acuerda el párrafo octavo del artículo undécimo de la Constitución del país, constituyéndole propietario exclusivo de la expresada obra.

Dado en Santo Domingo, a los diez y ocho días del mes de febrero de 1885.

  El Gobernador Civil y Militar
    Dujarric[663]

---

[663] General Luis Felipe Dujarric Perdomo.

A la memoria

de los ilustres próceres de la independencia nacional;
a la entusiasta juventud dominicana,
llamada a reemplazarles;
a todas las sociedades patrióticas del país;
y a cuantas almas generosas y de exquisito temple
alimenten solícitas el fuego sagrado del amor
patrio y honra de nuestra república,
dedica esta humilde composición,
su amantísimo conciudadano:

El Autor

Advertencia

Hace cinco lustros que, durante mi destierro de once años, compuse esta leyenda en la capital de Puerto Rico.

Las intrigas del Gabinete del ex-Presidente Geffrard[664] me eran harto conocidas y las proclamas concebidas en francés, mal vertidas en castellano, impresas en la capital de Haití, y suscritas por el General dominicano Domingo Ramírez, me recelaron la inminencia del peligro que amenazaba por entonces a mi patria.

En mi condición de proscrito,[665] y cargado con el peso de una familia, yo no podía hacer otra cosa en pro de mi país, que recordar a sus buenos hijos el memorial de nuestros agravios, evocando imperecedero recuerdo de los ultrajes inferidos bajo aquella vergonzosa dominación y de los dramas sangrientos que aquí se representaron.

Ningún argumento más a propósito que el salvaje asesinato de Las Vírgenes de Galindo, exornado[666] con las horribles circunstancias que lo precedieron, acompañaron y subsiguieron; porque, si bien entre una infinidad de crímenes atroces se presentaban el degüello de los habitantes de Moca dentro del Templo mismo, y el asesinato del Regimiento Fijo de esta ciudad, con excepción de uno que otro individuo que logró escaparse, temí, no sin fundamento, que el horror y la compasión, divididos en la universalidad de las víctimas, perdieran gran parte de su intensidad y, de consiguiente, amenguaran el interés. Por eso, preferí reconcentrarlo todo en la individualidad de solo cuatro mártires, estereotipando, por decirlo así, la ferocidad ingénita[667] de aquellos monstruos y obedeciendo al principio de que «lo que se gana en extensión, se pierde en profundidad».

---

664 Guillaume Fabre Nicholas Geffrard (1806-1878) fue un general haitiano que fungió como presidente de Haití desde 1859 hasta su derrocamiento en 1867.
665 *Proscrito*: Desterrado.
666 *Exornado*: Adornado.
667 *Ingénito/a*: Que nació con esta característica.

Los acontecimientos políticos que se atropellaron después del año de 1860 hicieron innecesaria la impresión y publicación de esta obra, perdido ya el escaso mérito que hubiera podido atribuirle la oportunidad.

La reciente inquietud de los ánimos, causada por los rumores de una posible invasión haitiana, me ha decidido a dar a la estampa esta pobre producción, dirigiendo fervientes votos al cielo porque esos rumores sean mentidos y mi obra completamente innecesaria.

Las Vírgenes de Galindo
Primera Parte

Introducción[668]

Sobre el indiano[669] mar en la ancha espalda
una ciudad modesta se reclina,
como del lago en el cristal la Ondina[670]
se alza el ambiente puro a respirar.
El pie, de formas bellas, besa y moja
con transparente linfa[671] el padre Ozama, [672]
y héroes y sabios con su aliento inflama
que al Orbe[673] harán por siempre venerar.

Es su nombre inmortal «Santo Domingo»;
otro tiempo lo fuera «La Española»,
cuando en sus sienes refulgente aureola
la magnánima Iberia colocó:
cuando el blasón y enseñas de Castilla
al soplo de sus brisas desplegaba,
y al galo y al bretón ejemplos daba
de ingénita lealtad ... que no olvidó.

Allí fue do[674] Colón, el nauta osado,
arrancando al abismo su profundo
recóndito secreto con que un mundo
veló de tempestad tradicional;
artes y dogma a un tiempo revelando,
trazó con mano diestra los cimientos
donde después ... de crímenes sangrientos
el padrón[675] vergonzoso se erigió:

---

668 El autor inicia el poema con una oda a la ciudad de Santo Domingo y hace un recorrido por la historia de la isla, hasta culminar con la invasión de Haití a la parte este.
669 *Indiano*: Nativo.
670 *Ondina*: Personaje femenino en la mitología griega y alsaciana.
671 *Linfa*: Agua.
672 *Ozama*: Río de la República Dominicana que desemboca en el Mar Caribe.
673 *Orbe*: Mundo.
674 *Do*: Donde.
675 *Padrón*: Ofensa que queda en la memoria.

Y de la madre España armipotente,
bajo el preclaro nombre sin mancilla,
un Roldán, un Ovando, un Bobadilla, [676]
violaron de Caciques la mansión;
y el dolo[677] y el perjurio y la falsía,
de esa región con bárbaro artificio,
en las aras del Dios manso y propicio
consumaron cruenta la oblación.[678]

Encierra la ciudad en su recinto,
inexpugnable siempre a la violencia,
recuerdos de pasada omnipotencia;
derechos a un brillante porvenir...
Desprendido florón[679] de la corona
de Isabel la Católica primera,
Sultana de Occidente ser pudiera
sin el hecho que es fuerza maldecir.

Empero ya la muerte en sus crespones
envolvió del rebelde la cabeza:
respetemos su error y su flaqueza;
¡paz a su errante sombra! ... ¡fue infeliz!
Si amó la libertad con fe sincera,
si entusiasta soñó la independencia,
harto el candor expió con la experiencia
¡postrando de su patria la cerviz!

Sí; que vio la vestal[680] célica y pura,
plantel de ciencias, de virtud venero, [681]
hollada[682] sin piedad del extranjero;
del haitiano antipático y brutal.
Acércanse las huestes haraposas

---

[676] Francisco Roldán (1462-1502), Francisco de Bobadilla (?-1502) y Nicolás de Ovando (1460-1511) fungieron como administrador y gobernadores de La Española, respectivamente.
[677] *Dolo*: Engaño, fraude.
[678] *Oblación*: Ofrenda, sacrificio.
[679] *Florón*: Adorno en forma de flor que se pone en algunas coronas.
[680] *Vestal*: Sacerdotisa en la antigua religión romana.
[681] *Venero*: Manantial.
[682] *Hollada*: Pisoteada.

de opresión y pillaje al par sedientas;
y ¡ay de los hijos que en tu seno alientas
misteriosa ciudad monumental!

¿Por qué se ven las calles de la Primada[683] esplendida,
poco antes bulliciosa, radiante de placer,
en yermo convertidas, cual pampas solitarias
que cruza el caminante el pie sin detener?

Ningún acento humano; ni un solo movimiento,
ni el ruido que se exhala en toda sociedad
revelan el secreto de un ser que allí respire;
ni un eco ni un murmullo; ¡murió la gran ciudad!

¡No, que enlutada y muda, cual víctima expiatoria,
a la coyunda[684] mísera el dócil cuello da;
y a las caudinas horcas,[685] que oprobio simbolizan,
exánime y postrada y vacilante va! ... .

Sí, ¡va! ... fuente argentina[686] las llaves seculares
contiene que a sus jefes confiara la nación;
y marcha entre maceros, de púrpura vestidos,
el noble ayuntamiento a dar la posesión! ... .

Y a quién, ¡Dios Soberano! ... Al monstruo franco-cafre,[687]
verdugo de una raza, del suelo usurpador,
en que sangrienta huella estampa fementido[688]
soñando los derechos negados al traidor.

Crujieron de las puertas los goznes rechinantes
dejando libre acceso a la canalla vil ...
entraron sus campeones mugrientos y feroces:
¡entraron, para mengua, de diez a doce mil!!!

---

683 *Primada*: Nombre dado a la ciudad de Santo Domingo por ser el primer asentamiento español en el continente americano y primera sede del gobierno español.
684 *Coyunda*: Dominio.
685 *Caudinas horcas*: El Diccionario de la Real Academia de la Lengua registra la expresión «pasar a alguien por las horcas caudinas»: sufrir el sonrojo de hacer por fuerza lo que no se quería.
686 *Argentina*: De color plateado.
687 *Franco-cafre*: De origen francés y africano.
688 *Fementido*: Engañoso, falso.

Es fama que la víspera, inquieto y preocupado,
de punta en blanco viérase cruzar un paladín, [689]
con peto reluciente, calada la visera,
blandiendo ancha tizona perderse en el confín.

Seguíanle dos guerreros, abiertas las heridas;
Los tres en su semblante mostraban el dolor,
Y a veces por los muros altísimos vagando
Convulsos enjugaban sangriento su sudor.

¡Colón era el primero!... Barón y Marco Torres[690]
los otros que impacientes probaban a encender
de sus preclaros hijos el bélico ardimiento;
y un ¡ay! ¡dando, al empíreo[691] miráronse volver!!!

A espaldas de la ciudad,
no lejos de su recinto,
con dirección hacia el norte
queda el monte de Galindo;
tan fragoso[692] como espeso,
tan solitario y erguido,
que la domina y refleja
su aspecto agreste y sombrío.
Casi virgen, cual se hallaba
En los más remotos siglos;
cual surgió de la Creación
por entre el caos primitivo.
Apenas visita nadie
ese lúgubre retiro
do parece que siniestro
habita el genio maligno.
De uno que otro leñador
redobla el eco vecino
los rudos golpes del hacha;

---

689 *Paladín*: Caballero fuerte y valeroso.
690 *Colón, Barón y Marco Torres*: No hemos encontrado referencia histórica a las personas nombradas por el escritor en este verso.
691 *Empíreo*: Cielo.
692 *Fragoso*: Áspero, lleno de maleza.

o sencillo campesino
presuroso lo atraviesa
buscando en bosques y riscos
al fugitivo animal
que partió el lazo torcido;
o algún tropel temerario
de turbulentos chiquillos,
que del maternal precepto
burlándose descreídos,
al cauteloso reptil
persiguen en su escondrijo,
o trepan hasta la copa
del funeral tamarindo,
para arrancarle la fruta
y al pajarillo su nido.
Allí busca la paloma
secreto, seguro asilo
contra el diestro cazador,
En tanto que el fruto opimo[693]
agota en plazos marcados
la que llaman los vecinos
cuando devora el *hicaco*[694]
«La corrida de Galindo».
Y entonces, y en todo tiempo,
siempre aparece fatídico
al vulgo atemorizado
ese monte, o laberinto;
porque en él pasó una historia
que jamás traga el olvido,
un episodio sangriento
que se escucha desde niño
por tradición del hogar,
bien cruzados los bracitos,
con el cabello erizado,
los ojos humedecidos,
boca helada y entreabierta,
semblante azorado y lívido.

---

693 *Opimo*: Abundante, rico.
694 *Hicaco*: *Icaco* o *jicaco* es palabra taína que designa a un arbusto y su fruto, oriundo del Caribe.

A veces, cuando el terral
bate la luz y el aullido
se alza del can a la luna,
conmuévese de improviso
el infantil auditorio,
baña la faz sudor frío;
y de horror crispado, lanza
agudo, espantoso grito.

Partiendo de la Ermita de Altagracia[695]
al Mercenario Sacrosanto Templo, [696]
antes de terminar la tercera cuadra
hay una casa henchida de recuerdos.
De esos recuerdos, cual la infancia, dulces,
indefinibles, mágicos y tiernos;
porque son un compendio del pasado,
compuesto de delirios y de ensueños.
Y ¿cuál es aquel ser sin ilusiones,
de alma glacial e indiferente pecho,
que no adora, entusiasta, una memoria,
la vida inmaterial del pensamiento?
La luz que brilla o muere en lontananza,
el graznido de un pájaro agorero,
el murmullo del mar que bate el risco,
el susurrar armónico del viento,
¡todo encierra el imán irresistible
del hogar, del amor y del misterio!
Es la voz de la patria y la familia
que atraviesa los mares y los tiempos,
para entregar el alma estremecida
del místico infinito al sentimiento.
Habitaba la casa una señora
de costumbres antiguas, trato ameno;
de las de misa diaria, rezo al alba,
y trisagio y novena y sendos tercios:

---

695 *Ermita de Altagracia*: Hoy es la Iglesia de Nuestra Señora de la Altagracia, construida sobre la antigua capilla del conjunto de edificaciones pertenecientes al antiguo Hospital San Nicolás de Bari.
696 *Mercenario Sacrosanto Templo:* Se refiere a la Iglesia y Convento de Las Mercedes. Esta edificación y la anterior se encuentran localizadas a cuatro cuadras, en la Calle Las Mercedes de la Zona Colonial de Santo Domingo.

cuarenta días de ayuno la Cuaresma,
para conmemorar los del desierto,
(aparte las vigilias), y por Pascuas
del Salvador del mundo el *nacimiento*.
¡He aquí la ceremonia más brillante,
poesía del cristianismo y embeleso
del tierno infante, del ardiente joven,
y hasta del ya cansado, adusto viejo!
Entonces afluía las primas noches
de aquella población lo más selecto,
de la Cabral[697] al delicioso albergue
para asistir de *prendas a los juegos*;
y, como ostenta gaya[698] en los jardines
toda flor el encanto de su pétalo,
la arrobadora flor de la hermosura
brillar se viera en el hogar modesto.

Empero descollaba,
recatado y sencillo,
por lo dulce y simpático
de tres ninfas un grupo asaz divino.

Más que de humanas formas
revelaban su hechizo,
las creaciones fantásticas
del gran cerebro del pintor de Urbino.[699]

Había cierto secreto,
cierto encanto escondido
en aquella faz pura,
reflejo celestial del infinito.
Y a cada movimiento,
a cada leve giro,
los tres bellos querubes
parece que volaban al empíreo.

---

697 *Cabral*: César Nicolás Penson copia literalmente la descripción de este personaje, identificado en el texto de la tradición con el nombre de Doña Jacinta Cabral.
698 *Gaya*: Vistosa, alegre.
699 *Urbino*: Alusión al pintor renacentista Rafael Sanzio o Rafael de Urbino.

Águeda, la primera,
de pie breve y pulido,
de ojos pardos rasgados,
de cabello castaño oscuro y rizo;
dentadura de perlas,
labios de coral fino;
frente espaciosa y tersa,
turgente[700] pecho y cuello alabastrino.

Llevaba con donaire
de tul blanco vestido,
guarnecido de encajes
con lazos de muaré[701] color corinto.

Brillaba en su cabeza,
por el amor tejido,
adorno reluciente
de negros y acerados canutillos.[702]

Completando el arreo
caprichosos zarcillos
y collar de esmeraldas
y pulseras con broches de zafiro.

No brilló Citerea[703]
tan bella en el Olimpo
el ceñidor atando
a su talle tornátil y divino.

Como la vestal cándida
sus tres lustros y hechizo
ostentó encantadora
el año de veintiuno maldecido.

Anita, la segunda,

---

700 *Turgente*: Abultado, elevado.
701 *Muaré*: Tela fuerte que asemeja a ondas en el agua.
702 *Canutillos*: Pequeños tubos de vidrio usados para bordar.
703 *Citerea*: Venus o Citerea, diosa de la belleza.

color trigueño nítido
mostraba en su semblante
con el encanto criollo indefinido.

Sirena del Ozama,
su inocente atractivo
bañaba en gracia insólita
todo aquel ser radiante y peregrino.

La infantil Marcelina
era el trasunto[704] vivo
del genio que preside
del dulce amor al lánguido suspiro:

Su negra cabellera
vagaba en cortos rizos
sobre el torneado cuello,
muy más enhiesto que arrogante lirio.

Y vibraba en sus ojos
magnético fluido,
deslumbrador y férvido
como del sol el fulgurante disco.

Era remedo[705] exacto
aquel virginal trío,
tan seductor y bello,
de blancos cisnes apacible nido.

Y turbaban unísonas
el alma, sin designio,
del que a verlas llegara
desconociendo incauto el precipicio.

¡Felices si del mundo,
a la beldad fatídico,
tan solo se os rindiera

---

704 *Trasunto*: Copia.
705 *Remedo*: Imitación.

de amor el culto respetuoso y tímido!

Ese amor que no hiere
porque es casto cual niño,
espiritual, poético,
¡y del corazón recto único digno!

Segunda Parte

Era una hermosa mañana,
de las frescas de febrero
tan plácidas en los trópicos,
cual las de mayo risueño:
sobre todo en La Española,
cuyo exuberante suelo
es el vergel más precioso,
el jardín más pintoresco.
Doraban con tibia lumbre
los rayos del sol primeros
la espesa y erguida copa
de los árboles opuestos;
y canoras avecillas,
entre variados gorjeos,
alzaban un himno al Dios
que cuida de su sustento:
cuando arrogante salía
por la Puerta de San Diego[706]
joven de apuesta figura
sobre caballo soberbio.
Tascaba impaciente el bruto
de plata vistoso freno;
ricos arneses lucía,
y en su talla y movimientos
por doquiera publicaba
ser de origen sanjuanero.
Con siete cuartas de alzada, [707]
ojo de gacela inquieto,
descarnada la cabeza,

---

706 *Puerta de San Diego*: También llamada Puerta de la Mar. Construida en 1540, era la entrada principal a la ciudad desde el desembarcadero en el Río Ozama. Se encuentra en la Avenida Presidente Francisco Alberto Caamaño Deñó y funciona como una de las entradas a la Plaza de España en la Zona Colonial de Santo Domingo.
707 *Alzada*: Medida de la altura del caballo.

grueso y enarcado el cuello;
vientre enjuto, lomo henchido,
crin más lacia que el cabello;
breve caña y menudillo,
casco recogido y negro.
Llevaba el doncel[708] calzón
de ante pajizo[709] y estrecho,
calzando hasta la rodilla
ancha bota de escudero;
un dormán[710] de paño azul
con alamares, [711] compuestos
con ancha trenza de seda,
abrochaba su alto pecho.
Y pendía del albo cinto,
tejido en el mismo Seibo, [712]
un corbo sable exquisito
de fina plata cubierto.
Pasó a orillas del Ozama
devorando en el silencio
con indecible ansiedad
tormentoso pensamiento.
Y apenas el Baluarte
del Ángulo[713] hubo traspuesto,
raudo trepó de Galindo
el escabroso sendero,
entre la densa espesura
veloz desapareciendo.

En el mismo corazón
de ese monte que trepara
el joven desconocido,
hay una quinta o estancia,

---

708 *Doncel*: Hombre joven.
709 *Calzón de ante pajizo*: Pantalón de piel color paja.
710 *Dormán*: O *dolmán* es un tipo de chaqueta.
711 *Alamar*: Tipo de adorno consistente en un ojal cosido a la orilla de la vestimenta.
712 *El Seibo*: Provincia localizada al este de la República Dominicana.
713 *Puerta del Ángulo*: Conocido también como Fuerte del Ángulo, es un fortín militar construido en el siglo XVIII, ubicado en la Calle Presidente Francisco Alberto Caamaño Deñó esquina Calle Juan Parra Alba.

de una familia excelente
al par fortuna y morada.
De maderas de sus bosques
descuella espaciosa casa,
donde se ostenta el aseo,
la virtud y la templanza.
No encierra inútil bambolla[714]
que hizo el lujo necesaria;
nada existe allí superfluo,
nada preciso allí falta.
Un señor entrado en años,
cubierto con luenga[715] capa,
mil giros diera al corral
que sus reses encerrara;
y solícito advertía
si un becerro se enredaba,
si el lazo era corredizo,
si la madre estaba exhausta;
a menudo corrigiendo
a los peones que ordeñaban,
sobre tal o cual defecto,
sobre esta o aquella falta.
así en tan dulce costumbre,
para el anciano sagrada,
más de una vez acusó
las lentas horas de rápidas;
cuando siente de improviso
de un caballo las pisadas:
alza la vista y percibe
que hacia él se encaminaba
el dueño del alazán,
del freno y sable de plata.

Apenas llegado había
hasta el corral o potrero,

---

714 *Bambolla*: Ostentación excesiva.
715 *Luenga*: Larga.

ató su bridón[716] a un árbol,
llamó y al punto le abrieron;
y atravesando el portal
se encontró en un aposento
donde se hallaban reunidos:
un hombre de grave aspecto,
de edad bastante avanzada,
por blanquísimos cabellos
coronada la ancha frente.
Más lejos en tres asientos
se hallaban, no tres mujeres,
sino tres ángeles bellos,
de candor y de hermosura
inimitables portentos.
Saludó con gracia el joven,
y con inseguro acento,
dirigiéndose al anciano
rompió el silencio diciendo:

Joven —¿Seréis, señor, por ventura
Don Andrés Andújar?

Anciano —Sí;
podéis disponer de mí,
pues mi afecto os asegura
que si en algo servir puedo
tendré en ello gran placer.

Joven —Mi dicha podéis hacer.

Anciano —¿Vuestra dicha?...¡pues, concedo!
Harto por labrar la mía
largos años me afané.
¡Cuántos insomnios pasé
por alcanzarla, y... ¡me huía!
Húyeme, no obstante el grito
con que la invoco, tirana;
que en vano el hombre se afana

---

716 *Bridón*: Caballo brioso.

por borrar lo que está escrito.

Joven —¡No hay quien a su lado resista!

Anciano —¡Joven, soy muy desdichado!

Joven —Tal vez el cielo aplacado
posible hará la conquista
de esa fortuna que ansiáis.

Anciano —¡Nada ansío para mí:
las ilusiones perdí!
Pero....vos, ¿qué deseáis?
No os extrañe que me aflija
si una memoria penosa.

Joven —Señor, quiero por esposa.

Anciano —¿A quién, joven?

Joven —¡A vuestra hija!

Anciano —¡Mi hija!... ¿Cuál de las tres...
o las dos?, que Marcelina
a doce años se avecina,
y tan niña....

Joven —¡Águeda es!

Anciano —¡Águeda mi hija!...¿Y venís
sin emplear más rodeo
a expresarme tal deseo?

Joven —Vos a jactancia atribuís
mi franqueza...si prescindo
de una fórmula gastada
y si a una costumbre usada
cual debiera no me rindo,

es porque el brutal haitiano
la patria infando[717] mancilla,
y yo, seguir de Castilla
debo el pendón soberano.
¡Mirad el bajel!... Allí
parto mañana, señor:
mas si en él salvo el honor,
la existencia busco aquí.
No el error fatal os vende;
dadme ese tesoro, anciano,
pues miro temblar la mano
que su pureza defiende.
Ni me calumniéis severo;
pues si las formas traspaso,
en ígnea pasión me abraso
¡y es que por Águeda muero!

Anciano —¡Joven, dudé sin razón!
¡Amas a mi hija y...te quiero!
Que es amante caballero
quien posee tal corazón.
Águeda será quien decida
sobre el suyo y tu destino.

Joven —¡Cielos! ¡Su labio divino
la perdida paz me vuelva!

Instante supremo de dicha insegura
de horrible tortura, de gozo y placer
aquel en que el hombre su vida refiere
al *sí* que profiere la ansiada mujer.
Si mérito tiene, lo apoca humillado,
de amor arrobado se exalta también;
y goza y espera y tiembla y se agita
y ansioso palpita soñando desdén.

¡Desdén!... cruel fantasma que oprime inclemente
el pecho doliente do anida el amor.

---

717 *Infando*: Indigno de que se hable.

¡Desdén!... nombre odioso, fatal desencanto
que hiela de espanto al triste amador.
Feliz quien logra el bien que ama ciego
y se arde en el fuego que él propio encendió;
mas ¡ay del que en cambio de tierno cuidado,
escucha aterrado fatídico *no*!!

Trémulo se adelanta el joven férvido
a una señal del venerable anciano
hasta dar frente a frente con el grupo
de aquellas tres deidades bosquejado.
De los amantes ciegos, ¿en qué estriba
el delirante gozo y bien precario?
Ese mortal, poco hace tan ardiente,
tan lleno de fervor y de entusiasmo,
tímido se detiene ante la hermosa,
de su inmensa pasión ídolo sacro;
y no la ve, sino al través de un velo
deslumbrador y transparente y mágico:
siente a sus plantas vacilar la tierra;
sella una fuerza irresistible el labio,
y hasta cobarde teme que le hieran
de aquellos ojos los vibrantes rayos.
Así permaneciera unos segundos
inmóvil y convulso y agitado,
hasta que el mismo Andújar conmovido
en su auxilio acudió para salvarlo.

Anciano —La patria se ha perdido:
triunfó el bárbaro haitiano...
mis fuerzas han huido;
y ya, débil y anciano
tal vez no tenga, mísero,
¡ni tierra que labrar!

No me abate la suerte;
¡Bastante me ha probado!
Y la cercana muerte

terminará el cuidado
con que este cuerpo exánime[718]
se cansa de luchar.

Pero, ¡vosotras!... Solas
quedarais en el mundo
cual nave entre las olas
del piélago profundo,
fluctuando sin el náutico,
sin brújula y timón.

A ti, Aguedita, el cielo
ofrece esposo digno,
que, para mi consuelo,
yo propio te designo,
si, por dicha, antipático
no fue a tu corazón.

Si pagas espontánea
con el tuyo su amor,
vuestra unión instantánea
pondrá fin al temor
con que el futuro tétrico
persígueme doquier.

Mas, ¿callas? ¿De tu agrado
le presumes indigno?

Águeda —Me le habéis designado
y callo y me resigno.

Anciano —Y así... ¿cuál triste víctima?

Águeda —¡Os debo obedecer!

Anciano —Obediencia no exijo,
que va en ello tu bien;

---

718 *Exánime*: Debilitado.

ni es autómata un hijo.
A mi regazo ven,
pues nunca fui despótico
en mi modesto hogar.

Quiero hacerte dichosa,
si serlo tú quisieres;
y, a falta de otra cosa,
que otorgues, si pudieres,
a tus hermanas huérfanas
auxilio y protección.

Joven —Mirad que se enternece:
¡No la aflijáis así!
Mi amor todo os lo ofrece;
¡confiad, por Dios, en mí
que vuestras hijas cándidas
ya mis hermanas son!
Si darme plugo al cielo
fortuna y pompas vanas,
será mi único anhelo
que esas caras hermanas
gocen la suerte espléndida
que la riqueza da.

Anciano —¿Suspiras, hija mía?

Águeda —Oh, padre, sí: suspiro!

Anciano —¿Te inspira antipatía
el joven?

Águeda —No, ¡le admiro!

Anciano —¿Qué respondo a su súplica?

Águeda —Que... ¡aquí mi mano está!

Joven —Postrado yo la bese,

que a tiempo me salvó.
El llanto Andújar cese
pues soy vuestro hijo yo.
Me brindáis con el tálamo;
sabré corresponder.

De honor las huellas sigo
y sacio el corazón.
Vos, partiréis conmigo.

Anciano —¡Joven!, ¡es ilusión!
Vayan mis hijas púdicas
contigo y tu mujer.

Marchad de esta Sodoma;
que yo.... quedo en el monte
do arrulla la paloma:
do miro el horizonte
ya fúlgido, ya lóbrego
de mi patria infeliz.

Con su memoria triste
¡dejad a un pobre anciano!
Tú mismo ¿no dijiste
que tiembla ya mi mano?
La emigración que es lúgubre
doblega mi cerviz.

Joven —¿Qué escucho?... ¿no marcháis?

Anciano —¡Oh!, ¡nunca partiré!

Joven —Águeda, ¿qué pensáis?

Águeda —Que no me casaré
si en desamparo horrífico
mi padre ha de quedar.

Joven —¡Ah!, ¿por qué consentisteis?

Águeda —Dejarle no ofrecí.

Joven —Las promesas que oísteis
veréis cumplidas, sí.

Águeda —¿Y ese viaje fatídico?

Joven —¡Es forzoso marchar!

Águeda —Idos, y... sed dichoso:
si el honor os reclama,
a este monte fragoso
deber sacro me llama,
pues soy el débil báculo
de un padre en la vejez.

Joven —¡Águeda!... y vuestra suerte
¿quién la protegerá?

Águeda —¡De Dios el brazo fuerte
acorrerme[719] sabrá!

Joven —¡Cuan funesto es mi horóscopo!
Lo descubro esta vez.

Abrazado con sus hijas
quedó Andújar largo trecho,
en persuasiones recíprocas
llanto abundoso vertiendo.
Todos al par insistían
en su sublime deseo;
todos aducían razones
de heroico desprendimiento.
Ansiaba el joven fijar
el porvenir de su suegro:
este casar a su hija

---

[719] *Acorrer*: Servir de refugio.

quedándose en aislamiento;
y ella, por abnegación,
consumirse en el desierto
para prolongar los días
de un padre sensible y tierno.
Haciendo sobre sí mismo
doloroso, último esfuerzo,
despidióse entre sollozos
el infausto caballero.
Voló sobre su alazán
dando las riendas al viento,
y un ¡adiós! lanzó sentido,
que repitieron los ecos.

En la tarde de ese día,
del terral al fresco aliento,
raudo del puerto zarpaba
un bajel lindo y velero;
sobre el castillo de popa
se divisaba un mancebo
que con los brazos cruzados
y la barba sobre el pecho,
más que mortal, parecía
la estatua de un mausoleo;
¡era el del *dormán azul*
y las botas de *escudero*!

Tercera Parte

Por el Convento Dominico, [720]
frente al anchuroso patio
que altas almenas decoran
del Episcopal Palacio,
hay una casa que dice
al mismo hospital que Ovando
dedicó a San Nicolás,
sin devoción ni entusiasmo;
por la heretical creencia
de que sus crímenes tantos,
al erigir un hospicio
le quedaban condonados,
como si el Dios de justicia
entrase en mezquinos cálculos
sometiendo a un arancel
los preceptos del decálogo
para apreciar la infracción
en masas de piedra y barro.
Y ese dogma de igualdad
que todo lo ha nivelado,
y el bello arrepentimiento,
de la virtud dulce hermano,
obligase solamente
al mísero proletario.
No hubiera bondad entonces,
moralidad en los actos,
abnegación en la vida,
ni combates solitarios.
¡A Dios, útil penitencia,
méritos del pecho casto,
arrobamientos del justo!,

---

[720] *Convento Dominico: Imperial*: Convento de Santo Domingo, ubicado en la Calle Padre Billini esquina Calle Hostos en la Zona Colonial.

solo fuerais nombres vanos;
inconducentes esfuerzos,
ridículos simulacros:
puesto que impune pudiera
hacerse rico el malvado,
y con su *precio de sangre*
comprar del alma el descanso.
No, no hay perdón para el crimen
sino el crimen expiando;
que esa caridad ficticia,
ese póstumo cuidado,
hijo mas bien del orgullo
de eternizar en los fastos
la celebridad de un nombre
que de aliviar el quebranto;
son *manzanas de Sodoma*,
son *los sepulcros blanqueados*,
y son insultos al Dios
que nació en humilde establo.
Era la casa aludida
el Kan inmundo de varios
oficiales y otros jefes
de los beduinos haitianos,
quienes, por aquella fecha
en grado supremo bárbaros,
mostraban la negación
de todo destello humano.
Si allá en sus altas regiones
descollaban hombres sabios,
el resto se componía
de estúpidos visionarios;
de seres viles, sumidos
de la abyección en el fango.
Sin estímulos de honor,
de religión sin un átomo,
(aparte el culto abusivo
de supersticioso actos),
se entregaban sin reserva
al instinto sanguinario

que los enconos de raza
despertaban en sus ánimos;
instintos que solo el miedo
pudo refrenar un tanto.
Era aquella una guarida
de monstruos y de sicarios:
una sentina de vicios;
de robos, un receptáculo.
Los delitos más famosos,
los más torpes atentados,
los planes más proditorios,
los más tenebrosos rasgos,
eran allí discutidos,
entre algazara y escándalo
por la *asamblea del delito*,
que, después de meditado
el medio feroz, violento,
y previsto el resultado,
pronunciaba con cinismo
el irrecusable fallo.

En noche deliciosa
de mayo bienhechor suave y sereno:
cuando alegre, oficiosa,
abre al amor natura el casto seno,
y es el aire una escuela,
y cada leve ruido una cadencia.

Y la flor se decora
de inimitables tintes caprichosos
con que tiñe y colora
el almo[721] sol sus pétalos hermosos;
y el ruiseñor su cría
alegra con torrentes de armonía.

Y el desierto se anima;
y a la potencia sin igual, creadora,
no hay un ser que se exima,

---

721 *Almo*: Excelente, benéfico.

ni resista la acción que ardiente implora
y el mundo se estremece,
y de placer cansado desfallece.

Y siente nuestra vida
el soplo animador que la renueva;
todo a gozar convida,
y de Dios hasta el trono nos eleva;
entonces, inhumano
feroz su instinto reveló el haitiano.

En la anchurosa sala
que albergue ofrece a tan feroz cuadrilla,
un banquete se instala
donde el rencor brutal se exhala y brilla,
dando al aire alaridos
que del lobo semejan los aullidos.

En danza estrepitosa
de aspecto ingrato y torpe movimiento,
la turba numerosa
salvaje reconcentra un pensamiento
que a balbucear ensaya
y contenida de repente, calla.

Es su fiesta guerrera,
cual de los indios la extinguida raza
areítos produjera
vibrando en torno la pujante maza,
al cuerpo entumecido
restituyendo así el vigor perdido.

Lámpara moribunda
a que pábulo da[722] contra el olfato
grasa de pez inmunda,
alumbra del Cocito[723] aquel retrato,

---

722 *Dar pábulo*: Echar leña al fuego.
723 *Cocito*: En la mitología griega, río del Hades, país de los muertos. En la *Divina Comedia* de Dante es un lago del infierno en el que se castiga a los traidores.

reflejando a montones
de Euménides[724] y espectros las legiones.

En paredes mugrientas
cornetas y armas destructoras penden
montoneras sedientas,
el vaso apuran y el furor encienden
con aire torvo y fiero
blandiendo a veces el tajante acero.

Ya el jefe y los soldados
iguales por el vicio confunden:
proyectos ambiciosos
al par de todos en la mente cunden,
creciendo el ardimiento
a la súbita vista de un sargento.

«¡Ven!», su jefe le dice:
«¿Qué noticias?»... «Señor, las que deseas»;
«Mil diligencias hice
y vengo ya triunfante a que me veas:
en un lugar fragoso
tu ventura se oculta y tu reposo».

«Entiendo, digno amigo:
tu superior te aplaude, satisfecho;
ven a beber conmigo,
que a más alta merced tienes derecho.
Ven, y el vino apuremos,
y en coro el himno del rencor cantemos».

Coro
Al español cruda guerra, [725]
odio implacable juremos;
y con su sangre empapemos

---

724 *Euménides, Erinias o Furias*: Eran deidades de la mitología clásica que representaban la venganza y perseguían a los criminales.
725 *Cita del autor.* Los haitianos nos llamaron siempre y aún nos llaman españoles.

cada pulgada de tierra.

1
Dessalines y Toussaint
y Cristóbal[726] asesino,
muestran sangriento el camino
en que habremos de marchar.
¿Qué importa que en sus adentros
esa nación nos maldiga?
¡Nuestra rabia la persiga
hasta el fondo del hogar!

Al español &a.[727]

2
¿La hospitalidad qué importa?
Tras ella se parapetan
los viles que no respetan
ni derecho ni razón.
Testigos Ogé y Chavannes,
cuyas sombras indignadas
solicitan ser vengadas
de la más negra traición.

Al español &a.

3
¡Fuimos esclavos!... gemimos
entre opresión y cadenas;
nuestros dueños, como hienas,
devoraban su redil.
¡Hoy.... mandemos cual Señores,
Ley del Talión proclamemos,
y frenéticos saciemos
de sangre el ansia febril!
Al español &a.

---

726 *Cristóbal*: Se refiere a Henri Christophe (1767-1820), quien invadió la parte este de la isla junto a Jean Jacques Dessalines.
727 *&a.*: Indica que el estribillo se repite.

Prolongado rugido
de aplauso y embriaguez hondo resuena,
que lastima el oído
y de mortal pavor el alma llena;
mientras el parche[728] se apresta
La Cuyaya a tocar a grande orquesta.

Esa histórica danza,
por el monstruo Cristóbal inventada,
un grito es de venganza
del deleite del crimen pincelada,
pues pinta una manía
y del dolor convulso la agonía.

Cuando de pies ahorcadas
mil víctimas de asfixia perecían
y de luchar cansadas
los ya crispados miembros removían,
con espasmos violentos
anunciando sus últimos momentos.

El tirano gozoso
al tambor ordenaba que mezclase
su sonido enojoso,
a fin que el movimiento remedase
del hombre casi inerte.
¡Esa es la horrible danza de la muerte!

Mas, ¡aléjate, musa!
La atmósfera del crimen, aun lejana,
siempre aspirar rehúsa
quien no prostituyó la forma humana.
El haitiano precito[729]
en el éxtasis goce del delito.

---

728 *Parche*: Tambor.
729 *Precito*: Condenado al infierno.

Empero tú, del Pindo, [730]
del Helicón[731] feliz habitadora,
condúceme a Galindo,
la modesta virtud contemple ahora,
y en su regazo olvida
la satánica escena aborrecida.

Fulgura nítida
con brillo lánguido
la luna fúlgida[732]
de mayo plácido,
sobre la atmósfera
del cielo diáfano.
En casa rústica
grupo simpático
de lindas jóvenes
de aspecto cándido,
en dulces pláticas
y alegres cánticos,
las horas tétricas
del tiempo rápido
engañan flébiles[733]
en yermos áridos.
El blando céfiro, [734]
que usurpa ávido
la gala espléndida
el don balsámico
que dio el Altísimo
al prado mágico,
sacude armónico
sobre los plátanos
el ala mística;
y al dulce hálito,
de aroma inúndase
todo aquel ámbito.

---

730 *Pindo*: Macizo montañoso de Grecia.
731 *Helicón*: Montaña en Grecia.
732 *Fúlgida*: Resplandeciente, brillante.
733 *Flébiles*: Tristes, lamentables.
734 *Céfiro*: Viento suave.

De lejos óyese
ruido metálico:
las niñas púdicas
de aire seráfico,
su prez[735] purísima
al Dios magnánimo
dirigen férvidas
en tono enfático.

ORACIÓN
1
El paraninfo Gabriel
feliz anunció a María
que en su seno llevaría
la esperanza de Israel:
Al azote de Luzbel,
al Rey que a reyes humilla;
eximiendo de mancilla
de Jericó la alma rosa
que, casta, virgen y hermosa
de Dios junto al trono brilla.
Angelus Domini nuntiavit Mariae &a.[736]

.....2
Al decreto Omnipotente
del Eterno, a quien adora,
postrada su gracia implora
y contesta reverente:
«Yo soy la esclava obediente
del Señor, en mí cumplida
Sea su voluntad querida.»
¡Dulce misterio de amor
que alzó a destino mejor
nuestra especie envilecida!
Ecce ancilla Domini fiat mihi secundum verbum &a.

---

735 *Prez*: Súplica, oración.
736 El autor termina cada estrofa con un verso en latín del Ángelus.

.....3
De Dios el Verbo increado[737]
por arcano inescrutable
encarnó puro, inefable
en su seno inmaculado.
Vivió, exento de pecado
entre los hombres propicio;
y en el horrendo suplicio
hizo por nos generoso,
de su existencia gozoso
expiatorio sacrificio.
Et Verbum caro factum est et habitavit &a.

Fue aquesta vez, sin duda, la primera
que Andújar no rezó con su familia
la oración vespertina, quien inquieta
le aguarda en agonía.

Desde los sueños de mi infancia tierna,
Águeda, así exclamaba condolida,
del casto seno de mi madre bella
pasaba a las rodillas

de mi buen padre, todo complacencia;
y entre besos y mimos y delicias
y coloquios de plácida terneza
su bendición pedía.

Y continuo emulaba mi existencia
la disputa filial de sus caricias,
que, aún ayer... ¡a esta hora! más serena
robé a mis hermanitas.

¡Virgen de amor!... impide que fallezca
la mísera orfandad aislada y tímida;
y al desvalido anciano le proteja
tu bondad infinita.

---

737 *Increado*: No creado.

Sus vacilantes pasos endereza
junto al hogar de sus amantes hijas,
antes que escollo a su quebranto sea
la noche ya se avecina.

Una criada sordomuda
con su hijo de la mano,
antigua sierva de Andújar
que no abandonó a sus amos
a pesar de hallarse libre
por las leyes del estado,
apareció en aquel punto
e interrumpió con sus pasos
la plegaria fervorosa
de aquel ser tan puro y cándido;
quien ya de ver persuadida
a su padre idolatrado
volvió a la acerba[738] aflicción
deshecha en copioso llanto.
Empero, al cabo el ladrido
escuchó de can lejano
y otra vez tornó al placer
cuanto el pesar fuera amargo.
«Ese ladrido es del perro
que iba a papá custodiando»,
dijo; tomó una novela,
entornó la puerta un tanto
y se entregó a su lectura
libre de todo cuidado.
Las dos jóvenes en torno
escuchaban, cuando infausto
en vez del primer rumor,
se oye a lo lejos con pasmo
présago[739] el eco de aullido
incesante y prolongado.
¡Cielos! a la par prorrumpen
las dos niñas: ¿cuál acaso

---

738 *Acerba*: Cruel.
739 *Présago*: Que anuncia o presiente algo.

motiva el clamor siniestro
tan doliente y desolado?
¡Nada, su hermana responde!
¿Por qué temor tan fanático?
¿Olvidaste que a la luna
siempre los perros aullaron?
Anita, no obstante, en pie
con rostro desencajado,
respiración comprimida,
signo de cerval[740] espanto,
dando pisadas menudas
con indecible trabajo
cerró de firme la puerta,
y hasta le puso un obstáculo
para impedir el acceso
en su temor visionario.
«¡Simple!», su hermana le dice,
«¿temes a tu padre anciano
y a su perro, únicos huéspedes
de este albergue solitario?
Otra vez tendrás de abrir,
pues debe hallarse inmediato».
Tocan entonces. Anita
tiembla de horror y llorando
a su hermanita conjuga
que deje el paso cerrado.
«¿Quién es?, grita la primera»,
del terror participando
y una voz suave contesta:
«Yo, tu padre: ¡abre!» De un salto
franqueó la puerta la niña
por la que aleves[741] entraron
cuatro hombres de aspecto horrible,
amenazador y armados.

El náufrago infeliz que cerca mira
monstruo voraz a devorarle presto

---

740 *Cerval*: Perteneciente al ciervo, semejante o relativo a él. Miedo cerval..
741 *Aleves*: Con falsedad y traición.

e inútil su fatiga califica,
infructuoso contempla todo esfuerzo
y apenas si ya siente su fatiga,
helado por la acción del elemento
y el apego a la vida y la congoja
y la pasada lucha y actual riesgo;
ese tan solo ministrar[742] podría
una imperfecta idea del sufrimiento
de aquel grupo de bellas desolado
a una prueba tan bárbara sujeto.
A la cabeza alzadas ambas manos;
vueltos los ojos con pavor al cielo,
en que tiembla una lágrima cuajada
que no deja rodar el triste miedo:
entreabierta la boca do Cupido
depositara astuto su veneno
para infundir amor más respetuoso
que el que se alberga en tan cobardes pechos,
ni una palabra articular osaban
prolongando el fatídico silencio.
Al cabo, «¿qué queréis?», Águeda exclama;
y repone el haitiano: «sin empeño
lo sabréis entre poco... sois hermosas
y jóvenes y libres; aunque abyectos,[743]
tenemos corazón y aquí venimos
el vuestro a cautivar en el desierto.
¿No os place la conquista? ¡Enhorabuena!
De amor a falta, consultad al miedo».
«¡Bárbaro, añade la doliente virgen,
ya no tardan mi padre y tu escarmiento;
¡sella tu labio impuro!» «!No, le dice:
tu padre no vendrá!... «¡Dios justiciero!»,
suspira la beldad. Y él le replica:
«¡Era tu apoyo y le quité del medio!»
«¡Mientes, grita; pretendes aterrarme,
pero él se acerca a protegernos presto!»
«¡Insolente!, ninguno aquí te salva

---

742 *Ministrar*: Dar, suministrar.
743 *Abyectos*: Despreciables, viles.

de entre estos brazos que al amor te tiendo»,
repone el cafre audaz: ¡Aquesta sangre
contempla, y rabia, que tu padre es muerto!»
Un grito penetrante y simultáneo,
grito desgarrador, que por los ecos
del cavernoso monte repetido
llegó hasta el solio mismo del Eterno,
fue la sola respuesta que en su angustia
de *Galindo* las vírgenes le dieron.
Lucha mortal se entabla en aquel punto
que prensa el alma y al pudor ingénito[744]
la viva descripción ofendería...
¡Cállala, musa!... Bajo denso velo
de la Patria en los fastos[745] se registre,
al sexo fuerte solo descubierto,
para que vengador contra esas masas
tremendo vibre el centelleante acero.
Ya no se siente ruido:... algún sollozo;
algún ¡ay! sofocado... el torpe aliento
de los inmundos sátiros que, en vano,
la virtud a vencer se aprestan fieros.
La antigua sierva y su inocente hijo
huyen horrorizados de aquel puesto,
y de un árbol gigante en la ancha copa
buscan asilo de la escena lejos.
¡Cielos!... Mas, ¿qué espectáculo terrible
el pecho torna a conturbar de nuevo?
¡Ay! que los monstruos de luchar cansados
su afán inútil condenaron luego;
y asiendo de consuno[746] las tres víctimas
por el rizado divinal cabello,
con dirección al fondo de la quinta
sin piedad arrastraron por el suelo
aquellos cuerpos mórbidos, clavando
desgarrador puñal en su albo seno.

---

744 *Ingénito*: Que ha nacido con esta característica.
745 *Fastos:* Momentos felices.
746 *De consuno:* De común acuerdo.

Llegados al lugar del sacrificio,
casi eran ya cadáveres sangrientos.
Entonces... al rumor de la agonía,
del estertor convulso y postrimero,
a la muerte infirieron negro ultraje
que incólume[747] el espíritu fue al cielo.

Para ocultar el espantoso crimen
los palpitantes miembros dividieron,
y uno tras otro inicuos arrojaron
en el profundo pozo con estruendo.

---

[747] *Incólume*: Sin daño alguno.

Cuarta Parte

En la Calle de las Damas,
al Homenaje[748] avecina,
y al alcázar que Colón
para su albergue erigía
a orillas del raudo Ozama,
sin prever de Bobadilla
y del sanguinario Ovando
la ruin enconada envidia
ni la ingratitud monstruosa
de la Corte de Castilla,
hay una casa terrera
que humilde yace contigua,
cual de un gigante, a los pies
del «Colegio Jesuita».[749]
En ella hace largos años
que, regalada y tranquila,
de un anciano la existencia
entre el placer se desliza:
ese placer inocente,
menos precario si estriba
en la fruición, siempre tierna,
de los goces de familia.
Es un francés, retirado
de la criolla maravilla,
donde el poder colonial
feroz, inquieto, homicida
se vio postrado, con mengua,
por los siervos que oprimía.
Escapado del degüello
entre la ardiente ceniza

---

748 *Torre del Homenaje*: Ubicada dentro de la Fortaleza Ozama en la Calle Las Damas.
749 *Colegio Jesuita*: Localizado en la Calle Las Mercedes esquina La Damas, fungía como vivienda de la orden religiosa y posteriormente como sede de la Universidad Santiago de la Paz.

a que fuera del Guarico[750]
la opulencia reducida;
hacia la bella Primada
por las fronteras emigra
y encuentra en ella la calma,
bello ideal de su dicha.
Tanto fueron los desastres,
tan numerosas las víctimas
de aquella reacción histórica,
tanta la sangre vertida
en cien y cien hecatombes
de horrible carnicería,
que Sorapur (era el nombre
del francés), tuvo por dicha
escaso resto salvar
de sus riquezas antiguas;
y en el albergue modesto,
entre dulce medianía,
de gran servidumbre exento,
de frisones[751] y berlinas[752]
y de fiestas y saraos,[753]
al estudio se dedica.
Vive, cual vive el filósofo,
que victorioso aniquila
de su abstracción al favor
la ostentación enemiga;
y entre las turbas esclavas
que el lujo infausto atosiga,
él dice de la riqueza:
«¡*El Dios que la da, la quita!*»
De sus recuerdos curado,
una afición le domina,
es la de hundirse en los bosques
de aquella virgen Antilla,
donde premia la abundancia

---

[750] *Guarico*: Nombre dado por los españoles a la villa que fundaron en el noroeste de La Española y que hoy es la Ciudad de Cabo Haitiano en Haití.
[751] *Frisones*: Raza de caballos europeos.
[752] *Berlinas:* Coches de caballos cerrados.
[753] *Saraos:* Reuniones nocturnas en las que predomina el baile.

del cazador las fatigas.
Por eso con sus lebreles
y sus *señuelos*, corría
las alturas de *Melgares*,
de *Gascue* las cercanías,
de *Pajarito* los montes,
y hasta *la Laguna* misma
de *Itabo* y en *La Caleta*,
y en *La Ciénaga* [754]solía
llevar la muerte certera
a la paloma escondida.
Ningún repuesto[755] lugar,
ninguna selva, colina,
fragosidad o torrente
sus excursiones limitan;
porque al peligro avezado, [756]
siempre tuvo en grande estima
todo lance o emoción
que, al sacudir nuestra vida,
lúcida el alma despiertan
del sopor que la domina.
Tanto anhelar, tanto afán,
tanta y tanta correría,
el fatigoso ejercicio
del noble anciano indemnizan,
que goza en mirar su caza,
en contarla y, escogida
una parte muy pequeña
que reserva a su cocina,
y algunos machos, que aumenten
los señuelos, su delicia
es repartir los despojos
entre las gentes vecinas.

---

754 No hemos encontrado información sobre la ubicación geográfica de Melgares. Gascue es un barrio en el Distrito Nacional y Pajarito es actualmente el barrio Mejoramiento Social. La Laguna de Itabo se localiza en la provincia de San Cristóbal. La Caleta es hoy una comunidad en el Municipio de Boca Chica, perteneciente a la provincia de Santo Domingo. La Ciénaga está ubicada en la margen occidental del Río Ozama.
755 *Repuesto*: Escondido, apartado.
756 *Avezado*: Experimentado en algo.

Por un hijo y tres jóvenes seguido,
con señuelos y perros ya trepaba
Sorapur el anciano, de *Galindo*
la fragosa pendiente en tarde clara.
Naturaleza toda parecía
que a voluptuosos goces convidaba
en medio del desborde de la vida;
que así puede llamarse tanta savia
como orgullosa ostentas en tus bosques
predilecta del sol, querida patria.
¡Si otra vez yo los viera y con ternura
mi vida de proscrito te contara,
cual tiemblo de placer a tu recuerdo
me estremeciera al respirar tus auras:[757]
auras tan libres como yo; tan puras
como tu amor que oculto en mis entrañas![758]
¡Qué débil es el hombre en sus deseos!
Del cazador sigamos las pisadas:
No bien hubo traspuesto el bosquecillo
que de *monte una ceja allí* [759] se llama,
cuando al revolotear, al triste arrullo
del ave agreste, mira entre las zarzas
armado de fusil, cierto sargento
que, conturbado y pálido, atisbaba
con inquietud; y un tiro despedía
y se ocultaba cauto entre las ramas.
La vista perspicaz del hombre astuto,
a quien no enseña, en vano, la desgracia,
diáfanos ve del crimen los misterios
como al través de transparente gaza...
A un cañón de los dos de su escopeta
el anciano desliza gruesa bala;
del valor con la calma la amartilla
y reposado, apercibido avanza.
Ya una leve inquietud que no comprende,
que del sargento no procede, embarga

---

757 *Auras*: Vientos suaves y apacibles.
758 *Nota del autor.* Recuérdese que se escribió en el destierro.
759 *Ceja de monte*: «Camino estrecho, senda o vereda en una faja de monte o bosque». (Deive, 50)

todo su ser: a veces convulsivo
un ligero temblor su paso tarda.
Siente, en vez de la brisa deliciosa
que poco antes sus sienes refrescaba,
cierta atmósfera cálida que asfixia;
cierto vapor de sangre que le abrasa.
Bajo presión de vago indefinido,
de un no sé qué vertiginoso se halla,
y el malestar ignoto[760] que le aqueja
turba su corazón, turba su máquina...
¿Es miedo?, se pregunta: no a su influjo
cede, cual niño, un hijo de la Galia;
ni ¿quién hacerme daño intentaría?...
Pero, ¿qué siento? Ladran a distancia
sus lebreles[761] inquietos, varios giros
describiendo a compás, a veces saltan,
a veces retroceden, como huyendo
de algún objeto horrible que amenaza.
Sorapur se domina: vuela al sitio
do putrefacto un hálito se exhala
que le hace estremecer... Su rostro inunda
glacial sudor: arroja una mirada,
y cual si el fluido eléctrico le hiriera
postrado en tierra una rodilla clava.
¿Qué pasaba por él?, ¿qué hórrida escena
su espíritu, antes plácido, desgarra?
¿Por qué aterrado y sin salir del puesto
con expresión de horror su gente llama?
Es que ya de un cadáver corrompido
charco de negra sangre le separa,
cuyos bordes limita un hormiguero
en que las moscas nauseabundas pastan.
Era el cuerpo de Andújar infeliz,
víctima triste de espantosa rabia,
a la belleza mísera, funesta,
de sus cándidas hijas inmolada.
Acribillado el pecho, de la frente

---

760 *Ignoto*: Desconocido.
761 *Lebreles*: Variedad de perros apta para la caza.

tanta sangre vertió que, coagulada
sobre el cárdeno rostro, parecía
imposible encontrar la semejanza;
y mientras atado a un árbol, no muy lejos,
el potro del anciano relinchaba;
a su lado un mastín inmóvil, mustio,
de instintiva lealtad era la estatua.
Sorapur de los suyos presuroso
a la ciudad tres individuos manda
el parte a dar del espantoso crimen,
y de su hijo acompañado aguarda;
mas como la catástrofe absoluta
de la familia infausta se ignoraba,
a preparar su espíritu doliente
con vacilante marcha se adelanta.

Apoyado en su hijo, pesaroso
sigue el francés en funeral silencio
en la orfandad pensando de las niñas
que sueña ver en angustioso duelo.
Del alma filantrópica al instinto
dócil de su bondad a un movimiento:
«Seré su padre, enternecido exclama,
¡y me cumple sacarlas del desierto!
La soledad y la belleza, unidas
al fatal abandono y aislamiento,
en triple tentación redes preparan
a la inerme[762] virtud... ¡Vaya: salvemos
la beldad inocente del peligro!
Si muere Andújar, la piedad no ha muerto.
¡No ha muerto, que en el pecho estremecido
cual lava de un volcán arder la siento!»
¡Caridad, caridad: bello es tu influjo
como tu origen divinal, supremo:
tú, prodigios realizas en el hombre,
Y eres el lazo misterioso, excelso,
que al frágil barro, deleznable, impuro,
une invisible con el almo cielo!

---

762 *Inerme*: Que está sin armas.

¡Caridad celestial, amor sublime,
de noble abnegación puro destello:
de recompensa humana desprendido
en tu ejercicio dulce hallas el premio!
Apenas de la quinta franqueaban
entrambos el dintel, cuando advirtieron
del atentado horrífico descrito,
mudos testigos por el vasto suelo.
¡Lago inmenso de sangre, cuyos surcos
daban al fondo en abundoso riego:
girones de vestidos diferentes,
con arrancadas hebras de cabellos,
y los silvestres lirios del camino
prensados por la acción de graves cuerpos!
El alma del anciano se comprime;
ve un colectivo crimen manifiesto,
esto es, que lo presiente y adivina
del satánico drama el argumento.
Sigue de tanta sangre inmaculada,
de la expiatoria sangre los regueros[763]
y con horror percibe que en el pozo
van a dar fin... Los restos de un pañuelo
del interior flotando en los arbustos;
las arrasadas ramas del helecho
que en el ancho brocal crece espontáneo,
elocuentes revelan el secreto.
Entonces, en sí mismo replegado,
viendo cual desaparece en un momento
a impulsos del puñal una familia,
antes segura en medio de su yermo,
la epopeya recuerda del Guarico,
sus episodios bárbaros, sangrientos,
y balbuceó: «Tras del salvaje haitiano
van el estupro, el robo y el incendio».

Al regresar Sorapur,
con la noche muy vecina,
por el lugar donde el cuerpo

---

763 *Regueros* (República Dominicana): Desórdenes.

aún insepulto yacía
del asesinado anciano,
en lugar de la justicia
que el hecho atroz demandaba,
los mensajeros volvían
con la respuesta textual
de que ya se extendería
el auto de proceder;
mas que tanto las pesquisas,
como la vista ocular
que el crimen negro exigía
y de livores[764] la fe,
y autopsia facultativa,
no era dable realizar
antes del siguiente día.
Tuvo efecto en realidad
aquella farsa ridícula
que a la extracción de los miembros
mutilados se limita
de aquellas puras vestales
víctimas de rabia cínica,
y a la fútil inspección
del cadáver... Concluida
el acta o la diligencia,
ya que a sepultarlos iban,
baja de enhiesto mamey
la sordomuda afligida
y en inequívocas señas,
entre gritos de agonía
al juez bosqueja la historia
que su hijo tierno confirma.
Señala al brazo un galón
con que al sargento designa
y otra circunstancia añade
que se resiste a escribirla
todo buen dominicano;
Sí, que mengua es harto indigna
que el cafre abyecto insultara

---

764 *Livores*: Malignidad, odios, envidias.

la virtud modesta y tímida,
sin que temblase de Haití
hasta la tierra enemiga.

Hay una voz solemne que se escucha
mugiente y sorda en medio del silencio
de las siervas naciones aterradas,
voz, que a todo tirano inspira miedo,
voz que a un tiempo se escucha y articula;
que el sicofanta[765] del poder rastrero
no acierta a denunciar y crece y gira
rápida cual la luz o el pensamiento.
Es de la opinión pública el rugido,
que de alma libertad semeja el eco,
y sus funciones llena osada, impune,
del despotismo vil entre los hierros.
Esa acusaba del haitiano intruso
el tardo proceder en el proceso
que desdeñando el perpetrado crimen
ultrajaba el honor de un pueblo entero.
Actívanse los trámites: a falta
del designado presuntivo reo,
y cómplices o agentes sospechados
con quienes practicar *rueda de presos*;
(ya que ser militares se murmura),
gran parada efectuar manda el gobierno.
Al orden de batalla y triple fila
forma la guarnición: es el objeto
que la muda, a la par del tierno infante,
necesarios testigos del suceso,
a designar procedan los culpables;
pues de fúlgida luna a los reflejos
vieron la torpe faz de los bandidos,
y sus facciones recordar pudieron.
De la infeliz refúndese en los ojos
de voluntad al prepotente esfuerzo,
la actividad de dos faltos sentidos.
Ella ve, cual la tigre en el desierto

---

765 *Sicofanta*: Delator.

vigila en derredor, de sus cachorros
el letargoso descuidado sueño;
ve, como fija, hendiendo el vasto espacio
va el águila del sol al disco inmenso;
ve, cual lo hace el amor desesperado,
a pesar de distancias y de riesgos
con la vista del cuerpo y la del alma,
y con el sublevado sentimiento,
llega; y como el sonámbulo auxiliada
por la clarividencia que a sus nervios
el fenómeno imprime indefinible,
con las sombras envuelto del misterio,
a la fuerza cediendo que la arrastra,
aúlla como un can ante el sargento;
y mientras grita y grita, y él se inmuta,
dice el chiquillo: «¡Él es!... ¡Él es!... No quiero
mirarle que nos mata...» y sollozando,
de su madre en las faldas quedó envuelto.
Tres más se designaron, pero en vano
se aguardó en ansiedad el escarmiento.
El célebre sumario, [766] reducido
quedó, tan solo, en su perpetuo sueño,
a ser de una familia el obituario;
el rasgo distintivo de aquel pueblo,
y de administración programa impío,
digno de quien se humilla al extranjero.

Emigraciones múltiples
sin tregua sucedieron
a tantas como lúgubres
yermaron aquel suelo.

Los padres de sus hijas
la beldad, don funesto,
a la mirada lúbrica[767]
del vándalo escondieron.
Y muchas, casi exánimes,

---

[766] *Sumario*: Proceso, juicio.
[767] *Lúbrica*: Lujuriosa, lasciva.

las hunden en conventos
a verter tristes lágrimas
que más no seca el tiempo.

Ignoraban, estúpidos,
la magia de un esfuerzo
y la razón potísima[768]
que brilla en el acero.

Crecen en Galindo lirios
cubierto de rojas manchas
todo el verdor de sus hojas
cual si fuesen salpicadas
de sangre reciente y fresca.
El vulgo que ciego acata
cuanto huele a maravilla,
dice: «que al cielo venganza
pide la sangre inocente
de las niñas inmoladas».
Añade: que en primavera,
durante la noche, vagan
lanzando sentido arrullo
tres lindas palomas blancas;
mientras cuatro gavilanes
a devorarlas se lanzan
desde el copudo mamey
hasta el pozo de la estancia.
El gemido de las víctimas
semeja la voz humana.
El grito siniestro y lúgubre
que los verdugos exhalan
es tan horrible, que hiela,
tan demoniaco, que pasma...
Por último, que no lejos
de lo que antes fuera casa,
gira un anciano en su potro,
y el perro que le acompaña

---

768 *Potísima*: Del latín *potissimus*, potísima razón se emplea en el lenguaje jurídico para indicar la razón principal, esencial.

ladra con tesón que atruena,
o da aullidos que desgarran...
¡Son de ultratumba protestas
que contra Haití se levantan!

Conclusión

Más de veintidós años transcurrieron
en vil dominación y vasallaje,
devorando la Patria el negro ultraje,
saciando el cafre su furor doquier.
La impunidad, del crimen protectora,
al par de mil y mil que le siguieron,
la heroica decisión nos sugirieron
de sacudir el yugo o perecer.

¡Y la Patria fue libre! No, ¡mentira!
Si hace tres lustros que con furia insana
inunda el suelo impura sangre haitiana
que en más de cien batallas derramó.
No libre se apellida ni a sus hijos
mejor destino conquistar fue dado.
El mismo yugo arrastra detestado,
solo de dueño, a la verdad, cambió.

¡Patria!... ¿do están los hijos que tu nombre
del infame padrón borrar supieron?;
¿los que, de honor henchidos, lo inscribieron
en páginas de gloria?, ¿dónde?, ¡di!
¡Búscales por tus ruinas humeantes:
pídelos al destierro y a la tumba,
mientras el monumento se derrumba
de excelsa gloria alzado para ti!

Puerto Rico, 1860

Índice Analítico

A

Aciguatado/a xxii, 42
Adúltera xxi, 159, 163, 166
Alarcón, Pedro 20
Alcázar de Colón 84, 109, 149, 171, 311
Alféizar 161
Altagracia, Ermita de 76, 278
Anexión a España xxvii, 25, 65, 78, 90, 104, 257
Animitas xxii, 22, 138
Antilla, Antillas, Antillanas xxxiii, 16, 38, 40, 114, 115, 217, 236, 312
Arquillo, calle del 141, 151, 167, 250
Arroyo Hondo 75
Auriga 16
Aybar, Juan E. 256
Ayuntamiento 17, 77, 142, 275

B

Badana 125, 127, 144, 204
Báez, Buenaventura 104
Baní 212
Batalla del 19 de marzo 34
Bejuco 25, 226
Bergantín 33, 34, 36, 37, 39, 40, 45
Biassou, Georges 63, 200
Billini, Francisco Xavier 22,
Billini, Francisco Gregorio 199, 295
Bohío 16, 25, 57, 104, 138, 172, 182, 218, 254
Bolívar, Simón 197
Bomba 36, 37, 40, 120, 144, 204
Borgella, Palacio de 95
Borinquen 76
Boyer, Jean-Pierre 198, 213, 220
Boyeristas 216
Brusca, bruscales 24, 171
Burro xxii, xxv, xl, xli, 87, 104, 175, 204, 213

C

Cabildo 34, 89, 91, 141, 142, 148
Cabo Engaño 40, 41, 198
Cabuya 182
Caín 120, 241
Cambiaso, Juan Bautista 33
Cambiaso, Luis 173
Camino de ronda 27, 30
Caonabo 94
Caracas 18, 24, 150
Caribe xvii, 18, 94, 98, 204, 273, 277
Carlos Conuco 172, 187

Casa de la Moneda 94
Casquijo 17
Castilla 17, 118, 167, 172, 173, 204, 273, 288, 311
Catedral 75, 76, 77, 82, 87, 89, 94, 141, 142, 143, 144, 149, 150, 151, 153, 157, 171, 199, 250
Catibía xxv, 36, 103
Chavanne xxiii, 70, 300
Cibao xv, 34, 256
Cigua 212, 235, 236, 239
Ciguapa 225
Ciguatera 41, 42
Ciguato 42
Ciudad Antigua xxxiv, 19, 43, 49, 52, 60, 69, 91, 137, 144, 177, 198
Ciudad Nueva 25
Ciudad Primada 55, 61, 197, 275, 312
Cólera xxiv, 42, 103, 105, 106, 107, 108, 109, 110, 111, 127, 165, 242
Colombia 175, 176, 184
Colombiano/a 85, 205, 226
Colón, Bartolomé 94, 95, 96
Colón, Cristóbal xvii, xxxix, 6, 27, 44, 64, 145, 217, 218, 273
Colón, Diego 17, 26, 44, 84, 86, 87, 109, 149, 171, 233, 311
Comercio, calle del 49, 147, 148, 161, 166, 215
Compagnon 201
Compère 96, 97, 98, 99
Conde, Puerta del xxviii, 15, 89, 129, 143, 147, 166, 224, 252, 262

Constitución de 1812 142
Conuco 27, 106
Corte, la 17, 48, 51, 54, 56, 57, 58, 59, 64, 65, 31, 311
Cortes de Cádiz 142
Cotuí 143
Cotuisano 144
Crimen, Crímenes xviii, xix, xxi, 29, 31, 32, 69, 80, 82, 83, 133, 135, 139, 153, 161, 166, 169, 186, 188, 190, 192, 219, 231, 233, 238, 240, 241, 242, 246, 248, 250, 252, 253, 255, 259, 262, 263, 271, 273, 295, 296, 301, 309, 314, 316, 317, 318, 319
Cruz Blanca de Malta 62, 64
Cruz, Callejón de la 78, 211
Cuartel de Milicias 24, 25, 199
Cuba xviii, xxxiii, 15, 16, 17, 20, 24, 25, 36, 42, 97, 114, 115, 130, 175, 202, 223, 234, 235, 236
Cubanismo 57
Cubano/a xxxiv, 16, 218, 235
Cuervo, Rufino J. 20
Cueva de las Golondrinas 25, 183
Cuevas de San Lázaro 177
Cuvier 41, 132

D

Dandys 93
de Lisle, Rouget 91
del Monte y Tejada, Antonio viii, 17, 85, 94, 150, 224
del Monte, Félix María xix,

xxxiii, 67, 70, 91, 103, 203, 217, 264.265, 267
Dessalines, Jean-Jacques 200, 300
Dies Irae 100, 249
Dolce far niente 73, 118
Dominico, Dominicos xxiii, 70, 295
Dril 93
Duarte, Juan Pablo 34, 143

E

El café de la reina 78, 90
El Eco de la Opinión vii, viii, xi, xxxii
El Eco del Ozama viii
El Fijo 150, 170
El Lápiz xiv, xv
El Matadero 24, 25, 87, 199
El Mensajero viii, xxxii
El niño de la bola 20
El Placer de los Estudios 18
El Polvorín 19
El Seibo 176, 257, 284
El Teléfono viii, xii, xiii, xiv, xvi, xvii, xviii, xxxii, 48, 218
Embozado 21, 22, 26, 77, 127
Encinta 18, 75
Esclavo/a 20, 56, 57, 68, 77, 78, 79, 80, 81, 174, 193, 198, 200, 211, 217, 220, 230, 234, 300
España xvii, xix, xx, 9, 25, 47, 48, 49, 50.51, 52, 53, 56, 57, 58, 59, 63, 64, 65, 70, 72, 73, 74, 90, 91, 119, 142, 143, 150, 213, 217, 257, 274, 283

Estancia 15, 16, 31, 126, 129, 189, 212, 215, 245, 284
Estudio, calle del 34, 77, 78, 80, 222, 250

F

Febrero, 27 de xii, xiv, xxiii, 15
Ferrand, Jean-Louis 7, 143, 144, 170
Fortaleza Ozama 199
Francia xiv, xvii, xx, 92, 97, 143, 157, 174

G

Galia 157, 164, 165, 169, 238
Galindo v, vi, xviii, xix, xxi, xxii, xxiii, xxvi, xxvii, xxxii, xxxiii, xxxiv, xli, 70, 104, 203, 206, 211, 212, 214, 215, 217, 221, 224, 229, 231, 233, 235, 240, 241, 242, 243, 245, 246, 249, 250, 252, 253, 255, 256, 257, 258, 259, 261, 265, 267, 271, 273, 276, 277, 284, 302, 308, 314, 321
Gallera 213, 222, 223
Galván, Manuel de Jesús xi, xii, xiii, xviii, xxxiii, 7, 13, 57, 67
Gascue 313
Giro xxii, 223
Gro 117, 159
Guano 214, 226
Guapo 20, 110
Guarico 234, 312, 317

Guayabo, guayaba, guayabales 24, 104, 122, 130, 215, 224, 225, 226, 237
Guáyigas 224
Güibia xxiv, 15
Guillermo, Cesáreo 105
Guineas 131
Guineos 108, 122

H

Haina 15, 218, 235
Haití xvii, xx, xxxi, 33, 35, 41, 44, 94, 98, 197, 198, 200, 216, 218, 219, 220, 234, 244, 248, 271, 273, 312, 319, 322
Haitiano/a vi, xi, xvii, xviii, xix, xx, xxvii, xxxiii, xxxiv, 17, 32, 34, 35, 36, 37, 40, 70, 76, 77, 91, 92, 95, 104, 201, 203, 215, 216, 219, 220, 221, 224, 231, 234, 237, 241, 242, 246, 248, 250, 251, 253, 254, 255, 256, 264, 265, 267, 271, 27, 274, 288, 289, 296, 298, 299, 301, 307, 312, 317, 319, 322
Hamaca xxiv, 80, 118, 153, 244
Hermandad de San Juan 62, 63, 64
Hermanos de la Misericordia 89
Herrera el Divino 157
Homenaje, Fortaleza y Torre o Torreón del 17, 18, 45, 86, 106, 311
Honduras 235

Honor 17, 25, 5, 56, 65, 227, 232, 288, 292, 293, 296, 319, 322
Honra v, xx, xxi, xxiv, xxv, xxvii, xl, 19, 29, 30, 53, 55, 57, 62, 63, 69, 92, 93, 104, 106, 113, 126, 129, 130, 132, 133, 137, 138, 180, 192, 215, 246, 269
Horca 86, 87, 275

I

Iglesia caliente 76
Independencia xi, xii, xvii, xxiii, 34, 70, 74, 144, 200, 213, 261, 269, 274

J

Jauja xl, 98
Jayán, jayanes 176, 182, 232
Jején, jejenes 235
Jenízaros 218
Jerez de la Frontera 36
Jesuitas xxiii, 70, 172, 233
Judíos 236, 237
Justicia viii, xxi, 9, 19, 73, 76, 80, 83, 84, 85, 86, 87, 88, 89, 90, 104, 166, 167, 191, 233, 239, 241, 245, 250, 255, 261, 263, 295, 318

L

La Atarazana 89, 224, 249
La Caleta 38, 212, 235, 313
La Ciénaga 235, 313

La Española xvii, 92, 94, 142, 192, 197, 198, 219, 234, 273, 274, 283, 312
La Esperilla 235
La Fuerza 18, 24, 26, 27, 81, 87, 199, 255, 256
La Gándara xxxii, 74, 257
La Habana 16, 41, 97, 150, 175, 189, 191, 192
La Marsellesa 91, 101
La Misericordia 25, 87, 89
La Primada xxxiv, 17, 55, 61, 63, 197, 275, 312
La voz de la naturaleza 227
Las Casas, Bartolomé de 217, 218
Las Damas, calle de 17, 26, 31, 84, 86, 166, 233, 311
Las Mercedes, calle de 19, 31, 40, 107, 171, 214, 234, 278, 311
Las mil y una noches 52
Linde 15, 225,
Loffoden, Islas de 38
Los Bajos de Haina, 235
Los Mártires, calle de 143
Los Remedios, capilla de 18, 19, 27, 107

M

Madre Patria xix
Madrid 48, 55
Maelstrom 38, 41
Maguey 16
Majagua 184, 185, 226
Mamey 117, 130, 215, 223, 225, 226, 239, 247, 248, 251, 318, 321
Mañé, mañeses xviii, 93, 200, 201, 204, 219, 224, 254
Mantuano 17, 18, 26, 31
Manumitido 56, 68, 230
Mártir 128, 131, 134, 136
Masacre, Río 200
Maternidad 29
Maya 15, 16
Mella, Ramón 34
Mergara 235
México 42, 48, 150, 175, 199, 225
Misericordia, calle de la 25
Misericordia, barrio de la 87
Moca xiv, xv, 215, 256, 257, 271
Mompox 204
Muselina 117, 204, 206

Ñ

Ñapa xxii, 202

N

Napoleón 7, 146, 172
Napoleón dominicano (ver Pedro Santana) 44
Nochebuena 35, 36, 40
Noria 184, 186
Nouel, Carlos 13, 47, 67, 203
Nuestra Señora de las Mercedes 19
Núñez de Cáceres, José xxiii, 70, 94, 144, 198, 213

O

Ocupación haitiana xi, xvii, xx, 250, 251
Odio xix, 9, 104, 160, 163, 248, 253, 299, 318
Ogé xxiii, 70, 300
Olán batista xxiv, xxvi, 205
Ovando, Nicolás de 18, 76, 78, 86, 222, 233, 273, 295, 311
Ozama, Río 18, 26, 27, 48, 69, 109, 172, 212, 218, 273, 281, 283, 284, 311, 313

P

Pajarito 104, 109, 111, 313
Palacio Consistorial 77, 147, 149
Palo Hincado 7, 25, 142, 145, 146, 153, 170
Partera 15, 20, 27, 31
Partido azul viii, 104, 105
Partido rojo 104
Patriotismo 7, 33, 197, 248
Perú xi, xxxix, 11, 63, 199
Pétion, Alexandre 197
Pichardo y Tapia, Esteban 15
Planchet 93
Plantains 108, 109
Plantón xl, 93, 159
Plateros, calle de 77, 89, 93, 94, 135, 138, 150, 156
Pollera 50, 113, 205
Poyo 210
Puello, José Joaquín 256
Puerta del Conde xxiii, 15, 224
Puerto Plata vii, xiv, xvi, 33
Puerto Rico xvii, xix, xxxiii, xxxvii, 7, 40, 48, 65, 72, 74, 76, 77, 127, 142, 150, 265, 271

Q

Quijote, Don 8, 110
Quimbombó 130
Quinta, casaquinta 15, 16, 25, 75, 129, 226, 239, 245, 246, 252, 284, 308, 317
Quisqueya 198, 218,
Quisqueyanismo 44, 93, 104, 107, 121, 141, 151, 182, 235, 239
Quisqueyano/a xix, 91, 144, 197, 217, 248

R

Rapé xxvi, 58, 145, 205
Real Audiencia 84
Regina Angelorum, iglesia de 197, 198, 201
Regina, calle de 22, 211
Regina, convento de 199
Reo 84, 85, 86, 87, 88, 89, 104, 127, 154, 155, 156, 170, 230, 234, 241, 250, 251, 252, 253, 258, 259, 261, 262, 319
Revolución Francesa 93
Ricardo Palma x, xxxii, xxxiii, 11, 20
Ringorrango xli, 209
Roca Tarpeya xl, 107

Rojo baecista xxi, 104, 105
Ruina ix, xix, xxi, 7, 25, 26, 40, 84, 93, 95, 96, 98, 101, 106, 116, 137, 139, 144, 217, 248, 256

S

Sábila 16
Sacrilegio 197
San Andrés 167
San Antón, barrio de 68, 144
San Carlos, barrio de xvi, 104, 196, 232, 235
San Francisco, calle de 93, 139
San Francisco, monasterio de xix, 70, 94, 101, 135, 216
San Gil 24, 87
San Jerónimo xxiii, 15
San José, el 33, 34, 35, 36, 38, 40, 41, 43, 44, 45
San Juan de la Maguana 242
San Lázaro, barrio de 171, 177, 193
San Miguel, barrio de 129, 171
San Nicolás, Iglesia y Hospital de 76, 81, 278, 295
Sánchez Ramírez, Juan 9, 143, 144, 148, 153, 224
Santa Bárbara, baluarte o fuerte 138, 224
Santa Bárbara, barrio de 68, 192
Santa Bárbara, iglesia de xvi, 61, 76, 89, 138, 249
Santabárbara 43, 44

Santana, Gral. Pedro 25, 43, 44, 104, 199, 257, 258
Santo Domingo vi, vii, viii, ix, xii, xiii, xiv, xviii, xx, xxii, xxiii, xxvi, xxvii, xxxi, xxxii, xxxiii, xxxiv, xxxv, xxxviii, 5, 9, 13, 15, 18, 24, 41, 42, 47, 51, 53, 56, 59, 61, 70, 74, 76, 82, 83, 85, 86, 87, 88, 90, 141, 142, 143, 172, 190, 199, 214, 215, 217, 218, 219, 224, 233, 234, 241, 257, 261, 264, 265, 267, 273, 275, 278, 283, 295, 313
Sarga xxv, 117, 120, 205
Sedeña 117, 158
Seductor/a 18, 126, 128, 129, 157, 164, 205, 221, 281
Seña 20, 21, 22, 23, 25, 26, 27, 28, 30, 31, 113, 115, 116, 117, 183, 187, 192
Sevilla 48, 167, 225
Simonico 235
Sirte 39, 40
Suprema Corte de Justicia 84
Suprema Junta Central 144

T

Tábano 124
Tapado, calle del 254
Tenorio, Don Juan 23, 146
Terral 34, 39, 225, 278, 294
Toisón de Oro 59
Ture, tures xxiv, 118, 120, 204
Tutumpote xxii, 92

U

Universidad 213, 218
Universidad Santiago de la Paz 311
Uribe, Rafael xxxiv, 16, 22, 175, 184, 226
Urrutia, Carlos de 171, 172, 181, 182
Usurpación 197, 202

V

Vaqueta 123
Venezuela 73
Virgen, vírgenes v, vi, xviii, xix, xxi, xxii, xxiii, xxv, xxvi, xxvii, xxxiii, xli, 40, 43, 57, 70, 123, 125, 137, 173, 185, 203, 206, 217, 231, 232, 233, 240, 245, 246, 253, 255, 256, 258, 265, 267, 271, 273, 276, 303, 304, 307, 308, 312
Vivac 77
Volanta xxiii, xxvi, 15, 16, 17, 121, 129, 203

Y

Yagua, yaguas 57, 215
Yuca xxiv, 36, 103, 224

Z

Zaguán 26, 77, 78, 118, 129, 165, 166, 222
Zapote 117, 122, 225, 227, 239, 247

Zumbador 114, 115

www.ingramcontent.com/pod-product-compliance
Lightning Source LLC
Chambersburg PA
CBHW021816300426
44114CB00009BA/200